新 생활영어 회화사전

新 생활영어 회화사전

인쇄일 | 2018년 10월 20일
발행일 | 2018년 10월 25일 3판

지은이 | 어학연구소 저
대　표 | 장삼기
펴낸이 | 신지현
펴낸곳 | 도서출판 사사연

등록번호 | 제10 – 1912호
등록일 | 2000년 2월 8일
주소 | 서울시 강서구 강서로 15길 139 (A601)
전화 | 02-393-2510, 010-4413-0870
팩스 | 02-393-2511

인쇄 | 성실인쇄
제본 | 동신제책사
홈페이지 | www.ssyeun.co.kr
이메일 | sasayon@naver.com

값 15,000원
ISBN 979-11-956510-8-5 03740

어·학·시·리·즈

사사연 어학연구소 저

머리말

영어는 이미 우리 사회의 기본언어가 되었다.

영어를 배우고 있는 학교는 말할 것 없고, 가정과 직장 그리고 사회 어느분야 어느 직업을 막론하고 이제 영어는 우리 사회의 필수 생활수단의 그 하나가 되었습니다.

남보다 좀더 앞서 나가기 위해, 그리고 무엇보다도 안정된 직장과 원만한 비즈니스를 위해 영어는 반드시 제대로 익혀야 한다는것, 바로 그것이 오늘을 살아가는 우리 현대인의 당면 과제가 된 것입니다.

그래서 지금 우리 사회는 어린이에서부터 성인에 이르기까지 그 영어 열풍에 휩싸여 자나깨나 그 욕망의 결실을 이루고자 온갖 노력을 다 쏟고 있는 것입니다.

하지만 공부도 때가 있는 법, 지난 날 기초 없이 겉핥기 식으로 영어를 배웠거나, 또 영어의 그 중요성을 모르고 무작정 영어 배우기를 멀리 했던 사람 등, 아무튼 다시 영어를 배우고자 열망하는 사람들에게는 그래서 배움의 그 바로미터가 되는 '新생활영어 회화사전' 참고서 선택이 무엇보다도 가장 중요한 것입니다.

◆ 「생활영어회화」의 특징

1) 생활영어회화는 일상 생활에서 필요한 상황들을 엄선하여 초보자도 쉽게 할용할 수 있도록 엄선하였다.

2) 생활영어회화는 영어의 기본인 읽기와 듣기, 회화를 중심으로 보다 쉽고 빠르게 공부할 수 있도록 매 쪽마다 알기 쉽게 '발음기호'를 달았습니다.

3) 생활영어회화는 쉽고 흥미있게 공부할 수 있도록 '예제'를 실었습니다.

4) 생활영어회화는 처음 영어를 배우는 초.중등 학생이나 다시 영어를 배우고자 하는 일반인등 모든 분들에게 「사사연출판사」가 드리는 최고의 학습서입니다.

아무쪼록 본 어학서가 여러분의 충실한 반려자가 되기를 충심으로 바랍니다.

지은이

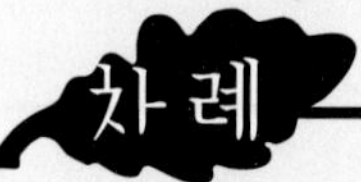

차례

Practical English

일상적인 인사와 소개

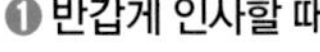

❶ 반갑게 인사할 때
❷ 처음 만났을 때
❸ 오랜만에 만났을 때
❹ 아는 사람을 만났을 때
❺ 우연히 만났을 때
❻ 만남을 기약할 때
❼ 헤어지려고 자리에서 일어날 때
❽ 헤어질 때
❾ 안부를 물을 때
❿ 누군가를 소개할 때
⓫ 자기를 소개할 때

Chapter

01 반갑게 인사할 때

1.안녕	**Hi!= Hi, there!** 하이 하이 데어 친구나 연인 사이에 할 수 있는 표현이다.
2.어이, 잘 있었나!	**Hey!** 헤이
3.안녕하세요	**Hello.** 헬로우 **Hello, there.** 헬로우, 데어 Hello는 정중한 표현이며 전화통화 시에 사용되고, Hi는 편안하고 친숙한 표현으로 헤어지고또 만났을 때는 Hello again으로 인사한다.
4.안녕하십니까? (아침 인사)	**Good morning.** 굿 모닝 **= Morning.** 모닝
5.안녕하십니까? (점심 인사)	**Good afternoon.** 굿 애프터눈 **= Afternoon.** 애프터눈
6.안녕하십니까? (저녁 인사)	**Good evening.** 굿 이브닝 **= Evening.** 이브닝 친한 사이에는 줄여서 Morning, Afternoon, Evening 이라고 표현하기도 한다.
7.안녕히 주무세요	**Good night.** 굿 나잇 밤에 헤어질 때나 잠자리에 들기0 전에 하는 인사이다.

8.어떻게 지내세요?

How's it going?
하우즈 잇 고잉

= How are things going?
하우 아 띵즈 고잉

= How are you doing?
하우 아류 두잉

= How's everything?
하우즈 에브리씽

= How are you getting along?
하우 아류 게팅 얼롱

= How is the world treating you?
하우 이즈 더 월드 트리팅 유

= How goes it?
하우 고즈 잇

A: I'm doing ok.
아임 두잉 오케이

= I'm doing great.
아임 두잉 그레이트

저는 잘 지내고 있어요.

9.어떻게 지냈어요?

How have you been?
하우 해브 유 빈

= How's it been?
하우즈 잇 빈

A: Very well.
베리 웰

잘 지내지요.

10.재미가 어떠세요?

How's your day going?
하우즈 유얼 데이 고잉

= How goes it?
하우 고즈 잇

A: Just so-so.
저스트 쏘-쏘

그냥 그래요.

11.요즘은 어떻게 지내세요?

How are you these days?
하우 아류 디즈 데이즈

A: So-so, getting by muddling through.
쏘-쏘, 게팅 바이 머딩 쓰루
그럭저럭 지내고 있어요.

12.안녕, 잘 지내고 있어요?

Hey! How's it hanging?
헤이 하우즈 잇 헹잉
남자들끼리 친한 사이일 때만 쓸 수 있다.

A: Not so bad, and yourself?
낫 쏘우 배드, 앤드 유어셀프
뭐 그럭저럭, 당신은 어때요?

13.사업은 잘 되고 있어요?

How's your business going?
하우즈 유어 비즈니스 고잉

= How's your business coming along?
하우즈 유어 비즈니스 커밍 어롱

A: Same as usual.
세임 애즈 유쥬얼
항상 똑같지 뭐.

14.가족들은 안녕하십니까?

How's your family?
하우즈 유어 패밀리

A: They are all very well.
데이 아 올 베리 웰
모두 잘 있어요.

15.어디 가세요?

Are you going somewhere?
아류 고잉 썸웨어

= Where are you going?
웨얼 아류 고잉

= Where are you headed for?
웨얼 아류 헤딩 포

= Where are you heading for?
웨얼 아류 헤딩 포

A: I'm going to the cafe to meet some friends.
아임 고잉 투 카페 투 미트 썸 프렌즈
친구들을 만나러 카페에 가고 있어요.

16.무슨 좋은 일 있으세요?

Do you have some good news?
두 유 해브 썸 굿 뉴스

A: Nothing special.
낫씽 스페셜
별 일 없어요.

17.무슨 일 있어요? 얼굴이 안 좋아 보여요.

What's wrong? you look so sad.
왓츠 렁 유 룩 쏘우 세드

A: I'm just feeling sort of blue.
아임 저스트 필링 솔트 오브 블루
그냥 기분이 좀 우울해서 그래요.

18.근데, 어디 가는 중이세요?

So, where are you heading?
쏘우, 웨얼 아류 헤딩

= Which way are you headed for?
위치 웨이 아류 헤딩 포

A: To the market.
투 더 마켓
시장에요.

19.어디를 그렇게 서둘러 가세요?

Why are you hurrying along?
와이 아류 허링 어롱

A: To meet friends.
투 미트 프렌즈
친구를 만나러가요.

20.자주 뵙네요.

We seem to keep running into each other.
위 씸 투 킵 러닝 인투 이치 아더

A: Don't work too hard.
돈트 웍 투 하드
수고하세요.

21.뭐가 그렇게 바쁘세요?

What's the rush?
왓츠 더 러쉬

22.무슨 좋은 일이라도 있으세요?

Anything new?
애니씽 뉴?

23.여기서 누굴 기다리세요?

Are you expecting anybody here?
아류 익스팩팅 애니바디 히얼

A: I'm waiting for my mother.
아임 웨이팅 포 마이 마더
어머니를 기다리는 중이에요.

Chapter 02

처음 만났을 때

1.처음 뵙겠습니다.	**How do you do?** 하우 두 유 두 정중한 인사로 보통 How do you do, Mr.kim? 으로 뒤에 상대방의 이름을 붙여서 말한다.
2.안녕하세요?	**How are you?** 하우 아류 How are you는 구면일 때, How do you do는 처음 만났을 때 나누는 인사지만 요즘에는초면일 때도 How are you 라는 표현을 쓰기도 한다.
3.만나서 반갑습니다.	**It's a pleasure to meet you.** 잇츠 어 플레져 투 미트 유 **= Glad to meet you.** 글레드 투 미트 유 **A: Nice to meet you, too.** 나이스 투 미트 유, 투 저 역시 만나서 반갑습니다.
4.우리 처음이죠. (처음 만나서 말을 걸 때)	**We've never met.** 위브 네버 미트 **A: I've heard so much about you.** 아이브 허드 쏘우 머치 어바웃 유 **= I've heard a lot about you.** 아이브 허드 어 랏 어바웃 유 당신에 대해 말씀 많이 들었어요.
5.톰이 당신 얘기를 자주 하더군요.	**Tom often speaks of you.** 톰 오픈 스피크 오뷰 **A: I've been looking forward to meeting you.** 아이브 빈 룩킹 포워드 투 미팅 유 **= I've wanted to meet you.** 아이브 원티드 투 미트 유 만나고 싶었습니다. (이름을 들은 적이 있는 사람과 만날 때)

6.그런데 저를 어떻게 아십니까?	**But how do you know who I am?** 밧 하우 두 유 노우 후 아이 엠 **A: You look very familiar.** 유 룩 베리 퍼밀리어 낯이 많이 익습니다.
7.우리 전에 본 적이 있던가요?	**Haven't we met before?** 해븐트 위 미트 비포 **= Haven't I seen you before?** 해븐트 아이 씬 유 비포 **A: I knew you just by sight.** 아이 노우 유 저스트 바이 사이트 얼굴은 알고 있었습니다.
8.만나 뵙게 되어 영광입니다.	**I'm honored to meet you.** 아임 아너드 투 미트 유 **A: I'm really glad to meet you, too.** 아임 리얼리 글레드 투 미트 유, 투 저도 대단히 반갑습니다.
9.우리는 정식으로 인사한 적이 없는 것 같습니다.	**I don't think we've been formally introduced.** 아이 돈트 띵크 위브 빈 포멀리 인트로듀스드 **A: It's a pleasure to have finally met you.** 잇츠 어 플레져 투 해브 파이널리 미트 유 이렇게 만나게 되어 영광입니다.
10.전에 어디선가 당신을 본 기억이 나는데요.	**I remember seeing you somewhere before.** 아이 리멤버 씨잉 유 썸웨어 비포 **A: I don't think we've met before.** 아이 돈트 띵크 위브 미트 비포 저는 처음 뵙는 것 같아요.

11.전부터 만나고 싶었습니다.

I've been waiting to meet you for sometime.
아이브 빈 웨이팅 투 미트 유 포 썸타임즈

A: It's good to see you in person.
잇츠 굿 투 씨 유 인 퍼슨
직접 뵙게 되어 기쁩니다.

12.드디어 직접 뵙게 되었네요.

So we finally meet face to face.
쏘우 위 파이널리 미트 페이스 투 페이스

A: I've always wanted to meet you.
아이브 올웨이즈 원티드 투 미트 유
꼭 한 번 만나고 싶었습니다.

Chapter

03 오랜만에 만났을 때

1.정말 오랜만이에요.	**Long time no see.** 롱 타임 노우 씨 **= I haven't seen your image** 아이 해븐트 씬 유어 이미지 **= It's been a long time.** 잇츠 빈 어 롱 타임 **= you are quite a stranger.** 유 아 콰이트 어 스트렌저 **A: I'm sorry about not keeping in touch.** 아임 쏘리 어바웃 낫 키핑 인 터치 그동안 연락 못해서 미안해요.
2.그동안 어떻게 지냈어요?	**What have you been up to?** 왓 해브 유 빈 업 투 **A: I'm just so so.** 아임 저스트 쏘 쏘 그럭저럭 지냅니다.
3.당신 몰라보게 변했네요.	**You've changed beyond all recognition.** 유브 체인지드 비얀드 올 레코그니션 **A: Why haven't you contacted me in such a long time?** 와이 해븐트 유 콘텍티드 미 인 서치 어 롱 타임 왜 그렇게 오랫동안 연락 안 한 거야?
4.이게 누구야!	**Well, look who is here!** 웰, 룩 후 이즈 히얼 **A: What a surprise!** 왓 어 서프라이즈 깜짝이야!

5.이런 데서 당신을 만나다니요!

Fancy meeting you here!
팬시 미팅 유 히얼

= What a small world!
왓 어 스몰 월드!

A: It's a small world.
잇츠 어 스몰 월드
세상 정말 좁군요.

6.몰라보겠는데요.

I hardly recognize/know you.
아이 헐드리 렉키나이즈/노우 유

A: You always look the same.
유 올웨이스 룩 더 세임

= You haven't changed a bit.
유 해븐트 체인지드 어 빗
당신은 하나도 변하지 않았군요.

7.이게 얼마 만입니까?

How long has it been?
하우 롱 해즈 잇 빈

A: What has kept you so busy?
왓 해즈 캡트 유 쏘우 비지
뭐가 그렇게 바쁘셨어요?

8.뵌 지 오래되었습니다.

It's been a long time since I saw you last.
잇츠 빈 어 롱 타임 씬스 아이 쏘우 유 라스트

A: I almost forgot your face.
아이 올모스트 포갓 유어 페이스
얼굴 잊어버리겠어요.

9.오랫동안 뵙지 못했습니다.

I haven't seen you for a while/ages.
아이 해븐트 씬 유 포 어 와일/에이지스

A: I haven't seen much of you lately.
아이 해븐트 씬 머치 오브 유 레이틀리
요즘 당신 보기 힘들군요.

10.오랜만에 이렇게 보게 되니 정말 반가워요.

It's so good to see you after all this time.
잇츠 쏘우 굿 투 씨 유 애프터 올 디스 타임

A: What a blast from to past!
왓 어 브레스트 프럼 투 패스트
옛 추억이 확 밀려오네!

11.몇 년 만에 뵙는군요.

I haven't seen you in years.
아이 해븐트 씬 유 인 이얼즈

A: Nice to see you again.
나이스 투 씨 유 어겐
다시 만나서 반가워요.

12.이런데서 만나리라곤 생각도 못했어요.

I didn't expect to see you here.
아이 디든트 익셉트 투 씨 유 히얼

A: Did you manage all right?
디쥬 매니지 올 라이트
잘 지내셨어요?

13.여긴 웬일이세요?

What are you doing here?
왓 아류 두잉 히얼

= What brings you here?
왓 브링스 유 히얼

A: What a surprise!
왓 어 서프라이즈
깜짝이야!

14.이게 얼마만이에요?

How long has it been?
하우 롱 해즈 잇 빈

A: It's been 2 years since we saw each other.
잇츠 빈 투 이얼즈 씬스 위 쏘우 이치 아더
만난 지 2년만이로군요.

Chapter

04 아는 사람을 만났을 때

인사 · 소개

1.어떻게 지내세요?

How are you doing?
하우 아류 두잉

= How are you getting along?
하우 아류 게팅 어롱

= Are you doing ok?
아류 두잉 오케이

A: I'm very well.
아임 베리 웰
잘 지내요

2.어디 가세요?

Where are you going?
웨얼 아류 고잉

= Where are you headed?
웨얼 아류 헤디드

= Are you going somewhere?
아류 고잉 썸웨어

A: I'm on my way home.
아임 온 마이 웨이 홈
집에 가는 길이에요.

3.가족들은 안녕하신지요?

How's your family?
하우즈 유어 패밀리

= How's everyone at home?
하우즈 에브리원 엣 홈

A: They're all very well.
데이아 올 베리 웰
모두 건강합니다.

4.새로 하는 일은 어떠세요?

How's your new job?
하우즈 유어 뉴 잡

A: This economic downturn is hurting everyone.
디스 이코노믹 다운턴 이즈 헐팅 에브리원
이번 불경기 때문에 모두들 힘들어하고 있어요.

5.요즘 일은 어떠세요?	**How's work these days?** 하우즈 웍 디즈 데이즈 **A: So far so good.** 쏘우 파 쏘 굿 지금까지는 괜찮아요.
6.그렇게 차려입고 어디를 가세요?	**Where are you going all dressed up?** 웨얼 아류 고잉 올 드레스드 업 **A: To the wedding hall.** 투 더 웨딩 홀 결혼식장에요.
7.잘 지내고 있어요?	**How are you getting on?** 하우 아류 게팅 온 **= How's things going?** 하우즈 띵스 고잉 **= How's everything?** 하우즈 에브리씽 **A: I'm fine.** 아임 파인 잘 지냅니다.
8.알고 지낸 지 오래 됐어요?	**Have you known each other long?** 해뷰 노운 이치 아더 롱 **A: Sure. We graduated from the same high school and university.** 슈어 위 그라듀에이티드 프럼 더 세임 하이 스쿨 앤 유니벌시티 네. 우린 같은 고등학교와 대학교를 나왔어요.
9.잘 되어 갑니까?	**What's going on?** 왓츠 고잉 온 **A: So far so good.** 쏘우 파 쏘우 굿 지금까지는 괜찮았어요.

10.와! 뭐하고 지낸 거예요. 너무 날씬하고 건강해 보이네요.

Wow! What have you been doing? You look so slim and healthy.
와우 왓 해뷰 빈 두잉 유 룩 쏘우 슬림 앤 헬시

A: Do I? I started to practice yoga recently.
두 아이 아이 스타티드 투 프렉티스 요가 리센트리
그래 보여요? 최근에 요가를 하기 시작했거든요.

Chapter

05 우연히 만났을 때

1.여기서 당신을 만나다니 뜻밖이에요.	**It's strange to see you here.** 잇츠 스트레인지 투 씨 유 히얼 **= Never thought I'd see you here.** 네버 쏘트 아이두 씨 유 히얼 **A: What are you doing here?** 왓 아류 두잉 히얼 **= What brings you here?** 왓 브링 유 히얼 여기는 무슨 일로 오셨어요?
2.이 동네에는 웬일이세요?	**What are you doing in this part of town?** 왓 아류 두잉 인 디스 파트 오브 타운 **= What are you doing in this neck of this woods?** 왓 아류 두잉 인 디스 넥 오브 디스 우드즈 **A: I'm down on business.** 아임 다운 온 비즈니스 볼일이 좀 있어서요.
3.어디 가시는 길이세요?	**Where are you headed?** 웨얼 아류 헤디드 **A: To the library.** 투 더 라이브러리 도서관에요.
4.대체 그동안 어디 숨어 있어서 안 보였어요?	**Where have you been hiding yourself?** 웨얼 해뷰 빈 하이딩 유어셀프 **A: I'm snowed under.** 아임 스노우드 언더 일에 파묻혀 지냈어요. (be snowed under 일이 엄청나게 많다)
5.야아, 이게 누구야!	**Well, What a pleasant surprise!** 웰, 왓 어 플레즌트 서프라이즈

= Well, look who is here!
웰, 룩 후 이즈 히얼!

A: I hardly recognized you. You've really changed.
아이 하들리 레크나이즈드 유 유브 리얼리 체인지드
몰라 볼 뻔했어요. 정말 많이 변했네요.

6.하는 일은 잘 되나요?

How's everything going?
하우즈 에브리씽 고잉

A: Not bad.
낫 배드
괜찮아요.

7.뜻밖에 만나서 정말 반가워요.

I'm so glad I ran into you.
아임 쏘우 글레드 아이 런 인투 유

A: I intended to see you one of these days.
아이 인텐디드 투 씨 유 원 오브 디즈 데이즈
그렇잖아도 요즘 한 번 봤으면 했어요.

8.톰? 너 맞지? 와! 몰라볼 뻔했네요.

Tom? Is it you? Wow! I hardly recognized you.
톰 이즈 잇 유 와우 아이 하들리 레크나이즈드 유

A: Jenny? You're still as beautiful as ever.
제니 유아 스틸 애즈 뷰티풀 애즈 에버
제니? 넌 여전히 예쁘구나.

9.내가 오늘 아침에 버스에서 누구를 우연히 만났는지 당신은 짐작도 못할 거에요.

You'll never guess who I bumped into on the bus this morning.
유윌 네버 게스 후 아이 범프드 인투 온 더 버스 디스 모닝
(bump/run into ~와 우연히 만나다)

A: Oh, let me see.. Was it Tom? I think he takes the same bus as you.
오, 렛미 씨 워즈 잇 톰 아이 띵크 히 테이크스 더 세임 버스 애즈 유
흠, 글쎄요.. 톰이었어요? 당신과 같은 버스를 타잖아요.

Chapter

06 만남을 기약할 때

1.언제 만나면 될까요?	**When can we meet?** 웬 캔 위 미트 **A: Let's get together soon.** 렛츠 겟 투게더 쑨 조만간 다시 봅시다.
2.다시 만날 수 있을까요?	**Can we meet again?** 캔 위 미트 어겐 **A: I'll call you next week.** 아윌 콜 유 넥스트 위크 다음 주에 전화할게요.
3.다시 만날 수 있길 바랍니다.	**I hope I can see you again soon.** 아이 호프 아이 캔 씨 유 어겐 쑨 **A: Let's meet more then.** 렛츠 미트 모어 댄 좀 더 자주 만납시다.
4.우리 계속 연락하며 지내요.	**I hope we can stay/keep in touch.** 아이 호프 위 캔 스테이/킵 인 터치 **A: Certainly.** 써턴리 그러지요.
5.언제 점심이나 같이 합시다.	**Let's do lunch sometime.** 렛츠 두 런치 썸타임 **A: Please call me anytime.** 플리즈 콜 미 애니타임 언제든 전화 주세요.

6.다음 토요일에 다시 만나기로 해요.

We have to make plans to get together on next Saturday.
위 해브 투 메이크 플랜 투 겟 투게더 온 넥스트 세러데이

A: See you then
씨 유 댄

= I'll see you then.
아윌 씨 유 댄
그럼 그 때 봐요.

7.곧 다시 뵙기를 바라요.

I hope I'll see you again soon.
아이 호프 아윌 씨 유 어겐 쑨

A: I'll contact you soon.
아윌 콘텍트 유 순
다시 연락드릴게요.

8.가끔 연락주세요.

Please call me at times.
플리즈 콜 미 엣 타임즈

A: Of course. I'll call you soon.
오브 코스 아윌 콜 유 쑨
그럼요. 조만간 연락 드릴게요.

9.가끔 들러주세요.

Please come and see me once in a while.
플리즈 컴 앤 씨 미 원스 인 어 와일

A: I'll drop by soon.
아윌 드롭 바이 쑨
곧 한 번 들르겠습니다.

Chapter
07 헤어지려고 자리에서 일어날 때

1.이만 가 봐야겠어요.	I have to go now. 아이 해브 투 고 나우 = I must be going/off now. 아이 머스트 비 고잉/오프 나우 = I must say good bye. 아이 머스트 세이 굿 바이 = I have got to be going. 아이 해브 갓 투 비 고잉 = I must run along now. 아이 머스트 런 어롱 나우 = I'm leaving. 아임 리빙 A: So soon? 쏘우 쑨 이렇게 금방?
2.좀 더 계시다 가시면 안돼요?	Can't you stay a little longer? 캔츄 스테이 어 리틀 롱거 Would you like to stay for dinner? 우쥬 라이크 투 스테이 포 디너 계시다가 저녁 드시고 가지 그러세요?
3.미안합니다. 이제 일어서야 할 것 같아요.	I'm sorry, but I've got to be on my way. 아임 쏘리, 밧 아이브 갓 투 비 온 마이 웨이 A: Do you have to leave so early? 두 유 해브 투 리브 쏘우 이얼리 벌써 돌아가세요?
4.너무 오래 있었네요.	I'm afraid I stayed too long. 아임 어프레이드 아이 스테이드 투 롱 A: Why don't you stay for a while? 와이 돈츄 스테이 포 어 와일 조금만 더 있다 가면 안돼요?

5.가셔야 한다니 아쉽네요.

It's too bad you have to go.
잇츠 투 배드 유 해브 투 고우

A: Likewise.
라이크와이즈
나도 그래요.

6.작별 인사를 해야겠어요.

I must say good bye.
아이 머스트 세이 굿 바이

A: If you insist.
이퓨 인시스트
정 그러시다면.

7.아니 벌써 열시입니까?

Oh, is it ten o'clock already?
오, 이즈 잇 텐 어클락 올레디

A: Let's hit the road.
렛츠 힛 더 로드
어서 갑시다.

8.벌써 시간이 이렇게 늦었어요?

It's that late already?
잇츠 댓 레이트 올레디

A: I'm all out of time. I'll have to say good bye now.
아임 올 아웃 오브 타임 아윌 해브 투 세이 굿 바이 나우
시간이 없어요. 이제 작별인사를 해야겠어요.

9.시간 좀 봐요. 진짜 가야 해요.

Look at the time. I really must go.
룩 엣 더 타임 아임 리얼리 머스트 고우

A: Do you have everything?
두 유 해브 에브리씽
다 챙겼어요?

10.이제 일어서는 게 좋을 것 같아요.

I'm afraid I'd better be leaving.
아임 어프레이드 아이두 베러 비 리빙

A: Wow! I'm late. Look, I'll call you.
와우 아임 레이트 룩, 아윌 콜 유
이런! 늦었어. 이봐, 내가 전화할게.

11.저녁 드시고 가세요?

Will you stay for dinner?
윌 유 스테이 포 디너

A: Absolutely not. I must be off now.
엡솔루티 낫 아이 머스트 비 오프 나우
아닙니다. 가봐야 해요.

12.자고 가세요?

Do you want to stay over?
두 유 원 투 스테이 오버

= Can you stay over tonight?
캔 유 스테이 오버 투나잇

(stay over 하룻밤 자다)

A: I must be back by 11 o'clock.
아이 머스트 비 백 바이 일레븐 어클락
11시까지는 돌아가야 합니다.

Chapter 08

헤어질 때

1.잘가.	Good bye. 굿 바이 = Bye(Bye-bye) A: Thanks for having me over. 땡스 포 해빙 미 오버 초대해줘서 고마워요.
2.와줘서 고마워요.	Thank you for coming. 땡큐 포 커밍 = Thanks for coming. 땡스 포 커밍 A: Take care. 테이크 케어 몸 조심 하세요.
3.좋은 하루 되세요.	Have a nice/good day. 해브 어 나이스/굿 데이 A: Yeah, you too. 예, 유 투 그래, 너도.
4.즐거운 시간이었습니다.	I had a very good time. 아이 해드 어 베리 굿 타임 A: Please come and see me once in a while. 플리즈 컴 앤 씨 미 원스 인 어 와일 가끔 놀러 오세요.
5.다음 만날 때까지 안녕히 계세요.	Good bye until next time. 굿 바이 언틸 넥스트 타임 A: It was good to see you. 잇 워즈 굿 투 씨 유

= Good running into you.
굿 러닝 인투 유

= Nice meeting you.
나이스 미팅 유

이렇게 만나게 돼서 기뻤어요.

6.당신 알게 되어서 정말 좋았어요. 계속 연락합시다.

I really enjoyed getting to know you. Let's keep in touch.
아이 리얼리 앤조이드 게팅 투 노우 유 렛츠 킵 인 터치

A: Don't forget to call.
돈트 포겟 투 콜

잊지 말고 전화해요.

7.조만간 또 이렇게 만나요.

Let's do this again soon.
렛츠 두 디스 어겐 쑨

= We have to do this again soon.
위 해브 투 두 디스 어겐 쑨

A: Good bye until late/next time.
굿 바이 언틸 레이트/넥스트 타임

안녕히 가시고 나중에 봬요.

8.조만간 한 번 들를게요.

I'll stop by one of these days.
아윌 스탑 바이 원 오브 디즈 데이즈

A: Please do.
플리즈 두

꼭 그래줘요.

9.그래, 그럼 나중에 봐요.

Ok, see you, then.
오케이, 씨 유, 댄

A: I'll keep in touch.
아윌 킵 인 터치

종종 연락할게요.

10.편지하는거 잊지 마세요.

Don't forget to write me.
돈 포겟 투 라이트 미

A: Good luck.
굿 럭

All the best
올 더 베스트
행운을 빌어요

11.당신 가족한테 안부 전해주세요.

Say hello to your family.
세이 헬로우 투 유어 패밀리

A: (I'll) see you later.
(아윌) 씨 유 레이더
다음에 만나요.

I've enjoyed every minute of it.
아이브 인조이드 에브리 미닛 오브 잇
즐겁게 잘 놀다 갑니다.

12.또 봐요.

See you again/later/around/in a little while.
씨 유 어겐/레이더/어라운드/인 어 리틀 와일

A: Take care (of yourself)
테이크 케어
몸 건강해.

13.잘 가요.

Take it easy.
테이크 잇 이지

A: Good bye until next time.
굿 바이 언틸 넥스트 타임
다음에 만날 때까지 안녕히 계세요.

Chapter 09

안부를 물을 때

1.가족들은 모두 잘 있으세요?

How's everybody at your house?
하우즈 에브리바디 엣 유어 하우스

= How's everyone getting along?
하우스 에브리원 게팅 어롱

= How's your family?
하우스 유어 패밀리

A: Yes. They are all very well.
예스 데이 아 올 베리 웰
모두 잘 있어요.

2.요즘 어떻게 지내세요?

How have you been getting along these days?
하우 해뷰 빈 게팅 어롱 디스 데이즈

= How have you been?
하우 해뷰 빈

= How's it going?
하우즈 잇 고잉

A: Keeping busy.
키핑 비지
바쁘게 지내고 있어요.

3.사업은 잘 되어 갑니까?

How's business/everything?
하우즈 비즈니스/에브리씽

= How's your business going?
하우스 유어 비즈니스 고잉

A: Not bad= So so
낫 배드= 쏘 쏘
그저 그래요

4.별 일 없으세요?

What's new?
왓츠 뉴

= What's happened to you?
왓츠 해픈드 투 유

A: Same as always.
세임 애즈 올웨이즈
항상 똑같아요.

5.새로운 직업은 어때요?

How's your new job?
하우즈 유어 뉴 잡

A: I can't complain too much.
아이 캔트 컴플레인 투 머치
그런대로 할 만 해요.

6.얼마나 자주 그의 소식을 듣습니까?

How often do you hear from him?
하우 오픈 두 유 히얼 프럼 힘

A: I hear from him once in a while.
아이 히어 프럼 힘 원스 인 어 와일
가끔 그로부터 소식이 있어요.

7.아버님 안녕하신가요?

How's your father?
하우스 유어 파더

A: He's doing well.
히즈 두잉 웰
잘 지내세요.

8.부모님께 안부 전해 주세요.

Please say hello to your parents.
플리즈 세이 헬로우 투 유어 페어렌츠

= Please give my regards to your parents.
플리즈 기브 마이 리가드 투 유어 페어렌츠

A: I'll surely do that.
아윌 슈어리 두 댓
꼭 그럴게요.

9.동생은 잘 있어요?

Is your brother well?
이즈 유어 브라더 웰

A: He's fine.
히즈 파인
잘 지내요.

Chapter 10

누군가를 소개할 때

1.이 분은 제 친구인 톰입니다.

This is my friend, Mr. Tom.
디스 이즈 마이 프렌드, 미스터 톰

= This is Tom, a friend of mine.
디스 이즈 톰, 어 프렌드 오브 마인

A: Mary told me a lot about you.
메리 톨드 미 어 랏 어바웃 유
메리한테 얘기 많이 들었어요.

2.두 사람 전에 서로 만난 적이 있나요?

Have you two met before?
해뷰 투 메트 비포

A: No, I don't think I have.
노우, 아이 돈트 띵크 아이 해브
아뇨, 없는 것 같은데요.

3.이런 내 정신 좀 봐. 이쪽은 톰이에요.

Oh, I'm sorry, how silly of me. This is Tom.
오, 아임 쏘리, 하우 실리 오브 미 디스 이즈 톰

Tom, shake hands with Mary.
톰, 쉐이크 핸즈 위드 메리
톰, 메리와 악수 해요.

4.실례지만 전에 우리 만난 적이 있지요?

Excuse me, we've met somewhere before, haven't we?
익스큐즈 미, 위브 메트 썸웨어 비포, 해븐트 위

= Excuse me, but haven't we met somewhere before?
익스큐즈 미, 밧 해븐트 위 메트 썸웨어 비포

A: That's right. I'm glad to meet you.
댓츠 라이트 아임 글래드 투 미트 유
맞아요. 만나서 반가워요.

5.저를 기억하세요?

Do you remember me?
두 유 리멤버 미

A: Of course, we met at the meeting last month, didn't we?
오브 코스, 위 메트 엣 더 미팅 라스트 먼스, 디든트 위
물론이에요. 지난 달에 미팅에서 만났었죠?

6.누구시더라? 성함이 뭐라고 하셨죠?

Do I know you? What was your name again?
두 아이 노우 유 왓 워즈 유어 네임 어겐

A: My name is Mary.
마이 네임 이즈 메리
제 이름은 메리입니다.

7.두 사람 아는 사이에요?

Do you know each other?
두 유 노우 이치 아더

A: I don't think we've met before.
아이 돈트 띵크 위브 메트 비포
처음 보는 것 같아요.

8.이 쪽은 제 동료 톰입니다.

This is my coworker, Tom.
디스 이즈 마이 코워커, 톰

A: Nice to meet you.
나이스 투 미트 유
만나서 반갑습니다.

9.마이크, 톰을 소개 할게요. 그는 컴퓨터 보안
전문가에요.

Mike, I want you to meet Tom. He specializes in computer security.
마이크, 아이 원트 유 투 미트 톰, 히 스페셜라이즈 인 컴퓨터 시큐얼리티

A: It's a pleasure to meet you. I hope you can help us stop these hackers.
잇츠 어 플레져 투 미트 유 아이 호프 유 캔 헬프 어스 스탑 디즈 해커즈
만나서 반가워요. 저희가 이 해커들을 차단할 수 있도록 많이 도와주세요.

10.내가 해리를 소개 할게요.

Let me introduce Harry.

렛미 인트로듀스 헤리

This is Harry.

디스 이즈 헤리

이 분이 해리입니다.

Chapter 11

자기를 소개할 때

1.처음 뵙는 것 같은데요.	**I don't think we've met before.** 아이 돈트 띵크 위브 메트 비포 **= We haven't met before, have we?** 위 해븐트 메트 비포, 해브 위 **A: No, we probably haven't.** 노우, 위 프라바블리 해븐트 네, 아마 그럴 거에요.
2.제 소개를 하겠습니다.	**I'd like to introduce myself.** 아이드 라이크 투 인트로듀스 마이셀프 **= I'll tell you about myself.** 아윌 텔 유 어바웃 마이셀프 **= Let me introduce myself.** 렛미 인트로듀스 마이셀프 **A: Hello, my name is Se-Dong Lee.** 헬로우, 마이 네임 이즈 세-동 이안녕하세요 저는 이세동입니다.
3.이게 제 명합입니다.	**This is my business card.** 디스 이즈 마이 비즈니스 카드 **A: Nice meeting you.** 나이스 미팅 유 만나서 반가워요.
4.좋은 친구가 되었으면 합니다.	**I hope we become good friends.** 아이 호프 위 비컴 굿 프렌즈 **A: I am pleased to make your acquaintance.** 아이 엠 플리즈드 투 메이크 유어 어퀘인턴스 이렇게 알게 되어 영광입니다.

5.좀 더 자주 만납시다.	**Let's meet more often.** 렛츠 미트 모어 오픈 **A: I enjoyed talking with you.** 아이 앤조이드 토킹 위드 유 얘기 즐거웠습니다.
6.저는 부모님과 함께 살고 있어요.	**I live with my parents.** 아이 리브 위드 마이 페어런츠 **I'm the oldest son.** 아임 디 올디스트 선 저는 장남입니다.
7. 제 친구가 당신 이야기를 종종 합니다.	**My friend often speaks of you.** 마이 프렌드 오픈 스피크스 오브 유 **A: I wanted to see you.** 아이 원티드 투 씨 유 만나 뵙고 싶었어요.

Practical English

기본 표현

2

Chapter 01

감사할 때

1.대단히 감사합니다.	**Thank you so/very much** 땡큐 쏘우/베리 머치 **= Thanks ever so much.** 땡스 에버 쏘우 머치 **A: Don't mention it.** 돈 멘션 잇 **= It was nothing.** 잇 워즈 낫씽 별 말씀을요.
2.다시 한 번 감사드립니다.	**Thank you again.** 땡큐 어겐 **A: Not at all.** 낫 엣 올 천만에요.
3.어떻게 감사해야 할지 모르겠어요.	**How can I thank you.** 하우 캔 아이 땡큐 너무 고마워서 말이 나오지 않아요. **I have no words to thank you.** 아이 해브 노우 워드즈 투 땡큐 **A: I'm so flattered.** 아임 쏘우 플래터드 과찬이십니다. **Don't mention it.** 돈트 멘션 잇 신경쓰지 마세요.
4.큰 도움이 되었습니다.	**It was a great help.** 잇 워즈 어 그레이트 헬프 **A: I'm happy to help out.** 아임 해피 투 헬프 아웃 도움이 될 수 있어서 기쁩니다.

5.어떻게 감사를 드려야 할까요?	**How can I ever thank you?** 하우 캔 아이 에버 땡큐 **A: Don't make too much of it.** 돈트 메이크 투 머치 오브 잇 너무 대단하게 생각하지 마세요.
6.수고해 주셔서 감사합니다.	**Thank you for all of your hard work.** 땡큐 포 올 오브 유어 하드 워크 **A: No trouble at all.** 노우 트러블 엣 올 수고라니, 천만에요.
7.친절하게 대해 줘서 감사해요.	**Thank you for your kindness.** 땡큐 포 유어 카인드니스 **= I appreciate your kindness.** 아이 어프리쉐이트 유어 카인드니스 **A: It was my pleasure.** 잇 워즈 마이 플레져 제가 좋아서 한거에요.
8.당신한테 신세를 졌어요.	**I owe you big** 아이 오우 유 빅 (time). (big time 엄청나게) **A: You're welcome** 유아 웰 컴 천만에요.
9.참 친절하시네요.	**You are an angel. = You're so nice.** 유 아 언 엔젤 유아 쏘우 나이스 **A: How kind of you to say so.** 하우 카인드 오브 유 투 세이 쏘우 그렇게 말씀해 주시니 감사해요.
10.그저 감사할 따름입니다.	**Thank you for everything.** 땡큐 포 에브리씽

기본 표현

A: My pleasure.
마이 플레져
저야말로 감사합니다.

11.호의를 베풀어주신 것에 감사드립니다.

I'm thankful to you for your favors.
아임 땡크풀 투 유 포 유어 페이벌스

A: Oh, the pleasure is ours.
오, 더 플레져 이즈 아워즈
저희가 오히려 감사합니다.

12.이 은혜는 평생 잊지 않겠습니다.

I'll never forget your kindness as long as I live.
아윌 네버 포겟 유어 카인드니스 애즈 롱 애즈 아이 리브

A: It's nothing. Think nothing of it.
잇츠 낫씽 띵크 낫씽 오브 잇
아무것도 아니에요. 감사해 하실 것 없어요.

13.여러모로 도와주셔서 감사합니다.

Thank you for all your help.
땡큐 포 올 유어 헬프

A: You're welcome, but it's my job.
유아 웰컴, 밧 잇츠 마이 잡
천만에요. 그러나 그것이 제가 할 일이에요.

14.너무 고맙습니다.

I can't thank you enough.
아이 캔트 땡큐 이너프

A: It was nothing.
잇 워즈 낫씽
별 거 아닙니다.

15.감사한 마음 이루 다 표현할 수 없어요.

It's hard for me to put into words how thankful I am.
잇츠 하드 포 미 투 풋 인투 워드 하우 땡크풀 아이 엠
(hard to put into words 말로 표현하기 어려운)

A: This is nothing of it.
디스 이즈 낫씽 오브 잇
별 거 아니에요.

Chapter 02

사과할 때

1.귀찮게 해서 미안합니다.

Sorry to bother/worry you.
쏘리 투 바더/워리 유

= Sorry for the trouble.
쏘리 포 더 트러블

A: Never mind.
네버 마인드
신경쓰지 마세요.

2.정말 진심으로 사과 드립니다.

My sincere apology.
마이 신시어 어폴로지

A: Not at all.
낫 엣 올
괜찮습니다.

3.불편하게 해서 미안합니다.

Sorry for the inconvenience.
쏘리 포 더 인컨비니언스

A: That's all right.
댓츠 올 라이트
괜찮습니다.

4.방해해서 죄송합니다.

Excuse me for interrupting.
익스큐즈 미 포 인터럽팅

A: Don't mention it.
돈 멘션 잇
천만에요.

5.기분 상하게 했다면 사과합니다.

I'm sorry if I offended you.
아임 쏘리 이프 아이 오펜디드 유

A: I don't need your reasons.
아이 돈트 니드 유어 리즌스
변명은 필요없어요.

You don't have to make a humble apology.
유 돈트 해브 투 메이크 어 험블 어폴로지
굽실대며 사과할 것 까지는 없어요.

6.정말 미안해요.

So sorry.
쏘우 쏘리

= I'm really/so sorry.
아임 리얼리/ 쏘우 쏘리

A: Don't do that again.
돈트 두 댓 어겐
다시는 그러지 마세요.

7.죄송합니다. 제가 발을 밟았어요.

Excuse me. I've stepped on your foot.
익스큐즈 미 아이브 스텝드 온 유어 풋

A: It's all right. Don't let it bother you.
잇츠 올 라이트 돈트 렛 잇 바더 유
괜찮아요. 신경쓰지 마세요.

8.제 잘못이에요. 죄송합니다.

It was my fault. I'm so sorry.
잇 워즈 마이 폴트 아임 쏘우 쏘리

A: I won't be able to let this go.
아이 오운트 비 에이블 투 렛 디스 고우
이 일은 그냥 넘어갈 수 없어요.

9.앞으로는 더 조심하겠습니다.

I'll be more cautious in the future.
아윌 비 모어 커셔스 인 더 퓨쳐

A: Not at all.
낫 엣 올
괜찮아요.

10.그런 뜻이 아니었는데 죄송합니다.

I'm sorry I didn't mean to.
아임 쏘리 아이 디든트 민 투

A: It's not your fault. I'm to blame.
잇츠 낫 유어 폴트 아임 투 블레임
당신 잘못이 아니에요. 제 잘못입니다.

11.기다리게 해서 미안합니다.

Sorry to keep you waiting.
쏘리 투 킵 유 웨이팅

It will never happen again.
잇 윌 네버 헤픈 어겐
다시는 이런 일 없을 거예요.

12.제가 실수했습니다.

I made a mistake.
아이 메이드 어 미스테이크

= My mistake.
마이 미스테이크

= It seems like I made a mistake.
잇 심즈 라이크 아이 메이드 어 미스테이크

A: It's not your fault.
잇츠 낫 유어 폴트
당신 잘못이 아닙니다.

13.일부러 그런 건 아니에요.

I didn't mean it, honest.
아이 디든트 민 잇, 어니스트

= I honestly didn't mean it.
아이 어니스트리 디든트 민 잇

= I didn't intend it that way.
아이 디든트 인텐디드 잇 댓 웨이

= I didn't do it on purpose.
아이 디든트 두 잇 온 퍼포스

A: Forget about it.
포겟 어바웃 잇
잊어버리세요.

14.다시는 안 그럴게요.

It won't happen again.
잇 오운트 헤픈 어겐

= It'll never happen again
잇윌 네버 헤픈 어겐

= I'll see that it never happens again.
아윌 씨 댓 잇 네버 헤픈즈 어겐

= I'll never do it again.
아윌 네버 두 잇 어겐

A: Apology accepted. Don't worry about that.
어폴로지 액셉티드 돈 워리 어바웃 댓
사과를 받아들일 테니까 걱정하지 마세요.

15.매번 폐를 끼쳐서 미안해요.

I'm sorry to trouble you so often.
아임 쏘리 투 트레블 유 쏘우 오픈

A: Don't worry about it.
돈 워리 어바웃 잇
그런 걱정 마세요.

Chapter 03

칭찬할 때

1.당신이 최고야.	**You're the best.** 유아 더 베스트 **= You're out of this world.** 유아 아웃 오브 디스 월드 **A: Don't say that.** 돈트 세이 댓 그런 말하지 마.
2.잘 했어요!	**Well done!** 웰 던 **= Good job/work!** 굿 잡/웍! **A: Thank you for the compliment.** 땡큐 포 더 컴플리먼트 칭찬해 주셔서 감사해요.
3.당신은 정말 못하는 게 없군요.	**You're good at everything.** 유아 굿 앳 에브리씽 (be good at ~을 잘하다, 유능하다) **A: You praise me too much.** 유 프레이즈 미 투 머치 너무 과분한 칭찬을 하시네요.
4.나는 당신이 자랑스러워요.	**I'm very proud of you.** 아임 베리 프라우드 오브 유 **A: You're flattering me.** 유아 플레터링 미 과찬이세요.
5.그녀는 멋지다. 군말이 필요 없다.	**She's gorgeous. Period.** 쉬즈 고어저스 피어리어드 **How I envy her** 하우 아이 앤비 허 그녀가 정말 부러워요.

기본 표현

6.그 옷이 당신한테 잘 어울려요.	**The dress looks good on you.** 더 드레스 룩스 굿 온 유 **How marvelous.** 하우 마블러스 너무 멋져요.
7.그 드레스 참 근사해요.	**You look real cool in that dress.** 유 룩 리얼 쿨 인 댓 드레스 **A: Don't flatter me so much.** 돈트 플래터 미 쏘우 머치 비행기 그만 태워요.
8.잘하고 있어요.	**You're coming along well.** 유아 커밍 어롱 웰 **A: I don't deserve the praise.** 아이 돈트 디설브 더 프레이스 전 그런 칭찬 받을 자격이 없어요.
9.당신은 손재주가 상당히 좋으시군요.	**You're quite good with your hands.** 유아 콰이트 굿 위드 유어 핸드즈 **A: How kind of you to say so.** 하우 카인드 오브 유 투 세이 쏘우 그렇게 말씀해 주시니 감사합니다.
10.너는 더할 나위 없이 멋져요. 진심이에요.	**You're too good to be true. I'm serious.** 유아 투 굿 투 비 트루 아임 시리어스 **A: You're joking, right?** 유아 조킹, 롸잇 당신 농담하는 거지요?
11.사진보다 실물이 더 예쁘네요.	**You're lovelier than your pictures.** 유아 러브리얼 댄 유아 픽쳐스 **A: You're making me blush.** 유아 메이킹 미 블러쉬 얼굴이 빨개지려고 하네요.

12.헤어스타일이 정말 잘 어울려요.

That hair style is very becoming on you.
댓 헤어 스타일 이즈 베리 비커밍 온 유

A: Thank you. That's a lot of applesauce.
땡큐 댓츠 어 랏 오브 애펄소스
고마워요. 칭찬이 과하군요.

---

13. 몸매가 정말 예뻐요. 내가 당신이었으면 좋겠네요.

You're fit. I wish I were you.
유아 핏 아이 위시 아이 워 유

A: I appreciate it.
아이 어프리쉐이트 잇
고맙습니다.

14.이 바지가 이 재킷이랑 어울리는 것 같아요?

Do you think these pants go with this jacket?
두 유 띵크 디스 팬츠 고우 위드 디스 재킷

A: It looks great on you.
잇 룩스 그레이트 온 유
당신한테 너무 잘 어울려요.

Chapter
04 용서를 구할 때

1.용서해주세요.	**Pardon me.** 파든 미 **= Please forgive me.** 플리즈 포기브 미 **= I beg your forgiveness.** 아이 베그 유어 포기브니스 **A: Don't give it another thought.** 돈트 기브 잇 어나더 쏘트 더 이상 걱정하지 마세요.
2.제가 한 일을 용서해 주세요.	**Please forgive me for what I've done.** 플리즈 포기브 미 포 왓 아이브 던 **A: You did the right thing.** 유 디드 더 라이트 띵 당신은 잘못한 게 없어요.
3.약속을 지키지 못한 걸 용서해 주세요.	**Please forgive me for breaking the promise.** 플리즈 포기브 미 포 브레이킹 더 프로미스 **A: No sweat.** 노우 스웨트 뭘요. 괜찮습니다.
4.대단히 죄송합니다.	**I deeply apologize.** 아이 디프리 어폴로라이즈 **A: Don't do it again.** 돈트 두 잇 어겐 다시는 그러지 마세요.
5.이번에는 봐줄게요.	**I'll let it slide this time.** 아윌 렛 잇 슬라이드 디스 타임 **= I'll let you off this time.** 아윌 렛 유 오프 디스 타임

A: I'll never do it again.
아윌 네버 두 잇 어겐
다시는 그러지 않겠습니다.

6.기다리게 해서 죄송합니다.

Excuse me for keeping you waiting.
익스큐즈 미 포 키핑 유 웨이팅

A: That's all right.
댓츠 올 라이트
괜찮습니다.

7.정말 미안해요.

I'm very sorry.
아임 베리 쏘리

A: Never mind.
네버 마인드
괜찮아요.

8.다시는 똑같은 실수를 하지 않겠습니다.

I won't make the same mistake again.
아이 오운트 메이크 더 세임 미스테이크 어겐

A: That's all right. It is nothing.
댓츠 올 라이트 잇 이즈 낫씽
괜찮아요. 아무것도 아니에요.

9.다음에는 잘 하겠습니다.

Next time I'll get it right.
넥스트 타임 아윌 겟 잇 라이트

A: Don't let it bother you.
돈트 렛 잇 바더 유
신경쓰지 마세요.

10.기회를 한 번 더 줄게요.

I'll give you another time.
아윌 기브 유 어나더 타임

A: I made a fool of myself.
아이 메이드 어 풀 오브 마이셀프
제가 바보 짓을 했어요.

11.한번만 봐 주세요.

Give me a break, please.
기브 미 어 브레이크, 플리즈

A: I can't forget about it.
아이 캔트 포겟 어바웃 잇
용서할 수 없어요

12. 그가 사과했잖아요. 나는 당신이 그 사람을 용서해야 한다고 생각해요.

He's apologized. I think you should forgive him.
히즈 어폴로자이즈드 아이 띵크 유 슈드 포기브 힘

A: Yes, but I still can't forget what he did!
예스, 밧 아이 스틸 캔트 포겟 왓 히 디드
알아요, 하지만 그가 한 짓을 잊을 수가 없어요!

13.나를 용서해 주시겠어요?

Will you forgive/excuse/pardon me?
윌 유 포기브/익스큐즈/파든 미

A: Don't blame yourself.
돈트 블레임 유어셀프

Don't be sorry about it.
돈트 비 쏘리 어바웃 잇
괜찮습니다.

Chapter 05

도움을 주거나 요청할 때

1.좀 도와주세요.

Give me a hand.
기브 미 어 핸드

= Help me.
헬프 미

A: How can I help you out?
하우 캔 아이 헬프 유 아웃
어떻게 도와드릴까요?

2.도움이 필요하세요?

Do you need any help?
두 유 니드 애니 헬프

I'm willing to help you.
아임 윌링 투 헬프 유
기꺼이 도와드리겠습니다.

3.제가 도와드릴 일은 없나요?

Could I do something for you?
쿠드 아이 두 썸씽 포 유

A: No, thank you.
노우, 땡큐
고맙지만 괜찮습니다.

4.제가 도와드릴게요.

Let me help you with your work.
렛미 헬프 유 위드 유어 웍

A: I can manage it.
아이 캔 매니지 잇
저 혼자 할 수 있어요.

5.설거지 좀 도와주시겠어요?

Will you help me wash up?
윌 유 헬프 미 워시 업

A: Certainly.
설튼리
네.

6.이거 옮기는 것 좀 도와주시겠어요?

Would you help carry this, please?
우쥬 헬프 캐리 디스, 플리즈

A: All right.
올 라잇
그러지요.

7.도움이 필요하면 언제라도 부탁하세요.

Ask me whenever you need help.
에스크 미 웬에버 유 니드 헬프

A: Thank you. That's very kind of you.
땡큐 댓츠 베리 카인드 오브 유
고마워요. 매우 친절하시네요.

8.도와주실 수 있습니까?

Can you help me?
캔 유 헬프 미

= Would you give me a hand?
우쥬 기브 미 어 핸드

A: Just say the word, I'll help you.
저스트 세이 더 워드, 아윌 헬프 유
말만 하세요. 도와드릴게요.

Chapter **06**

양해를 구할 때

1.여기서 담배를 피워도 될까요?

Do you mind if I smoke here?
두 유 마인드 이프 아이 스모크 히얼

A: I'm sorry, but you can't smoke here.
아임 쏘리, 밧 유 캔트 스모크 히얼
죄송하지만 여기서 담배를 피우시면 안 됩니다.

2.컴퓨터를 좀 사용해도 될까요?

May I use your computer?
메이 아이 유즈 유어 컴퓨터

A: I'm afraid not right now, but you can use it in an hour.
아임 어프레이드 낫 라잇 나우, 밧 유 캔 유즈 잇 인 언 아워
지금은 안 되지만 한 시간 내로 사용할 수 있어요.

3.창문을 좀 열어도 될까요?

Do you mind if I open the window?
두 유 마인드 이프 아이 오픈 더 윈도우

A: It's all right with me.
잇츠 올 라잇 위드 미
저는 괜찮습니다.

4.질문 하나 해도 될까요?

Mind if I ask you a question?
마인드 이프 아이 에스크 유 어 퀘스쳔

A: Be my guest.
비 마이 게스트
얼마든지요.

5.전화 좀 사용해도 될까요?

May/Could I use your telephone?
메이/쿠드 아이 유즈 유어 텔레폰

A: Go ahead.
고우 어헤드
쓰세요.

6.지나가도 될까요?

May I pass by?
메이 아이 패스 바이

= Can I get through?
캔 아이 겟 쓰루

A: Go ahead.
고우 어헤드
그럼요.

7.볼펜 좀 빌려 주시겠어요?

May I borrow a ball-point pen?
메이 아이 바로우 어 볼-포인트 펜

A: Not at all. Help yourself.
낫 엣 올 헬프 유어셀프
물론이에요. 쓰세요.

8.문을 닫아도 될까요?

Is it okay to close the door?
이즈 잇 오케이 투 클로즈 더 도어

A: I'd rather you didn't.
아이두 레더 유 디든트
그러지 말아주세요.

9.여기에 주차해도 되겠습니까?

Can I park my car here?
캔 아이 파크 마이 카 히얼

A: Oh, I'm afraid you can't. This is a towaway zone.
오, 아임 어프레이드 유 캔트 디스 이즈 어 토우어웨이 존
안되는데요. 여기는 견인지역입니다.

10.우리 아이 좀 봐주시겠어요?

Can you take care of my child?
캔 유 테이크 캐어 오브 마이 차일드

A: I'm not good with babies.
아임 낫 굿 위드 베이비스
전 아기를 잘 도와주지 못해요.

11.이것 좀 입어 봐도 되나요?

May I try it on?
메이 아이 트라이 잇 온

A: Sure.
슈어
물론이죠.

12.들어가도 되나요?

May I come in?
메이 아이 컴 인

A: Pleas come in.
플리즈 컴 인.
들어오세요.

13.여기 둘러봐도 될까요?

May I look around here?
메이 아이 룩 어라운드 히얼

A: Certainly.
썰튼리
예. 그러세요.

14.이걸 가져가도 될까요?

Can I take this?
캔 아이 테이크 디스

A: Yes, of course.
예스, 오브 코스
물론이죠.

Chapter 07

긍정적인 대답

1.그래.	Yeah. = Yes. 예 예스
2.물론이지.	Sure. = Of course. 슈어 오브 코스 = You got it. = Absolutely. 유 갓 잇 엡솔루트리
3.맞아.	You are right. 유 아 라잇 = This is true. 디스 이즈 트루 = Right. = Right you are. 라잇 라잇 유 아
4.바로 그거야.	That's it. 댓츠 잇 = That's just what I needed. 댓츠 저스트 왓 아이 니디드
5.예, 그렇습니다.	Yes, I am. 예스, 아이 엠
6.좋은 생각입니다.	That's a good idea. 댓츠 어 굿 아이디어
7.정말 만족스러워.	It gets two thumbs up. 잇 겟츠 투 썸즈 업 = It's in a league of its own. 잇츠 인 어 리그 오브 잇스 오운 = I give it four stars. 아이 기브 잇 포 스타즈

8.맘에 들어.

It's good enough.
잇츠 굿 이너프
= I think it's time.
아이 띵크 잇츠 타임

9.이건 최고야.

This is the ultimate.
디스 이즈 어 얼티메잇
= It couldn't be better.
잇 쿠든트 비 베러
= Never been better.
네버 빈 베러

10.좋아요.

Okay.
오케이
= All right. = That's good.
올 라잇 댓츠 굿

11.말 잘했어.

Well said.
웰 세드

12.네 말에 전적으로 찬성이야.

I couldn't agree with you more.
아이 쿠든트 어그리 위드 유 모어
= I agree with you 100%.
아이 어그리 위드 유 원헌드레드 퍼센트

13.그래, 네 말이 맞아.

Yeah, you're right.
예, 유아 라잇

14.긍정적으로 생각해 봐.

Look on the bright side.
룩 온 더 브라이트 사이드

15.좋은 생각인 것 같아.

It sounds like a good idea.
잇 사운즈 라이커 굿 아이디어

기본 표현

Chapter 08

부정적인 대답

1.천만에.	**No way.** 노우 웨이 **= Not at all.** 낫 엣 올 **= Far from it.** 파 프럼 잇
2.절대 아닙니다.	**Certainly not.** 썰튼리 낫 **= Of course not.** 오브 코스 낫
3.그건 미친 짓이야.	**That's insane.** 댓츠 인세인
4.마음에 들지 않아.	**It's not for me.** 잇츠 낫 포 미 **= It's not my style.** 잇츠 낫 마이 스타일
5.안되니까 잊어.	**Forget it.** 포겟 잇
6.그런 생각은 집어치워.	**You can lay that notion to rest.** 유 캔 레이 댓 노션 투 레스트
7.그럴 생각은 없어.	**Not if I can help it.** 낫 이프 아이 캔 헬프 잇
8.그만 두는 게 좋을 것 같아요.	**We'd better stop it.** 위드 베러 스탑 잇

9.답변하고 싶지 않군요.	**I don't want to answer that.** 아이 돈트 원 투 앤서 댓
10.그럴 것 같지 않아.	**Not likely.** 낫 라이크리
11.이해가 되질 않아.	**I don't get it.** 아이 돈트 겟 잇
12.난 그런 건 싫어.	**I hate it.** 아이 헤이트 잇
13.그건 불가능한 거야	**That's out of the question.** 댓츠 아웃 오브 더 퀘스쳔
14.난 전적으로 반대야.	**I disagree completely.** 아이 디스어그리 컴플리트리
15.그러지 마세요.	**You shouldn't do that.** 유 슈든트 두 댓
16.난 그런 건 참을 수 없어.	**I can't stand it.** 아이 캔트 스탠드 잇

Chapter

09 맞장구 칠 때

1.어제는 점심 먹을 시간도 없었어요.	**I didn't have time for lunch yesterday.** 아이 디든트 해브 타임 포 런치 예스터데이 **A: Didn't you?** 디든트 유 그랬습니까?
2.지난 주에 어린이 대공원에 갔었어요.	**I went to children grand park last week.** 아이 웬트 투 칠드런 그랜드 파크 라스트 위크 **A: Did you? What was it like?** 디쥬 왓 워즈 잇 라이크 그랬어요? 어땠어요?
3.톰이 메리와 다음 달에 결혼할 거래요.	**Tom and Marry are going to get married next month.** 톰 앤 메리 아 고잉 투 겟 메리드 넥스트 먼스 **A: Are they really?** 아 데이 리얼리 정말이에요?
4.저는 서울대학 학생입니다.	**I'm a student at Seoul university.** 아임 어 스튜던트 엣 서울 유니벌시티 **A: Oh, are you? What's your major?** 오, 아류 왓츠 유어 메이저 아, 그러세요? 전공이 뭐예요?
5.사장님이 급여를 올려줬어요.	**My boss just gave me a big raise.** 마이 보스 저스트 게이브 미 어 빅 레이즈 **A: That's great.** 댓츠 그레이트 잘 됐네요.

6.아내가 아들을 낳았어요.

My wife had a son.
마이 와이프 해드 어 선

A: Did she? Congratulations!
디드 쉬 컹그레이츄레이션
그래요? 축하해요!

7.심한 감기에 걸렸어요.

I've caught a terrible cold.
아이브 코트 어 테러블 콜드

A: Have you? That's too bad!
해브 유 댓츠 투 배드
그래요? 안됐군요.

8.어제는 학교에 있었어요.

I was in the school yesterday.
아이 워즈 인 더 스쿨 예스터데이

A: Oh, were you? So was I.
오, 워 유 쏘우 워즈 아이
그랬어요? 저도요.

9.저는 담배를 피우지 않아요. 당신은 피우세요?

I don't smoke. Do you?
아이 돈트 스모크 두 유

A: No, I don't either.
노우, 아이 돈트 이더
저도 피우지 않아요.

10.저희 부모님이 내일 부산에 가실 거예요.

My parents are going to Busan tomorrow.
마이 페어런츠 아 고잉 투 부산 투머로우

A: So am I.
쏘우 엠 아이
저도요.

11.새해에 복 많이 받으세요.

Holiday greetings to you and yours.
홀리데이 그리스팅 투 유 앤 유얼스

A: Oh, that reminds me. It's New Year's Day today.
오, 댓 리마인즈 미 잇츠 뉴 이얼즈 데이 투데이
아, 그러니까 생각이 나네. 오늘이 설날이지요.

12.맞아요.	**That's right.** 댓츠 라잇 **= You said it.** 유 세드 잇 **= Right.** 라잇
13.잘 됐구나!	**There you go!** 데어 유 고우
14.그래요?	**Is that so?** 이즈 댓 쏘우
15.예, 그럼요.	**Yes, indeed.** 예스, 인디드
16.그거 좋군요.	**That's good.** 댓츠 굿

Practical English

감정표현

❶ 기쁘고 즐거울 때
❷ 비난할 때
❸ 초조와 긴장
❹ 불평과 불만
❺ 화났을 때
❻ 놀라움과 두려움
❼ 걱정과 근심
❽ 슬프고 우울할 때
❾ 위로와 격려

Chapter

01 기쁘고 즐거울 때

1.기뻐서 날아갈 것 같아요.	**I jumped/jumping for joy.** 아이 점프드/점핑 포 조이 **A: I'm up in the air, too.** 아임 업 인 디 에어 투 저도 기뻐서 어쩔 줄을 모르겠어요.
2.이렇게 기쁜 적은 없었어요.	**Nothing could make me happier.** 낫씽 쿠드 메이크 미 해피어 **A: What happened?** 왓 해픈드 무슨 일인데요?
3.너무 좋아서 제 정신이 아니에요.	**I'm beside myself with joy.** 아임 비사이드 마이셀프 위드 조이 **A: Yes, nothing could be better.** 예스, 낫씽 쿠드 비 베러 네, 어느것도 이보다 더 좋을 순 없어요.
4.나는 시험에 합격했어요.	**I passed the exam.** 아이 패스드 디 이그잼 **A: That's great to hear.** 댓츠 그레이트 투 히얼 정말 좋은 소식이네요.
5.도무지 믿어지지가 않아요. 복권에 당첨됐어요.	**What an incredible feeling. I won the lottery.** 왓 언 인크레더블 필링 아이 원 더 로또
6.무엇 때문에 그렇게 싱글벙글하지요?	**What are you smiling about?** 왓 아류 스마일링 어바웃 **A: My wife gave birth to a son.** 마이 와이프 게이브 벌스 투 어 선 내 아내가 아들을 낳았어요.

7.기분이 정말 최고야.

I'm on top of the world.
아임 온 탑 오브 더 월드

= I'm walking on air.
아임 워킹 온 에어

= I'm sitting on top of the world.
아임 시팅 온 탑 오브 더 월드

A: I'm glad to hear that.
아임 글래드 투 히얼 댓
그걸 들으니 정말 기쁘네요.

8.서울을 다시 방문하게 되어서 기뻐요.

I'm delighted to revisit Seoul.
아임 딜라이티드 투 리비지트 서울

A: I'm glad to see you again.
아임 글래드 투 씨 유 어겐
당신을 다시 봐서 기쁩니다.

9.결혼 날짜 잡았어요?

Have you named the day?
해뷰 네임드 더 데이

A: Yes, things couldn't be better.
예스, 띵스 쿠든트 비 베러 예
이보다 더 좋을 수 없어요.

10.그거 좋은 소식이네요.

That's good news.
댓츠 굿 뉴스

A: I'm pleased to hear that.
아임 플리즈드 투 히얼 댓
그걸 들으니 정말 기쁘네요.

11.시험에 합격해서 날아갈 것 같아요.

I passed the exam. I jumped for joy.
아이 패스드 디 이그잼 아이 점프드 포 조이

A: No wonder you were smiling.
노우 원더 유 워 스마일링
어쩐지 화색이 만연하더라니.

12.기분 끝내준다!

What a great feeling!
왓 어 그레이트 필링

This is the best day of my life.
디스 이즈 더 베스트 데이 오브 마이 라이프
내 생애 최고의 날입니다.

13. 저는 여러분께 톰이 승진했다는 것을 알려 드리게 되어서 기쁩니다.

I'm delighted to let you know that Tom's promoted.
아임 딜라이티드 투 렛 유 노우 댓 톰스 프로모티드

A: Seriously? You're not kidding, are you?
시리어스리 유아 낫 키딩, 아 유
정말이요? 농담하는 거 아니시죠, 그렇죠?

14. 나는 당신이 그렇게 행복해 하는 걸 처음 봐요.

I've never seen you look so happy.
아이브 네버 신 유 룩 쏘우 해피

A: Great, does it get any better than this?
그레이트, 더즈 잇 겟 애니 베러 댄 디즈
잘됐다. 이보다 더 좋을 순 없을걸요?

15. 기쁜 소식이 있어요.

I have some good news.
아이 해브 썸 굿 뉴스

A: What happened?
왓 해픈드
무슨 일인데요?

Chapter 02

비난할 때

1.도대체 왜 그랬어요?

What on earth did you do that for?
왓 온 얼쓰 디쥬 두 댓 포

A: Why do I get blamed?
와이 두 아이 겟 블레임드
그게 왜 제 탓입니까?

2.너는 제대로 할 줄 아는 게 뭐야?

Don't you know how to do anything right?
돈츄 노우 하우 투 두 애니씽 라이트

A: Take that back.
테이크 댓 백
그 말 취소하세요.

3.어떻게 그렇게 생각이 없어요?

How could you be so thoughtless?
하우 쿠쥬 비 쏘우 써웃레스

A: You always criticize me!
유 올웨이즈 크리티사이즈 미
너는 나를 늘 비난하는구나!

4.뭘 알고 하는 소리야?

Don't you know anything?
돈츄 노우 애니씽

A: Watch your mouth!
와치 유어 마우스
말 조심하세요!

5.정말 유치하구나.

You're so childish.
유아 쏘우 차일드리시

A: Don't treat me as if I'm a child.
돈트 트리트 미 애즈 이프 아임 어 차일드
날 어린 아이 취급하지 마세요.

6.어떻게 그렇게 어리석을 수가 있어요?

How can you be so stupid?
하우 캔 유 비 쏘우 스투피드

A: That's ridiculous.
댓츠 리디컬러스
어처구니가 없군요.

7.당신 정신 나갔어요?

Are you out of your mind?
아류 아웃 오브 유어 마인드

= Have you lost your mind?
해뷰 로스트 유어 마인드

A: You're too outspoken.
유아 투 아웃스포큰
당신은 함부로 말하는군요.

8.정말 뻔뻔하구나!

What nerve you have!
왓 널브 유 해브

A: Are you crazy?
아류 크레이지
너 미쳤니?

9.바보 짓 하지 마세요. 이 망할 자식아!

Don't make a fool of yourself. Son of a bitch!
돈트 메이크 어 풀 오브 유어셀프 선 오브 어 비치

A: Don't call me names.
돈트 콜 미 네임즈
욕하지 마세요.

10.당신은 늘 그런 식으로 행동하잖아요.

It's so typical of you to do that.
잇츠 쏘우 티피컬 오브 유 투 두 댓

A: What do you take me for?
왓 두 유 테이크 미 포
날 뭘로 생각하는 거야?

11.말대꾸 하지 마.

Don't talk back to me.
돈트 토크 백 투 미

A: You must be out of your mind.
유 머스트 비 아웃 오브 유어 마인드
당신 정신 나간 게 분명해요.

12. 창피한 줄 아세요!

Shame on you.
쉐임 온 유

A: It was a mistake.
잇 워즈 어 미스테이크
그건 실수였어요.

---

13. 너 바보구나.

You're an idiot/fool.
유아 언 이디어트/풀

A: Don't put the blame on me.
돈트 풋 더 블레임 온 미
내 탓하지 마세요.

---

14. 당신은 아무것도 몰라요.

You don't know nothing.
유 돈트 노우 낫씽

= You're clueless.
유아 클루리스

A: Don't underestimate me.
돈트 언더에스트메이트 미
나를 얕잡아 보지 마세요.

---

15. 어떻게 그런 말을 할 수 있어요?

How can you say such a thing?
하우 캔 유 세이 서치 어 띵

A: I never said that.
아이 네버 세드 댓
나는 그렇게 말한 적 없어요.

Chapter

03 초조와 긴장

1.조마조마해서 미치겠어요.	I'm a bundle of nerves. 아임 어 번들 오브 널브스 = I'm on pins and needles. 아임 온 핀스 앤 니들스 (be on pins and needles 초조하다, 안절부절하다) = I'm coming apart at the seams. 아임 커밍 어파트 엣 더 심즈 A: Don't work yourself into a tizzy. 돈트 웍 유어셀프 인투 어 티지 초조해 하지 마세요.
2.너무 긴장돼요. 초조해서 미치겠어요.	I'm so nervous. It's driving me crazy. 아임 쏘우 널버스 잇츠 드라이빙 미 크레이지 A: Don't worry. 돈 워리 걱정 말아요.
3.긴장을 푸세요.	Take it easy. 테이크 잇 이지 = Relax the strain. 릴렉스 더 스트레인 = Kicking back. 킥잉 백 A: Everything is going to be okay. 에브리씽 이즈 고잉 투 비 오케이 모든 것이 다 잘 될 거에요.
4.너무 긴장이 돼서 심장이 쿵쾅거려요.	I'm so nervous my heart is pounding like a drum. 아임 쏘우 널버스 마이 하트 이즈 펌핑 라이크 어 드럼 A: Control/Restrain yourself. 컨트롤/리스트레인 유어셀프

Calm down.
컴 다운
진정하세요.

5.너무 불안해요.

I'm so restless.
아임 쏘우 레스트리스

A: Don't trouble yourself.
돈트 트러블 유어셀프

= Don't let it get to you.
돈트 렛 잇 겟 투 유
괜히 신경 쓰지 마세요.

6.걱정 말아요. 분명 잘할 수 있을 거예요.

Don't worry. I'm sure you'll do fine.
돈트 워리 아임 슈어 유윌 두 파인

A: Thanks for saying so.
땡스 포 세잉 쏘우
그렇게 말해주시니 감사해요.

7.만약 실수하면 어떻게 해요?

What if I make a mistake?
왓 이프 아이 메이크 어 미스테이크

A: Don't worry too much. Everything will be fine.
돈 워리 투 머치 에브리씽 윌 비 파인
너무 걱정하지 마세요. 다 잘 될 거에요.

8.내 생각에 넌 너무 걱정이 많아.

I think you worry too much.
아이 띵크 유 워리 투 머치

A: Do you really think so?
두 유 리얼리 띵크 쏘우
정말 그렇게 생각해?

9.너무 초조해 하지 마세요.

Don't be so uptight.
돈트 비 쏘우 업타이트

A: You will be fine.
유 윌 비 파인
넌 괜찮을거야.

10.바늘방석 위에 있는 것 같아요.

I'm on pins and needles.
아임 온 핀스 앤 니들스

A: Take a deep breath.
테이크 어 딥 브레쓰
숨을 길게 쉬어요.

11.뭐 때문에 항상 그렇게 초조해 하는 거예요?

Why are you so uptight all the time?
와이 아류 쏘우 업타이트 올 더 타임

A: Don't panic.
돈트 패닉
당황하지 마세요.

12.나 너무 떨려서 어지러워요.

I'm so nervous that I feel dizzy.
아임 쏘우 너비어스 댓 아이 필 디지

A: Take it easy.
테이크 잇 이지
진정해요.

13.내일 만약에 비가 오면 어떡하지요?

What if it rains tomorrow?
왓 이프 잇 레인즈 투머로우

A: I am anxious.
아이 엠 앵셔스
걱정돼요.

14.그녀도 손톱을 깨물고 있을 거예요.

She must be chewing her fingernails.
쉬 머스트 비 츄잉 허 핑거네일즈

A: Why are you caring about her?
와이 아류 카링 어바웃 허
당신이 왜 신경을 써요?

Chapter 04

불평과 불만

1.왜 불평하는 거죠?

Why are you grumbling?
와이 아류 그럼블링

A: I'm bored to death.
아임 보올드 투 데쓰
지루해 죽겠어요.

2.뭐가 불만인가요.

What are you grumbling/complaining about?
왓 아류 그럼블링/컴플레인잉 어바웃

A: I don't want to work weekends.
아이 돈트 원 투 웍 위켄즈
주말에는 일하고 싶지 않아요.

3.무엇 때문에 그렇게 투덜거려요?

What are you moaning about?
왓 아류 모우잉 어바웃

Stop griping.
스탑 그립핑

Don't complain.
돈트 컴플레인
그만 좀 투덜거려요.

4.뭐가 그렇게 만족스럽지 않아요?

What are you so dissatisfied about?
왓 아류 쏘우 디새서파이드 어바웃

A: I'm disgusted with this way of life.
아임 디스거스티드 위드 디스 웨이 오브 라이프
이런 생활은 너무 넌더리가 나요.

5.그렇게 불평불만만 늘어 놓지 마세요.

Don't be such a crab.
돈트 비 서치 어 크랩

A: Ah, you're always complaining!
어, 유아 올웨이즈 컴플레잉
참, 당신은 언제나 불평만 하는군요!

6.불평하는 무슨 이유라도 있나요?	**Is there a reason for your complaining?** 이즈 데얼 어 리슨 포 유어 컴플레잉 **A: I don't want to work holidays.** 아이 돈트 원 투 웍 홀리데이 휴일에 일하고 싶지 않아요.
7.스트레스 쌓인다!	**It's stressful!** 잇츠 스트레스풀 **A: What a pack of complaints!** 왓 어 팩 오브 컴플레인트 무슨 불평이 그렇게 많은지!
8.그만 투덜거려요.	**Stop grumbling.** 스탑 그럼블링 **A: I'm tired of the job.** 아임 타이얼드 오브 더 잡 나는 이 일이 지겨워요.
9.단 1분이라도 그만 투덜거릴 수 없어요?	**Can't you stop complaining for just a minute?** 캔트 유 스탑 컴플레잉 포 저스트 어 미닛 **Your complaining is really tiresome.** 유아 컴플레잉 이즈 리얼리 타이어썸 당신 불평불만에 진절머리가 나요.
10.이보다 더 지겨운 일이 또 있을까요?	**Is there anything more tedious than this?** 이즈 데얼 애니씽 모어 테디어스 댄 디스 **A: I'm fed up with your complaining.** 아임 페드 업 위드 유어 컴플레잉 당신 불평에 나도 짜증이 나요.
11.전부 다 잘못 됐어요.	**This is all wrong.** 디스 이즈 올 렁

A: Are you out of your mind?
아류 아웃 오브 유어 마인드
제정신이에요?

12.너절한 핑계에 질려 버렸어요.

I've had enough of sloppy excuses.
아이브 해드 이너프 오브 슬라피 익스큐즈

A: Just bear him another day.
저스트 베어 힘 어나더 데이
그냥 하루만 참아요.

13.어머, 도대체 이게 뭐죠? 여기 정말 엉망이에요.

Oh, God. What's this? This place is really awful.
오, 갓 왓츠 디스 디스 플레이스 이즈 리얼리 어펄

A: Don't get all bent out of shape.
돈트 겟 올 벤트 아웃 오브 쉐이프
너무 기분 나빠하지 마세요.

14.그만 좀 할래? 네 불평에 이젠 싫증이 나.

Pleas, stop doing it. I'm fed up with your complaints.
플리즈, 스탑 두잉 잇 아임 페드 업 위드 유어 컴플레인츠

A: My mom always treats me like a child.
마이 맘 올웨이즈 트리트 미 라이크 어 차일드
엄마는 언제나 나를 어린애 취급해요.

---

15. 당신 불평 듣는 거 정말 지긋지긋해요.

I'm sick and tired of listening to your complants.
아임 씩 앤 타이어드 오브 리스닝 투 유어 컴플레인츠

A: What are you bitching and moaning about?
왓 아류 비칭 앤 모우잉 어바웃
무엇 때문에 그렇게 투덜거리죠?

Chapter 05

화났을 때

1.더이상 참을 수가 없어요.	**I can't stand it anymore.** 아이 캔트 스탠드 잇 애니모어 **= I'm out of patience with you.** 아임 아웃 오브 페이션스 위드 유 **A: Don't get too worked up.** 돈트 겟 투 워크드 업 너무 흥분하지 마세요.
2.내 평생 이렇게 화가 난 적은 없어요.	**I've never been so mad in my life.** 아이브 네버 빈 쏘우 매드 인 마이 라이프 **A: Why is that?** 와이 이즈 댓 왜 그러는데요?
3.그 사람 왜 그렇게 화가 났어요?	**Why is he so pissed off?** 와이 이즈 히 쏘우 피시드 오프 (piss off 화나게 하다) **A: Well, I don't know why.** 웰, 아이 돈트 노우 와이 글쎄, 모르겠어요.
4.너무 화가 나서 소리라고 치고 싶어요.	**I'm so mad I could scream.** 아임 쏘우 매드 아이 쿠드 스크림 **A: Calm down.** 컴 다운 **= Keep your shirt on.** 킵 유어 셔트 온 진정하세요.
5.왜 그렇게 화가났어요?	**Why are you so cross?** 와이 아류 쏘우 크로스 **A: I'm still pissed off.** 아임 스틸 피시드 오프 나는 아직도 화가 안 풀렸어요.

6.정말 미쳐버리겠어요.

I'm really mad.
아임 리얼리 매드

A: Don't get angry, please.
돈트 겟 어그리 플리즈
제발 화내지 말아요.

7.당신 나한테 화났어요?

Are you mad at me?
아류 매드 앳 미

A: Yes, you make me crazy.
예스, 유 메이크 미 크레이지
네, 당신 때문에 미치겠어요.

8.당신 왜 화났어요?

Why are you angry?
와이 아류 앵그리

A: Miss Kim stood me up last night.
미스 킴 스투드 미 업 라스트 나잇
미쓰 김이 어젯밤에 날 바람 맞혔어요.

9.그녀는 머리 끝까지 화가 났어요.

She really hit the ceiling.
쉬 리얼리 힛 더 씰링

= She blew her top.
쉬 블루 허 탑

A: What's her problem?
왓츠 허 프라블럼
그녀한테 무슨 일 있어요?

10.뭐 때문에 그렇게 씩씩거려요?

What got you all in a huff?
왓 갓 유 올 인 어 허프
(in a huff 발끈하여)

Take it easy. It's also bad for your blood pressure.
테이크 잇 이지 잇츠 올소 배드 포 유어 블러드 프레슈어
진정해요. 혈압에도 안 좋아요.

11.정말 열받네요.

It makes my blood boil.
잇 메이크스 마이 블러드 보일
(make one's blood boil 몹시 화나게 하다)

감정 표현

A: Calm down. Getting all upset isn't good for your health.
컴 다운 게팅 올 업셋 이즌트 굿 포 유어 헬스
진정해요. 화내면 건강에 해로워요.

12.무엇 때문에 잔뜩 화가 난거에요?

What got you so hot and bothered?
왓 갓 유 쏘우 핫 앤 바덜드

A: You're irritating me.
유어 이리테이딩 미
당신이 내 신경을 거슬리게 하잖아요.

13.당신 때문에 지금 진짜 화가 나요.

I'm really upset with you right now.
아임 리얼리 업셋 위드 유 라잇 나우

A: Were you talking to me?
워 유 토킹 투 미
저한테 하시는 말씀이에요?

14.네가 나한테 어떻게 이럴 수 있어?

How dare you do this to me?
하우 데어 유 두 디스 투 미

A: Watch your language!
와치 유어 랭귀지
말조심해!

15.그런 짓을 계속해야겠어요?

Must you continue to do that?
머스트 유 컨티뉴 투 두 댓

A: Keep your nose out of my business.
킵 유어 노즈 아웃 오브 마이 비즈니스
내 일에 신경끄세요.

16.당신은 도대체 나를 뭘로 보는 거죠?

Who do you think you're talking to?
후 두 유 띵크 유아 토킹 투

A: Watch yourself.
와치 유어셀프

= Watch out.
와치 아웃
너 조심해.

Chapter 06

놀라움과 두려움

1.마른하늘에 날벼락이 었어요.	**It dropped from the clouds.** 잇 드롭드 프럼 더 클라우드 **= It dropped like a bomb.** 잇 드롭드 라이크 어 밤 **A: Why's that?** 와이 댓 왜 그러는데요?
2.믿어지지 않는데요.	**That's unbelievable.** 댓츠 언빌리버블 **= It's just beyond belief.** 잇츠 저스트 비욘드 빌리프 **= Incredible.** 인크레더블 **A: It's really unbelievable.** 잇츠 리얼리 언빌리버블 정말 믿어지지 않아요.
3.뭘 그렇게 두려워 하세요?	**What are you so afraid of?** 왓 아류 쏘우 어프레이드 오브 **A: I was too shocked to move.** 아이 워즈 투 쇼크 투 무브 너무 놀라서 움직일 수가 없었어요.
4.놀랍군요!	**What a surprise!** 왓 어 서프라이즈 **A: Just thinking about it scares me.** 저스트 띵킹 어바웃 잇 스케어즈 미 생각만 해도 무서워요.
5.거의 기절할 뻔했어요.	**I almost passed out.** 아이 올모스트 패스드 아웃

A: Seriously?
시리어스리
정말로?

6.그는 정리해고 당했어요.

He was made redundant.
히 워즈 메이드 리던던트

A: Really? I don't believe you.
리얼리 아이 돈트 빌리브 유
정말이에요? 믿기지 않아요.

7.그 소식을 듣고 놀랐어요.

I was surprised at the news.
아이 워즈 서프라이즈 엣 더 뉴스

= I was astonished to hear the news.
아이 워즈 어스토니쉬드 투 히얼 더 뉴스

A: No way.
노 웨이
I can't believe it.
아이 캔트 빌리브 잇
그럴 리가 없어요.

Chapter 07

걱정과 근심

1.무엇을 그렇게 걱정하고 계세요?

What are you so worried about?
왓 아류 쏘우 워리드 어바웃

A: It's no big deal.
잇츠 노우 빅 딜
아무 것도 아니에요.

2.무슨 일로 그렇게 기분이 언짢으세요?

What has made you so unhappy?
왓 해즈 메이드 유 쏘우 언해피

A: I don't want to talk about it. Leave me alone.
아이 돈트 원 투 토크 어바웃 잇 리브 미 어론
말하고 싶지 않아요. 그냥 내버려 두세요.

3.무슨 걱정 있어요?

What's troubling/bothering you?
왓츠 트러블링/바더링 유

A: I'm just feeling gloomy.
아임 저스트 필링 그루미
그냥 기분이 우울해요.

4.집에 무슨 일 있으세요?

Do you have any trouble at home?
두 유 해브 애니 트러블 엣 홈

A: Get it off your chest.
겟 잇 오프 유어 체스트
속 시원하게 털어놔 봐요.

5.걱정되는 일이라도 있으세요?

Do you have something on your mind?
두 유 해브 썸씽 온 유어 마인드

A: I'm worried about something.
아임 워리드 어바웃 썸씽
걱정거리가 좀 있어요.
(be worried about ~에 대해서 걱정하다)

감정 표현

6.진짜로 기분이 안 좋은가 보구나, 그렇죠?

You really are in a bad mood, aren't you?
유 리얼리 아 인 어 배드 무드, 안트 유

A: My boyfriend just dumped me.
마이 보이프렌드 저스트 덤프트 미
남자친구한테 차였어요.

7.너무 걱정하지 마세요.

Don't worry about it so much.
돈 워리 어바웃 잇 소 머치

A: That's all right.
댓츠 올 라잇
괜찮아요.

8.한숨도 못 잤어요.

I couldn't sleep a wink.
아이 쿠든트 슬리프 어 윈크

= I was all over the bed.
아이 워즈 올 오버 더 베드

A: Forget about it.
포겟 어바웃 잇
잊어버려요.

9.걱정할 것 없어요.

Never mind.
네버 마인드

A: I hope everything turns out okay.
아이 호프 에브리씽 턴즈 아웃 오케이
모든 일이 잘 되기를 바랄게요.

10.지난 며칠 동안 기분이 좀 안 좋아 보이네요.

You've been out of sorts these last few days.
유브 빈 아웃 오브 솔트 디스 라스트 퓨 데이즈

A: Not really. My dad is really sick.
낫 리얼리 마이 대드 이즈 리얼리 씩
꼭 그렇지만은 않아요. 아버지가 많이 편찮으세요.

11.당신 몹시 언짢아 보이는데 무슨 걱정이라도 있나요?

You seem really upset. Is anything the matter?
유 씸 리얼리 업셋 이즈 애니씽 더 메러

A: It's nothing really.
잇츠 낫씽 리얼리
정말 아무것도 아니에요.

12.너 일요일부터 우울했잖아? 무슨 일 잘못됐어?

You've been gloomy since Sunday? Is anything wrong with you?
유브 빈 글루미 신스 선데이 이즈 애니씽 렁 위드 유

A: Have I? My mother isn't well.
해브 아이 마이 마더 이즌트 웰
내가 그랬어요? 어머니가 편찮으셨어요.

13.뭐가 걱정이에요?

What bothers you?
왓 바더 유

A: It's not a big deal.
잇츠 낫 어 빅 딜
별로 큰 문제가 아니에요.

14.어떻게 해야 할지 모르겠어요.

I don't know what to do.
아이 돈트 노우 왓 투 두

A: Everything is going to be fine.
에브리씽 이즈 고잉 투 비 파인
모든 게 다 잘 될 거에요.

Chapter 08

슬프고 우울할 때

1.정말 가슴이 무너지는 것 같아요.	My heart is really broken. 마이 하트 이즈 리얼리 브로큰 = I'm really heart broken. 아임 리얼리 하트 브로큰 A: What happened to you? 왓 해픈드 투 유 무슨 일이에요?
2.아무것도 하고 싶은 생각이 없어요.	I don't feel like doing anything. 아이 돈트 필 라이크 두잉 애니씽 A: Everything will be fine. 에브리씽 윌 비 파인 모든 것이 다 잘될 거예요.
3.너무 비참하네요.	I feel so miserable. 아이 필 쏘우 미저러블 A: I understand how you're feeling. 아이 언더스텐드 하우 유어 필링 당신 기분 이해해요.
4.얼굴이 안 좋아 보여요. 무슨 일 있어요?	You look so sad. What's wrong? 유 룩 쏘우 새드 왓츠 롱 A: My business is not making money. 마이 비즈니스 이즈 낫 메이킹 머니 장사가 잘 안 되거든요.
5.기분이 울적해요.	I'm depressed. = I'm feeling low. 아임 디스프레스드 아임 필링 로우 A: What brings you down? 왓 브링 유 다운 왜 그렇게 우울해요?
6.기분이 언짢아요.	I'm out of sorts. 아임 아웃 오브 솔트스

(out of sorts 기분이 언짢은)

A: What's wrong with you?
왓츠 렁 위드 유
왜 그래요?

7.가슴이 아파요.

I'm still hurting.
아임 스틸 헐팅

A: I'm very sorry to hear that.
아임 베리 쏘리 투 히얼 댓
그 말을 들으니 참 안 됐어요.

8.좀 우울해 보이네요. 무슨 일 있어요?

You look a little down in the dumps. Is something the matter?
유 룩 어 리틀 다운 인 더 덤프스 이즈 썸씽 더 메러
(down in the dumps 우울한)

A: I took the LSAT and got a really low score.
아이 툭 더 엘에이에스티 앤 갓 어 리얼리 로우 스코어
로스쿨 입학시험을 봤는데 점수가 형편없이 나왔어요.
(LSAT 로스쿨 입학시험)

9.저는 너무 슬퍼요.

I feel too sad.
아이 필 투 새드

A: Don't give any to grief.
돈트 기브 애니 투 그리프
슬픔에 굴복해서는 안돼요.

10.왜 우울한 얼굴을 하고 있어요?

Why the long face?
와이 더 롱 페이스

A: I made a big mistake with my friend.
아이 메이드 어 빅 미스테이크 위드 마이 프렌드
친구한테 큰 실수를 했어요.

11.요즘 기분이 좀 우울해요.

I'm feeling down in the dumps lately.
아임 필링 다운 인 더 덤프스 레이틀리
(down in the dumps 우울한)

감정 표현

A: This must be hard, but cheer up.
디스 머스트 비 하드, 밧 치어 업
힘들겠지만 기운내세요.

12.만사가 시들해요.

I'm a little down in the mouth.
아임 어 리틀 다운 인 더 마우스
(down in the mouth 풀이 죽은)

A: Things will get better.
띵스 윌 겟 베러
괜찮아질거야.

13.소식을 들으니 정말 우울해지네요.

The news has really gotten me down.
더 뉴스 해즈 리얼리 가튼 미 다운

A: Don't let it get you down.
돈트 렛 잇 겟 유 다운
그 일로 낙심하지 마세요

14.뭐가 잘못되었는지 도무지 모르겠어요.

I can't put my finger on what's wrong.
아이 캔트 풋 마이 핑거 온 왓츠 렁

A: It will all work out.
잇 윌 올 웍 아웃
결국 다 잘 될거야.

15.너 너무 기운없어 보인다. 무슨 일이야?

You look so depressed. What's wrong?
유 룩 쏘우 디스프레스드 왓츠 렁

A: I don't know why.
아이 돈트 노우 와이
왜 그런지 모르겠어요.

16.정말 지쳐 보이네요. 무슨 일 있어요?

You look really stressed out. What's the matter?
유 룩 리얼리 스트레스트 아웃 왓츠 더 메러

A: Everything is the matter. My girlfriend is going to dump me.
에브리씽 이즈 더 메러 마이 걸프렌드 이즈 고잉 투 덤프 미
모든 게 다 엉망이에요. 여자 친구가 날 차려고 해요.

Chapter 09

위로와 격려

1.용기를 가지세요.

Keep your courage up.
킵 유어 커리지 업

A: Thank you. You've always been a great help to me.
땡큐 유브 올웨이즈 빈 어 그레이트 헬프 투 미
고마워요.언제나 당신은 나한테 큰 도움이 되고 있어요.

2.모든 것이 다 잘 될 거에요.

Everything will be ok/fine/work out just fine.
에브리씽 윌 비 오케이/파인/웍 아웃 저스트 파인

A: Thanks for your encouragement.
땡스 포 유어 인커리지먼트
격려 고마워요.

3.당신이라면 할 수 있어요!

You can do it!
유 캔 두 잇

A: Thanks for the vote of courage.
땡스 포 더 보트 오브 커리지
용기 갖게 해줘서 고마워요.

4.조금만 더 힘내세요. 걱정할 것 없어요.

Just a little harder. There's nothing to worry about.
저스트 어 리틀 하더 데얼즈 낫씽 투 워리 어바웃

A: I know. I really appreciate that.
아이 노우 아이 리얼리 어프리시에이트 댓
알아요. 정말 고마워요.

5.다음번엔 더 잘 할 거예요.

You'll have better luck next time.
유윌 해브 베러 럭 넥스트 타임

Do your best. = Give it your best.
두 유어 베스트기브 잇 유어 베스트
최선을 다해서 해보는 거에요.

6.최선을 다하십시오.

Be all that you can be.
비 올 댓 유 캔 비

A: Ok. I will do my best.
오케이 아이 윌 두 마이 베스트
네. 최선을 다해 봐야지요.

7.진심으로 애도를 표합니다.

Please accept my sincere condolences.
플리즈 엑셉트 마이 신시어리 컨돌런스

A: Thank you for your sympathy.
땡큐 포 유어 심퍼씨
위로해 주셔서 감사합니다.

8.모든 게 내 잘못이에요.

It's all my fault.
잇츠 올 마이 폴트

A: Don't blame yourself.
돈트 블레임 유어셀프
너무 자책하지 마세요.

9.시간이 좀 걸리겠지만 당신은 이겨낼 수 있을 겁니다.

It'll take time, but you'll overcome it.
잇윌 테이크 타임, 밧 유윌 오버컴 잇

A: Thanks a million.
땡스 어 밀리언
정말 고마워요.

10.가슴이 찢어질 것 같아요.

My heart is broken.
마이 하트 이즈 브로큰

A: Don't take it so seriously.
돈트 테이크 잇 쏘우 시리어슬리
너무 심각하게 받아들이지 마세요.

11.그런 일로 의기소침할 거 없어요.

Don't let it get you down.
돈트 렛 잇 겟 유 다운

A: It's not as bad as all that.
잇츠 낫 애즈 배드 애즈 올 댓
그나마 이 정도라서 다행이에요.

12.간밤에 할머니가 돌아가셨어요.

My grandmother has past away last night.
마이 그랜드마더 해즈 패스트 어웨이 라스트 나잇

A: Please accept my sympathy.
플리즈 엑셉트 마이 심퍼씨
삼가 조의를 표합니다.

13.나는 이제 한물 갔어요. 나이는 못 속이겠네요.

I'm over the hill. I'm feeling my age.
아임 오버 더 힐 아임 필링 마이 에이지

A: Don't get too down. You still look so young.
돈트 겟 투 다운 유 스틸 룩 쏘우 영
너무 우울해하지 마세요. 당신은 아직도 젊어 보여요.

14.걱정할 것 하나도 없어요.

There's nothing to worry about.
데얼즈 낫씽 투 워리 어바웃

A: Time will tell.
타임 윌 텔
시간이 해결해 줄 거예요.

Practical English

가정생활

Chapter 01

일어날 때

1. 일어날 시간이에요.	**It's time to get up.** 잇츠 타임 투 겟 업 (get up 일어나다, wake up 눈을 뜨다) **A: Is it seven o'clock already?** 이즈 잇 세븐 어클락 올레디 벌써 7시에요?
2.일어났어요?	**Are you awake?** 아류 어웨이크 **A: Stop waking me up in the morning.** 스탑 웨이킹 미 업 인 더 모닝 아침에 나 좀 깨우지 마세요.
3.어서 일어나요. 늦겠어요.	**Get up now or you'll be late.** 겟 업 나우 오어 유윌 비 레이트. **A: I have trouble getting up early in the morning.** 아이 해브 트러블 게팅 업 얼리 인 더 모닝 아침 일찍 일어나는 건 너무 힘들어요.
4.몇 시에 일어났어요?	**What time did you get up?** 왓 타임 디쥬 겟 업 **A: I got up at seven o'clock.** 아이 갓 업 엣 세븐 어클락 7시에 일어났어요.
5.어제 몇 시에 잤어요?	**What time did you go to bed last night?** 왓 타임 디쥬 고우 투 베드 라스트 나잇 **A: I stayed up late last night.** 아이 스테이드 업 레이트 라스트 나잇 어젯밤 늦게까지 안 잤어요.

6. 항상 늦잠을 자는구나.

You're always oversleeping.
유아 올웨이즈 오버슬리핑

A: The alarm didn't go off.
디 알람 디든트 고우 오프
자명종이 안 울렸어요.

7.왜 잠을 설쳤어요?

Why did you lose sleep?
와이 디쥬 루즈 슬립

A: I tossed and turned all night.
아이 토스드 앤 턴드 올 나잇
밤새 뒤척였어요.

8.악몽이라도 꿨어요?

Did you have a nightmare last night?
디쥬 해브 어 나잇메어 라스트 나잇

A: It was too scary.
잇 워스 투 스케어리
너무 무서웠어요.

9.잘 잤어요?

Did you sleep well?
디쥬 슬립 웰

A: Yes, I slept very well.
예스, 아이 슬립 베리 웰
네, 잘 잤어요.

10.시간 좀 봐요. 벌써 7시가 넘었어요.

Look at the time. It's already past seven.
룩 엣 더 타임 잇츠 올레디 패스트 세븐

A: I'm still sleepy. Let me go back to sleep.
아임 스틸 슬리피 렛미 고우 백 투 슬립
아직도 졸려요. 계속 잘래요.

11.오늘 아침 늦게 일어났어요?

Did you get up late this morning?
디쥬 겟 업 레이트 디스 모닝

A: No. I got up early this morning.
노우 아이 갓 업 얼리 디스 모닝
아니오. 오늘 아침에 일찍 일어났어요.

12.여섯시예요! 일어날 시간이에요.

It's 6 a.m.! Time to rise and shine.
잇츠 씩스 에이엠 타임 투 라이즈 앤 샤인
(rise and shine 정신 차리고 일어나다)

A: What are you talking about? It's the crack of dawn.
왓 아류 토킹 어바웃 잇츠 더 크렉 오브 던
무슨 소리죠? 이제 동이 텄는데.

13.왜 벌써 일어났어요?

Why are you up?
와이 아류 업

A: It's the team building hike today. Come on.
잇츠 더 팀 빌딩 하이크 투데이 컴 온
오늘 팀워크 훈련 하이킹 가는 날이잖아요. 서둘러요.

14.당신 몹시 지쳐 보여요. 괜찮아요?

You look really worn out. Everything ok?
유 룩 리얼리 워온 아웃 에브리씽 오케이

A: Nothing. I just feel like I didn't sleep at all.
낫씽 아이 저스트 필 라이크 아이 디든트 슬립 엣 올
아니요. 그냥 한 숨도 못 잔 것 같아요.

Chapter 02

외출을 준비할 때

1.화장실에는 다녀왔어요?

Did you go to the bathroom?
디쥬 고우 투 더 베드룸

A: Shake a leg! We're going to be late.
쉐이크 어 렉 위아 고잉 투 비 레이트
서둘러요! 우리 늦겠어요.

2.서둘러 준비하세요.

Hurry up and get ready.
허리 업 앤 겟 레디

A: Don't worry. We won't be late.
돈트 워리 위 워운트 비 레이트
걱정하지 마세요. 늦지 않을거에요.

3.오늘은 어떤 옷을 입을까요?

Which clothes should I wear today?
위치 클로스 슈드 아이 웨어 투데이

= What should I wear today?
왓 슈드 아이 웨어 투데이

A: You better put on the black suit.
유 베러 풋 온 더 블랙 슈트
검정색 양복을 입는 게 좋겠어요.

4.어떤 넥타이를 맬까요?

Which tie should I wear?
위치 타이 슈드 아이 웨어

A: They both look good.
데이 보쓰 룩 굿
둘 다 괜찮은데요.

5.이 넥타이가 이 셔츠랑 어울려요?

Does this tie match this shirts?
더즈 디스 타이 매치 디스 셔츠

A: They are a good match.
데이 아 어 굿 매치
잘 어울리는데요.

6.어때, 괜찮아 보여요?

Do I look good/alright?
두 아이 룩 굿/올라잇

A: You look so great
유 룩 쏘우 그레이트
당신 정말 멋있는데요.

7.이렇게 입으니 어때요?

What do you think of my clothes?
왓 두 유 띵크 오브 마이 클로스

A: It makes you look fat.
잇 메이크스 유 룩 패트
그거 입으니까 뚱뚱해 보여요.

8.당신도 차려 입어야지.

You need to dress up, too.
유 니드 투 드레스 업, 투

A: I know, but I haven't got anything to wear.
아이 노우, 밧 아이 해븐트 갓 애니씽 투 웨어
알아요. 하지만 입을 게 하나도 없는걸요.

9.뭐 잊어버린 건 없어요?

Did we forget anything?
디드 위 포겟 애니씽

= Have we forgotten anything?
해브 위 포갓튼 애니씽

A: Wait, I forgot my wallet.
웨이트, 아이 포갓 마이 월랫
잠깐, 지갑을 깜빡했어요.

10.애들은 준비됐나요?

Are the kids ready?
아 더 키드즈 레디

Did you turn off the TV?
디쥬 턴 오프 더 티브이
TV는 껐지요?

11.밖에서 기다릴게요.

I'll wait for you outside.
아윌 웨이트 포 유 아웃사이드

A: Oh, I'll be quick.
오, 아윌 비 퀵
알았어요. 빨리 나갈게요.

12.몇 시에 돌아올 건가요?

What time will you come back today?
왓 타임 윌 유 컴 백 투데이

A: I'll be back by twelve.
아윌 비 백 바이 투웰브
12시까지는 돌아올거에요.

13.다녀오겠습니다.

I'm taking off now.
아임 테이킹 오프 나우

= I'm leaving.
아임 리빙

= Bye now.
바이 나우

A: Have a nice day.
해브 어 나이스 데이
좋은 하루 되세요.

14.소개팅하러 가는데 좋은 첫 인상을 주고 싶거든요.

I'm going on a blind date, and want to make a good first impression.
아임 고잉 온 어 블라인드 데이트, 앤 원 투 메이크 어 굿 퍼스트 임프레션

A: Wow! You're dressed to kill. You should aim for something a bit more casual.
와우 유아 드레스트 투 킬 유 슈드 에임 포 썸씽 어 빗 모어 캐쥬얼
와! 정말 끝내주게 차려입었군요. 좀 더 캐쥬얼한 옷으로 입는 게 좋겠어요.
(dressed to kill/dressed to the nines 옷차림이 끝내주는, aim for ~을 목표로 하다)

가정 생활

Chapter
03
집안일을 할 때

1.방 청소 합시다.	**Let's clean the room.** 렛츠 클린 더 룸 **A: Ok. I'll mop the floor and you wash the windows.** 오케이 아윌 맙 더 플로어 앤 유 워시 더 윈도우 좋아요. 내가 바닥 걸레질 할테니까 당신은 창문을 닦으세요.
2.방이 어질러졌네요.	**The room is so messy.** 더 룸 이즈 쏘우 메시 **A: I have to vacuum.** 아이 해브 투 배큠 청소기를 돌려야 해요.
3.오늘 집안 청소를 좀 해야겠어요.	**You need to clean the house today.** 유 니드 투 클린 더 하우스 투데이 (need to ~해야 할 필요가 있다) **A: I'll help you clean up the room.** 아윌 헬프 유 클린 업 더 룸 방 청소하는거 내가 도와줄게요.
4.방이 엉망이에요.	**The room is a mess.** 더 룸 이즈 어 메스 **A: You empty the waste basket.** 유 엠티 더 웨이스트 바스킷 당신은 쓰레기통을 비우세요.
5.너 방이 왜 이렇게 지저분해?	**Were your room raised in a barn?** 워 유어 룸 레이즈드 인 어 바안 **A: Pick up after yourself. Clean your room.** 픽 업 애프터 유어셀프 클린 유어 룸 어질러 놓고 다니지 마세요. 네 방을 청소하세요.

6.쓰레기 좀 치워 줄래요?

Would you take out the garbage?
우쥬 테이크 아웃 더 가비쥐

A: You ought to recycle your garbage.
유 오트 투 리사이클 유어 가비쥐
쓰레기는 재활용해야 해요.

7.바닥을 쓸어주세요.

Please sweep the floor.
플리즈 스윕 더 플로어

A: Let's get some fresh air in here.
렛츠 겟 썸 프레쉬 에어 인 히어
집안 환기 좀 시켜야겠어요.

8.이 셔츠는 건조기에 넣으면 안돼요.

You can't put this shirt in the dryer.
유 캔트 풋 디스 셔츠 인 더 드라이어

A: Why? Does it shrink?
와이 더즈 잇 쉬링크
왜요? 줄어드나요?

9.오늘 빨래를 해야해요.

I need to do my laundry today.
아이 니드 투 두 마이 런드리 투데이

A: Will you help me?
윌 유 헬프 미
도와주실거죠?

10.빨래 다 끝났어요?

Have you done the laundry?
해브 유 던 더 런드리

A: I'll check.
아윌 체크
제가 확인해볼게요.

11.빨래 너는 것 좀 도와주실래요?

Can you help me hang up the laundry?
캔 유 헬프 미 헹 업 더 런드리

Turn off the TV and get to work.
턴 오프 더 티브이 앤 겟 투 웍
TV끄고 어서 일 좀 해요.

12.우리 아기 좀 봐 주시겠어요?

Can you take care of my child?
캔 유 테이크 케어 오브 마이 차일드

A: Sorry, I have to go out soon.
쏘리, 아이 해브 투 고우 아웃 쑨
미안해요. 저도 곧 나가 봐야 해요.

13.구석구석 다 청소하셨어요?

Have you cleaned up everywhere?
해브 유 클린드 업 에브리웨어

A: Not yet.
낫 옛
아직요.

14.주방 청소했어요? 한 시간 후에 손님들이 올거란 말이에요.

Have you cleaned the kitchen? The guests will be here in an hour.
해브 유 클린드 더 키친 더 게스츠 윌 비 히어 인 어 아워

A: Sorry, but I haven't gotten around to it yet.
쏘리, 밧 아이 해븐트 가튼 어라운드 투 잇 옛
미안한데 아직 못 했어요.
(get around to ~을 하다, ~을 할 시간을 내다)

식사할 때

1.밥은 언제 먹는 거에요?

When do we eat?
웬 두 위 이트

A: Dinner's almost ready.
디너스 올모스트 레디
저녁 거리 준비 됐어요.

2.저녁은 뭐에요?

What's for dinner/supper?
왓트 포 디너/써퍼

A: I made your favorite dish.
아이 메이드 유어 페이버릿 디쉬
당신이 좋아하는 걸로 준비했어요.

3.상 좀 차려 줄래요?

Would you set the table?
우쥬 셋트 더 테이블

A: It will be on the table in a minute.
잇 윌 비 온 더 테이블 인 어 미닛
금방 식탁에 차릴게요.

4.식구들한테 저녁 먹으라고 해라.

Call the family to dinner.
콜 더 패밀리 투 디너

Go sit down.
고우 싯 다운
가서 앉으세요.

5.모두 식탁에 앉으라고 하세요.

Call everyone to the table.
콜 에브리원 투 더 테이블

Put your napkin on your lap.
풋 유어 냅킨 온 유어 랩
냅킨을 무릎 위에 펴놓으세요.

6.조심해요, 뜨거워요!

Watch out, it's hot!
와치 아웃, 잇츠 핫

A: Thank you.
땡큐
감사합니다.

7.맛 괜찮아요?	**How does it taste?** 하우 더즈 잇 테이스트 **A: It's a little salty.** 잇츠 어 리틀 솔티 조금 짜네요.
8.필요한 게 있으면 말씀 해 주세요.	**Let me know if you need anything.** 렛 미 노우 이프 유 니드 애니씽 **A: Is there any more of this?** 이즈 데어 애니 모어 오브 디스 이거 더 있어요?
9.이거 좀 더 드시겠어요?	**Would you like some more of this?** 우쥬 라이크 썸 모어 오브 디스 **A: Thank you. I'm about to burst.** 땡큐 아임 어바웃 투 버스트 됐어요. 배가 터질 것 같아요.
10.다 드셨어요?	**Have you finished?** 해브 유 피니쉬드 **A: I enjoyed my meal.** 아이 앤조이드 마이 밀 잘 먹었습니다.
11.각자 먹은 그릇은 부엌에 갖다 주세요.	**Please carry your own dishes to the kitchen.** 플리즈 케리 유어 오운 디쉬스 투 더 키친 **A: I see.** 아이 씨 알겠어요.
12.네가 덜어놓은 건 네가 다 먹어야 해요.	**You have to eat everything you serve yourself.** 유 해브 투 이트 에브리씽 유 써브 유어셀프

A: Sure. I'll finish up any plate.
슈어 아윌 피니쉬 업 애니 플레이트
물론이죠. 남기지 않고 먹을 거예요.

13.이번에는 누가 설거지 할 차례지?

Whose turn is it to do the dishes?
후즈 턴 이즈 잇 투 두 더 디쉬스

A: I'll wash and you dry.
아윌 워시 앤 유 드라이
내가 씻을 테니까 당신이 물기를 닦아요.

14.음식 솜씨가 대단하세요. 보기만해도 입에 군침이 돌아요.

You're a very good cook. My mouth is watering just looking at it.
유아 어 베리 굿 쿡 마이 마우스 이즈 워터링 저스트 룩킹 엣 잇

A: It's very nice of you to say so.
잇츠 베리 나이스 오브 유 투 세이 쏘우
그렇게 말씀해 주시니 고맙습니다.

Chapter

05 잠자리에 들 때

1.잘 시간이에요.	**It's time to go to bed.** 잇츠 타임 투 고우 투 베드 **= It's bedtime. = Go to bed.** 잇츠 베드타임 고우 투 베드 **= It's time to go to sleep.** 잇츠 타임 투 고우 투 슬립
2.난 자러 갈래요.	**I'm going to bed. = I'm off to bed.** 아임 고잉 투 베드 아임 오프 투 베드 **A: Good night.** 굿 나잇 **= Sleep well.** 슬 립 웰 잘 자요.
3.잘 시간이 없었어요.	**It's past my bed time.** 잇츠 패스트 마이 베드 타임 **A: Sleep tight.** 슬립 타이트 푹 주무세요.
4.아직 안 자요?	**Are you still up?** 아류 스틸 업 **A: I couldn't sleep.** 아이 쿠든트 슬립 잠이 안 와요.
5.난 내일 아침 일찍 일어나야 해요. 자명종을 6시로 맞춰주세요.	**I have to get up early tomorrow morning. Please set the alarm at six o'clock.** 아이 해브 투 겟 업 얼리 투머로우 모닝 플리즈 셋 디 알람 엣 씩스 어클락

6.오늘은 일찍 자야겠어요.

I'll get to bed early tonight.
아윌 겟 투 베드 얼리 투나잇

A: Sweet dreams.
스위트 드림즈
좋은 꿈꾸세요.

7.아침에 봐요.

See you in the morning.
씨 유 인 더 모닝

A: Good night.
굿 나잇
안녕.

8.밤 늦게까지 안 자고 뭐 하세요?

What are you doing up so late?
왓 아류 두잉 업 쏘우 레이트

A: I couldn't sleep.
아이 쿠든트 슬립
잠이 안 와요.

9.이 닦아요. 잘 시간이 넘었어요.

Brush your teeth. It's past your bedtime.
브러쉬 유어 티쓰 잇츠 패스트 유어 베드타임

A: I see. I have troubles sleeping these days.
아이 씨 아이 해브 트러블 슬리핑 디즈 데이즈
알았어요. 요즘 잠들기가 힘들어요.

Chapter
06 휴일을 보낼 때

1.쉴 때 뭐 하세요?

How do you relax?
하우 두 유 리랙스

A: I pass the time watching TV on holiday.
아이 패스 더 타임 와칭 티브이 온 홀리데이
휴일에는 TV를 보면서 시간을 보내요.

2.일요일 아침에 늦잠 자는 것만큼 즐거운 것은 없어요.

There's nothing I enjoy more than sleeping late on Sunday morning.
데얼즈 낫씽 아이 앤조이 모어 댄 슬리핑 레이트 온 선데이 모닝

A: I need to take a little rest.
아이 니드 투 테이크 어 리틀 레스트
난 휴식이 좀 필요해요.

3.톰, 이번 주말에는 뭘 할 거예요?

What are you going to do this weekend, Tom?
왓 아류 고잉 투 두 디스 위캔드, 톰

A: Actually, I'm meeting someone this weekend.
엑츄얼리 아임 미팅 썸원 디스 위캔드
사실 이번 주말에는 누굴 좀 만나기로 했어요.

4.오늘처럼 맑고 화창한 날에 집에서 뭘 할 거야?

What are you doing at home on such a beautiful sunny day like today?
왓 아류 두잉 엣 홈 온 서치 어 뷰티풀 써니 데이 라이크 투데이

A: I'm just staying at home.
아임 저스트 스테잉 엣 홈
그저 집에 있을 겁니다.

5.휴일에 어딜 가실 건가요?

Are you going somewhere on holiday?
아류 고잉 썸웨어 온 홀리데이

A: Sadly, no. I'll have to try to catch up on some work.
세드리, 노우 아윌 해브 투 트라이 투 캐치 업 온 썸 웍
아쉽게도 아무데도 안 가요. 밀린 일을 좀 해야 하거든요.

6.다음 주말에 무슨 계획 있어요?

What are your plans for next weekend?
왓 아 유어 플랜 포 넥스트 위캔드

A: I'm going hiking with my friend.
아임 고잉 하이킹 위드 마이 프렌드
내 친구랑 하이킹을 갈 거예요.

7.휴일에는 무얼 하세요?

What do you do on holidays?
왓 두 유 두 온 홀리데이

= How do you normally spend holiday?
하우 두 유 노멀리 스펜드 홀리데이

A: I often take a walk in my neighborhood.
아이 오픈 테이크 어 웍 인 마이 네이버후드
자주 집 근처를 산책합니다.

가정 생활

Chapter
07 시장보기

1.이 근처에 시장이 있나요?	**Is there a market around here?** 이즈 데얼 어 마켓 어라운드 히어 **A: Walk straight on for about 50 meters.** 웍 스트레이트 온 포 어바웃 피프티 미터스 50미터 정도 곧장 걸어가세요.
2.이 고등어 신선한가요?	**Is this mackerels fresh?** 이즈 디스 매크럴 프레쉬 **A: It's very fresh.** 잇츠 베리 프레쉬 정말 신선합니다.
3.고등어 두 마리 주세요.	**Could you wrap up two mackerels?** 쿠쥬 랩 업 투 매크럴 **A: Can I cut it into three?** 캔 아이 컷 인 인투 쓰리 3등분 해 드릴까요?
4.이 사과 달아요?	**Are these apples sweet?** 아 디즈 애플즈 스위트 **A: It's delicious.** 잇츠 딜리셔스 아주 맛있어요.
5.이 사과는 벌레가 먹었어요.	**This apple was worm eaten.** 디스 애플 워즈 웜 이튼 **A: I'll get another one for you.** 아윌 겟 어나더 원 포 유 다른 걸로 바꿔드릴게요.
6.이 포도 시지 않아요?	**Don't these grapes taste sour?** 돈트 디스 그레이프스 테이스트 싸워

A: It's very sweet.
잇츠 베리 스위트
아주 달아요.

7.너무 익지 않은 토마토 좀 주시겠어요?

Give me some tomatoes that aren't too ripe, will you please?
기브 미 썸 토메이토스 댓 안트 투 라이프, 윌 유 플리즈

A: How many, sir?
하우 메니, 써
몇 개나 드릴까요, 선생님?

8.배는 아직 좀 비싼 것 같지 않아요?

Pears are still rather expensive, aren't they?
페어즈 아 스틸 레더 익스펜시브 안트 데이

A: That's my final price.
댓츠 마이 파이널 프라이스
그게 제가 드릴 수 있는 최저가입니다.

9.이거 유기농으로 재배된 건가요?

Are these organically grown?
아 디즈 오개닉클리 그로운

A: We carry only organic items.
위 케리 온니 오개닉 아이템
저희는 유기농 제품만 취급합니다.

10.시금치와 오이 4개만 주세요.

Some spinach and four cucumbers.
썸 스피니치 앤 포 큐컴버스

A: Take your pick.
테이크 유어 픽
고르세요.

11.왜 오늘은 채소가 이렇게 비싼가요?

I wonder why vegetables are so expensive today?
아이 원더 와이 베지터블 아 쏘우 익스펜시브 투데이

A: No. Today the vegetables are cheap.
노우 투데이 더 베지터블 아 치프
아니에요. 오늘은 채소가 싼거에요.

가정 생활

12.쇠고기 600g에 얼마 입니까?

How much is 600g of beef?
하우 머치 이즈 씩스헌드레드그램 오브 비프

A: It's 15 dollars.
잇츠 피프틴 달러
15달러입니다.

13.이 갈치 신선한가요?

Is this hairtail fresh?
이즈 디스 히얼테일 프레쉬

A: We guarantee the freshness of all our fish.
위 개런티 더 프레쉬니스 오브 올 아워 피쉬
모든 생선의 신선도를 보장해요.

14.바나나 한 송이에 얼마 입니까?

How much is this bunch of bananas?
하우 머치 이즈 디스 번치 오브 버내너

A: Three dollars per kilogram.
쓰리 달러즈 퍼 킬로그램
킬로그램 당 3달러입니다.

손님을 초대할 때

1.저희 집에 초대하고 싶어요.	I'd like to invite you to my house. 아이두 라이크 투 인바이트 유 투 마이 하우스 A: Thank you for inviting me. 땡큐 포 인바이팅 미 초대해 주셔서 감사합니다.
2.저녁 식사하러 오세요.	I want you to come to have dinner. 아이 원 유 투 컴 투 해브 디너 = Come over to have dinner. 컴 오버 투 해브 디너 A: I'm sorry, but maybe some other time. 아임 쏘리, 밧 메이비 썸 어더 타임 죄송하지만 다음에 갈게요.
3.언제 놀러 오세요.	Please come and see me some time. 플리즈 컴 앤 씨 미 썸 타임 A: Thank you. I'd love to. 땡큐 아이두 러브 투 고마워요. 그렇게 할게요.
4.토요일에 저희 집에 오셔서 저녁 식사 하시겠어요?	Will you come over to my house for dinner this Saturday? 윌 유 컴 오버 투 마이 하우스 포 디너 디스 세러데이 A: Thanks but not that day. 땡스 밧 낫 댓 데이 고맙지만 그 날은 안 되겠어요.
5.제 생일 파티에 오세요.	Please come to my birthday party. 플리즈 컴 투 마이 벌스데이 파티 A: Thank you. What time should I be there? 땡큐 왓 타임 슈드 아이 비 데어 감사해요. 몇 시에 가면 되나요?

6.오늘 저녁에 파티를 하는데 오실래요?

We're having a party tonight can you come?
위얼 해빙 어 파티 투나잇 캔 유 컴

A: Can I bring my kids?
캔 아이 브링 마이 키드즈
애들도 데리고 가도 되나요?

7.이따가 시간 되나요?

Are you free later today?
아류 프리 레이터 투데이

A: I'm afraid I haven't got time today.
아임 어프레이드 아이 해븐트 갓 타임 투데이
오늘은 시간이 없어요.

8.토요일에 우리와 함께 갈 거지요?

Are you going to join us on Saturday?
아류 고잉 투 조인 어스 온 세러데이

A: Of course, I'm coming.
오브 코스, 아임 커밍
물론이죠, 갈게요.

9.제가 저녁을 대접할게요.

Let me treat you to dinner.
렛 미 트리트 유 투 디너

A: Thank you, but I have a previous engagement.
땡큐, 밧 아이 해브 어 프리비어스 인게이지먼트
고맙지만 선약이 있어요.

10.이번 일요일에 집들이를 하려고 해요. 오시지 않겠어요?

We're having a housewarming this Sunday. Can't you come over?
위아 해빙 어 하우스워밍 디스 선데이 캔트 유 컴 오버

A: I'm coming.
아임 커밍
가겠습니다.

11.오늘 저녁에 초대하고 싶은데요.

I'd like to invite you to dinner.
아이두 라이크 투 인바이트 유 투 디너

A: I can't make it today.
아이 캔트 메이크 잇 투데이
오늘은 못 가겠네요.

12.집에 가시는 길에 잠깐 들러주실래요?

Would you drop by my house on your way home?
우쥬 드롭 바이 마이 하우스 온 유어 웨이 홈

A: Do you have some good news?
두 유 해브 썸 굿 뉴스
무슨 좋은 일 있으세요?

13.파티에 사무실 직원들을 전부 초대할 거에요?

Are you going to invite everyone in the office to the party?
아류 고잉 투 인바이트 에브리원 인 더 오피스 투 더 파티

A: I don't see why not.
아이 돈트 씨 와이 낫
못 할 이유도 없죠.

14.파티에 옷을 차려입고 가야 하나요?

Do I have to dress up to party?
두 아이 해브 투 드레스 업 투 파티
(dress up 옷을 차려입다)

A: Don't bother. It's casual.
돈트 바더 잇츠 캐쥬얼
그럴 필요 없어요. 편한 자리에요.

15.오실거죠?

You're coming right?
유아 커밍 라잇

A: Sure, I'll be there.
슈어 아윌 비 데어
물론이죠. 갈게요..

16.초대해줘서 고마워요. 내가 뭐 가져 갈까요?

Thank you for inviting me, shall I bring something?
땡큐 포 인바이팅 미, 쉘 아이 브링 썸씽

A: No, just bring yourself.
노우, 저스트 브링 유어셀프
아니, 그냥 몸만 와요.

17.오늘 우리 집에서 파티가 있는데 올 수 있어요?

Today, we have a party at my home. Can you join us?
투데이, 위 해브 어 파티 엣 마이 홈 캔 유 조인 어스

A: Sure, thank you. I'll go.
슈어, 땡큐 아윌 고우
물론이죠, 고마워요. 갈게요.

18.오늘 영화표가 두 장 있는데 같이 갈래요?

I have 2 tickets for today's movie, shall we go together?
아이 해브 투 티킷츠 포 투데이스 무비, 쉘 위 고우 투게더

A: Sure. I'm coming.
슈어 아임 커밍
물론이지요. 갈게요.

19.와서 점심 같이 해요.

Come over to have lunch.
컴 오버 투 해브 런치

A: I'm sorry, but maybe some other time.
아임 쏘리, 밧 메이비 썸 어더 타임
미안하지만 다음에 갈게요.

20.이번 토요일 점심 식사에 초대해도 되겠습니까?

May I invite you to lunch this Saturday?
메아이 인바이트 유 투 런치 디스 세러데이

A: I'm sorry, I have plans.
아임 쏘리, 아이 해브 플랜
미안하지만 선약이 있어요.

21.파티에 초대하고 싶어요.

I'd like to invite you to a party.
아이두 라이크 투 인바이트 유 인 어 파티

A: What kind of party?
왓 카인드 오브 파티
무슨 파티인데요?

22.무슨 특별한 날이에요?

What are you celebrating?
왓 아류 셀러브레이팅

A: It's our tenth wedding anniversary.
잇츠 아워 텐쓰 웨딩 애니버서리
저희 결혼 10주년이거든요.

23.어디서 파티를 하나요?

Where will you have the party?
웨어 윌 유 해브 더 파티

A: At my home.
엣 마이 홈
우리 집에서요.

24.내가 뭘 가져갈까요?

Shall I bring something?
쉘 아이 브링 썸씽

A: No, just bring yourself.
노우, 저스트 브링 유어셀프
아니, 그냥 몸만 와요.

가정 생활

Chapter
09 초대에 응할 때

1.그거 좋죠.	That sounds great. 댓 사운즈 그레이트
2.초대해 주셔서 고마워요.	Thank you for inviting me. 땡큐 포 인바이팅 미 = I appreciate the invitation. 아이 어프리쉐이트 디 인비테이션 = Thanks for inviting me. 땡스 포 인바이팅 미
3.가도 되나요?	Can I come over? 캔 아이 컴 오버
4.좋아요, 꼭 갈게요.	Okay, I'm coming. 오케이, 아임 커밍 = I'm sure I can come. 아임 슈어 아이 캔 홈
5.기꺼이 가겠습니다.	I'll be glad to come. 아윌 비 글래드 투 컴 = I'd love to. 아이두 러브 투
6.갈게요.	I'll go/be there. 아윌 고/비 데얼
7.몇 시에 가야 되나요?	What time do I have to be there? 왓 타임 두 아이 해브 투 비 데어 = What time should I be there? 왓 타임 슈드 아이 비 데어

8.제가 꼭 가겠습니다.	**I'll make sure to be there.** 아윌 메이크 슈어 투 비 데어
9.제가 뭔가 가져갈 것이 없나요?	**Should I bring anything?** 슈드 아이 브링 애니씽
10.저는 좋습니다.	**That's fine with me.** 댓츠 파인 위드 미
11.기꺼이 그렇게 하겠습니다.	**I'd be happy to.** 아이두 비 해피 투

Chapter 10

초대에 응할 수 없을 때

1.다음에 가죠. 어쨌든 고마워요.	**Maybe some other time. Thank you anyway.** 메이비 썸 어더 타임 땡큐 애니웨이
2.가고 싶지만 안 되겠네요.	**I'd like to, but I can't.** 아이두 라이크 투, 밧 아이 캔트
3.다음 기회가 좋을 것 같은데요.	**Another time, perhaps.** 어나더 타임, 퍼햅스 **= Perhaps we can make it another time.** 퍼햅스 위 캔 메이크 잇 어나더 타임
4.고맙지만 그 때는 너무 바빠요.	**Thank you, but I'm really too busy at the moment.** 땡큐 밧 아임 리얼리 투 비지 엣 더 모먼트
5.미안하지만 그 때는 바쁠 것 같아요.	**Unfortunately I'll be busy then.** 언폴츄너틀리 아윌 비 비지 댄
6.미안해요. 해야 할 일이 많아서요.	**I'm sorry. I've got too much to do.** 아임 쏘리, 아이브 갓 투 머치 투 두
7.미안하지만 그 날은 선약이 있어요.	**I'm sorry. but I have a previous engagement.** 아임 쏘리, 밧 아이 해브 어 프리비어스 인게이지먼트
8.미안하지만 그 날은 안 되겠어요.	**Sorry, but I won't be able to make it that day.** 쏘리, 밧 아이 오운트 비 에이블 투 메이크 잇 댓 데이

9.내가 오늘은 볼 일이 좀 있어서요.	**I have some errands/things to run today.** 아이 해브 썸 에런드/띵스 투 런 투데이
10.안 될 것 같아요.	**I'd have to say no.** 아이두 해브 투 세이 노우
11.미안하지만 다음에 가겠습니다.	**I'm sorry, but maybe some other time.** 아임 쏘리, 밧 메이비 썸 어더 타임
12.못 갈 것 같습니다.	**I'm afraid I can't.** 아임 어프레이드 아이 캔트
13.미안하지만 갈 수 없습니다.	**I'm sorry, I can't.** 아임 쏘리, 아이 캔트

Chapter 11

손님을 맞이할 때

1.여기가 김박사님 댁인가요?	**Is this Dr. Kim's residence?** 이즈 디스 닥터 김 레지던스 **A: You found the right place, welcome.** 유 파운드 더 라이트 플레이스 웰컴 잘 찾으셨어요. 어서 오세요.
2.계세요?	**Anyone home?** 애니원 홈 **A: Yes, of course. Come on in.** 예스, 오브 코스 컴 온 인 네, 물론이죠. 들어오세요.
3.여기는 어쩐 일이세요?	**What are you doing here?** 왓 아류 두잉 히어 **A: I just dropped by to say hello.** 아이 저스트 드롭트 바이 세이 헬로우 인사나 하려고 들렀어요.
4.어려운 걸음 해주셔서 정말 기뻐요.	**I'm so glad you took the time to look me up.** 아임 쏘우 글래드 유 툭 더 타임 투 룩 미 업 **A: I've wanted to invite you over before this.** 아이브 원티드 투 인바이트 유 오버 비포 디스 전부터 뵙고 싶었습니다.
5.와 주셔서 감사합니다.	**I'm glad you've come.** 아임 글래드 유브이 컴 **A: Thank you for coming.** 땡큐 포 커밍 **= Thank you. It's good to be here.** 땡큐 잇츠 굿 투 비 히어 불러줘서 고마워요.

6.안으로 들어오세요.	**Come on in. = Come right in.** 컴 온 인 컴 라이트 인 **= Please come in.** 플리즈 컴 인
7.제 코트를 어디에 놓아 둬야 되나요?	**Where can I put my coat?** 웨어 캔 아이 풋 마이 코트 **A: Here, let me take your coat.** 히어, 렛 미 테이크 유어 코트 코트를 이리 주세요.
8.이 의자에 앉아 봐요. 더 편해요.	**Try this chair. It's more comfortable.** 트라이 디스 체어 잇츠 모어 컴포터블 **Are you comfortable enough?** 아 유 컴포터블 이너프 편하세요?
9.조그마한 선물 하나 가져 왔는데요.	**Here's a small gift/something for you.** 히얼즈 어 스몰 기프트/썸씽 포 유 **A: Thanks for your nice present.** 땡스 포 유어 나이스 프리젠트 좋은 선물 감사합니다.
10.내 선물 마음에 드세요?	**How do you like my present?** 하우 두 유 라이크 마이 프리젠트 **A: Oh, it's a nice sweater.** 오, 잇츠 어 나이스 스웨터 오, 좋은 스웨터군요.
11.색감은 어때요?	**How about the color?** 하우 어바웃 더 컬러 **A: You made the best choice. Red is my favorite color.** 유 메이드 더 베스트 초이스 레드 이즈 마이 페이버릿 컬러 참 잘 골랐어요. 빨간색은 제가 가장 좋아하는 색이에요.

가정 생활

12.여긴 쉽게 찾으셨어요?	**Didn't you find way easily?** 디든트 유 파인드 웨이 이절리 **= Didn't you have any trouble getting here?** 디든트 유 해브 애니 트러블 게팅 히어 **A: No, the map you sent was quite helpful.** 노우, 더 맵 유 센트 워즈 콰이트 헬풀 네, 보내주신 약도 덕에 잘 찾았습니다.
13.기다리고 있었습니다.	**I've been expecting you.** 아이브 빈 익스펙팅 유 **A: Let me introduce my coworker.** 렛 미 인트로듀스 마이 코워커 동료를 소개할게요.
14.뭐 마실 것 좀 드릴까요?	**Would you like something to drink?** 우쥬 라이크 썸씽 투 드링크 **A: A cup of coffee, please.** 어 컵 오브 커피, 플리즈 커피 한 잔 주세요.
15.편히 앉으세요.	**Be my guest.** 비 마이 게스트 **A: Thank you inviting me.** 땡큐 인바이팅 미 초대해주셔서 감사합니다.
16.저희 집에 오신 걸 환영합니다.	**Welcome to my home.** 웰컴 투 마이 홈 **A: It's a nice house.** 잇츠 어 나이스 하우스 좋은 집이네요.

Chapter 12

집구경을 할 때

1.집 구경하시겠어요?

Would you like to take a look around my house?
우쥬 라이크 투 테이크 어 룩 어라운드 마이 하우스

= Will you take a look around our house?
월 유 테이크 어 룩 어라운드 아워 하우스

A: Will you?
월 유
그래 주시겠어요?

2.집 구경 시켜드릴게요.

Let me show you around the house.
렛 미 쇼 유 어라운드 더 하우스

A: You are living in a nice house.
유 아 리빙 인 어 나이스 하우스
멋진 집에서 사시는군요.

3.집에 방이 몇 개나 있어요?

How many rooms does this house have?
하우 메니 룸스 더즈 디스 하우스 해브

A: My house has four rooms.
마이 하우스 해즈 포 룸스
네 개 있습니다.

4.여기가 거실이에요.

This is the living room.
디스 이즈 더 리빙 룸

A: What a great view.
왓 어 그레이트 뷰
전망이 좋군요.

5.이곳이 부엌이에요.

This is the kitchen.
디스 이즈 더 키친

A: It's very modern.
잇츠 베리 모던
아주 현대식이네요.

가정 생활

6.거실로 들어가세요.

Come in the living room.
컴 인 더 리빙 룸

A: Everything is set so perfectly.
에브리씽 이즈 셋 쏘우 퍼픽트리
모든 게 잘 정돈되어 있네요.

7.여기가 화장실이에요.

This is the bathroom.
디스 이즈 더 베쓰룸

A: Can I use it now?
캔 아이 유즈 잇 나우
지금 사용해도 되나요?

8.침실은 어디에요?

Where is the bedroom?
웨어 이즈 더 베드룸

A: Here we are. Wow! What a fantastic view!
히어 위 아. 와우 왓 어 판타스틱 뷰
여기에요. 환상적이에요!

9.집안을 안내할까요?

Shall I show you around my house?
쉘 아이 쇼 유 어라운드 마이 하우스

A: It's superb. I never imagined it would be so nice.
잇츠 수퍼브 아이 네버 이매진드 잇 우드 비 쏘우 나이스
멋지군요. 이렇게 멋있을 줄은 상상도 못했어요.

10.여기가 제 방입니다.

This is my room.
디스 이즈 마이 룸

A: You have a beautiful house.
유 해브 어 뷰티풀 하우스
집이 정말 좋네요.

Chapter 13

접대할 때

1.뭘 좀 마시겠습니까?

Would you care for something to drink?
우쥬 케어 포 썸씽 투 드링크

= What would you like to drink?
왓 우쥬 라이크 투 드링크

A: A glass of water, please.
어 글라스 오브 워터, 플리즈
물 한 잔 주세요.

2.커피 한 잔 드릴까요?

Can I get you a cup of coffee?
캔 아이 겟 유 어 컵 오브 커피

A: No, Please bring me some soda.
노우, 플리즈 브링 미 썸 소다
아뇨, 탄산음료 좀 주세요.

3.저녁이 준비 됐습니다. 식당으로 가시죠.

Dinner's ready. Let's move to the dining room.
디너 레디 렛츠 무브 투 더 다이닝룸

Please come this way for dinner.
플리즈 컴 디스 웨이 투 디너
이리오셔서 저녁 드세요.

4.많이 드세요.

Please take a big helping.
플리즈 테이크 어 빅 헬핑

A: Thank you, your salad is really good.
땡큐, 유어 샐러드 이즈 리얼리 굿
고마워요. 샐러드가 아주 맛있어요.

5.맛이 어떠세요?

How does it taste?
하우 더즈 잇 테이스트

A: It was the best meal I've ever had.
잇 워즈 더 베스트 밀 아이브 에버 해드
이렇게 맛있는 음식은 처음 먹어요.

6.음식 맛있어요?	**Are you enjoying your meal?** 아류 앤조잉 유어 밀 **A: It's pretty good.** 잇츠 프리티 굿 아주 맛있어요.
7.더 필요한 게 있나요?	**Is there anything I can get you?** 이즈 데어 애니씽 아이 캔 겟 유 **= Is there anything else?** 이즈 데어 애니씽 엘스 **= Anything else I can do for you?** 애니씽 엘스 아이 캔 두 포 유 **A: No, I've had plenty.** 노우, 아이브 해드 프렌티 아니오, 많이 먹었어요.
8.이 음식 좀 드셔 보세요.	**Try some of this.** 트라이 썸 오브 디스 **A: Thank you. It looks so delicious.** 땡큐 잇 룩스 쏘우 딜리셔스 고맙습니다. 맛있게 보이는군요.
9.필요한 게 있으면 말씀 하세요.	**Let me know if you need anything.** 렛미 노우 이퓨 니드 애니씽 **A: I'm really full up. I couldn't eat another mouthful.** 아임 리얼리 풀 업 아이 쿠든트 이트 어나더 마우스 풀 배가 너무 부릅니다. 더 먹을 수 없어요.
10.뭐 다른 걸 가져다 드릴까요?	**Can I get you anything else?** 캔 아이 겟 유 애니씽 엘스 **A: No, thank you. I'm about to burst.** 노우, 땡큐 아임 어바웃 투 버스트 아니오, 됐어요. 배가 터질 것 같아요.

11.한 잔 하실래요?

Will you have a drink?
윌 유 해브 어 드링크

A: Let's have a drink.
렛츠 해브 어 드링크
한 잔 합시다.

12.더 마실래요?

Would you like another?
우쥬 라이크 어나더

A: No, I can't drink much.
노우, 아이 캔트 드링크 머치
아니오, 저는 술을 잘 못해요.

13.약간 취기가 있어요.

I'm slightly drunk.
아임 슬라이틀리 드렁크

A: Just have a little.
저스트 해브 어 리틀
조금만 드세요.

14.한잔 더 하시겠어요?

Can I get you another drink?
캔 아이 겟 유 어나더 드링크

A: No, thanks. That's enough.
노우, 땡스 댓츠 이너프
아닙니다. 이걸로 됐습니다.

15.식사는 맛있었나요?

Did you enjoy the meal?
디쥬 앤조이 더 밀

A: It was so delicious. I enjoyed my meal.
잇 워즈 쏘우 딜리셔스 아이 앤조이드 마이 밀
맛있었습니다. 잘 먹었어요.

16.많이 드셨어요?

Did you have enough?
디쥬 해브 이너프

A: Yes, I've had an enormous amount.
예스, 아이브 해드 언 이놀머스 어마운트
정말 많이 먹었어요.

가정 생활

17.어서 드세요.	**Help yourself, please.** 헬프 유어셀프, 플리즈 **= Go ahead and start eating.** 고우 어헤드 앤 스타트 이팅
17.천천히 드세요.	**Take your time eating.** 테이크 유어 타임 이팅
18.더 드세요.	**Please have seconds.** 플리즈 해브 세컨드
19.맛있게 드셨다니 기뻐요.	**I'm glad you enjoyed the meal.** 아임 글래드 유 앤조이드 더 밀
20.주저말고 더 드세요.	**Don't hesitate to eat more.** 돈트 헤즈테이트 투 이트 모어

Chapter 14

손님을 배웅할 때

1.이제 가야겠어요.

I'm afraid I have to go now.
아임 어프레이드 아이 해브 투 고우 나우

A: Do you have to leave so early?
두 유 해브 투 리브 쏘우 얼리
벌써 가시려고요?

2.좀 더 계시지 그러세요?

Why don't you stay a little longer?
와이 돈츄 스테이 어 리틀 롱거

A: Thank you for a lovely dinner.
땡큐 포 어 러블리 디너
훌륭한 저녁식사 감사합니다.

3.집으로 초대해 주셔서 고마워요.

Thank you for a loverly dinner.
땡큐 포 어 러블리 디너

A: Did you have a good time today?
디쥬 해브 어 굿 타임 투데이
오늘 즐거운 시간 됐나요?

4.지금 정말 가셔야 하나요?

Are you sure you have to leave now?
아류 슈어 유 해브 투 리브 나우

A: I think I'd better go now.
아이 띵크 아이두 베러 고우 나우
지금 가야할 것 같아요.

5.좀 더 계시면 안 되나요?

Can't you stay a little longer?
캔츄 스테이 어 리틀 롱거

A: Next time, come over to our house.
넥스트 타임, 컴 오버 투 아워 하우스
다음에 우리 집에 놀러 오세요.

가정 생활

6.함께 얘기 나눌 수 있어서 기뻤어요.	**It's been nice talking with you.** 잇츠 빈 나이스 토킹 위드 유 **A: Thank you. Let's get together again soon.** 땡큐 렛츠 겟 투게더 어겐 쑨 고마워요. 조만간 또 만나요.
7.죄송하지만 지금 가야겠어요.	**I'm sorry I have to leave now.** 아임 쏘리 아이 해브 투 리브 나우 **A: Is that really the time?** 이즈 댓 리얼리 더 타임 벌써 시간이 그렇게 됐나요?
8.재미있었습니다.	**I had a good time.** 아이 해드 어 굿 타임 **= I enjoyed myself.** 아이 앤조이드 마이셀프 **A: Come and see me often.** 컴 앤 씨 미 오픈 종종 오세요.
9.저녁 식사 참 맛있었어요.	**Dinner was very delicious.** 디너 워즈 베리 딜리셔스 **A: Take care of yourself. Come again soon.** 테이크 케어 오브 유어셀프 컴 어겐 쑨 살펴가세요. 또 오세요.
10.집까지 태워 드릴까요?	**Can I give you a ride?** 캔 아이 기브 유 어 라이드 (give someone a ride ~을 차에 태워주다)
11.잘 가요. 또 오세요.	**Good bye. Come again soon.** 굿 바이 컴 어겐 쑨
12.운전 조심하세요.	**Drive carefully.** 드라이브 케어풀리

Chapter 15 부동산 중개업소와 이사

1.어떻게 오셨어요?

Can I help you with something?
캔 아이 헬프 유 위드 썸씽

A: We are looking for a house to rent.
위 아 룩킹 포 어 하우스 투 렌트
임대할 집을 찾고 있어요.

2.어느 정도의 집을 찾고 있습니까?

How big a place are you looking for?
하우 빅 어 플레이스 아 유 룩킹 포

A: I'm looking for a four bedroom apartment.
아임 룩킹 포 어 포 베드룸 어파트먼트
저는 방 네 개짜리 아파트를 찾고 있어요.

3.대중교통은 얼마나 가까이 있어요?

How close is it to public transportation?
하우 클로즈 이즈 잇 투 퍼블릭 트랜스포테이션

A: The subway station and bus stop are near.
더 서브웨이 스테이션 앤 버스 스탑 아 니얼
가까운 곳에 지하철과 버스 정류장이 있어요.

4.가격대는 어느 정도입니까?

What's your price range?
왓츠 유어 프라이스 레인지

A: I like the place very much, but it's above our price range.
아이 라이크 더 플레이스 베리 머치, 밧 잇츠 어보브 아워 프라이스 레인지
집은 마음에 들지만, 우리 예산보다 비싸군요.

5.어떤 지역에 살고 싶으세요?

What area would you like to live in?
왓 에리어 우쥬 라이크 투 리브 인

A: I'd like to be close to the school.
아이두 라이크 투 비 클로즈 투 더 스쿨
학교에서 가까운 곳을 원합니다.

6.지금 집을 볼 수 있어요?	**Can I see the place now?** 캔 아이 씨 더 플레이스 나우 **A: Sure. I'll give you a tour of the house.** 슈어 아윌 기브 유 어 투어 오브 더 하우스 네. 집을 보여드릴게요.
7.월세는 얼마입니까?	**How much is it per month?** 하우 머치 이즈 잇 퍼 먼스 **A: The rent is 300 dollars and deposit is 2000 dollars.** 더 렌트 이즈 쓰리헌드레드 달러즈 앤 디파짓 이즈 투싸우전드 달러즈 보증금 2000달러에 월세 300달러입니다.
8.집세는 얼마입니까?	**How much is the rent?** 하우 머치 이즈 더 렌트 **= What's the rent?** 왓츠 더 렌트 **A: Per a month is 100 dollars.** 퍼 어 먼스 이즈 원헌드레드 달러즈 100달러입니다.
9.이 아파트를 세 놓으려고 해요.	**I'd like to rent this apartment.** 아이두 라이크 투 렌트 디스 어파트먼트 **A: What floor is it on?** 왓 플로어 이즈 잇 온 몇 층인가요?
10.언제 이사 갈 예정이세요?	**When do you expect to move?** 웬 두 유 익스펙트 투 무브 **= When are you moving?** 웬 아 유 무빙 **A: We plan to move this weekend.** 위 플랜 투 무브 디스 위캔드 이번 주말로 계획하고 있어요.

10.이사 갈 준비는 다 됐어요?

Are you ready to move out?
아류 레디 투 무브 아웃

A: No, not yet.
노우, 낫 옛
아니요. 아직요.

11.새 아파트로 언제 이사 가나요?

When are you moving into your new apartment?
웬 아류 무빙 인투 유아 뉴 어파트먼트

A: We're moving out on May 3.
위아 무빙 아웃 온 메이 써드
저희는 5월 3일에 이사 갈 겁니다.

Practical English

일상 생활

5

❶ 편지를 부칠 때
❷ 소포를 보낼 때
❸ 은행 입출금과 송금
❹ 계좌를 개설할 때
❺ 대출
❻ 카드 발급과 사용법
❼ 환전할 때
❽ 세탁물을 맡길 때
❾ 수선할 때
❿ 세탁물을 찾을 때
⓫ 미용실에서
⓬ 이발소에서

Chapter 01

편지를 부칠 때

1.우표를 사고 싶은데요.	**I'd like to buy some stamps, please.** 아이두 라이크 투 바이 썸 스템스, 플리즈 **= I need some stamps, please.** 아이 니드 썸 스템스, 플리즈 **A: Which kind of stamp would you like?** 위치 카인드 오브 스템프 우쥬 라이크 어떤 우표로 드릴까요?
2.기념우표 있어요?	**Do you have any commemorative stamps now?** 두 유 해브 애니 커멤러티브 스템스 나우 **A: How many stamps do you need?** 하우 메니 스템스 두 유 니드 몇 장이나 필요하세요?
3.어느 창구에서 우표와 엽서를 팔지요?	**At which window do they sell stamps and postcards?** 엣 위치 윈도우 두 데이 셀 스템스 앤 포스트카드 **A: You must proceed to the 3 window.** 유 머스트 프로시드 투 더 쓰리 윈도우 3번 창구로 가십시오.
4.우표는 몇 장이나 필요하세요?	**How many stamps do you need?** 하우 메니 스템스 두 유 니드 **A: Five 10 cents stamps, please.** 파이브 텐 센트 스템스, 플리즈 10센트 우표 5장 주세요.
5.국제우표 한 장 주세요.	**I'd like an overseas stamp.** 아이두 라이크 언 오버시즈 스템프

A: Sure. Anything else?
슈어 애니씽 엘스
네. 또 필요한 거 없으세요?

6.이걸 보내려면 우표는 얼마나 붙여야 하나요?

How much postage do I need for this?
하우 머치 포스티지 두 아이 니드 포 디스

= How much postage does this need?
하우 머치 포스티지 더즈 디스 니드

A: Let me weigh it.
렛 미 웨이트 잇
무게를 달아주세요.

7.우표가 제대로 붙었나요?

Is the postage correct?
이즈 더 포스티지 커렉트

A: The stamp is coming off.
더 스템프 이즈 커밍 오프
우표가 떨어질 것 같은데요.

8.나는 이 편지를 항공 우편으로 한국에 보내고 싶습니다.

I want to send this letter to Korea by airmail.
아이 원 투 센드 디스 레더 투 코리아 바이 에어메일

A: This is a little over. It will be seven dollars.
디스 이즈 어 리틀 오버 잇 윌 비 세븐 달러
기본 중량을 약간 초과하므로 7달러가 되겠습니다.

9.그것이 언제 도착한다고 생각합니까?

When do you think it will arrive?
웬 두 유 띵크 잇 윌 어라이브

A: Two days, maybe three days to Seoul.
투 데이즈, 메이비 쓰리 데이즈 투 서울
서울까지는 아마도 2–3일 걸릴겁니다.

10.이 편지를 한국으로 보내고 싶어요.	**I'd like to mail this letter to Korea.** 아이두 라이크 투 메일 디스 레터 투 코리아 **A: How do you want to send it?** 하우 두 유 원 투 센드 잇 어떻게 보내시겠습니까?
11.항공권으로 부쳐주세요.	**Please send it by air.** 플리즈 센드 잇 바이 에어 **A: We have to weigh it for you.** 위 해브 투 웨이트 잇 포 유 무게를 달아봐야겠어요.
12.이 편지를 등기로 부쳐 주세요.	**I'd like to send it by registered mail.** 아이두 라이크 투 센드 잇 바이 레지스터드 메일 **= Please register this letter.** 플리즈 레지스터 디스 레터 **A: What does it contain?** 왓 더즈 잇 컨테인 무엇이 들어있어요?
13.그림엽서 10장 주세요.	**I'd like 10 picture postcards.** 아이두 라이크 텐 픽쳐 포스트카드 **= Give me 10 picture postcards.** 기브 미 텐 픽쳐 포스트카드 **A: We're all out of these.** 위아 올 아웃 오브 디즈 그건 다 떨어졌어요.
14.몇 장 드릴까요?	**How many stamps do you want?** 하우 메니 스템스 두 유 원트 **A: Please give me five one-dollar stamps.** 플리즈 기브 미 파이브 원-달러 스템스 1달러짜리 우표 5장 주십시오.

15.도착하려면 얼마나 걸리나요?

How long will it take to get there?
하우 롱 윌 잇 테이크 투 겟 데어

A: It will take about one week.
잇 윌 테이크 어바웃 원 위크
약 1주일 정도 걸립니다.

16.이걸 빠른우편으로 보내주세요.

I need this to go express mail.
아이 니드 디스 투 고우 익스프레스 메일

= I'd like this to go express mail.
아이두 라이크 디스 투 고우 익스프레스 메일

= I'd like to send this by express mail.
아이두 라이크 투 센드 디스 바이 익스프레스 메일

A: Sure. I'll put the stamps on the envelopes.
슈어 아윌 풋 더 스템스 온 디 인벨롭스
네. 제가 봉투에 우표를 붙일게요.

17.어떻게 보내시겠습니까?

How do you want it sent?
하우 두 유 원트 잇 센트

A: Please send it by regular mail.
플리즈 센드 잇 바이 레귤러 메일
보통우편으로 보내주세요.

Chapter 02

소포를 보낼 때

1.제 소포를 보내는 가장 좋은 방법이 뭘까요?	**What's the best way to send my package?** 왓츠 더 베스트 웨이 투 센드 마이 패키지 **A: First, it has to be weighed at counter five.** 퍼스트, 잇 해스 투 비 웨이트 엣 카운터 파이브 먼저 5번 창구에서 무게를 달아야 해요.
2.소포 안의 내용물이 무엇입니까?	**What's in it/the package?** 왓츠 인 잇/더 패키지 **= What are the contents?** 왓 아 더 콘텐츠 **A: There are books in this.** 데얼 아 북스 인 디스 이 안에는 책이 들어 있어요.
3.이걸 소포로 미국으로 부치고 싶어요.	**I need/would-like to send this parcel to America.** 아이 니드/우드-라이크 투 센드 디스 파슬 투 아메리카 **A: This will be express mail, 3day by air.** 디스 윌 비 익스프레스 메일, 쓰리데이 바이 에어 3일 걸리는 항공속달 우편으로 보내시면 되겠어요.
4.깨지기 쉬운 물건인가요?	**Is this fragile?** 이즈 디스 프레절 **A: Glasses. Please handle with care.** 글레시스 플리즈 핸들 위드 케어 유리잔이에요. 조심해서 다뤄주세요.
5.이 소포를 보험에 드시겠어요?	**Do you want this parcel insured?** 두 유 원트 디스 파슬 인슈어드

= Would you like to insure this parcel?
우쥬 라이크 투 인슈어 디스 파슬

A: Yes, please. How much does it cost?
예스, 플리즈 하우 머치 더즈 잇 코스트
네, 그럴게요. 얼마입니까?

6.이 소포는 중량 제한 내에 들어갑니까?

Is this parcel within the weight limit?
이즈 디스 파슬 위딘 더 웨이트 리미트

A: Let me weigh it.
렛 미 웨이 잇
무게를 달아 볼게요.

7.항공우편인가요? 선박우편인가요?

Will that be by air or by surface?
윌 댓 비 바이 에어 오어 바이 설피스

A: Air mail, please.
에어 메일, 플리즈
항공우편이요.

8.미국에 언제 도착하나요?

How fast will it get to America?
하우 패스트 윌 잇 겟 투 아메리카

A: It will be there within 10 days.
잇 윌 비 데어 위딘 텐 데이즈
10일 안에 도착합니다.

일상 생활

Chapter 03

은행 입출금과 송금

1.제 계좌에 수표를 좀 넣고 싶어요.	I'd like to put some check in my account. 아이두 라이크 투 풋 썸 체크 인 마이 어카운트 A: Please endorse the check on the back. 플리즈 인돌스 더 체크 온 더 백 = Endorse this, please. 인돌스 디스, 플리즈 수표 뒤에 이서해 주세요.
2.돈을 좀 입금하고 싶어요.	I'd like to deposit some money into my account. 아이두 라이크 투 디퍼짓 썸 머니 인투 마이 어카운트 A: Into which account, sir? 인투 위치 어카운트, 써 어느 계좌에 넣어 드릴까요?
3.얼마를 입금시키겠습니까?	How much do you want to deposit? 하우 머치 두 유 원 투 디퍼짓 A: I'd like to deposit 200 dollars. 아이두 라이크 투 디퍼짓 투헌드레드 달러즈 200달러를 예금하려고 해요.
4.내 계좌에서 돈을 좀 찾고 싶어요.	I'd like to withdraw some money from my account. 아이두 라이크 투 위드로우 썸 머니 프럼 마이 어카운트 = I'd like to make a withdrawal. 아이두 라이크 투 메이크 어 위드로월 A: Could you fill out a withdrawal slip? 쿠쥬 필 아웃 어 위드로월 슬립 예금 신청서를 작성해 주시겠어요?
5.100만원을 인출하고 싶어요.	I'd like to withdraw one million won. 아이두 라이크 투 위드라우 원 밀리언 원

A: It's more convenient to use the ATM there.
잇 모어 컨베니언트 투 유즈 더 에이티엠 데어
저기 있는 현금자동지급기를 사용하시면 좀 더 편리해요.

6.현금자동인출기는 어디 있어요?

Where's the automatic teller machine?
웨얼즈 디 오토메틱 텔러 머신

A: Come over here, please.
컴 오버 히어, 플리즈
이쪽으로 오세요.

7.돈은 어떻게 인출 하나요?

How do I withdraw money?
하우 두 아이 위드로우 머니

A: Insert your card here and enter your password now.
인설트 유어 카드 히어 앤 엔터 유어 패스워드 나우
여기에 카드를 넣고 비밀번호를 입력하세요.

8.제 계좌를 해약하고 싶습니다.

I'd like to cancel my account.
아이두 라이크 투 캔슬 마이 어카운트

A: Sure. May I have your account number?
슈어 메아이 해브 유어 어카운트 넘버
네. 계좌번호가 어떻게 되십니까?

9.돈을 제 저축예금 계좌로 이체하고 싶은데요.

I'd like to transfer money into my savings account.
아이두 라이크 투 트랜스퍼 머니 인투 마이 세이빙 어카운트

A: Use the ATM there.
유즈 더 에이티엠 데어
저기 있는 현금자동지급기를 사용하세요.

10.이 계좌로 돈을 송금하고 싶어요.

I'd like to transfer money to this account.
아이두 라이크 투 트랜스퍼 머니 투 디스 어카운트

A: Please fill out this withdraw slip.
플리즈 필 아웃 디스 위드라우 슬립
이 출금전표를 작성해 주세요.

11.자동이체 할 수 있나요?

Can I have direct billing?
캔 아이 해브 다이렉트 빌링

A: Do you have your bank ID card?
두 유 해브 유어 뱅크 아이디 카드
은행 카드가 있으신가요?

12.어떤 예금을 원하십니까?

What type of account do you want?
왓 타입 오브 어카운트 두 유 원트

A: A one-year-fixed deposit.
어 원-이얼-픽스트 디퍼짓
일년짜리 정기예금입니다.

13.당좌계좌로 직접 불입 할 수 있나요?

Can I have money sent direct to my checking account?
캔 아이 해브 머니 센트 다이렉트 투 마이 체킹 어카운드

I want to put some money on my checking account.
아이 원 투 풋 썸 머니 온 마이 체킹 어카운트
내 당좌계좌에 돈을 좀 넣어 두려고요.

14.돈을 좀 찾으려고 하는데요.

I want to withdraw money.
아이 원 투 위드로우 머니

= I have to withdraw some money.
아이 해브 투 위드로우 썸 머니

= I need to withdraw some money.
아이 니드 투 위드로우 썸 머니

A: How would you like that large bills or small?
하우 우쥬 라이크 댓 라지 빌즈 오어 스몰
어떻게 해드릴까요? 고액으로 드릴까요, 소액으로 드릴까요?

Chapter 04

계좌를 개설할 때

1.뭘 도와드릴까요?

Can/may I help you with something?
캔/메이 아이 헬프 유 위드 썸씽

A: I'd like to open an account.
아이두 라이크 투 오픈 언 어카운트
계좌를 만들고 싶어요.

2.어떤 계좌를 원하세요?

What kind of account do you want?
왓 카인드 오브 어카운트 두 유 원트

A: I'd like to open a savings account.
아이두 라이크 투 오픈 어 세이빙 어카운트
저축 예금 계좌를 만들고 싶어요.

3.당좌 예금 계좌를 만들려고요.

I need to/would like to open a checking account.
아이 니드 투/우드 라이크 투 오픈 어 체킹 어카운트

A: Yes. Here are some forms you need to fill out.
예스 히얼 아 썸 폼즈 유 니드 투 필 아웃
네. 여기에 작성해야 할 양식이 있어요.

4.여기서 예금계좌를 개설할 수 있나요?

Can I open a savings account here?
캔 아이 오픈 어 세이빙 어카운트 히어

A: Please fill out this form.
플리즈 필 아웃 디스 폼
이 양식을 작성해 주세요.

5.당좌 예금 계좌를 폐쇄하고 싶은데요.

I'd like to close my checking account.
아이두 라이크 투 클로즈 마이 체킹 어카운트

A: Fill out the form, please.
필 아웃 더 폼, 플리즈
이 양식을 작성해 주세요.

6.금고를 대여하고 싶은데요.

I'd like to get a safety deposit box.
아이두 라이크 투 겟 어 세이프티 디퍼짓 박스

A: I need to see two forms of ID.
아이 니드 투 씨 투 폼즈 오브 아이디
신분증 두 가지만 좀 보여주세요.

7.계좌를 개설하고 싶습니다.

I'd like to open an account here.
아이두 라이크 투 오픈 언 어카운트 히어

A: Which would you like, checking or savings?
위치 우쥬 라이크, 체킹 오어 세이빙
어떤 것을 원하십니까? 당좌 계좌입니까? 저축 계좌입니까?

8.저축 계좌입니다.

Savings, please.
세이빙, 플리즈

A: Please complete this application for a new account.
플리즈 컴플리트 디스 어플리케이션 포 어 뉴 어카운트
이 신청서를 작성해 주십시오.

Chapter

05 대출

1.융자를 상의하고 싶은데요.

I'd like to discuss a bank loan.

아이두 라이크 투 디스커스 어 뱅크 론

A: We have both long and short term loans.

위 해브 보쓰 롱 앤 숏 텀 론즈

저희는 장단기 융자를 다 취급합니다.

2.대출 신청을 하고 싶습니다.

I'd like to/need to/want to apply for a loan.

아이두 라이크 투/니드 투/원 투 어플라이 포 어 론

A: Do you have any collateral?

두 유 해브 애니 컬래터럴

담보물이 있나요?

3.변동 금리형 주택담보 융자를 하고 싶은데요.

I'd like a variable intense rate mortgage.

아이두 라이크 어 베리어블 인텐스 레이트 몰게지

A: Why do you need this loan?

와이 두 유 니드 디스 론

왜 이 대부를 받으시는 겁니까?

4.분할 상환 융자를 하고 싶어요.

I'd like a self-amortizing loan term.

아이두 라이크 어 셀프-애모타이징 론 텀

A: How much of a loan do you require?

하우 머치 오브 어 론 두 유 리콰이어

얼마나 대출하실 겁니까?

5.주택 융자를 받을 수 있나요?

Can I get a housing loan?

캔 아이 겟 어 하우징 론

A: Are you a customer here?

아류 어 커스터머 히어

우리 은행 고객이신가요?

6.제일 싼 금리가 얼마에요?

What's your best interest rate?

왓츠 유어 베스트 인터레스트 레이트

A: Our interest rate is 12% per year.

아워 인터레스트 레이트 이즈 투웰브퍼센트 퍼 이얼

저희 이자율은 연간 12%입니다.

7.대출받는데 얼마나 걸리나요?

How long will it take to get a loan?

하우 롱 윌 잇 테이크 투 겟 어 론

A: That all depends.

댓 올 디펜드

그건 때에 따라 달라요.

8.30년 상환 대출 있나요?

Do you have any 30-year terms available?

두 유 해브 애니 써티-이얼 텀스 어베일어블

A: Just a second, please. Let me check with my supervisor.

저스트 어 세컨드, 플리즈 렛 미 체크 위드 마이 수퍼바이저

잠시 만요. 상사에게 확인해 보겠습니다.

카드 발급과 사용법

1.현금 카드를 만들고 싶어요.

I'd like to get a cash card made out.
아이두 라이크 투 겟 어 캐시 카드 메이드 아웃

A: Do you have your bankbook with you?
두 유 해브 유어 뱅크북 위드 유
통장 가져 오셨어요?

2.신용카드 하나 신청하고 싶어요.

I'd like to apply for credit card.
아이두 라이크 투 어플라이 포 크레딧 카드

A: Only if you have an account with this bank.
온리 이프 유 해브 언 어카운트 위드 디스 뱅크
이 은행에 당신 계좌가 있어야합니다.

3.연간 회비는 얼마 입니까?

What's your annual fee?
왓츠 유어 애뉴얼 피

A: It's 20,000 won.
잇츠 트웬티싸우전드 원
이만 원입니다.

4.은행카드가 있으신 가요?

Do you have your bank ID card?
두 유 해브 유어 뱅크 아이디 카드

A: Insert your card here and press enter when you're done.
인설트 유어 카드 히어 앤 프레스 엔터 웬 유어 던
여기에 카드를 넣고 입력키를 누르세요.

5.이 자판에 비밀번호 4자리를 입력하세요.

Punch in your four digit PIN on this keypad.
펀치 인 유어 포 디젯트 핀 온 디스 키패드

= Enter your personal identification number here.
엔터 유어 퍼스널 아이덴티피케이션 넘버 히어

6.맞으면 확인 또는 취소를 누르세요.

Press enter or cancel.
프레스 엔터 오어 캔슬

7.현금 자동인출기에서 제 카드가 안 나와요.

The ATM kept my card.
디 에이티엠 켑트 마이 카드

= The ATM won't give me my card back.
디 에이티엠 오운트 기브 미 마이 카드 백

= The ATM ate my card.
디 에이티엠 에잇 마이 카드

Chapter 07

환전할 때

1.안녕하세요. 한국 돈을 미국 달러로 환전하려고 하는데요.

Hi. I'd like to exchange some won for US dollars.
하이 아이두 라이크 투 익스체인지 썸 원 포 유에스 달러즈

= I want to change this Korean won into US dollars.
아이 원트 투 체인지 디스 코리언 원 인투 유에스 달러즈

2.현재 환율이 어떻게 되나요?

What's the current exchange rate?
왓츠 더 커런트 익스체인지 레이트

= What's the exchange rate of won to the dollar?
왓츠 더 익스체인지 레이트 오브 원 투 더 달러

= What's the rate of exchange?
왓츠 더 레이트 오브 익스체인지

= How is the dollar today?
하우 이즈 더 달러 투데이

A: Here is the exchange rate table.
히얼 이즈 디 익스체인지 레이트 테이블
여기 외환 환산표가 있습니다.

3.이 여행자수표를 현금으로 바꿔주시겠어요?

Will you cash this traveler's check for me, please?
윌 유 캐시 디스 트레블러 체크 포 미, 플리즈

A: Please show me your passport and sign here.
플리즈 쇼 미 유어 패스포트 앤 사인 히얼
여권을 보여주시고 여기에 싸인해 주세요.

4.실례지만 어디서 환전할 수 있어요?

Excuse me, where can I exchange foreign currency?
익스큐즈 미, 웨어 캔 아이 익스체인지 포린 커런시

A: You've got to go to window number 5.
유브 갓 투 고우 투 윈도우 넘버 파이브
5번 창구로 가야해요.

5.이 돈을 달러로 바꿔 주세요.

Please change this to dollars.
플리즈 체인지 디스 투 달러즈

= Please exchange this into dollars.
플리즈 익스체인지 디스 인투 달러즈

A: Would you show me your ID card?
우쥬 쇼 미 유어 아이디 카드
신분증을 보여주시겠어요?

6.어떻게 바꿔드릴까요?

How would you like it?
하우 우쥬 라이크 잇

= What would you like to change it into?
왓 우쥬 라이크 투 체인지 잇 인투

= How do you want this?
하우 두 유 원트 디스

A: Eight hundreds and nine tens, please.
에잇 헌드레즈 앤 나인 텐즈, 플리즈
100달러 8장, 10달러 9장으로 주세요.

7.확인해 보십시오.

Could you please check the amount?
쿠쥬 플리즈 체크 디 어마운트

A: It's right.
잇츠 라잇
맞습니다.

8.오늘 환율로 300달러 입니다. 어떻게 드릴까요?

At today's rate, that will give you 300 dollars. What denominations would you like?
엣 투데이즈 레이트, 댓 윌 기브 유 쓰리헌드레드 달러즈
왓 디노미네이션 우쥬 라이크

A: How about two 100, and five 20?
하우 어바웃 투 원헌드레드, 앤 파이브 투앤티
100달러 2장과 20달러 5장으로 주시겠어요?

9.수수료는 얼마입니까?

What rate of commission do you charge?
왓 레이트 오브 커미션 두 유 차지

= How much is your commission?
하우 머치 이즈 유어 커미션

= How much do you charge for exchange?
하우 머치 두 유 차지 포 익스체인지

A: It's 2000won.
잇츠 투싸우전드원
이천 원입니다.

10.여기서 여행자 수표를 살 수 있어요?

Can I buy traveler's checks here?
캔 아이 바이 트래블러 체크스 히얼

A: Of course, it is, sir. just your name and passport number.
오브 코스, 잇 이즈, 써 저스트 유어 네임 앤 패스포트 넘버
물론 가능하죠. 선생님 성함과 여권 번호를 알려주십시오.

11.알았습니다. 제 여권 여기 있습니다.

All right. Here's my passport.
올 라잇 히얼즈 마이 패스포트

A: Thank you. The buying rate today is 1150won.
땡큐 더 바잉 레이트 투데이 이즈 원싸우전드원헌드레드피프티원
오늘 매입 환율은 1150원입니다.

12.지폐를 잔돈으로 바꿔 주시나요?

Please give me some small change for this bill?
플리즈 기브 미 썸 스몰 체인지 포 디스 빌

= **Can you break this bill for me?**
캔 유 브레이크 디스 빌 포 미

A: How do you want this?
하우 두 유 원트 디스
어떻게 드릴까요?

13.안녕하세요. 원화를 달러화로 바꿔주세요.

Good morning. I'd like to change wons into dollars.
굿 모닝 아이두 라이크 투 체인지 원스 인투 달러즈

A: How much do you have?
하우 머치 두 유 해브
얼마나 가지고 계시는데요?

14.천만 원입니다.

Ten million won.
텐 밀리언 원

A: You want to exchange it all?
유 원 투 익스체인지 잇 올
갖고 계신 돈 전부 교환하시겠습니까?

Chapter 08

세탁물을 맡길 때

1.옷감이 상하지 않게 이 얼룩을 뺄 수 있나요?

Can you remove this stain without harming the fabric?
캔 유 리무브 디스 스테인 위아웃 하밍 더 패브릭

A: That spot cannot be removed.
댓 스팟 캔낫 비 리무브드
그 얼룩은 뺄 수가 없어요.

2.이거 세탁 좀 해주세요.

These need to be laundered.
디즈 니드 투 비 런드리드

A: Yes, sir. I will.
예스, 써 아이 윌
네 알겠습니다.

3.이것 좀 다려주세요.

I'd like to have this pressed, please.
아이두 라이크 투 해브 디스 프레스트, 플리즈

A: I see. When will you need this?
아이 씨 웬 윌 유 니드 디스
알겠습니다. 언제 필요하신가요?

4.이거 드라이클리닝 좀 해주세요.

This needs dry cleaning.
디스 니드스 드라이 클리닝

A: By when?
바이 웬
언제까지요?

A: I'd like to pick it up tomorrow.
아이두 라이크 투 픽 잇 업 투머로우
내일 찾아가고 싶은데요.

5.언제 찾아갈 수 있나요?

When can I pick it up?
웬 캔 아이 픽 잇 업

= When can I get it back?
웬 캔 아이 겟 잇 백

= When will my order be ready?
웬 윌 마이 오더 비 레디

= When can I expect it back?
웬 캔 아이 익스펙트 잇 백

A: It will be done by Sunday.
잇 윌 비 던 바이 선데이
일요일까지 해드리겠습니다.

6.옷이 줄어들지는 않겠죠?

My cloths won't shrink, will they?
마이 클로스 오운트 슈링크, 윌 데이

A: Don't worry. That kind of thing will not happen.
돈 워리 댓 카인드 오브 띵 윌 낫 해픈
염려마십시오. 그런 일은 없을 겁니다.

7.언제 찾아가실 겁니까?

When will you pick it up?
웬 윌 유 픽 잇 업

A: I need it tomorrow.
아이 니드 잇 투머로우
내일 필요합니다.

8.언제까지 해드리면 되나요?

How soon do you want it to be done?
하우 쑨 두 유 원트 잇 투 비 던

A: I'd like it by 11 o'clock in the morning tomorrow.
아이두 라이크 잇 바이 일레븐 어클락 아이 인 더 모닝 투머로우
내일 아침 11시까지 부탁해요.

9.좀 더 빨리는 안 될까요?

Couldn't I have it back any sooner?
쿠든트 아이 해브 잇 백 애니 수너

= Can I have them back sooner?
캔 아이 해브 뎀 백 수너

A: No, it's impossible.
노우, 잇츠 임파서블
아니오, 불가능해요.

10.이 얼룩을 좀 빼주세요.

I'd like to get it this stain out.
아이두 라이크 투 겟 잇 디스 스테인 아웃

A: I'm sorry. That spot can't be removed.
아임 쏘리 댓 스팟 캔트 비 리무브드
죄송합니다만 그 얼룩은 지워지지 않습니다.

11.요금 지불은 언제 하면 됩니까?

When should I pay?
웬 슈드 아이 페이

A: You can pay when you pick it up.
유 캔 페이 웬 유 픽 잇 업
찾아 가실 때 하면 됩니다.

12.이 양복 화요일까지는 세탁해 주셔야 해요.

I need this suit cleaned by Tuesday.
아이 니드 디스 슈트 클린드 바이 튜스데이

A: No problem.
노우 프라블럼
문제없어요.

13.칼라에 묻은 이 때 좀 없앨 수 있으세요?

Can you get this dirk out of the collar?
캔 유 겟 디스 더트 아웃 오브 더 카라

A: Yes, I'll try.
예스, 아윌 트라이
네, 해볼게요.

일상 생활

Chapter

09 수선할 때

1.바지를 줄이고 싶어요.	I'd like to have these pants shortened. 아이두 라이크 투 해브 디즈 팬츠 숏튼드 = Please have these pants shortened. 플리즈 해브 디즈 팬츠 숏튼드 A: How much would you like them shortened? 하우 머치 우쥬 라이크 뎀 숏튼드 어느 정도 줄여 드릴까요?
2.바지가 찢어졌는데 수선 좀 해주시겠어요?	These pants are ripped. Could you mend them? 디스 팬츠 아 립트 쿠쥬 멘드 뎀 A: We cannot fix it, sorry. 위 캔낫 픽스 잇, 쏘리 수선해 드릴 수 없어요. 죄송해요.
3.이렇게 찢어진 것을 수선할 수 있어요?	Can you repair this tear? 캔 유 리페어 디스 테얼 A: Yes, I can. 예스, 아이 캔 예, 할 수 있습니다.
4.이 단추와 같은 것이 있나요?	Do you have an identical button for this? 두 유 해브 언 아이덴티컬 버튼 포 디스 = Do you have a button like this one? 두 유 해브 어 버튼 라이크 디스 원 A: Let me check. 렛 미 체크 한 번 찾아보겠습니다.

5.이 바지 단 좀 넣어주실 래요?

Can you hem these pants?
캔 유 헴 디즈 팬츠

A: Yes, we can do that.
예스, 위 캔 두 댓
예 그렇게 해 드릴게요.

6.단추가 떨어졌는데 달아주세요.

Buttons are missing. Have them fixed, please.
버튼즈 아 미싱 해브 뎀 픽스드, 플리즈

A: I can put on a new button, but it may not match exactly.
아이 캔 풋 온 어 뉴 버튼, 밧 잇 메이 낫 매치 익젝틀리
단추는 새로 달아드릴 수 있지만 완전히 같지도 않을 수도 있어요.

7.이 바지의 통을 조금 늘려주세요.

I need these pants let out a bit in the legs.
아이 니드 디즈 팬츠 렛 아웃 어 빗 인 더 렉

A: How much would you like it extended?
하우 머치 우쥬 라이크 잇 익스텐디드
어느 정도 늘려 드릴까요?

8.제가 언제 들르면 되나요?

When can I stop by?
웬 캔 아이 스탑 바이

A: We can have it ready by tomorrow.
위 캔 해브 잇 레디 바이 투머로우
내일까지 준비해 놓겠습니다.

9.지퍼를 새로 다는 데는 얼마나 드나요?

How much will a new zipper cost?
하우 머치 윌 어 뉴 지퍼 코스트

A: That'll be 5,000 won.
댓윌 비 파이브싸우전트 원
오천 원입니다.

10.이 지퍼를 고칠 수 있나요?

Can you fix this zipper?
캔 유 픽스 디스 지퍼

A: Sure, we can replace it.
슈어, 위 캔 리프레이스 잇
네, 갈아 드리겠습니다.

11.허리를 줄이고 싶은데요.

I want to reduce the waist line.
아이 원 투 리듀스 더 웨이스트 라인

A: How much would you like it shortened?
하우 머치 우쥬 라이크 잇 숏튼드
얼마나 줄여드릴까요?

12.허리를 24인치로 줄여 주세요. 언제될까요?

I want to reduce the waistline to 24 inches, please? When will it be ready?
아이 원 투 리듀스 더 웨이스트라인 투 투애니포 인치, 플리즈 웬 윌 잇 비 레디

A: It'll be ready to pick up by tomorrow.
잇윌 비 레디 투 픽 업 바이 투머로우
내일까지 찾을 수 있을 겁니다.

13.뭘 도와드릴까요?

What can I do for you?
왓 캔 아이 두 포 유

A: I think the pants is too long. I want it shortened.
아이 띵크 더 팬츠 이즈 투 롱 아이 원트 잇 숏튼드
바지 길이가 좀 깁니다. 줄여주세요.

14.이 코트를 수선해 주시겠어요?

Could you mend this coat?
쿠쥬 멘드 디스 코트

A: When will you pick it up?
웬 윌 유 픽 잇 업
언제 찾아가실 겁니까?

Chapter 10

세탁물을 찾을 때

1.세탁물을 찾으러 왔어요.

I'd like to pick up my laundry.
아이두 라이크 투 픽 업 마이 런드리

I'm here to pick up my laundry.
아임 히얼 투 픽 업 마이 런드리

A: Here it is, sir.
히얼 잇 이즈, 써
여기 있습니다. 손님.

2.제 세탁물 다 됐나요?

Is my laundry ready?
이즈 마이 런드리 레디

A: I'm sorry, but your laundry isn't ready.
아임 쏘리, 벗 유어 런드리 이즌트 레디
죄송하지만 아직 안 됐어요.

3.오늘 다 될 거라고 말씀하셨잖아요.

You said it would be ready today.
유 세드 잇 우드 비 레디 투데이

A: Can you come back tomorrow? I'm sure it'll be ready then.
캔 유 컴 백 투머로우 아임 슈어 잇윌 비 레디 댄
내일 다시 오실래요? 그 때까지는 확실히 해 놓을게요.

4.셔츠에 얼룩이 안 빠졌어요.

The stain on this shirt didn't come out.
더 스테인 온 디스 셔츠 디든트 컴 아웃

A: I'm sorry, that's the best we can do.
아임 쏘리, 댓츠 더 베스트 위 캔 두
죄송합니다. 그게 저희가 할 수 있는 최선입니다.

5.제 옷 찾으러 왔습니다.

I have come to pick up my clothes.
아이 해브 컴 투 픽 업 마이 클로스

A: Can I have your name, please?
캔 아이 해브 유어 네임, 플리즈
성함이 어떻게 되세요?

6.얼룩이 그대로네요.

You didn't remove the stains.
유 디든트 리무브 더 스테인

The stains are still there.
더 스테인 아 스틸 데어

A: This spot cannot be removed.
디스 스팟 캔낫 비 리무브드
이 얼룩을 뺄 수가 없어요.

7.세탁물을 지금 찾아가도 될까요?

Can I pick up my laundry now?
캔 아이 픽 업 마이 런드리 나우

A: Sorry, it's not ready yet. I'll make sure it'll be ready by tomorrow.
쏘리, 잇츠 낫 레디 옛 아윌 메이크 슈어 잇윌 비 레디 바이 투머로우
죄송합니다만 아직 덜 끝났어요. 내일까지는 꼭 준비해 놓겠습니다.

8.얼마입니까?

How much does it cost?
하우 머치 더즈 잇 코스트

A: Yes, that comes to forty dollars.
예스, 댓 컴즈 투 포티 달러스
예, 다 해서 40달러입니다.

Chapter 11

미용실에서

1. 머리를 자르려면 예약을 해야 하나요?

Do I have to make an appointment to get a haircut?
두 아이 해브 투 메이크 언 어포인트먼트 투 겟 어 헤어컷

A: Sit right down. No appointment necessary.
씻 라이트 다운 노우 어포인트먼트 네세서리
바로 앉으세요. 예약할 필요 없어요.

2. 찾는 미용사가 있나요?

Is there someone you would like to see?
이즈 데어 썸원 유 우드 라이크 투 씨

= Who would you like to see?
후 우쥬 라이크 투 씨

A: No one specific.
노우 원 스퍼시픽
없습니다.

3. 어떤 헤어스타일을 원하세요?

What kind of hair style do you want?
왓 카인드 오브 헤어 스타일 두 유 원트

= How should I hair style it?
하우 슈드 아이 헤어 스타일 잇

A: The way I've been having it done, please.
더 웨이 아이브 빈 해빙 잇 던, 플리즈
지금처럼 해주세요.

4. 어떻게 해드릴까요?

How would you like your hair done?
하우 우쥬 라이크 유어 헤어 던

= What would you like?
왓 우쥬 라이크

= What will it be?
왓 윌 잇 비

A: I just want a trim.
아이 저스트 원트 어 트림
그냥 다듬기만 해주세요.

5.파마하실래요?

Do you want a perm?
두 유 원트 어 펌

A: Make it curly, please. And cut it to below my ears.
메이크 잇 컬리, 플리즈 앤 컷 잇 투 빌로우 마이 이얼즈
곱슬곱슬하게 해주세요. 그리고 귀 밑까지 잘라 주세요.

6.파마나 커트 어느 걸로 하시겠어요?

Would you like a perm or cut?
우쥬 라이크 어 펌 오어 컷

A: A perm, please.
어 펌, 플리즈
파마로 해주세요.

7.어떤 파마를 원하세요?

Which kind of perm do you want?
위치 카인드 오브 펌 두 유 원트

A: I'd like a magic.
아이두 라이크 어 매직
매직이요.

8.머리를 염색하고 싶어요.

I'd like to have my hair dyed, please.
아이두 라이크 투 해브 마이 헤어 다이드, 플리즈

= I'd like my hair dyed.
아이두 라이크 마이 헤어 다이드

= I need my hair dyed.
아이 니드 마이 헤어 다이드

A: I will show you some picture of different colors.
아이 윌 쇼 유 썸 픽쳐 오브 디프런트 컬러
다양한 색깔의 사진을 보여 드릴게요.

9.어떤 색으로 해 드릴까요?

What color do you want your hair dyed?
왓 컬러 두 유 원트 유어 헤어 다이드

= What color do you have in mind?
왓 컬러 두 유 해브 인 마인드

A: Brown will be fine.
브라운 윌 비 파인
갈색이 좋겠어요.

10.가르마는 어떻게 해드릴까요?

How would you like your hair parted?
하우 우쥬 라이크 유어 헤어 파티드

= Where do you part your hair?
웨얼 두 유 파트 유어 헤어

A: I part my hair in the middle.
아이 파트 마이 헤어 인 더 미들
가르마는 가운데로 타요.

11.생각해 둔 스타일이 있으세요?

What did you have in mind?
왓 디쥬 해브 인 마인드

A: I'd like this style in the magazine.
아이두 라이크 디스 스타일 인 더 매거진
잡지의 이 스타일로 해주세요.

12.다듬기만 할 거에요.

I'd like just a trim.
아이두 라이크 저스트 어 트림

= Just a trim, please.
저스트 어 트림, 플리즈

A: Please set my hair in the same style.
플리즈 셋 마이 헤어 인 더 세임 스타일
지금 상태에서 다듬기만 해주세요.

13.저 스타일은 어떠세요?	**How does that look?** 하우 더즈 댓 룩 **= How's that?** 하우즈 댓 **A: Do it like this photo.** 두 잇 라이크 디스 포터 사진처럼 해주세요.
14.파마는 얼마에요?	**How much is a perm?** 하우 머치 이즈 어 폼 **A: Twenty thousand won, please.** 투웬티 싸우전드 원, 플리즈 이만 원입니다.
15.얼마나 드려야 하나요?	**What do I owe you?** 왓 두 아이 오운 유 **= How much is it?** 하우 머치 이즈 잇 **= How much do I owe you?** 하우 머치 두 아이 오운 유
16.토요일로 예약 할 수 있을까요?	**Can I make an appointment for Saturday?** 캔 아이 메이크 언 어포인트먼트 포 세러데이 **A: Sure. How about 10 o'clock in the morning?** 슈어 하우 어바웃 텐 어클락 인 더 모닝 그럼요. 아침 10시로 해드릴까요?

Chapter 12

이발소에서

1.이발해주세요.

I would like a haircut, please.
아이 우드 라이크 어 헤어컷, 플리즈

A: Have a seat, please.
해브 어 시트, 플리즈

= Please get into the barber chair.
플리즈 겟 인투 더 바버 체어
이쪽으로 앉으세요.

2.어떻게 잘라드릴까요?

How do you want it cut?
하우 두 유 원트 잇 컷

A: Even cut the top, please.
이븐 컷 더 탑, 플리즈
윗머리를 고르게 잘라주세요.

3.얼마나 깎아드릴까요?

How much do you want me to take off?
하우 머치 두 유 원트 미 투 테이크 오프

= How much do you want out off?
하우 머치 두 유 원트 아웃 오프

= How should cut it?
하우 슈드 컷 잇

= How would you like your hair?
하우 우쥬 라이크 유어 헤어

A: I'd like my hair really short.
아이두 라이크 마이 헤어 리얼리 숏트
아주 짧게 쳐주세요.

4.면도는 하시겠어요?

Would you like a shave?
우쥬 라이크 어 쉐이브

A: Give me a shave, please.
기브 미 어 쉐이브, 플리즈
면도해주세요.

일상 생활

5.구레나룻은 어떻게 할까요?	**What about your side burns?** 왓 어바웃 유어 사이드 번스 **A: I just want a trim.** 아이 저스트 원트 어 트림 다듬기만 해주세요.
6.오늘은 어떻게 깎아 드릴까요?	**What will it be today?** 왓 윌 잇 비 투데이 **A: Just take a little off the sides, please.** 저스트 테이크 어 리틀 오프 더 사이드, 플리즈 옆 쪽만 조금 깎아 주세요.
7.머리를 어떻게 잘라 드릴까요?	**How would you like your hair cut?** 하우 우쥬 라이크 유어 헤어 컷 **A: Trim around the ears, please.** 트림 어라운드 디 이얼, 플리즈 귀 밑을 다듬어 주세요.
8.보통 어느 쪽으로 가르마를 타세요?	**Where do you usually part your hair?** 웨얼 두 유 유절리 파트 유어 헤어 **= Where shall I part your hair?** 웨어 쉘 아이 파트 유어 헤어 **A: On the left side, please.** 온 더 레프트 사이드, 플리즈 왼쪽으로 타 주세요.
9.뒷머리는 지금 어때요?	**How does the back look now?** 하우 더즈 더 백 룩 나우 **A: Tapered in the back.** 테이퍼드 인 더 백 뒷머리 끝을 점점 가늘게 해주세요.
10.머리를 오른쪽으로 돌리세요.	**Please turn your head to the right.** 플리즈 턴 유어 헤드 투 더 라이트

11.밑을 보고 가만히 계세요.

Look down and hold sill, please.
룩 다운 앤 홀드 실, 플리즈

12.머리 깎는 데 얼마에요?

How much do you charge for a hair cut?
하우 머치 두 유 차지 포 어 헤어 컷

= How much is it?
하우 머치 이즈 잇

A: That will be 9000won.
댓 윌 비 나인싸우전드원

= 9000won, please
나인싸우전드원 플리즈

9천 원입니다.

일상 생활

Practical English

전화

6

❶ 전화를 걸 때
❷ 전화를 받을 때
❸ 통화할 때
❹ 전화를 바꿔줄 때
❺ 전화를 받을 수 없을 때
❻ 전화를 잘못 걸었을 때
❼ 전화메시지
❽ 전화상태가 나쁠 때
❾ 국제 전화를 걸 때

Chapter 01

전화를 걸 때

1.여보세요, 스미스 있어요?	**Hello, is Smith there?** 헬로우, 이즈 스미스 데얼 **A: He's not home now, but if you leave a message, I'll pass it on to him.** 히즈 낫 홈 나우, 밧 이프 유 리브 어 메시지, 아윌 패스 잇 온 투 힘 지금 없는데, 메모 남기면 전해줄게요.
2.여보세요. 거기가 스미스 집인가요?	**Hello. Is there Mr. Smith's residence?** 헬로우 이즈 데얼 미스터 스미스 레지던스 **A: Yes. Smith's residence.** 예스 스미스 레지던스 예. 스미스 집입니다.
3.밤늦게 전화해서 죄송합니다.	**I'm sorry to call you late at night.** 아임 쏘리 투 콜 유 레이트 엣 나이트 **A: May I speak to Mr. Smith, please?** 메아이 스피크 투 미스터 스미스, 플리즈 스미스씨 좀 바꿔주시겠어요?
4.전화하신 분운 누구세요?	**May I ask who's calling, please?** 메아이 에스크 후즈 콜링, 플리즈 **= Who's calling, please?** 후즈 콜링, 플리즈 **A: Hello. This is Tom.** 헬로우 디스 이즈 톰 여보세요. 저는 톰입니다.
5.스미스랑 통화할 수 있을까요?	**Can I talk to Smith, please?** 캔 아이 토크 투 스미스, 플리즈 **A: Speaking.** 스피킹 말씀하세요.

6.거기가 황 박사님 사무실입니까?

Is this Dr. Hwang's office?
이즈 디스 닥터 황스 오피스

A: Yes, it is.
예스, 잇 이즈
예 그렇습니다.

7.여보세요, 422-1234 맞습니까?

Hello, is this 422-1234?
헬로우, 이즈 디스 포투투-원투쓰리포

A: Yes, it is. So, what did you call about?
예스, 잇 이즈 쏘우, 왓 디쥬 콜 어바웃
네, 그런데요. 무슨 일로 전화하셨어요?

8.여보세요. 톰 있나요?

Hello, is Tom there?
헬로우, 이즈 톰 데얼

A: Sorry, he isn't here now. Who's calling?
쏘리, 히 이즌트 히얼 나우 후즈 콜링
아니오, 지금 없는데요. 전화하는 사람은 누구세요?

9.안녕하세요. 톰과 통화 했으면 하는데요.

Hello, I'd like to speak to Mr. Tom.
헬로우, 아이두 라이크 투 스피크 투 미스터 톰

A: Can I ask who's calling?
캔 아이 에스크 후즈 콜링
실례지만 누구세요?

10.아까 나한테 전화 했었어요?

Did you call me earlier?
디쥬 콜 미 얼리어

A: I'm calling in response to an earlier call.
아임 콜링 인 리스판스 투 언 얼리어 콜
아까 전화했다고 해서 전화 드리는 겁니다.

11.여보세요. 톰 좀 바꿔 주실래요?

Hello, may I speak to Tom?
헬로우, 메아이 스피크 투 톰

A: What are you calling about?
왓 아류 콜링 어바웃
무슨 일로 전화하셨어요?

12.기획부로 연결해 주시겠어요?

Can you transfer me to the planning department?
캔 유 트랜스퍼 미 투 더 플래닝 디파트먼트

A: Whom would you like to speak to?
훔 우쥬 라이크 투 스피크 투
누구를 찾으시나요?

13.전화 받으시는 분은 누구세요?

Who am I speaking to, please?
후 엠 아이 스피킹 투, 플리즈

A: Hello, This is Kim.
헬로우, 디스 이즈 킴
여보세요, 저는 김입니다.

14.미스 김이 계시는 방 좀 바꿔주세요.

Would you ring Miss. Kim's room?
우쥬 링 미스 김스 룸

A: I'll get her for you.
아윌 겟 허 포 유
그녀를 바꿔드릴게요.

Chapter 02

전화를 받을 때

전화

1.전화 좀 받아 주실래요?

Could you please answer the phone for me?
쿠쥬 플리즈 앤서 더 폰 포 미

A: Sure, hello?
슈어, 헬로우
그러죠, 여보세요?

2.누구한테서 전화 왔어요?

Who's on the line?
후즈 온 더 라인

A: It's Miss Whang.
잇츠 미스 왕
미스 왕인데요.

3.당신 찾는 전화가 왔어요.

There's a call for you.
데얼즈 어 콜 포 미

= I have a call for you.
아이 해브 어 콜 포 유

= Phone for you.
폰 포 유

A: I'll answer/get it.
아윌 앤서/겟 잇
제가 받을게요.

4.톰 좀 바꿔주시겠어요?

Can you put me through to Mr. Tom?
캔 유 풋 미 쓰루 투 미스터 톰

= May I speak to Mr. Tom, please?
메아이 스피크 투 미스터 톰, 플리즈

A: Who's calling?
후즈 콜링
누구시죠?

5.여보세요. 시청입니다. 누구를 찾으세요?	**Hello, City Hall. Who are you calling?** 헬로우. 시티 홀 후 아류 콜링 **A: Pick up the phone. There's a call for you.** 픽 업 더 폰 데얼즈 어 콜 포 유 전화 좀 받아요. 당신 찾는 전화가 왔어요.
6.톰 전화 왔어요.	**Mr. Tom, Phone for you.** 미스터 톰, 폰 포 유 **A: Pick up the phone on line two, please.** 픽 업 더 폰 온 라인 투, 플리즈 2번 전화 받으세요.
7.무엇을 도와드릴까요?	**How can I help you?** 하우 캔 아이 헬프 유
8.여보세요. 영업부입니다.	**Hello? Sales department.** 헬로우 세일즈 디파트먼트
9.당신 전화 울리는 것 아니에요? 전화받아요!	**Is that your phone ringing? Hey, answer your phone!** 이즈 댓 유어 폰 링잉 헤이, 앤서 유어 폰 **A: Sorry. I changed the ringer the other day, and now I'm not used to the new one.** 쏘리 아이 체인지드 더 링거 디 어더 데이, 앤 나우 아임 낫 유즈드 투 더 뉴 원 죄송해요. 제가 며칠 전에 핸드폰 벨소리를 바꿔서 새로운 벨소리에 익숙하지 않네요.
10.누구를 찾으세요?	**Who are you calling?** 후 아류 콜링 **A: Who am I speaking to, please?** 후 엠 아이 스피킹 투, 플리즈 전화 받으시는 분은 누구시죠?

11.아니오, 지금 없는데요. 누구세요?

He isn't here now. Who is calling?
히 이즌트 히어 나우 후 이즈 콜링

A: This is Tom calling. Smith's classmate.
디스 이즈 톰 콜링 스미스 클래스메이트
저는 스미스랑 같은 반 친구인 톰입니다.

12.방금 전화 누구였어요?

Who was on the phone just now?
후 워즈 온 더 폰 저스트 나우

A: Oh, it was just a run of the mill telemarketer.
오, 잇 워즈 저스트 어 런 오브 더 밀 텔레마케터
아 그냥 늘 오는 텔레마케터 전화였어요. (run of the mill 보통의, 평범한)

Chapter 03

통화할 때

1.여보세요. 미스 김이 세요?	**Hello. Is that Miss Kim?** 헬로우 이즈 댓 미스 김 **A: Speaking.** 스피킹 접니다.
2. 안녕, 톰. 수신 상태가 나빠서 네 목소리인지 몰랐어요.	**Hi, Tom. The receptions bad, so couldn't recognize your voice.** 하이. 톰 더 리셉션 배드. 쏘우 쿠든트 레커나이즈 유어 보이스 **A: Will you call again?** 윌 유 콜 어겐 다시 거시겠어요?
3.응, 어쩐 일이세요?	**Yeah. So to what do I owe the pleasure?** 옛. 쏘우 투 왓 두 아이 오우 더 플레져 **A: I just called to say hi. So what are you doing?** 아이 저스트 콜드 투 세이 하이 쏘우 왓 아류 두잉 그냥 잘 있느냐고 안부 전화 한 거에요. 뭘 하세요?
4.재미있는 일 없어요?	**Anything interesting?** 애니씽 인터레스팅 **A: Should we pop by Tom's place on the way home?** 슈드 위 팝 바이 톰스 플레이스 온 더 웨이 홈 집에 가는 길에 톰네 집에 잠깐 들를까요?
5.아까 나한테 전화 했었어?	**Did you call me earlier?** 디쥬 콜 미 얼리어

A: Whenever I call you, you always seem to be on the other line.
웬에버 아이 콜 유, 유 올웨이즈 심 투 비 온 디 어더 라인
내가 전화를 걸 때마다 너는 늘 전화를 받고 있는 것 같아요.

전화

6.잠깐만요, 다른 전화가 왔어요.

Just a moment, I have a call on the other line.
저스트 어 모먼트, 아이 해브 어 콜 온 디 어더 라인

A: I must say good-bye now.
아이 머스트 세이 굿-바이 나우
이제 끊어야겠다.

7.5분 후에 다시 걸겠습니다.

I'll call again in 5 minutes.
아윌 콜 어겐 인 파이브 미니츠

A: I'll have to take your number and call you back.
아윌 해브 투 테이크 유어 넘버 앤 콜 유 백
전화번호를 알려주면 내가 다시 전화 할게요.

8.통화하기 괜찮아요?

May I talk to you now?
메아이 토크 투 유 나우

= Is this a good time to talk to you?
이즈 디스 어 굿 타임 투 토크 투 유

A: I'm all right.
아임 올 라잇
괜찮습니다.

9.어느 분과 통화하려고 기다리시나요?

Who are you holding for?
후 아류 홀딩 포

= For whom are you holding?
포 훔 아류 홀딩

A: I have something to tell Mr. Tom.
아이 해브 썸씽 투 텔 미스터 톰
톰한테 말할 게 있어요.

10.톰이랑 통화 가능할까요?	**Is Mr. Tom available?** 이즈 미스터 톰 어베일러블 **A: I'm sorry, but he's on the other phone.** 아임 쏘리, 밧 히즈 온 디 어더 폰 죄송하지만 그는 지금 다른 전화를 받고 있어요.
11.미스터 김과 통화할 수 있을까요?	**May I talk to Mr. Kim please?** 메아이 토크 투 미스터 김 플리즈 **A: He is on another phone.** 히 이즈 온 어나더 폰 **= Line is busy.** 라인 이즈 비지 그는 통화중인데요.
12.그 분이 지금 통화중입니다.	**His line is busy now.** 히즈 라인 이즈 비지 나우 **A: I'll call again in 10 minutes.** 아윌 콜 어겐 인 텐 미니츠 10분 후에 다시 걸겠습니다.
13.다시 거시겠습니까?	**Will you call again?** 윌 유 콜 어겐

Chapter 04 전화를 바꿔줄 때

1.김 박사님 좀 바꿔주실래요?

Could you transfer me to Dr. Kim?
쿠쥬 트렌스퍼 미 투 닥터 김

= Could you put me through to Dr. Kim?
쿠쥬 풋 미 쓰루 투 닥터 김

A: Who shall I say is calling, please?
후 쉘 아이 세이 이즈 콜링, 플리즈

= May I tell her who's calling?
메아이 텔 허 후즈 콜링

누구라고 전해드릴까요?

2.잠시만 기다리세요.

Just a moment, please.
저스트 어 모먼트, 플리즈

= Hold on a second, please.
홀드 온 어 세컨트, 플리즈

A: I'll put you through to Dr. Kim.
아윌 풋 유 쓰루 투 닥터 김

김 박사님께 전화를 돌려 드리겠습니다.

3.톰 씨 계신가요?

Is Mr. Tom in?
이즈 미스터 톰 인

A: Certainly. I'll go and find him for you. Please hold the line.
써튼리 아윌 고우 앤 파인드 힘 포 유 플리즈 홀드 더 라인

네. 가서 자리에 계신지 확인해 보겠습니다. 끊지 말고 기다려주세요.

4.톰 씨, 3번 전화 받아 보세요.

Mr. Tom, Pick up the phone on line three, please.
미스터 톰, 픽 업 더 폰 온 라인 쓰리, 플리즈

A: Hold on a second, please. Let me transfer your call to him.
홀드 온 어 세컨트, 플리즈 렛 미 트렌스퍼 유어 콜 투 힘
끊지 말고 잠시만 기다리세요. 제가 전화를 돌려 드리겠습니다.

5.여보세요. 톰 씨 안사람이에요. 그이 좀 바꿔주시겠어요?

Hello. I'm actually Mr. Tom's wife. Could you put him on the line?
헬로우 아임 엑츄얼리 미스터 톰스 와이프 쿠쥬 풋 힘 온 더 라인

A: Hold on a second, please. Let me transfer your call to him.
홀드 온 어 세컨트, 플리즈 렛 미 트렌스퍼 유어 콜 투 힘
끊지 말고 잠시만 기다리세요. 제가 전화를 돌려 드리겠습니다.

6.누구를 바꿔드릴까요?

Who do you wish to speak to?
후 두 유 위시 투 스피크 투

A: Mr. Tom, please.
미스터 톰, 플리즈
톰 씨 부탁합니다.

7.지금 통화 중인데, 기다리시겠어요?

He's on another line. Will you hold?
히즈 언 어나더 라인 윌 유 홀드

I'll transfer your call as soon as he's available.
아윌 트렌스퍼 유어 콜 애즈 순 애즈 히스 어베일러블
통화가 끝나는 대로 연결해 드리겠습니다.

8.어디로 연결해 드릴까요?

How can I direct your call?
하우 캔 아이 다이렉트 유어 콜

I'll connect you with the department concerned.
아윌 커넥트 유 위드 더 디파트먼트 컨선드
전화를 담당 부서로 연결해 드리겠습니다.

9.스미스 씨 좀 바꿔 주세요.

Can you put me through to Mr. Smith?
캔 유 풋 미 쓰루 투 미스터. 스미스?

A: Please hold the line while I try to connect you.
플리즈 홀드 더 라인 와일 아이 트라이 투 커넥트 유
제가 연결해 드릴테니 전화를 끊지 말고 기다려 주십시오.

10.톰과 통화하고 싶은데, 있나요?

I'd like to speak to Tom. Is he there?
아이드 라이크 투 스피크 투 톰 이즈 히 데얼

A: Just a second. I'll get him.
저스트 어 세컨드 아윌 겟 힘
잠깐만요. 불러올게요.

11.영업과장님과 통화 가능한가요?

Would the sales manager be available?
우드 더 세일즈 매니저 비 어베일러블

A: Hang on one second.
행 온 원 세컨드
잠시만 기다려주세요.

12.톰 씨와 통화할 수 있을까요?

Could I please speak to Mr. Tom?
쿠드 아이 플리즈 스피크 투 미스터 톰

A: May I ask what this is about?
메아이 에스크 왓 디스 이즈 어바웃
무슨 일로 전화하셨습니까?

Chapter 05

전화를 받을 수 없을 때

1.미스 김을 찾고 있는데요. 지금 계세요?	I'm looking for Miss. Kim. Is she available now? 아임 룩킹 포 미스 김 이즈 쉬 어베일러블 나우 A: Oh, I'm sorry. She just stepped out a few minutes. 오, 아임 쏘리 쉬 저스트 스텝트 아웃 어 퓨 미니츠 아, 죄송하지만 방금 자리를 비우셨어요.
2.방금 나가셨는데요.	He just went out. 히 저스트 웬트 아웃 = He just stepped out. 히 저스트 스텝트 아웃 A: Did you try his cell phone? 디쥬 트라이 히즈 셀 폰 휴대전화로 연결해 보시겠어요?
3.퇴근하셨어요.	He has left for the day. 히 해즈 레프트 포 더 데이 = He has gone for the day. 히 해즈 건 포 더 데이 A: Then I'll call him at home. 댄 아윌 콜 힘 엣 홈 그럼 집으로 전화해야겠네요.
4.그는 지금 전화를 받을 수 없어요.	He can't come to the phone right now. 히 캔트 컴 투 더 폰 라잇 나우 A: He's off today. 히즈 오프 투데이 오늘은 쉬는 날이에요.
5.언제 돌아오실까요?	When do you expect him back? 웬 두 유 익스펙트 힘 백

A: I'm sorry, but he's out for a day.
아임 쏘리, 밧 히즈 아웃 포 어 데이
죄송합니다만 오늘은 퇴근하셨어요.

6.통화가 끝나려면 얼마나 기다려야 합니까?

How long will he be on the phone?
하우 롱 윌 히 비 온 더 폰

A: Would you like to wait?
우쥬 라이크 투 웨이트
기다리시겠습니까?

7.잠깐 자리를 비우셨는데요.

He just stepped out for a moment.
히 저스트 스텝트 아웃 포 어 모먼트
(step out 잠깐 자리를 비우다, 잠시 나가다)

A: Where can I find him? It's urgent.
웨어 캔 아이 파인드 힘 이츠 어젠트
어디가면 그를 만날 수 있을까요? 급하거든요.

8.점심 먹으러 나갔습니다. 곧 돌아오실 겁니다.

He's out for lunch. He'll be back at any moment.
히즈 아웃 포 런치 히윌 백 엣 애니 모먼트

A: Oh, he just came in.
오, 히 저스트 캐임 인
아, 막 돌아오셨어요.

9.미안하지만, 오늘 오후에는 사무실에 없는데요.

I'm afraid that he's not in the office afternoon.
아임 어프레이드 댓 히즈 낫 인 디 오피스 애프터눈

A: Could you call again tomorrow?
쿠쥬 콜 어겐 투머로우
내일 다시 전화해 주시겠어요?

10.지금 전화 받기가 곤란해서요. 10분 후에 다시 전화 주시겠어요?

Now's not a good time. Could you call me back in ten minutes?
나우즈 낫 어 굿 타임 쿠쥬 콜 미 백 인 텐 미니츠

11.전화 언제 왔어요?	**When did he call?** 웬 디드 히 콜 **A: This morning. He said you should call him back as soon as you can.** 디스 모닝 히 세드 유 슈드 콜 힘 백 애즈 쑨 애즈 유 캔 오늘 아침에요. 되도록 빨리 전화해 달라고 했어요.
12.알았어요. 나중에 다시 전화할게요.	**Fine. I'll call you back later.** 파인 아윌 콜 유 백 레이더
13.전화번호 좀 알려 주시겠어요?	**Can I have your digits?** 캔 아이 해브 유어 디짓트
14.지금 집에 없습니다.	**Sorry, he is not home at the moment.** 쏘리, 히 이즈 낫 홈 엣 더 모먼트 **A: Will you tell him that I called?** 윌 유 텔 힘 댓 아이 콜드 전화 왔다고 전해 주시겠어요?
15.미안하지만, 오늘 오후에는 사무실에 안 계시는데요.	**I'm afraid that he is not in the office this afternoon.** 아임 어프레이드 댓 히 이즈 낫 인 디 오피스 디스 애프터눈 **A: I'll call him back later.** 아윌 콜 힘 백 레이더 나중에 다시 전화를 하겠습니다.

Chapter 06

전화를 잘못 걸었을 때

1.죄송하지만 422-1234 아닌가요?

I'm sorry. Isn't this 422-1234?
아임 쏘리 이즌트 디스 포투투-원투쓰리포

= Excuse me. Is that 422-1234?
익스큐즈 미 이즈 댓 포투투-원투쓰리포

A: No, you have the wrong number.
노우, 유 해브 더 렁 넘버
아뇨, 전화를 잘못 거셨어요.

2.몇 번에 거셨어요?

What number are you trying to reach?
왓 넘버 아류 트라잉 투 리치

= What number did you dial?
왓 넘버 디쥬 다이얼

= What number are you calling?
왓 넘버 아류 콜링

A: I'm sorry. I must have misdialed.
아임 쏘리 아이 머스트 해브 미스다이얼드
미안해요. 잘못 건 것 같아요.

3.전화를 잘못 거셨습니다.

You dialed the wrong number.
유 다이얼드 더 렁 넘버

= You must have the wrong number.
유 머스트 해브 더 렁 넘버

= You have got the wrong number.
유 해브 갓 더 렁 넘버

4.여보세요. 톰 있나요?

Hello, is Tom in?
헬로우, 이즈 톰 인

A: Tom? There's no one named Tom here.
톰 데얼즈 노우 원 네임드 톰 히얼
톰이요? 여기 톰이라는 사람 없는데요.

5.거긴 몇 번이세요?

What number are you calling from?
왓 넘버 아류 콜링 프럼

A: Our number is 422-1234.
아워 넘버 이즈 포투투-원투쓰리포
저희 전화번호는 422-1234입니다.

6.전화를 잘못 거신 것 같아요.

I think you dialed the wrong number.
아이 띵크 유 다이얼드 더 렁 넘버

A: Excuse me. Isn't this 452-1234?
익스큐즈 미 이즌트 디스 포파이브투-원투쓰리포
실례지만 452-1234가 아닌가요?

7.미안합니다만, 여기 톰이라는 사람이 없는데요.

I'm sorry, we don't have a Tom here.
아임 쏘리, 위 돈트 해브 어 톰 히얼

A: I must have the wrong number.
아이 머스트 해브 더 렁 넘버
제가 전화를 잘못 걸었습니다.

8.번호는 맞는데, 톰이란 사람은 없어요.

The number is right, but there's no one called Tom here.
더 넘버 이즈 라잇, 밧 데얼즈 노우 원 콜드 톰 히얼

전화메시지

1.지금 자리에 안 계시는데 메시지를 남기시겠어요?

He is not available. Can I take a message?
히 이즈 낫 어베일러블 캔 아이 테이크 어 메시지

= He is away from his task. Can I take a message?
히 이즈 어웨이 프럼 히즈 데스크 캔 아이 테이크 어 메시지

A: Just tell him that I'll call him back, please.
저스트 텔 힘 댓 아윌 콜 힘 백, 플리즈
다시 전화하겠다고 전해주세요.

2.메시지 남기시겠어요?

Could you like to leave a message?
쿠쥬 라이크 투 리브 어 메시지

= Could I take a message?
쿠드 아이 테이크 어 메시지

= May I take a message for you?
메아이 테이크 어 메시지 포 유

A: Sure. Please tell him that Tom called.
슈어 플리즈 텔 힘 댓 톰 콜드
네. 톰한테 전화 왔었다고 전해주세요.

3.무슨 일로 전화 하셨어요?

What are you calling about?
왓 아류 콜링 어바웃

A: I just wanted to say hello.
아이 저스트 원티드 투 세이 헬로우
그냥 안부 전화했어요.

4.톰 씨한테 전화가 왔었어요.

There was a phone call from Mr. Tom.
데어 워즈 어 폰 콜 프럼 미스터 톰

A: He said he'd call back again.
히 세드 히드 콜 백 어겐
다시 전화한다고 하셨어요.

5.뭐라고 전해 드릴까요?

What should I tell him?
왓 슈드 아이 텔 힘

A: I just wanted to hear his voice.
아이 저스트 원티드 투 히얼 히즈 보이스
그냥 목소리 들어보려고 전화했어요.

6.전화 온 것 없어요?

Did anyone call me?
디드 애니원 콜 미

= Were there any calls for me?
워 데어 애니 콜즈 포 미

A: There was no call while you were out.
데어 워즈 노우 콜 와일 유 워 아웃
나가 계시는 동안 전화 온 것이 없어요.

7.다시 전화를 걸어 주시겠어요?

Could you call back later?
쿠쥬 콜 백 레이더

A: Sure. Will you be at home?
슈어 윌 유 비 엣 홈
그러지요. 집에 있을 거죠?

8.들어오시면 전화해 달라고 전해주시겠어요?

Could you ask him to call me back when he comes in?
쿠쥬 에스크 힘 투 콜 미 백 웬 히 컴즈 인

A: My cell phone is out of order. So tell him to call me at 422-1234.
마이 셀 폰 이즈 아웃 오브 오더 쏘우 텔 힘 투 콜 미 엣 포투투-원투쓰리포
제 핸드폰이 고장 나서요. 422-1234로 연락해 달라고 해주세요.

9.전화 드리라고 할까요?

Could I have him call you?
쿠드 아이 해브 힘 콜 유

= Shall I have him call you back?
쉘 아이 해브 힘 콜 유 백

= Would you like me to tell him to call you?
우쥬 라이크 미 투 텔 힘 투 콜 유

A: I'll leave my number just in case.
아윌 리브 마이 넘버 저스트 인 케이스
혹시 모르니까 제 번호를 남길게요.

10.지금 안 계시는데요. 나중에 전화 하시겠어요?

He is not in now. Would you like to call back?
히 이즈 낫 인 나우 우쥬 라이크 투 콜 백

A: Can I take a message go for you?
캔 아이 테이크 어 메시지 고우 포 유
제가 전해줄 말이라도 있어요?

11.안녕하세요, 지금 전화를 받을 수 없으니 삐 소리가 난 후 메시지를 남겨주세요.

Hi, I can't come to the phone right now.
하이, 아이 캔트 컴 투 더 폰 라잇 나우

Please leave your message after you hear the beep.
플리즈 리브 유어 메시지 애프터 유 히어 더 빕

I'll call you back as soon as I possibly can.
아윌 콜 유 백 애즈 쑨 애즈 아이 파서블리 캔
가능한 한 신속히 전화해 드리겠습니다.

12.내가 당신 책상 위에 남겨 둔 메시지 받았어요?

Did you get that message I left for you on your desk?
디쥬 겟 댓 메시지 아이 레프트 포 유 온 유어 데스크

A: What message? Wait. You mean this one.
왓 메시지 웨이트 유 민 디스 원
무슨 메시지요? 잠깐만요. 이거 말하는 거예요?

13.톰은 지금 부재중 인데요. 누구시죠?

Tom is not in. Who's this?
톰 이즈 낫 인 후즈 디스

A: If you leave a message, I'll make sure he gets it as soon as possible.
이프 유 리브 어 메시지, 아윌 메이크 슈어 히 겟츠 잇 애즈 쑨 애즈 파서블
메시지를 남기시면 그가 돌아오는 대로 전해드리겠습니다.

14.전화하셨다고요?

I'm returning your call.
아임 리터닝 유어 콜

A: I had a message to call you.
아이 해드 어 메시지 투 콜 유
전화 달라는 메모 받고 전화했습니다.

전화상태가 나쁠 때

1. 잘 안 들리세요?

Can't you hear it well?
캔트 유 히어 잇 웰

= Can't you hear clearly?
캔트 유 히어 클리어리

A: My line is getting a lot of noise.
마이 라인 이즈 겟팅 어 랏 오브 노이즈
잡음이 심하네요.

2.당신이 말하는 것을 알아들을 수가 없어요.

I can't make out what you're saying.
아이 캔트 메이크 아웃 왓 유아 세잉

A: Can you speak up a little?
캔 유 스피크 업 어 리틀
좀 크게 말씀해 주시겠어요?

3.지금 내 목소리 들려요?

Can you hear me now?
캔 유 히얼 미 나우

A: I'm here. What was causing the interference?
아임 히얼 왓 워즈 커싱 더 인터퍼런스
네 들려요. 왜 혼선이 된 거였어요?

4.톰, 무슨 말 하는지 잘 안 들려요. 뒤에서 나는 소리는 뭐예요?

I can't hear what you're saying, Tom. What's that in the background?
아이 캔트 히얼 왓 유아 세잉 톰 왓츠 댓 인 더 백그라운드

A: It's just my kids.
잇츠 저스트 마이 키드즈
우리 아이들이에요.

5.전화가 갑자기 끊겼어요.

The phone was suddenly cut off.
더 폰 워즈 서든리 컷 오프

A: It sounds like problem in your house wiring.
잇 사운즈 라이크 프라블럼 인 유어 하우스 와이어링
고객님 집안의 배선에 문제가 있는 것 같군요.

6.신호가 떨어지질 않아요.

There's no dial tone.
데얼즈 노우 다이얼 톤

A: I can have a repair person come out now.
아이 캔 해브 어 리페어 퍼슨 컴 아웃 나우
지금 수리기사를 보내드리겠습니다.

7.전화 통화 중에 잡음이 너무 심해요.

There's too much a static on the line.
데얼즈 투 머치 어 스태틱 온 더 라인.

A: I'll hang up and call you back.
아윌 헹 업 앤 콜 유 백
끊었다가 다시 걸게요.

8.지금은 어때요? 나아 졌어요?

How's this now? Is this better?
하우즈 디스 나우 이즈 디스 베러

A: Oh, that's a lot better.
오, 댓츠 어 랏 베러
아, 훨씬 낫네요.

9.이제 잘 들려요?

Can you hear me ok, now?
캔 유 히얼 미 오케이, 나우

A: I can't hear you. I think we have a bad connection.
아이 캔트 히얼 유 아이 띵크 위 해브 어 베드 커넥션
안 들려요. 연결 상태가 좋지 않은 것 같아요.

10.잡음이 들립니다.

I hear some noise on the phone.
아이 히얼 썸 노이즈 온 더 폰

A: I'll talk to you on another phone.
아윌 토크 투 유 온 어나더 폰
제가 다른 전화로 받아 보겠습니다.

11.잘 들리지 않아요. 다시 전화 줄래요?

I can't hear you well. Would you call me back?
아이 캔트 히얼 유 웰 우쥬 콜 미 백

A: The lines are crossed. I'll call you back.
더 라인즈 아 크로스드 아윌 콜 유 백
혼선이에요. 다시 전화할게요.

Chapter

09 국제 전화를 걸 때

1.서울로 국제전화를 하고 싶은데요.	**I'd like to place an international call to Seoul.** 아이두 라이크 투 플레이스 언 인터내셔널 콜 투 서울 **A: What's the number and party's name?** 왓츠 더 넘버 앤 파티스 넘버 전화번호와 받을 분 성함을 말씀해 주시겠습니까?
2.콜렉트 콜로 해주세요.	**Make it a collect call, please?** 메이크 잇 어 컬렉트 콜, 플리즈 **A: Hang up and wait, please.** 헹 업 앤 웨이트, 플리즈 수화기를 내려놓고 기다려주세요.
3.연결되었습니다. 말씀하세요.	**Your party is on the line. Go ahead, please.** 유어 파티 이즈 온 더 라인 고우 어헤드, 플리즈 **A: I can't hear really well.** 아이 캔트 히얼 리얼리 웰 전화감이 정말 안 좋군요.
4.서울과 통화 도중에 전화가 끊어졌어요.	**I was cut off on my call to Seoul.** 아이 워즈 컷 오프 온 마이 콜 투 서울 **A: I will have to check on it and get hold of you again.** 아이 윌 해브 투 체크 온 잇 앤 겟 홀드 오브 유 어겐 확인한 후에 다시 전화 드리겠습니다.
5.통화 후에 통화 시간과 요금을 알려주십시오.	**Let me know the time and the charge later, please.** 렛 미 노우 더 타임 앤 더 차지 레이더, 플리즈 **A: All right, sir.** 올 라잇, 써 알겠습니다.

6.수신자 부담으로 전화 하고 싶습니다.

I'd like to make a collect call.
아이드 라이크 투 메이크 어 컬렉트 콜

= I'd like to place a collect call.
아이드 라이크 투 플레이스 어 컬렉트 콜

A: Please wait while I put you through.
플리즈 웨이트 와일 아이 풋 유 쓰루
기다리시면 연결해 드리겠습니다.

7.신용카드로 전화를 걸고 싶어요.

I'd like to make a credit card call.
아이두 라이크 투 메이크 어 크레딧 카드 콜

A: Put the card in here then you can make a call.
풋 더 카드 인 히얼 댄 유 캔 메이크 어 콜
여기에 카드를 넣고 전화하시면 됩니다.

8.황 선생님이라는 분으로 부터 수신자 부담 전화가 신청되었습니다.

Hello. I have a collect call from a Mr. Whang.
헬로우 아이 해브 어 컬렉트 콜 프럼 어 미스타 황

Will you accept the charge?
윌 유 억셉트 더 차지
전화를 받으시겠습니까?

9.한국으로 통화자 지정 전화를 걸고 싶은데요.

I'd like to place a person-to-person call to Korea.
아이두 라이크 투 플레이스 어 퍼슨-투-퍼슨 콜 투 코리아

= I'd like to make a personal call to Korea.
아이두 라이크 투 메이크 어 퍼스널 콜 투 코리아

A: Country code and number, please.
컨츄리 코드 앤 넘버, 플리즈
국가번호와 전화번호를 말씀해 주세요.

10.신호는 가는데 받지 않습니다.

It's ringing but no ones answering.
잇츠 링잉 밧 노우 원스 앤서링

A: Please cancel the call.
플리즈 캔슬 더 콜
통화를 취소해 주십시오.

11.시카고의 지역번호는 무엇입니까?

What's the area code for Chicago?
왓츠 디 에리아 코드 포 시카고

A: The area code for chicago is 452.
더 에리아 코드 포 시카고 이즈 포파이브투
지역번호는 452입니다.

Practical English

시간과 날씨

7

Chapter 01

시간 표현

1.지금 몇 시에요?	What time is it now? 왓 타임 이즈 잇 나우 = What's the time now? 왓츠 더 타임 나우 = Do you know what time it is? 두 유 노우 왓 타임 잇 이즈 = Do you have the time? 두 유 해브 더 타임 = Could you please tell me the time? 쿠쥬 플리즈 텔 미 더 타임 = What time do you have? 왓 타임 두 유 해브 A: It's three o'clock. 잇츠 쓰리 어클락 = It's three o'clock sharp. 잇츠 쓰리 어클락 샤프 = It's exactly three o'clock. 잇츠 이잭트리 쓰리 어클락 3시 정각이에요.
2.정확하게 몇 시인지 아세요?	Do you have the correct time? 두 유 해브 더 코렉트 타임 = What's the correct time? 왓트 더 코렉트 타임 A: It's eight five. 잇츠 에잇 파이브 8시 5분입니다.
3.몇 시쯤 됐을까요?	I wonder what time it is? 아이 원더 왓 타임 잇 이즈 A: It's just after three. 이츠 저스트 애프터 쓰리 3시 이후에요.

4.시간 좀 알려줄 수 있어요?	**Could I bother you for the time?** 쿠드 아이 바더 유 포 더 타임 **A: It's just noon.** 잇츠 저스트 눈 **= It's midday.** 잇츠 미드데이 낮 12시에요.
5.3시가 채 안 됐어요.	**It's not quite three.** 잇츠 낫 콰이트 쓰리
6.3시 10분이에요.	**It's ten after three.** 잇츠 텐 애프터 쓰리 **= It's ten minutes after three.** 잇츠 텐 미니츠 애프터 쓰리 **= It's ten past three.** 잇츠 텐 패스트 쓰리
7.3시 15분이에요.	**It's three fifteen.** 잇츠 쓰리 피프틴 **It's a quarter past three.** 잇츠 어 쿼터 패스트 쓰리
8.3시 15분 전입니다.	**It's a quarter to three.** 잇츠 어 쿼터 투 쓰리 **It's a quarter of three.** 잇츠 어 쿼터 오브 쓰리
9.3시 30분이에요.	**It's three thirty.** 잇츠 쓰리 써티 **It's half past three.** 잇츠 하프 패스트 쓰리
10.3시 조금 지났어요.	**It's a little past three.** 잇츠 어 리틀 패스트 쓰리

11.이 시계 맞아요?	**Is this clock right?** 이즈 디스 클락 라이트 **= Is this clock correct?** 이즈 디스 클락 코렉트 **A: It's five minutes slow(fast)** 잇츠 파이브 미니츠 슬로우(패스트) **= My watch is five minutes slow(fast)** 마이 워치 이즈 파이브 미니츠 슬로우(패스트) 5분 느려요(빨라요)
12.6시가 다 됐어요.	**It's close to six.** 잇츠 클로즈 투 씩스 **It's almost six o'clock.** 잇츠 올모스트 씩스 어클락
13.당신 시계는 맞는가요?	**Is your watch right?** 이즈 유어 워치 라이트 **= My watch keeps good time.** 마이 워치 킵스 굿 타임
14.현지시간이 몇 시죠?	**Could you tell me the local time?** 쿠쥬 텔 미 더 로컬 타임 **A: I'd like to set the local time.** 아이두 라이크 투 셋 더 로컬 타임 시간을 현지시간으로 맞추고 싶어요.
15.뉴욕과 시차가 얼마나 나지요?	**What's the time difference to New York?** 왓츠 더 타임 디프런스 투 뉴욕 **A: Ten hours later than you.** 텐 아워즈 레이러 댄 유 10시간 느립니다.

16.거기 가는 데 얼마나 걸립니까?

How long does it take to go there?
하우 롱 더즈 잇 테이크 투 고 데얼

A: It takes 10 minutes on foot.
잇 테이크즈 텐 미니츠 온 풋
걸어서 10분 걸립니다.

Chapter
02 날짜와 요일

1.오늘이 며칠이죠?	What's the date today? 왓츠 더 데이트 투데이 = What's today's date? 왓츠 투데이 데이트 = What date is today? 왓 데이트 이즈 투데이 = What day of the month is it today? 왓 데이 오브 더 먼스 이즈 잇 투데이 A: It's August 25th. 잇츠 어거스트 트웨니피프쓰 = It's the 25th of August. 잇츠 더 트웨니피프쓰 오브 어거스트 8월 25일입니다.
2.내일이 며칠이에요?	What is tomorrow's date? 왓 이즈 투머로우 데이트 A: It will be June the 21st. 잇츠 윌 비 준 더 트웨니퍼스트 = It's June 21st. 잇츠 준 트웨니퍼스트 6월 21일입니다.
3.봉급날이 언제인가요?	What's your payday? 왓츠 유어 페이데이 A: It's the day after tomorrow. 잇츠 더 데이 애프터 투머로우 모레입니다.
4.오늘이 무슨 특별한 날인가요?	What special day is today? 왓 스페셜 데이 이즈 투데이 = What's the occasion? 왓츠 더 오케이젼

A: Today is our wedding anniversary.
투데이 이즈 아워 웨딩 애니버서리
오늘이 우리 결혼 기념일이에요.

5.다음 주 토요일이 며칠인가요?

What date is next Saturday?
왓 데이트 이즈 넥스트 쎄러데이

A: It's the thirty-first.
잇츠 더 써티퍼스트
31일입니다.

6.음력 설날이 며칠인가요?

What date is Lunar New Year's Day?
왓 데이트 이즈 루널 뉴 이얼즈 데이

A: It will be January the 25th next year.
잇 윌 비 재뉴어리 더 트웨니피프쓰 넥스트 이얼
내년 1월 25일입니다.

7.크리스마스가 올해는 일요일이에요.

Christmas falls on Sunday this year.
크리스마스 폴 온 썬데이 디즈 이얼

A: That means we lose a holiday.
댓 민즈 위 루즈 어 홀리데이
노는 날 하나가 없어졌네요.

8.오늘이 무슨 요일이죠?

What day of the week is it today?
왓 데이 오브 더 위크 이즈 잇 투데이

= What day is today? = What day is it?
왓 데이 이즈 투데이 왓 데이 이즈 잇

A: Today is Thursday.
투데이 이즈 썰스데이
오늘은 목요일입니다.

9.23일 무슨 요일입니까?

What day is the 23rd?
왓 데이 이즈 더 트웨니써드

A: It's a Tuesday.
이츠 어 튜스데이
화요일입니다.

10.오늘이 무슨 공휴일인 가요?

What holiday is it today?
왓 홀리데이 이즈 잇 투데이

A: It's memorial Day.
잇츠 메모리얼 데이
현충일입니다.

11.오늘이 금요일입니까?

Is today Friday?
이즈 투데이 프라이데이

A: No, it's Thursday.
노우 잇츠 썰스데이
아니요, 목요일입니다.

12.오늘이 21일이야? 22일 이야?

Is today the 21st or 22nd?
이즈 투데이 더 트웨니퍼스트 오어 트웨니쎄컨드

A: I believe it's the 22nd.
아이 빌리브 잇츠 더 트웨니쎄컨드
22일인 것 같아요.

13.이 달이 몇 월입니까?

What month is this?
왓 먼스 이즈 디스

A: It's March.
잇츠 마치
3월입니다.

14.이달에 어떤 공휴일이 있나요?

What holiday do we have this month?
왓 홀리데이 두 위 해브 디즈 먼스

A: We have Liberation Day this month.
위 해브 리버레이션 데이 디스 먼스
이 달에 광복절이 있어요.

15.한글날은 노는 날이 에요?

Is Hangeul Day a holiday?
이즈 한글 데이 어 홀리데이

A: No, it's just an important day, not a holiday.
노우 잇츠 저스트 언 임폴턴트 데이, 낫 어 홀리데이
아니오, 그냥 중요한 날이기만 하고 노는 날은 아니에요.

생일과 나이

1.당신 생일이 언제 인가요?

When is your birthday?
웬 이즈 유어 벌스데이

= What's the date of your birthday?
왓츠 더 데이트 오브 유어 벌스데이

= What's your date of birth?
왓츠 유어 데이트 오브 벌스

A: My birthday is on the seventh of May.
마이 벌스데이 이즈 온 더 세븐쓰 오브 메이

= My birthday is May seventh.
마이 벌스데이 이즈 메이 세븐쓰
내 생일은 5월 7일입니다.

2.언제 태어났어요?

When were you born?
웬 워 유 본?

A: I was born on May 5, 1992.
아이 워즈 본 온 메이 핍쓰, 나인틴나인티투
저는 1992년 5월 5일에 태어났어요.

3.오늘이 당신 생일이지요?

Today is your birthday, right?
투데이 이즈 유어 벌스데이, 라잇

A: Today is my birthday.
투데이 이즈 마이 벌스데이
오늘이 내 생일이에요.

4.우리는 생일을 음력으로 지내요.

We celebrate my birthday according to the lunar calender.
위 셀리브레이트 마이 벌스데이 어코딩 투 더 루널 캘린더

5.생일이 몇 월 며칠 입니까?

What's the date of your birth?
왓츠 더 데이트 오브 유어 벌스

A: It's the seventh of October.
잇츠 더 세븐쓰 오브 악토버
10월 7일입니다.

6.몇 살이세요?	**How old are you?** 하우 올드 아류 **A: I'm 20 years old.** 아임 투앤티 이얼즈 올드 저는 20살이에요.
7.나이를 물어봐도 될까요?	**Do you mind if I ask your age?** 두 유 마인드 이프 아이 에스크 유어 에이지 **= May I ask how old you are?** 메이 아이 에스크 하우 올드 유 아 **A: I'm 40 years old.** 아임 포티 이얼즈 올드 저는 40살입니다.
8.제가 몇 살로 보이나요?	**How old do I look?** 하우 올드 두 아이 룩 **A: I'm in my late thirties.** 아임 인 마이 레이트 써티즈 저는 30대 후반입니다.
9.나이보다 젊어 보이시네요.	**You look young for your age.** 유 룩 영 포 유어 에이지 **A: You're fresh-faced and smiling all the time.** 유어 프레시-페이스 앤 스마일링 올 더 타임 당신은 동안이고 항상 미소짓고 있어요.
10.저와 나이가 같군요.	**You're my age.** 유아 마이 에이지 **= I'm just your age.** 아임 저스트 유어 에이지 **A: You look ten years younger.** 유 룩 텐 이얼즈 영걸 십년은 어려보여요.

11.몇 살이세요?

How old are you?
하우 올드 아류

A: Guess how old I am.
게스 하우 올드 아이 엠
제가 몇 살인지 맞춰보세요.

12.저는 당신보다 세 살 위입니다.

I'm three years older than you.
아임 쓰리 이얼즈 올더 댄 유

A: You look so young.
유 룩 쏘우 영
무척 젊어 보이시는 군요.

13.남편은 나이가 어떻게 되죠?

How old is your husband?
하우 올드 이즈 유어 허즈번드

A: He's in his late forties.
히즈 인 히즈 레이트 포티즈
그는 40대 후반입니다.

Chapter 04

일기예보

1.내일 날씨가 어떨 것 같아요?	**What's the weather going/supposed to be like tomorrow?** 왓츠 더 웨더 고잉/서포우즈드 투 비 라이크 투머로우 **A: According to the weather forecast, it will/is suppose to snow tomorrow.** 어코딩 투 더 웨더 포어캐스트, 잇 윌/이즈 써포우즈드 투 스노우 투머로우 일기예보에 의하면 내일 눈이 올 거라고 하네요.
2.주말 일기예보는 어때요?	**What's the weather forecast for the weekend?** 왓츠 더 웨더 포어캐스트 포 더 위캔드 **A: There's a 50% chance of rain.** 데얼즈 어 피프티 퍼센트 챈스 오브 레인 비가 올 확률이 50%입니다.
3.오늘 일기예보는 어떤가요?	**What's the weather forecast for today?** 왓츠 더 웨더 포어캐스트 포 투데이 **= What's today's forecast?** 왓츠 투데이즈 포어캐스트 **= What's the forecast for today?** 왓츠 더 포어캐스트 포 투데이 **A: The TV forecast for today?** 더 티비 포어캐스트 포 투데이 텔레비전에서는 화창할 거라고 하네요.
4.일기예보 들으셨어요?	**Did you hear the weather forecast?** 디쥬 히얼 더 웨더 포어캐스트 **A: The forecast says a typhoon is coming in.** 더 포어캐스트 세즈 어 타이푼 이즈 커밍 인 일기예보에서 태풍이 오고 있다고 하네요.

5.내일 비가 온대요?

Is it supposed to rain tomorrow?
이즈 잇 서포우즈드 투 레인 투머로우

A: It will be partly cloudy with a slight chance of rain.
잇 윌 비 파트리 클라우디 위드 어 슬라이트 챈스 오브 레인
부분적으로 흐리고 비가 올 가능성이 조금 있어요.

6.오늘 밤 날씨는 어떤가요?

What will the weather be like this evening?
왓 윌 더 웨더 비 라이크 디스 이브닝

A: It's going to rain this evening. Don't forget your umbrella.
잇츠 고잉 투 레인 디스 이브닝 돈 포겟 유어 엄브렐라
오늘 밤 비 온다고 하니 우산 잊지 마세요.

7.일기예보 못 들었어요?

Didn't you hear the forecast?
디든츄 히얼 더 포어캐스트

A: They're expecting nasty weather this afternoon.
데이아 익스펙팅 네스티 웨더 디스 애프터눈
오늘 오후에 날씨가 좋지 않다는 구나.

Chapter

05 날씨

1.오늘 날씨가 어때요?	What's the weather like today? 왓츠 더 웨더 라이크 투데이 = How's the weather today? 하우즈 더 웨더 투데이 = What's it like today? 왓츠 잇 라이크 투데이 = How does the sky look today? 하우 더즈 더 스카이 룩 투데이 A: It's getting colder and colder. 잇츠 게팅 콜더 앤 콜더 날씨가 점점 추워지고 있어요.
2.바깥 날씨가 어때요?	How's the weather outside? 하우즈 더 웨더 아웃사이드 = How's the weather like out? 하우즈 더 웨더 라이크 아웃 A: It's sleeting outside. 잇츠 슬리팅 아웃사이드 밖에 진눈깨비가 내려요.
3.지금 날씨가 얼마나 추운거예요?	How cold is it right now? 하우 콜드 이즈 잇 라잇 나우 A: It feels like it's minus ten, at least. 잇 필즈 라이크 잇츠 마이너스 텐, 엣 리스트 = It feels like it's ten below zero, at least. 잇 필즈 라이크 잇츠 텐 빌로우 제로, 엣 리스트 적어도 영하 10도는 되는 것 같아요.
4.눈 오기 시작했어요?	Did it start to snow? 디드 잇 스타트 투 스노우 A: Don't get all excited. It's just sleet. 돈트 겟 올 익사이티드 잇츠 저스트 슬릿 흥분하지 마세요. 그냥 진눈깨비일 뿐이예요.

5.오늘 아침에 정말 추웠어요.

There sure was a nip in the air this morning.
데어 슈어 워즈 어 닙 인 디 에어 디스 모닝

A: Don't forget your scarf. You'll catch a cold.
돈 포겟 유어 스카프 유윌 캐치 어 콜드
목도리 꼭 챙기렴. 감기 걸리겠어요.
(a nip in the air= 매서운 추위)

6.이 눈 좀 봐요. 눈이 창문 위까지 쌓였어요.

Look at all this snow! It's all the way up past the window.
룩 엣 올 디스 스노우 잇츠 올 더 웨이 업 패스트 더 윈도우

A: I can barely open the front door.
아이 캔 베어리 오픈 더 프런트 도어
현관문도 간신히 열었어요.

7.바람까지 불어서 너무 추워요.

It's the wind that makes it so cold.
잇츠 더 윈드 댓 메이크 잇 쏘우 콜드

With the wind chill factor, it's got to be much colder.
위드 더 윈드 췰 팩터, 잇츠 갓 투 비 머치 콜더
체감 온도는 훨씬 더 추워요.

8.밖에는 여전히 바람이 붑니까?

It's still windy outside?
잇츠 스틸 윈디 아웃사이드

A: No, it's quieted down.
노우, 잇츠 콰이티드 다운
아니오, 잠잠해졌어요.

9.아침에는 정말 공기가 차요.

There's a real nip in the air in the morning.
데얼즈 어 리얼 닙 인 디 에어 인 더 모닝

= It's quite nippy in the morning.
잇츠 콰이트 니피 인 더 모닝

10.밖에 비가 와요?	**Is it raining outside?** 이즈 잇 레이닝 아웃사이드 **A: It stopped.** 잇 스탑 그쳤어요.
11.비가 올 것 같지요?	**Do you think it's going to rain again?** 두 유 띵크 잇츠 고잉 투 레인 어겐 **A: Yes, It looks like it's going to rain.** 예스, 잇 룩스 라이크 잇츠 고잉 투 레인 네. 곧 비가 올 것 같아요.
12.지금은 흐리지만 오후에는 날이 갤 거예요.	**It's cloudy now, but it's going to clear up in the afternoon.** 잇츠 클라우디 나우, 밧 잇츠 고잉 투 클리어 업 인 디 애프터눈 **A: The weather is really unpredictable these days.** 더 웨더 이즈 리얼리 언프리딕테이블 디즈 데이즈 요즘 날씨는 예측하기 힘들어요.
13.지난주부터 기온이 급상승하고 있어요.	**The temperatures have been soaring since last week.** 더 템펄어츄얼 해브 빈 쏘어링 신스 라스트 위크 **A: I heard it might get better tomorrow.** 아이 허드 잇 마이트 겟 베러 투머로우 내일 좀 수그러든대요.
14.오늘은 정말 더워요. 여기 밖은 한증막 같아요.	**I can't believe how hot it is today. It's like a sauna out here.** 아이 캔트 빌리브 하우 핫 잇 이즈 투데이 잇츠 라이크 어 사우나 아웃 히얼 **A: The heat is killing me.** 더 히트 이즈 킬링 미 더워서 죽을 것 같아요.

15.찌는 듯이 더워요.

It's sweltering hot.
잇츠 스웰터링 핫

A: I'll go to the store and get us some ice cream.
아윌 고우 투 더 스토어 앤 겟 어스 썸 아이스크림
가게 가서 아이스크림 좀 사올게요.

16.고약한 날씨인데요?

Dreadful weather, isn't it?
드레드풀 웨더 이즌트 잇

A: Yes, it's raining cats and dogs.
예스, 잇츠 레이닝 캣 츠 앤 도그
네, 비가 억수같이 퍼붓네요.

17.지금은 따뜻해요, 하지만 밤이 되면 추워질 거예요.

Now it's warm. But this evening it's going to get colder.
나우 잇츠 웜 밧 디스 이브닝 잇츠 고잉 투 겟 콜더

A: Don't forget to take your sweater. The daily temperature range is still wide.
돈트 포겟 투 테이크 유어 스웨터 더 데일리 템퍼레쳐 레인지 이즈 스틸 와이드
스웨터 잊지 말고 꼭 챙겨가요. 일교차가 여전히 심하잖아요.

18.이제 봄인 것 같아요. 정말 신나요.

It seems spring is here. I'm so excited.
잇 심즈 스프링 이즈 히얼 아임 쏘우 익사이티드

A: It's sunny and mild.
잇츠 써니 앤 마일드
화창한 날씨예요.

19.완연한 봄 날씨죠?

This is real spring weather, isn't it?
디스 이즈 리얼 스프링 웨더, 이즌트 잇

A: It's a nice day.
잇츠 어 나이스 데이
좋은 날씨에요.

20.하늘에 구름 한 점 없네요. 날이 정말 좋아요.

There's not a cloud in the sky it's such a nice day.
데얼즈 낫 어 클라우드 인 더 스카이 잇츠 서치 어 나이스 데이

A: Yes, it is.
예스, 잇 이즈
그렇군요.

21.너무 춥지도 않고 너무 덥지도 않네요.

It's not too cold and it's not too hot.
잇츠 낫 투 콜드 앤 잇츠 낫 투 핫

A: it's just right.
잇츠 저스트 라이트
딱 좋아요.

22.좀 더운 거 아니에요?

Is it hot enough for you?
이즈 잇 핫 이너프 포 유

A: Turn on the air-conditioner.
턴 온 더 에어-컨디셔너
에어컨 좀 켜요.

When is it going to end?
웬 이즈 잇 고잉 투 앤드
이 더위가 언제 끝날까요?

A: I heard it might get better tomorrow.
아이 허드 잇 마이트 겟 베러 투머로우
내일 좀 수그러든대요.

23.좀 추운 거 아니에요?

is it cold enough for you?
이즈 잇 콜드 이너프 포 유

A: Turn up the heat.
턴 업 더 히트
보일러 온도를 올려요.

24.날씨가 좋아졌어요.

It's turned out to be nice.
잇츠 턴드 아웃 투 비 나이스

A: What a great day.
왓 어 그레이트 데이
정말 좋은데요.

25. 오늘도 겨울치곤 아주 따뜻하네요.

It's very warm for winter today.
잇츠 베리 웜 포 윈터 데이

A: It's getting warmer.
잇츠 게팅 웜머
날씨가 많이 풀렸어요.

26.몇 도입니까?

What's the temperature?
왓츠 더 템퍼레쳐

A: It's three below zero right now.
잇츠 쓰리 빌로우 제로 라이트 나우
지금 영하 3도입니다.

27.오늘 아침에는 뼛속까지 춥네요.

I'm chilled to the bone this morning.
아임 칠리드 투 더 본 디스 모닝

A: I was glad I'd brought my hat.
아이 워즈 글레드 아이두 브로트 마이 헷
모자를 쓰고 나와서 정말 다행이에요.

28.이런 변덕스러운 날씨는 질색이에요.

I hate this mixed weather.
아이 헤이트 디스 믹스트 웨더

A: I never know what to wear in the morning.
아이 네버 노우 왓 투 웨어 인 더 모닝
아침에 무슨 옷을 입어야 할지 정말 모르겠어요.

29.눈보라가 엄청나요!

What a snowstorm!
왓 어 스노우스톰

A: They were snowed in for a week.
데이 워 스노우드 인 포 어 위크
눈 때문에 일주일 동안 집에 갇혀 있었어요.
(be snowed in 눈 속에 파묻히다.)

30.비가 억수같이 오네요.

It's raining cats and dogs.
이츠 레이닝 캣츠 앤 도그즈

A: It's pouring.
잇츠 푸어링
비가 퍼붓네요.
(rain cats and dogs 비가 억수같이 쏟아지다)

계절

1.어느 계절을 가장 좋아하세요?

What's your favorite season?
왓츠 유어 페이버릿 시즌

Which season do you like best?
위치 시즌 두 유 라이크 베스트

A: Summer is my favorite season.
썸머 이즈 마이 페이버릿 시즌
여름이 제가 가장 좋아하는 계절이에요.

2.겨울이 가고 봄이 오고 있어요.

Winter is gone and spring is coming.
윈터 이즈 곤 앤 스프링 이즈 커밍

A: Spring is in the air.
스프링 이즈 인 디 에어
봄기운이 감돌아요.

3.우리나라는 사계절이 뚜렷합니다.

We have four distinct seasons in Korea.
위 해브 포 디스틴트 시즌 인 코리아

4.여름과 겨울 중에서 어느 것을 더 좋아하세요?

Which do you like better, summer or winter?
위치 두 유 라이크 베러, 썸머 오어 윈터

A: My favorite season is summer because I like swimming.
마이 페이버릿 시즌 이즈 썸머 비코즈 아이 라이크 스위밍
나는 수영을 좋아하기 때문에 여름을 가장 좋아해요.

5.가을은 독서의 계절입니다.

Autumn is a good/the best season for reading.
어텀 이즈 어 굿/ 더 베스트 시즌 포 리딩

6.여름은 언제나 이렇게 덥나요?

Are summers always this hot?
아 썸머스 올웨이즈 디스 핫

A: July and August are sizzlers.
줄라이 앤 어거스트 아 시즐러즈
7,8월은 푹푹 쪄요.

7.봄이 왔어요.

Spring is here.
스프링 이즈 히얼

A: I live for warm spring weather.
아이 리브 포 웜 스프링 웨더
저는 따뜻한 봄 날씨만 기다리며 살잖아요.

8.왜 겨울을 싫어하나요?

What makes you dislike winter.
왓 메이크즈 유 디스라이크 윈터

A: Winter affects me a lot.
윈터 어펙츠 미 어 랏
저는 겨울을 유난히 많이 타요.

9.봄기운이 감돌아요.

Spring is in the air.
스프링 이즈 인 디 에어

A: We will be able to plant our garden and paint the house.
위 윌 비 에이블 투 플랜트 아월 가든 앤 페인트 더 하우스
정원에 꽃도 심고 페인트칠도 좀 해야겠어요.

10.늦가을인데도 한여름 같아요.

It is already late fall, but it feels like the middle of summer.
아이 워즈 올레디 레이트 폴, 밧 잇 펠트 라이크 더 미들 오브 썸머

A: I wonder if it's global warming.
아이 원더 이프 잇츠 글로버 워밍
지구 온난화 때문에 그런 게 아닌가 싶어요.

Practical English

개인 신상

8

Chapter
01 가족관계

1.가족은 모두 몇 명 인가요?	How many are there in your family? 하우 메니 아 데어 인 유어 패밀리 = How large is your family? 하우 라지 이즈 유어 패밀리 = How many people are there in your family? 하우 메니 피플 아 데얼 인 유어 패밀리 A: There are four in my family. 데어 아 포 인 마이 패밀리 = My family has four members. 마이 패밀리 해즈 포 멤버 우리 식구는 네 명입니다.
2.자녀가 있습니까?	Do you have kids? 두 유 해브 키드? = Do you have any children? 두 유 해브 애니 칠드런 A: Yes. I have a 5-year-old boy. 예스 아이 해브 어 파이브-이얼-올드 보이 예. 다섯 살 아들이 있습니다.
3.자녀가 몇 명입니까?	How many children do you have? 하우 메니 칠드런 두 유 해브 A: I have two sons, but no girl. 아이 해브 투 선, 밧 노우 걸 아들 둘에 딸은 없습니다.
4.당신의 가족에 대해 여쭤 봐도 될까요?	May I ask you about your family? 메아이 에스크 유 어바웃 유어 패밀리 A: Sure. 슈어 물론이죠.

5.형제자매는 있나요?

Do you have any brothers and sisters?
두 유 해브 애니 브라더스 앤 시스터즈?

A: No. I'm an only child in my family.
노우 아임 앤 온니 차일드 인 마이 패밀리
아니오. 저는 외동입니다.

6.당신은 몇 째입니까?

Which child are you?
위치 차일드 아류

Where do you come in the family?
웨어 두 유 컴 인 더 패밀리

A: I'm the oldest in my family.
아임 디 올디스트 인 마이 패밀리
저는 집안에서 맏이입니다.

7.당신이 장남입니까?

Are you the eldest son?
아류 디 앨디스트 선

A: No. I'm the youngest.
노우 아임 더 영기스트
아니오. 저는 막내입니다.

8.자녀들은 몇 살입니까?

How old are your children?
하우 올드 아 유어 칠드런

A: The first son is nine and the second one is six.
더 퍼스트 선 이즈 나인 앤 더 세컨드 원 이즈 씩스
큰 애가 9살, 작은 애가 6살입니다.

9.부모님과 함께 사세요?

Do you live with your parents?
두 유 라이브 위드 유어 페어런츠

A: I live with my parents.
아이 리브 위드 마이 페어런츠
저는 부모님과 함께 살고 있습니다.

개인 신상

10.가족들은 어떻게 지내세요?

How's your family?
하우즈 유어 패밀리

A: They're all fine, thank you.
데얼아 올 파인 땡큐
덕분에 잘 지내고 있어요. 고마워요.

11.동생은 몇 살이에요?

How old is your brother?
하우 올드 이즈 유어 브라더

A: He's three years younger than me.
히즈 쓰리 이얼즈 영거 댄 미
저보다 세 살 아래에요.

12.아버님은 어떤 일에 종사하세요?

What business is your father in?
왓 비즈니스 이즈 유어 파더 인

A: My father is retired, and my mother works part time at a supermarket.
마이 파더 이즈 리타이어드, 앤 마이 마더 웍 파트 타임 엣 어 슈퍼마킷
아버지는 퇴직하셨고 어머니는 슈퍼마켓에서 파트 타임으로 근무하고 계세요.

13.부모님 연세는 어떻게 되세요?

How old are your parents?
하우 올드 아 유어 페어런츠

A: My father is sixty, he's my mother's senior by three years.
마이 파더 이즈 씩스티, 히즈 마이 마더 시니어 바이 쓰리 이얼즈
아버지는 60살이신데 어머니보다 3살 많으세요.

14.나이를 물어봐도 될까요?

Do you mind if I ask your age?
두 유 마인드 이프 아이 에스크 유어 에이지

A: How old do I look?
하우 올드 두 아이 룩
몇 살로 보이나요?

15.저는 28살입니다.

I'm 28 years old.
아임 투엔티에잇 이얼즈 올드

A: You look young for your age.
유 룩 영 포 유어 에이지
나이보다 젊어 보이시네요.

Chapter 02

거주지와 출신

1.어디에 사세요?	**Where do you live?** 웨어 두 유 리브 **= Where do you hang out?** 웨어 두 유 행 아웃 **= Where's your house?** 웨어즈 유어 하우스 **= Where are you living now?** 웨어즈 아 유 리빙 나우 **A: I am living in the suburbs of Seoul.** 아이 엠 리빙 인 더 서벌즈 오브 서울 저는 서울 교외에 살고 있어요.
2.이곳으로 오시기 전에는 어디에서 사셨어요?	**Where did you live before you came here?** 웨어 디쥬 리브 비포 유 컴 히어 **A: Over in Jamsil.** 오버 인 잠실 잠실에서요.
3.거기에서 얼마나 사셨어요?	**How long have you lived there?** 하우 롱 해브 유 리브드 데얼 **= How long have you been living there?** 하우 롱 해브 유 빈 리빙 데얼 **A: I have lived there for 6 years.** 아이 해브 리브드 데얼 포 씩스 이얼즈 6년 동안 살았어요.
4.지금은 어디 살아요?	**Where are you living now?** 웨어 아 유 리빙 나우 **A: I live in Mapo.** 아이 리브 인 마포 마포에 살아요.

5.댁이 어디세요?	**Where's your home?** 웨얼즈 유어 홈 **A: It's the third house from the corner.** 잇츠 더 써드 하우스 프럼 더 코너 모퉁이에서 세 번째 집이에요.
6.어떤 집에서 사시나요?	**What's your house like?** 왓츠 유어 하우스 라이크 **A: My house is two-storied with three small rooms.** 마이 하우스 이즈 투-스토리드 위드 쓰리 스몰 룸스 2층 건물로 작은 방이 세 개 있습니다.
7.주거 환경은 어떻습니까?	**How are your living conditions?** 하우 아 유어 리빙 컨디션즈 **A: My neighborhood is noisy.** 마이 네이버후드 이즈 노이즈 저희 집 주변은 시끄러워요.
8.도시 어느 쪽에 살고 있어요?	**What part of the city do you live in?** 왓 파트 오브 더 시티 두 유 리브 인 **A: My house is south of Seoul in Suwan.** 마이 하우스 이즈 사우쓰 오브 서울 인 수원 제 집은 서울 남쪽에 있는 수원에 있어요.
9.고향이 어디세요?	**Where are you from?** 웨어 아류 프럼 **= Where do you come from?** 웨어 두 유 컴 프럼 **A: I'm from Teagu.** 아임 프럼 대구 대구입니다.

10.어디에서 자랐습니까?

Where were you born and raised?
웨얼 워 유 본 앤 레이즈드

A: In Seoul.
인 서울
서울에서요.

11.본적이 어떻게 됩니까?

What's your permanent address?
왓츠 유어 퍼머넌트 어드레스

A: I'm from Inchon.
아임 프럼 인천
인천입니다.

12.아파트 몇 호입니까?

What's your apartment number?
왓츠 유어 어파트먼트 넘버

A: 305.
쓰리오파이브
305호입니다.

13.여기 사시는 것은 어떠세요?

How do you like living here?
하우 두 유 라이크 리빙 히얼

A: I get homesick at times.
아이 겟 홈씩 엣 타임즈
가끔 고향이 그리워요.

외모에 대해서

1.나 어때요?

How do I look?
하우 두 아이 룩

A: You are really attractive.
유 아 리얼리 어트렉티브
정말 매력적이십니다.

2.날씬하게 보이는군요.

You look slender.
유 룩 슬랜덜

A: I'm on a diet now.
아임 온 어 다이어트 나우
저는 지금 다이어트 중입니다.

3.체격이 좋습니다.

You are well-built.
유 아 웰-빌트

A: I take after my father.
아이 테이크 애프터 마이 파더
저는 아버지를 닮았어요.

4.그 여자 어디가 좋은 거예요?

What do you see in her?
왓 두 유 씨 인 허

A: She has such a pretty face.
쉬 해즈 서치 어 프리티 페이스
그녀는 얼굴이 아주 예뻐요.

5.그녀는 엄마를 닮았어요.

She resembles her mother.
쉬 리젬블즈 허 마더

= She looks like her mother.
쉬 룩스 라이크 허 마더

A: They look like they're sisters.
데이 룩 라이크 데이아 시스터즈
그들은 자매처럼 보여요.

6.저 여자 좀 봐요. 정말 아름다워요.	**Look at that girl. She is so gorgeous.** 룩 엣 댓 걸 쉬 이즈 쏘우 고저스 **A: She looks like a movie star.** 쉬 룩스 라이크 어 무비 스타 영화배우처럼 생겼어요.
7.그는 아주 잘 생겼어요.	**He is very good-looking.** 히 이즈 베리 굿-룩킹 **A: He's not so much to look at.** 히즈 낫 쏘우 머치 투 룩 엣 그는 잘생긴 편이 아니에요.
8.당신 헤어스타일 바꿨어요?	**Did you change your hair style?** 디쥬 체인지 유어 헤어 스타일 **A: I dyed my hair brown.** 아이 다이드 마이 헤어 브라운 머리는 갈색으로 염색했어요.
9.그녀는 정말 멋쟁이에요.	**She's very stylish.** 쉬즈 베리 스타일리쉬 **= She's sharp dresser.** 쉬즈 샤프 드레서 **A: She has an eye of fashion.** 쉬 해즈 언 아이 오브 패션 **= She has a good sense of style.** 쉬 해즈 어 굿 센스 오브 스타일 그녀는 패션 감각이 있어요.
10.화장하셨나요?	**Are you wearing make-up?** 아류 웨어링 메이크-업 **A: I put on a little eye make-up.** 아이 풋 온 어 리틀 아이 메이크-업 눈 화장을 약간 했어요.
11.왜 그렇게 빼입었어요?	**Why are you so dressed up?** 와이 아류 쏘우 드레스트 업

A: Do I look fashionable?
두 아이 룩 패셔너블
괜찮아 보입니까?

12.그녀의 옷차림이 눈에 뜨이네요.

The way she is dressed is eye catching.
더 웨이 쉬 이즈 드레스트 이즈 아이 캐칭

A: I always wanted to wear these clothes.
아이 올웨이즈 원티드 투 웨어 디즈 클로우즈
저는 늘 이 옷을 입어요.

13.저는 캐주얼하게 입는 것을 좋아합니다.

I enjoyed wearing casual clothes.
아이 앤조이드 웨어링 캐쥬얼 클로우즈

A: You look stunning in it.
유 룩 스터닝 인 잇
당신한테 너무 잘 어울려요.

14.그 여자 어디가 좋은 거예요?

What do you see in her?
왓 두 유 씨 인 허

A: She has such a pretty face.
쉬 해즈 서치 어 프리티 페이스
그녀는 얼굴이 아주 예뻐요.

Chapter 04

성격에 대해서

1. 그는 어떤 사람입니까?	**What is he like?** 왓 이즈 히 라이크 **A: He has a good sense of humor.** 히 해즈 어 굿 센스 오브 휴머 그는 유머 감각이 뛰어납니다.
2.그는 성격이 어때요?	**What's his personality like?** 왓츠 히즈 퍼스널리티 라이크 **= What kind of person is he?** 왓 카인드 오브 퍼슨 이즈 히 **A: He is a little bit talkative.** 히 이즈 어 리틀 빗 토커티브 말이 좀 많아요.
3.그는 어떤 사람이에요?	**What type of person is he?** 왓 타입 오브 퍼슨 이즈 히 **A: He's witty but lazy.** 히즈 위티 밧 레이지 그는 재치가 있지만 게을러요. **He's very conservative.** 히즈 베리 컨설버티브 그는 매우 보수적이에요.
4.그 사람 어때요?	**What's your impression of him?** 왓츠 유어 임프레션 오브 힘 **A: I think he has a good personality.** 아이 띵크 히 해즈 어 굿 퍼스널리티 그는 성격이 좋은 것 같아요.
5.그에 대한 첫 인상이 어때요?	**How was your first impression of him?** 하우 워즈 유어 퍼스트 임프레션 오브 힘 **= How did he strike you?** 하우 디드 히 스트라이크 유

A: I think he is generous.
아이 띵크 히 이즈 제너러스
그는 관대한 것 같아요.

6.당신은 자신에 대해 어떻게 생각하나요?

How would you describe yourself?
하우 우쥬 디스크라이브 유어셀프

A: I'm an optimist.
아임 언 옵티미스트
저는 낙천적입니다.

7.그녀는 수줍고 매우 조용한 사람입니다.

She's shy and quiet.
쉬즈 샤이 앤 콰이트

A: She is a lot like me.
쉬 이즈 어 랏 라이크 미
저랑 비슷한 사람이군요.

8.그는 남들과 어울리지 않아요.

He keeps to himself.
히 킵스 투 힘셀프

A: I think he's introverted.
아이 띵크 히즈 인트로벌티드
나는 그가 내성적이라 생각합니다.

9.그의 단점이 뭐에요?

What are his faults?
왓 아 히즈 펄츠

= What are his weaknesses?
왓 아 히즈 위크니스

A: He's set in his ways.
히즈 셋 인 히스 웨이즈
그는 고집불통이에요.

10.그는 누구나 좋아해요.

He is a favorite guy with everyone.
히 이즈 어 페이버릿 가이 위드 에브리원

A: I think he has a good personality.
아이 띵크 히 해즈 어 굿 퍼스널리티
그는 성격이 좋은 것 같아요.

11.그녀는 아주 말괄량이에요.

She's a real tomboy.
쉬즈 어 리얼 톰보이

A: She is not that kind of girl.
쉬 이즈 낫 댓 카인드 오브 걸
그녀는 그런 여자가 아닙니다.

12. 그녀를 어떻게 생각하세요?

What do you think of her?
왓 두 유 띵크 오브 허

A: She has a big mouth.
쉬 해즈 어 빅 마우스
그녀는 수다스러워요.

13.친구를 쉽게 사귀는 편이에요?

Do you make friends easily?
두 유 메이크 프렌즈 이즐리

A: No, I don't because I'm introverted.
노우, 아이 돈트 비코즈 아임 인트로벌티드
아니오, 내성적이기 때문에 잘 못 사귑니다.

14.외향적이세요, 내성적이세요?

Which do you think you are extrovert or introvert?
위치 두 유 띵크 유 아 엑스트러버트 올 인트로벌트

A: I'm really outgoing.
아임 리얼리 아웃고잉
저는 매우 외향적이에요.

Chapter 05

신체에 대해서

1.키가 얼마입니까?

How tall are you?
하우 톨 아류

A: I'm one meter seventy-three centimeter tall.
아임 원 미터 세븐티-쓰리 센티미터 톨
173센티미터입니다.
(I'm a little short 저는 키가 약간 작은 편입니다 / I'm rather tall 키가 큰 편입니다)

2.체중이 얼마나 나갑니까?

How much do you weigh?
하우 머치 두 유 웨이트

A: I weigh sixty-seven kilos.
아이 웨이트 씩스티-세븐 킬로
67킬로입니다.

3.체중이 얼마에요?

How much do you weigh?
하우 머치 두 유 웨이트

A: It's a secret. I've gained some weight.
잇츠 어 시크릿 아이브 게인드 썸 웨이트

= It's a secret. I've put on a little weight.
잇츠 어 시크릿 아이브 풋 온 어 리틀 웨이트
비밀입니다. 체중이 좀 늘었어요.

4.키가 얼마나 됩니까?

What's your height?
왓츠 유어 하이트

A: I'm of medium height and weight.
아임 오브 미디움 하이트 앤 웨이트
저는 표준체형이에요.

5.당신은 키에 비해 체중이 많이 나가요.

You're overweight for your height.
유아 오버웨이트 포 유어 하이트

A: I'm trying to slim down by going on a diet.

아임 트라잉 투 슬림 다운 바이 고잉 온 어 다이어트

다이어트를 해서 살을 빼려고 해요.

6.살이 좀 빠졌어요?

You've lost a bit of weight, haven't you?

유브 로스트 어 빗 오브 웨이트, 해븐트 유

A: I've lost four kilograms.

아이브 로스트 포 킬로그램스

4킬로그램 줄었어요.

7.운동부족으로 살이 좀 쪘어요.

You've gained a bit of weight through lack of exercise.

유브이 게인드 어 빗 오브 웨이트 쓰루 렉 오브 엑서사이즈

A: I'm trying to make my waist slim.

아임 트라잉 투 메이크 마이 웨이스트 슬림

허리 살을 좀 빼려고 합니다.

8.날씬하게 보이는군요.

You look slender.

유 룩 슬렌더

A: I'm on a diet now.

아임 온 어 다이어트 나우

저는 지금 다이어트 중입니다.

9.저는 몸무게가 갑자기 줄었어요.

I have suddenly lost weight.

아이 해브 서든리 로스트 웨이트

A: Something must be wrong with you.

썸씽 머스트 비 렁 위드 유

몸에 이상이 있는 것 같아요.

Chapter 06

연애와 결혼

1.여자친구(남자친구) 있어요?

Do you have a girlfriend(boyfriend)?
두 유 해브 어 걸프렌드(보이프렌드)

A: Not at the moment, unfortunately.
낫 엣 더 모먼트, 언포처니틀리
지금은 없어요.

2.이번 토요일에 시간 있어요?

Are you free this Saturday?
아류 프리 디스 쎄러데이

A: I don't have anything planned as of now, why?
아이 돈트 해브 애니씽 플랜드 애즈 오브 나우, 와이
아직은 별 일 없어요. 왜요?

3.어떤 스타일의 남자를 좋아해요?

What type of man do you like?
왓 타입 오브 맨 두 유 라이크

A: I like a man who is tall and handsome.
아이 라이크 어 맨 후 이즈 톨 앤 핸섬
키가 크고, 잘 생긴 남자가 좋아요.

4.애인 있어요?

Are you going steady with any of them?
아류 고잉 스테디 위드 애니 오브 뎀

A: Yes. I have a boyfriend. I've been going out with him for two years.
예스 아이 해브 어 보이프렌드 아이브 빈 고잉 아웃 위드 힘 포 투 이얼즈
예. 2년 동안 사귀고 있는 남자친구가 있어요.

5.자주 만나세요?

How often do you have dates?
하우 오픈 두 유 해브 데이트

A: Once or twice a week.
원스 오어 투와이스 어 위크
일주일에 한두 번 만나요.

개인 신상

6.데이트는 어땠어요?	**How was your date?** 하우 워즈 유어 데이트 **A: It started out all right.** 잇 스타티드 아웃 올 라잇 시작은 좋았어요.
7.그 여자에 대한 첫 인상이 어땠어요?	**What was your first impression of her?** 왓 워즈 유어 퍼스트 임프레션 오브 허 **A: Not that great.** 낫 댓 그레이트 별로였어요.
8.미스 김과 결혼할 생각이세요?	**Are you thinking of marring miss Kim?** 아류 띵킹 오브 매링 미스 킴 **A: Not at all. She's not my type.** 낫 앳 올 쉬즈 낫 마이 타입 전혀 아니에요. 내가 좋아하는 타입이 아니에요.
9.어떤 여자를 좋아하세요?	**What type of girl do you like?** 왓 타입 오브 걸 두 유 라이크 **A: I like a girl with large eyes and intellectual.** 아이 라이크 어 걸 위드 라지 아이즈 앤 인터렉츄얼 눈이 크고 지적인 여자가 좋아요.
10.누굴 사귀고 있나요?	**Are you seeing somebody?** 아류 씨잉 썸바디 **A: No, I'm not dating anybody.** 노우 아임 낫 데이팅 애니바디 아니오, 아무와도 데이트하고 있지 않아요.
11.남자친구로서 저 어때요?	**How about me as a boyfriend?** 하우 어바웃 미 애즈 어 보이프렌드

A: I'm not interested.
아임 낫 인터레스티드
관심 없어요.

12.데이트할까요?

Could I ask you for a date?
쿠드 아이 에스크 유 포 어 데이트

A: I'd love to.
아이두 러브 투
좋아요.

13.어떤 사람과 결혼하고 싶어요?

What kind of person do you want to marry?
왓 카인드 오브 퍼슨 두 유 원 투 매리

A: I want to marry someone who is generous and flexible.
아이 원 투 매리 썸원 후 이즈 제너러스 앤 플랙시블
포용력 있고 융통성 있는 사람이면 좋겠어요.

14.우리가 생각하는 이상적인 배우자를 찾을 수 있을 것 같아요?

Do you think we'll ever find out ideal wives?
두 유 띵크 위일 에버 파인드 아웃 아이디얼 와이즈

A: Well. I want to marry an intelligent, beautiful, rich woman.
웰, 아이 원 투 매리 언 인텔리전트, 뷰티풀, 리치 우먼
음, 나는 지적이고, 아름답고, 부유한 여자와 결혼하고 싶어요.

15.두 사람은 서로 좋아하는 것 같아요.

Two people seem to have fallen for each other.
투 피플 씸 투 해브 폴런 포 이치 아더

A: I know. These two were meant for each other.
아이 노우 디스 투 워 멘트 포 이치 아더
알아요. 서로 어울리는 짝이에요.

16.나는 그녀에게 청혼 했어요.

I proposed to her.
아이 프로포즈드 투 허

A: So are you gonna get engaged soon?
쏘우 아류 고너 겟 인게이지드 쑨
그럼 곧 약혼하게 되는 거예요?

17.나는 그녀와 사랑에 빠졌어요.

I fell in love with her.
아이 폴 인 러브 위드 허

I'm not sure, we might just get married.
아임 낫 슈어 위 마이트 저스트 겟 매리드
확실하진 않지만, 바로 결혼하게 될지도 몰라.

18.미스 김, 미스터 박 소식 들었어요?

Have you heard the news about miss Kim and Mr Park?
해브 유 허드 더 뉴스 어바웃 미스 김 앤 미스터 박

A: I heard you're getting married.
아이 허드 유아 게팅 매리드
결혼한다고 소식 들었어요.

19.두 사람이 결혼한대요. 뿐만 아니라 미스 김이 임신을 했대요.

Not only are they getting married, but she's pregnant.
낫 온니 아 데이 게팅 매리드 밧 쉬즈 프레그넌트

A: Get out! I can't believe it.
겟 아웃 아이 캔트 빌리브 잇
말도 안 돼. 못 믿겠어요.

20.지금 사귀고 있는 여자와 결혼할 생각이에요?

Do you think you'll marry your girlfriend?
두 유 띵크 유윌 매리 유어 걸프렌드

A: Actually, I've been seriously considering asking her to marry me.
엑츄얼리, 아이브 빈 시리어스리 컨시더링 애스킹 허 투 매리 미
사실 여자 친구에게 프로포즈 하는 걸 진지하게 고려하고 있어요.

21.그녀는 나에게 거의 이상적인 신붓감이에요.

She's almost my ideal wife.
쉬즈 올모스트 마이 아이디얼 와이프

I decided to marry miss Kim.
아이 디사이디드 투 매리 미스 김
나는 미스 김과 결혼하기로 결심했어요.

22.이상형이 어떻게 돼요?

What's your ideal type?
왓츠 유어 아이디얼 타입

A: I'm looking for a professional wife to marry.
아임 룩킹 포 어 프로페셔널 와이프 투 매리
나는 전문직 여성을 찾고 있어요.

23.당신에게 반했어요.

I'm crushed on you.
아임 크러쉬드 온 유

A: I have a steady boyfriend.
아이 해프 어 스테디 보이프렌드
저 계속 사귀는 친구가 있어요.

24.저와 결혼해 주시겠어요?

Will you marry me?
윌 유 매리 미

A: I'm sorry. I'm engaged to marry her.
아임 쏘리 아임 인게이지드 투 매리 허
미안해요. 저는 그녀와 결혼을 약속한 사이입니다.

25.누구 생각해 둔 사람이 있어요?

Do you have anyone in mind?
두 유 해브 애니원 인 마인드

A: No, I'm not seeing anybody.
노우 아임 낫 씨잉 애니바디
아니오. 저는 교제하는 사람이 없어요.

26.결혼하셨어요?

Are you married?
아 유 매리드

A: I have been married for three years.
아이 해브 빈 매리드 포 쓰리 이얼즈
결혼한 지 3년 되었어요.

개인 신상

How many years have you two been married?
하우 머치 이얼즈 해브 유 투 빈 매리드
두 분이 결혼한 지 몇 년이나 되었어요?

A: About five years now.
어바웃 파이브 이얼즈 나우
이제 5년쯤 되네요.

27.금요일 소개팅한 건 어땠어요?

How was your blind date this Friday?
하우 워즈 유어 블라인드 데이트 디스 프라이데이

A: It was alright, I guess. She was nice enough, but she's not really my type.
잇 워즈 올라잇, 아이 게스 쉬 워즈 나이스 이너프, 바 쉬즈 낫 리얼리 마이 타입
괜찮았던 것 같아요. 그녀는 좋은 사람이지만 내 타입은 아니에요.

28.지난 토요일 파티 때 보니까 당신이랑 톰이 정말로 죽이 잘 맞던데요.

I noticed you and Tom really hit it off at the party this past Sunday.
아이 노리쓰드 유 앤 톰 리얼리 히트 잇 오프 엣 더 파티 디스 패스트 선데이
(hit it off 죽이 맞다)

A: Yeah. We have a lot in common. I hope he asks me out.
예 위 해브 어 랏 인 컴먼 아이 호프 히 애스크 미 아웃
예. 우린 공통점이 많아요. 그가 나한테 데이트 신청해 주면 좋겠어요.

29.우리 좀 더 있다가 결혼하는 게 좋겠어요.

Maybe we should wait a bit longer before we get married.
메이비 위 슈드 웨이트 어 빗 롱거 비포 위 겟 매리드

A: You're getting cold feet?
유아 게팅 콜드 피트
결혼을 생각하니 갑자기 무서워진 거예요?
(get cold feet 갑자기 초조해지다, 겁이 나다)

30.그 여자 좋아합니까?

Are you stuck on her?
아류 스턱 온 허

A: Are you kidding?
아류 키딩
누굴 놀리는 겁니까?

31.나는 그녀를 사랑해. 첫 눈에 반했어.

I love her. It was love at first sight.
아이 러브 허 잇 워즈 러브 엣 퍼스트 사이트

A: Why don't you marry her?
와이 돈츄 매리 허
그녀와 결혼하지 그래요?

32.그녀는 나한테 반했나 봐요.

She seems to have a crush on me.
쉬 심즈 투 해브 어 크러쉬 온 미

A: I'd like to take her to my wife.
아이두 라이크 투 테이크 허 투 마이 와이프
그 여자를 아내로 맞이하고 싶어요.

Chapter 07

임신과 이혼

1.축하해요. 엄마가 된 기분이 어때요?	**Congratulations! How do you feel about being a mom?** 컹그레이츄레이션 하우 두 유 필 어바웃 비잉 어 맘 **A: I'm really excited. I feel like my life has changed.** 아임 리얼리 익사이티드 아이 필 라이크 마이 라이프 해즈 체인지드 몹시 흥분돼요. 제 삶이 달라진 듯해요.
2.애를 가졌어요?	**Are you expecting a child?** 아류 익스펙팅 어 차일드 **A: I'm pregnant.** 아임 프레그넌트 임신했어요.
3.예정일은 언제인가요?	**When are you due?** 웬 아류 듀 **A: It's due in May.** 잇츠 듀 인 메이 5월이 예정이에요.
4.아들인지 딸인지 알아요?	**Do you know if it's a boy or a girl?** 두 유 노우 이프 잇츠 어 보이 오어 어 걸 **Are you hoping for a boy or a girl?** 아류 호핑 포 어 보이 오어 어 걸 아들이었으면 좋겠어요, 딸이었으면 좋겠어요?
5.아내가 열 시간 진통 끝에 딸아이를 낳았어요.	**After ten hours in labor, my wife gave birth to a baby girl.** 애프터 텐 아워즈 인 레이벌, 마이 와이프 게이브 벌스 투 어 베이비 걸

A: Do you have any names picked out?
두 유 해브 애니 네임즈 픽트 아웃
이름은 지어놨어요?

6.아내와 크게 싸웠다면서요. 어떻게 된 일이에요?

I heard you and your wife had a big fight. What's happened?
아이 허드 유 앤 유아 와이프 해드 어 빅 파잇더 왓츠 해픈드

A: I broke up with my wife.
아이 브로크 업 위드 마이 와이프
저는 아내와 헤어졌어요.

7.화해하는 게 어때요?

How about making up?
하우 어바웃 메이킹 업

A: I don't feel up to it.
아이 돈트 필 업 투 잇
그럴 기분이 아니에요.

8.아내와 헤어졌다면서요. 잘 지내고 있어요?

I heard that you and your wife broke up. How are you doing?
아이 허드 댓 유 앤 유어 와이프 브로크 업 하우 아류 두잉

You're hurting now, but you'll get through this.
유아 헐팅 나우, 밧 유윌 겟 쓰루 디스
지금은 아프지만 곧 이겨낼 거에요.

9.이혼했어요.

I'm divorced.
아임 디보어스트.

A: There will be other girls. Just give yourself some time.
데어 윌 비 아더 걸즈 저스트 기브 유어셀프 썸 타임
세상에 여자는 많아요. 그냥 시간 좀 가져 봐요.

개인 신상

10.톰이랑 헤어진 것 알고 있죠?

You know that Tom broke up with me, right?
유 노우 댓 톰 브로크 업 위트 미, 라잇

A: I'm worried about you. Is everything alright at home?
아임 워리드 어바웃 유 이즈 에브리씽 올라잇 엣 홈
당신이 걱정스러워요. 집에서 잘 지내고 있는 거죠?

11.우리들은 아이들을 위해서 이혼하지 않기로 했어요.

We decided not to get divorced for the sake of the kids.
위 디사이디드 낫 투 겟 디보어스트 포 더 세이크 오브 더 키즈

A: That's a good idea.
댓츠 어 굿 아이디어
좋은 생각이에요.

12.당신한테 할 말 있어요. 이렇게는 더 이상 안돼.

I have something to tell you. I can't do this anymore.
아이 해브 썸씽 투 텔 유 아이 캔트 두 디스 애니모어

A: Do you want to break up with me?
두 유 원 투 브레이크 업 위드 미
나랑 헤어지고 싶은 거야?

13.우리 그만 만나요.

I'm gonna break up with you.
아임 고너 브레이크 업 위드 유

A: You're gonna ditch me?
유아 고너 디치 미
날 버릴 거야?

14.아내와 헤어졌다면서요.

I heard that you and your wife broke up.
아이 허드 댓 유 앤 유어 와이프 브로크 업

A: Who told you that?
후 톨드 유 댓
누가 그런 말을 했어요?

Practical English

여가활동과 취미생활

9

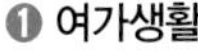

❶ 여가생활
❷ 취미생활
❸ 영화 감상
❹ 음악 감상
❺ 스포츠
❻ 등산과 낚시
❼ 독서
❽ 여행

Chapter 01

여가생활

1.여가시간에 무엇을 하세요?	**What do you do for fun?** 왓 두 유 두 포 펀 **= What do you do for recreation?** 왓 두 유 두 포 레크레이션 **= What do you do in your spare/ leisure/free time?** 왓 두 유 두 인 유어 스페어/레저/프리 타임 **A: Take moderate exercise.** 테이크 마더레이트 엑서사이즈 적당히 운동을 해요.
2.시간 날 때 무엇을 하세요?	**What do you do in your free time?** 왓 두 유 두 인 유어 프리 타임 **A: I often take a stroll my neighborhood.** 아이 오픈 테이크 어 스트롤 마이 네이버후드 자주 집 근처를 산책해요.
3.지난 일요일에는 어떻게 보냈어요?	**What did you do last Sunday?** 왓 디쥬 두 레스트 선데이 **A: I went mountain climbing with friends.** 아이 웬트 마운틴 클라이빙 위드 프렌즈 친구들과 등산을 갔어요.
4.기분 전환으로 무얼 하세요?	**What do you do as a pastime?** 왓 두 유 두 애즈 어 패스트타임 **= What do you do for relaxation?** 왓 두 유 두 포 릴렉션 **A: I go to the theater now and then.** 아이 고우 투 더 씨어터 나우 앤 댄 가끔 극장에 갑니다.

5.퇴근 후에는 보통 뭘 하세요?

How do you normally spend time after work?
하우 두 유 노멀리 스펜드 타임 애프터 워크

= What do you do normally spend when you have time off?
왓 두 유 두 노멀리 스펜드 웬 유 해브 타임 오프

A: I watch television after dinner.
아이 와치 텔레비전 애프터 디너
저녁 식사 후에 TV를 봐요.

6.주말에는 주로 무얼 하세요?

What are you usually going to do on weekend?
왓 아류 유절리 고잉 투 두 온 위캔드

A: I usually climb a mountain on weekends.
아이 유절리 클라임 어 마운틴 온 위캔드
주말에는 주로 등산을 합니다.

7.이번 토요일에 우리 영화 보러 가는데 톰이랑 같이 올래요?

Why don't you and Tom come out for movie going with us this Saturday?
와이 돈츄 앤 톰 컴 아웃 포 무비 고잉 위드 어스 디스 세러데이

A: Sadly, no. I'll have to try to catch up on some work.
세드리, 노우 아윌 해프 투 트라이 투 캐치 업 온 썸 웍
아쉽게도 아무 데도 못 가요. 밀린 일을 좀 해야 하거든요.

8.이번 주말에는 어딜 가실 건가요?

Are you going somewhere this weekend?
아류 고잉 썸웨어 디스 위캔드

A: I'm going to the amusement park this weekend.
아임 고잉 투 디 어뮤즈먼트 파크 디스 위캔드
이번 주말에는 놀이동산에 갈 거예요.

9.지난 주말에 뭐했어요?	**What did you do last weekend?** 왓 디쥬 두 레스트 위캔드 **A: I've been cooped up in my room all weekend.** 아이브 빈 코프 업 인 마이 룸 올 위캔드 저는 주말 내내 집에 틀어박혀 있었어요.
10.이번 주 토요일에 놀이 공원에 갈 거예요.	**I'm going to the amusement park this Saturday.** 아임 고잉 투 더 어뮤즈먼트 파크 디스 세러데이 **A: Oh, that sounds like fun. Are you going there with your friend Tom?** 오 댓 사운즈 라이크 펀 아류 고잉 데어 위드 유어 프렌드 톰 오, 재미있겠다. 친구인 톰도 같이 가나요?
11.이번 주말에 신나는 무슨 계획 있어요?	**Do you have any exciting plans this weekend?** 두 유 해브 애니 익사이팅 플랜 디스 위캔드 **A: Nothing special really.** 낫씽 스페셜 리얼리 특별한 건 없는데요.
12.어떻게 여가를 보내고 싶으세요?	**How do you like to spend your free time?** 하우 두 유 라이크 투 스펜드 유어 프리 타임 **A: If I have enough time, I like to travel.** 이프 아이 해브 이너프 타임, 아이 라이크 투 트레블 시간이 충분하다면, 여행을 가고 싶어요.
13.이번 주말에 계획 있어요?	**What are your plans for this weekend?** 왓 아 유어 플랜스 포 디스 위캔드

A: I'm not sure what I'm going to do. If you think of something cool to do, call me.
아임 낫 슈어 왓 아임 고잉 투 두 이프 유 띵크 오브 썸씽 쿨 투 두. 콜 미
뭘 할지 잘 모르겠어요. 뭐 신나는 일 생각나면 전화해요.

14.휴일에는 어떻게 보냈어요?

How did you spend your holiday?
하우 디쥬 스펜드 유어 홀리데이

A: I went to the movies.
아이 웬 투 더 무비즈
영화 보러 갔어요.

15.영화는 괜찮았어요?

Did you like the movie?
디쥬 라이크 더 무비

A: It was a good movie, but the acting was terrible.
잇 워즈 어 굿 무비, 밧 디 액팅 워즈 테러블
영화는 좋았으나 연기가 형편없었어요.

Chapter 02

취미생활

1.취미가 뭐예요?	**What are your hobbies?** 왓 아 유어 하비즈 **= What's your hobby?** 왓츠 유어 하비 **= May I ask your hobby?** 메이 아이 에스크 유어 하비 **= What do you do for fun?** 왓 두 유 두 포 펀 **A: My hobby is painting.** 마이 하비 이즈 페인팅 그림 그리기가 제 취미에요.
2. 무엇에 관심이 있어요?	**What are you interested in?** 왓 아류 인터레스티드 인 **A: I'm interested in sports.** 아임 인터레스티드 인 스포츠 저는 스포츠에 관심이 있어요. (be interested in ~에 관심이 있다, ~에 흥미가 있다)
3.특별한 취미가 있어요?	**Do you have any particular hobbies?** 두 유 해브 애니 파티큘러 하비즈 **A: Yes, my particular hobby is collecting foreign coins.** 예스, 마이 파티큘러 하비 이즈 콜렉팅 포린 코인즈 제 취미는 외국 동전 모으는 겁니다.
4.재미있게 하는 일이 있으세요?	**What do you do for fun?** 왓 두 유 두 포 펀 **A: I'm pretty good at cooking.** 아임 프리티 굿 엣 쿠킹 요리를 꽤 잘합니다.
5.뭘 좋아하세요?	**What are you into?** 왓 아류 인투

A: I'm a movie buff.
아임 어 무비 버프
저는 영화광이에요.

6.실내 취미는 있으세요?

Do you have any indoor hobbies?
두 유 해브 애니 인도어 하비즈

A: Yes, I'm taking lessons in flower arranging.
예스, 아임 테이킹 레슨 인 플라워 어레인징
예, 지금 꽃꽂이를 배우고 있어요.

7.얼마나 자주 등산을 가세요?

How often do you go climbing?
하우 오픈 두 유 고우 클라이밍

A: At least twice a month.
엣 리스트 투와이스 어 먼스
적어도 한 달에 두 번은 가요.

8.등산동호회에 속해 있으세요?

Do you belong to mountain climbing club?
두 유 빌롱 투 마운틴 클라이밍 클럽

A: Yes, I'm a member of a mountain climbing club.
예스, 아임 어 멤버 오브 어 마운틴 클라이밍 클럽
예, 저는 등산 동호회 회원입니다.

9.낚시를 즐겨합니다.

I enjoy fishing.
아이 앤조이 피싱

A: You have a good taste.
유 해브 어 굿 테이스트
훌륭한 취미를 가지셨습니다.

10.얼마나 자주 낚시를 가세요?

How often do you go fishing?
하우 오픈 두 유 고우 피싱

A: I go fishing every weekend.
아이 고우 피싱 에브리 위캔드
나는 주말마다 낚시를 갑니다.

11.독서가 유일한 취미입니다.	**Reading is my only hobby.** 리딩 이즈 마이 온리 하비 **A: You are a bookworm.** 유 아 어 북웜 당신은 책벌레군요.
12.미술관에 자주 가세요?	**Do you often go to the art gallery?** 두 유 오픈 고우 투 디 아트 갤러리 **A: Yes, I enjoy looking at art collection.** 예스 아이 앤조이 룩킹 엣 아트 콜렉션 예스, 네, 저는 미술 감상을 좋아합니다.
13.피아노를 치신 게 얼마나 되었어요?	**How long have you been playing the piano?** 하우 롱 해브 유 빈 플레잉 더 피애노 **A: I have taken piano lessons for five years.** 아이 해브 테이큰 피애노 레슨 포 파이브 이얼즈 5년간 피아노 레슨을 받았습니다.
14.어떤 영화 좋아하세요?	**What kind of movies do you like?** 왓 카인드 오브 무비스 두 유 라이크 **A: I like action movies.** 아이 라이크 액션 무비즈 저는 액션 영화를 좋아합니다.
15.나는 여행을 좋아합니다.	**I love traveling.** 아이 러브 트레블링 **A: Have you ever traveled overseas?** 해브 유 에버 트레벌드 오버시즈 해외여행을 해본 적 있어요?

Chapter 03

영화 감상

1.극장에 얼마나 자주 가세요?

How often do you go to the cinema?
하우 오픈 두 유 고우 투 더 시네마

A: I'm crazy about movies.
아임 크레이지 어바웃 무비즈
저는 영화광입니다.

2.영화 보러 가는 것 좋아하세요?

Do you like going to movies?
두 유 라이크 고잉 투 무비즈

= Do you like watching movies?
두 유 라이크 와칭 무비즈

A: Yes, very much. I'm a big fan of Hong Kong movies.
예스, 베리 머치 아임 어 빅 팬 오브 홍콩 무비즈
네, 매우 좋아해요. 전 홍콩영화 열성팬이에요.

3.최근에 영화 본 적 있어요?

Have you seen any movies lately?
해브 유 신 애니 무비즈 레이틀리

A: For the last month, I didn't have time to go to the theater.
포 더 라스트 먼스, 아이 디든트 해브 타임 투 고우 투 더 시어터
지난 몇 달 동안 극장에 갈 시간이 없었어요.

4.보고 싶은 영화 있어요?

Do you have a movie in mind?
두 유 해브 어 무비 인 마인드
(have ~ in mind ~를 염두에 두다, 고려하다)

A: I want to romantic comedy.
아이 원 투 로맨틱 코미디
로맨틱한 코미디를 보고 싶어요.

5.어떤 종류의 영화를 보고 싶어요?

What kind of movies do you like to watch?
왓 카인드 오브 무비즈 두 유 라이크 투 와치

= What kind of films do you enjoy watching?
왓 카인드 오브 필름 두 유 앤조이 와칭

A: I mostly watch foreign movies.
아이 모스틀리 와치 포린 무비즈
주로 외국영화를 봐요.

6.이 영화 전에 본 적 있으세요?

Have you seen this movie before?
해브 유 신 디스 무비 비포

A: Yeah, several times.
예, 세버럴 타임즈
네, 여러 번이요.

7.이 영화에 대한 평들은 어땠어요?

How are the movies of this film?
하우 아 더 무비즈 오브 디스 필름

A: It was not bad except for the ending.
잇 워즈 낫 배드 익셉트 포 더 엔딩
끝부분을 제외하면 나쁘지 않았어요.

8.영화 어땠어요?

How did you like the movie?
하우 디쥬 라이크 더 무비

= What did you think about the movie?
왓 디쥬 띵크 어바웃 더 무비

A: It was a good movie, but the acting was terrible.
잇 워즈 어 굿 무비, 밧 디 액팅 워즈 테러블
영화는 좋았는데, 연기는 형편없었어요.

9.CGV에서 지금 상영 중인 영화가 뭐에요?

What movie is on now at CGV?
왓 무비 이즈 온 나우 엣 씨지브이

A: The Host is on now.
더 호스트 이즈 온 나우
지금 괴물이 상영 중이에요.

10.누가 감독했어요?

Who directed the movie?
후 디렉티드 더 무비

A: The movie was directed by Bong Junho.
더 무비 워즈 디렉티드 바이 봉 준호
봉준호 감독이 연출한 영화에요.

11.상영기간은 언제까지 입니까?

How long will it be running?
하우 롱 윌 잇 비 러닝

A: To this weekend.
투 디스 위캔드
이번 주말까지요.

12.뭐에 관한 영화였어요?

What was the movie about?
왓 워즈 더 무비 어바웃

A: It was about the reunion of long lost brothers.
잇 워즈 어바웃 더 리유니언 오브 롱 로스트 브라더즈
오랜 잃어버린 형제들의 상봉에 관한 얘기였어요.

13.영화배우 중에서 누구를 가장 좋아하세요?

Who do you like best among movie stars?
후 두 유 라이크 베스트 어몽 무비 스타즈

= Who's your favorite movie star?
후즈 유어 페이버릿 무비 스타

A: I like shin sung il.
아이 라이크 신 성 일
신성일을 좋아해요.

14.비디오 테이프는 얼마나 자주 빌려보세요?

How often do you rent video tapes?
하우 오픈 두 유 렌트 비디오 테이프

A: At least twice a month.
엣 리스트 투와이스 어 먼스
적어도 한 달에 두 번요.

여가활동 · 취미생활

Chapter 04

음악 감상

1.어떤 음악을 좋아하세요?	**What kind of music do you like?** 왓 카인드 오브 뮤직 두 유 라이크 **= What's your favorite music?** 왓츠 유어 페이버릿 뮤직 **A: I like popular songs.** 아이 라이크 파퓰러 송 팝송을 좋아합니다.
2.가장 좋아하는 음악 장르가 뭐예요?	**What's your favorite genre of music?** 왓츠 유어 페이버릿 잔뤄 오브 뮤직 **A: I like every kind of music.** 아이 라이크 에브리 카인드 오브 뮤직 모든 종류의 음악을 다 좋아합니다.
3.어떤 종류의 음악을 들으세요?	**What kind of music do you listen to?** 왓 카인드 오브 뮤직 두 유 리슨 투 **A: I like classical music.** 아이 라이크 클레식 뮤직 클래식을 좋아해요.
4.음악을 좋아하세요?	**Do you like music?** 두 유 라이크 뮤직 **A: My hobby is listening to music.** 마이 하비 이즈 리스닝 투 뮤직 제 취미가 음악감상입니다.
5.콘서트에 가본 적이 있으세요?	**Have you been to a concert?** 해브 유 빈 투 어 콘서트 **A: I love going to rock concerts in summer.** 아이 러브 고잉 투 록 콘서트 인 섬머 저는 여름에 락콘서트 가는 걸 굉장히 좋아해요.

6.어떤 악기를 다룰 줄 아세요?

Do you play any musical instrument yourself?
두 유 플레이 애니 뮤지컬 인스트루먼트 유어셀프

A: I play the violin a little.
아이 플레이 더 바이올린 어 리틀
저는 바이올린을 조금 켭니다.

---

7. 바이올린을 켜신 지 얼마나 되셨어요?

How long have you been playing the violin?
하우 롱 해브 유 빈 플레잉 더 바이올린

A: I have taken violin lessons for three years.
아이 해브 테이큰 바이올린 레슨 포 쓰리 이얼즈
저는 3년간 레슨을 받아 왔습니다.

8.요새 저는 재즈에 푹 빠져있어요.

Now, I'm crazy about jazz.
나우, 아임 크레이지 어바웃 재즈

A: So am I. It makes me comfortable.
쏘우 엠 아이 잇 메이크스 미 컴퍼터블
저도요. 재즈음악을 들으면 편해져요.

9.그의 노래를 들을 때마다 울고 싶어져요.

Whenever I listen to his song, I feel like crying.
웬에버 아이 리슨 투 히즈 송, 아이 필 라이크 크라잉

A: Who composed that music?
후 컴포우즈드 댓 뮤직
이 곡 누가 작곡한 거예요?

10.뭐가 그렇게 좋아요?

What makes you so happy?
왓 메이크스 유 쏘우 해피

A: Britney's new album will be released this weekend.
브리트니 뉴 앨범 윌 비 릴리스트 디스 위캔드
이번 주말에 브리트니의 새 앨범이 나오거든요.

여가활동 · 취미생활

11.그가 이 노래의 작사도 하고 작곡을 했어요.

He wrote and also composed this song.
히 로트 앤 올쏘우 컴포우즈드 디스 송

A: I'm a huge fan of his.
아임 어 휴지 팬 오브 히즈
저는 그의 열렬한 팬이에요.

12.노래방에 얼마나 자주 가세요?

How often do you go in karaoke?
하우 오픈 두 유 고우 인 가라오케

A: I like singing to karaoke every weekend.
아이 라이크 씽잉 투 가라오케 에브리 위캔드
주말마다 노래방에 가서 노래하는 걸 좋아해요.

스포츠

1.등산하세요?

Do you climb?
두 유 클라임

A: I've been interested in mountain climbing since I was a child.
아이브 빈 인터레스티드 인 마운틴 클라이밍 신스 아이 워즈 어 차일드
어릴 적 등산을 좋아했어요.

2.얼마나 자주 등산을 가세요?

How often do you go climbing?
하우 오픈 두 유 고우 클라이밍

A: I go mountain climbing every weekend.
아이 고우 마운틴 클라이밍 에브리 위캔드
저는 주말마다 등산을 갑니다.

3.등산은 누구와 함께 갑니까?

With whom do you go mountain climbing?
위드 훔 두 유 고우 마운틴 클라이밍

A: I go mountain climbing with friends.
아이 고우 마운틴 클라이밍 위드 프렌즈
친구들과 등산을 가요.

4.등산은 어디로 갈 거예요?

Where are you going mountain climbing?
웨어 아류 고잉 마운틴 클라이밍

A: I'm off to the Himalayas.
아임 오프 투 더 히말라야
히말라야로 갈 거예요.

5.가기 전에 몸 좀 단련해야 할 거에요.

You'd better get in shape before you go.
유드 베러 겟 인 쉐이프 비포 유 고우

A: I know. I've been going jogging for the last few weeks.
아이 노우 아이브 빈 고잉 조깅 포 더 라스트 퓨 위크스
알아요. 지난 몇 주간 계속 조깅을 하고 있어요.

6.조깅도 등산화를 신고 해야 해요.

You should go jogging in your hiking boots.
유 슈드 고우 조깅 인 유어 하이킹 부츠

A: Good idea, I don't want to get blisters.
굿 아이디어, 아이 돈트 원 투 겟 브리스터
좋은 생각이에요. 물집이 잡히면 안 되잖아요.

7.얼마나 자주 낚시를 가세요?

How often do you go fishing?
하우 오픈 두 유 고 피싱

A: At least twice a month.
엣 리스트 투와이스 어 먼스
적어도 한 달에 두 번은 가요.

8.낚시할 만한 곳을 아나요?

Do you know any place for fishing?
두 유 노우 애니 플레이스 포 피싱

A: I couldn't find any place to fish near here.
아이 쿠든트 파인드 애니 플레이스 투 피시 니어 히얼
이 근처에서 낚시할 만한 곳을 찾지 못했어요.

9.동호회에 속해 있습니까?

Do you belong to a club?
두 유 빌롱 투 어 클럽

A: Yes. I'm a member of a fishing club.
예스 아임 어 멤버 오브 어 피싱 클럽
네. 저는 낚시 동호회의 회원입니다.

10.어디로 낚시를 하러 갑니까?

Where do you usually go fishing?
웨얼 두 유 유절리 고우 피싱

A: I go fishing on the lake.
아이 고우 피싱 온 더 레이크
저는 호수로 낚시를 갑니다.

11.낚시질하기엔 별로 날씨가 안 좋네요.

It's a bad day for fishing.
잇츠 어 배드 데이 포 피싱

A: Look! Your float is bobbing.
룩 유아 플로우트 이즈 바빙
봐요! 당신 낚시찌가 움직이고 있어요.

12.고기를 좀 잡으셨습니까?

Did you catch any fish?
디쥬 캐치 애니 피쉬

A: The fish just aren't biting.
더 피쉬 저스트 안트 비팅
물고기가 입질조차 안 하네요.

13.여기서 낚시하시면 안 됩니다.

You're not allowed to fish here.
유아 나우 얼라우드 투 피시 히어

A: No. I see many anglers fishing here.
노우 아이 씨 메니 앵글러스 피싱 히어
아니오. 여기서 많은 낚시꾼들이 낚시하는 걸 봤어요.

Chapter
06
등산과 낚시

1.운동 좋아하세요?	**Do you like sports?** 두 유 라이크 스포츠 **= Do you like playing sports?** 두 유 라이크 플레잉 스포츠 **A: I like watching sports than playing them.** 아이 라이크 와칭 스포츠 댄 플레잉 뎀 운동하는 것보다 보는 것을 좋아합니다.
2.스포츠에 흥미가 있으세요?	**Are you interested in sports at all?** 아류 인터레스티드 인 스포트 엣 올 **A: Yes, very much. I jog everyday, and I swim and cycle three times a week.** 예스, 베리 머치 아이 조깅 에브리데이, 앤 아이 스윔 앤 사이클 쓰리 타임즈 어 위크 네, 좋아합니다. 조깅을 매일, 수영이나 자전거는 주 3회 하고 있습니다.
3.그럼 당신은 TV로 스포츠 보는 걸 좋아하지 않겠네요?	**So, you don't like watching sports on TV?** 쏘우, 유 돈트 라이크 와칭 스포츠 온 티비 **A: I'd much rather play sports than watch them.** 아이두 머치 레더 플레이 스포츠 댄 와치 뎀 나는 보는 것보다는 하는 걸 더 좋아해요.
4.좋아하는 운동이 뭔지 물어봐도 될까요?	**What's your favorite sports?** 왓츠 유어 페이버릿 스포츠 **= May I ask your favorite sports?** 메아이 에스크 유어 페이버릿 스포츠 **A: I'm a baseball buff.** 아임 어 베스킷볼 버프 저는 야구광입니다.

5.어떤 종류의 운동을 좋아하세요?

What kind of sports do you like?
왓 카인드 오브 스포츠 두 유 라이크

A: I do yoga for an hour every morning.
아이 두 요가 포 언 아워 에브리 모닝
매일 아침에 한 시간씩 요가를 해요.

6.보는 스포츠 좋아하세요?

Do you like to see sports?
두 유 라이크 투 씨 스포츠

A: Yes, I like watching people play it.
예스, 아이 라이크 와칭 피플 플레이 잇
네, 저는 경기 관람을 좋아합니다.

7.골프를 치세요?

Do you play golf?
두 유 플레이 골프

A: I've been playing golf for over 4 years.
아이브 빈 플레잉 골프 포 오버 포 이얼즈
4년 넘게 골프를 치고 있어요.

8.수영 잘 하세요?

Are you good at swimming?
아류 굿 엣 스위밍
(be good at ~을 잘하다)

A: I'm not good at swimming.
아임 낫 굿 엣 스위밍
전 수영을 잘하지 못합니다.

9.오늘 프로야구 시합이 있습니까?

Is there a professional baseball game today?
이즈 데어 어 프로페셔널 베이스볼 게임 투데이

A: It's rained out.
잇츠 레인드 아웃
우천으로 취소됐습니다.

여가활동 · 취미생활

10.이번 주말에 잠실 경기장에 가지 않을래요?	**Would you like to come to the Chamsil stadium with me this weekend?** 우쥬 라이크 투 컴 투 더 잠실 스타디움 위드 미 디스 위캔드 **A: Who's playing whom?** 후즈 플레잉 훔 누구와 누가 경기를 하나요?
11.어느 팀이 이길 것 같나요?	**Which team looks like it will win?** 위치 팀 룩스 라이크 잇 윌 윈 **A: The game is neck-and-neck.** 더 게임 이즈 넥-앤-넥 경기는 막상막하입니다.
12.이봐. 이리 와 봐요. 경기가 벌써 시작했어요.	**Hey. Come on in. The game's already begun!** 헤이 컴 온 인 더 게임즈 올레디 비건 **A: What's the score?** 왓츠 더 스코어 득점 상황은?
13.지금 점수는 어떻게 되나요?	**What's the score now?** 왓츠 더 스코어 나우 **A: The Lions are losing by two runs.** 더 라이온즈 아 루징 바이 투 런즈 라이온스가 2점지고 있어요.
14.삼성이 2점 차로 앞서고 있어요.	**Samsung is up two points.** 삼성 이즈 업 두 포인트 **A: So, the Twins're not doing so well!** 쏘우, 더 트윈스 낫 두잉 쏘우 웰 그럼 트윈스가 별로 못하고 있는 거예요!

Chapter
07 독서

1.어떤 종류의 책을 좋아하세요?

What kind of books do you like to read?
왓 카인드 오브 북스 두 유 라이크 투 리드

= What kind of books are you into?
왓 카인드 오브 북스 아류 인투

A: I like reading magazines.
아이 라이크 리딩 매거진
저는 잡지 보는 걸 좋아해요.

2.나는 요새 이 작가의 책에 푹 빠져 있어요.

I'm into the author's book these days.
아임 인투 더 아써 북 디즈 데이즈

A: What's his latest work?
왓츠 히즈 레이티스 웍
그의 최신작이 뭐에요?

3.책 읽는 걸 좋아하세요?

Do you like reading books?
두 유 라이크 리딩 북스

A: Reading is my only pleasure.
리딩 이즈 마이 온리 플레져
독서가 유일한 즐거움입니다.

4.책을 많이 읽으세요?

Do you read a lot?
두 유 리드 어 랏

A: I read everything I can get my hands on.
아이 리드 에브리씽 아이 캔 겟 마이 핸즈 온
손에 잡히는 대로 다 읽어요.

5.만화를 좋아하는 편입니다.

I have a taste for comics.
아이 해브 어 테이스트 포 코믹스

A: Who is your favorite author?
후 이즈 유어 페이버릿 아써
좋아하는 작가가 누구입니까?

6.읽을 책을 어떻게 고르세요?

How do you choose what to read?
하우 두 유 추즈 왓 투 리드

A: I make sure I need book reviews and advertisements in newspaper.
아이 메이크 슈어 아이 니드 북 리뷰 앤 애드벌타이즈먼트 인 뉴스페이퍼
신문에 나오는 서평이나 광고를 보고 결정해요.

7.뭐에 관한 책이었어요?

What was the book about?
왓 워즈 더 북 어바웃

A: These days I read books on history.
디즈 데이즈 아이 리드 북스 온 히스토리
요즘에는 역사에 관한 책을 읽어요.

8.한 달에 책을 몇 권이나 읽으세요?

How many books do you read a month.
하우 메니 북스 두 유 리드 어 먼스

A: At least three books a month.
엣 리스트 쓰리 북스 어 먼스
적어도 한 달에 3권요.

9.요즘 베스트셀러가 무엇입니까?

What's the current bestseller?
왓츠 더 커런트 베스트셀러

= What's the bestseller at the moment?
왓츠 더 베스트셀러 엣 더 모먼트

Chapter 08

여행

1.해외여행을 해본 적 있어요?

Have you ever traveled overseas?
해브 유 에버 트레블드 오버시즈

A: This is my first trip overseas.
디스 이즈 마이 퍼스트 트립 오버시즈
해외 여행은 이번이 처음입니다.

2.여행은 어땠어요?

How was your trip?
하우 워즈 유어 트립

A: It was fantastic.
잇 워즈 판타스틱
아주 좋았어요.

3.어디로 휴가를 가세요?

Where do you go on vacation?
웨어 두 유 고우 온 베케이션

A: Go to Europe.
고우 투 유럽
유럽으로 가요.

4.여행은 즐거우셨나요?

Did you have a good trip?
디쥬 해브 어 굿 트립

A: In general, it was a nice trip.
인 제너럴, 잇 워즈 어 나이스 트립
대체로 좋은 여행이었어요.

5.뭐가 가장 좋았어요?

What did you like most about it?
왓 디쥬 라이크 모스트 어바웃 잇

A: People were so kind.
피플 워 쏘우 카인드
사람들이 너무 친절했어요.

6.여행간 곳 중 제일 좋은 곳은 어디에요?

What was your best traveling experience?
왓 워즈 유어 베스트 트레블링 엑스피어런스

A: It was Spain.

잇 워즈 스페인

스페인이요.

7.가장 가고 싶은 곳은 어디입니까?

Where do you want to go most?

웨어 두 유 원 투 고우 모스트

A: I want to go to England.

아이 원 투 고우 투 잉글랜드

영국에 가고 싶어요.

병원

10

❶ 접수창구
❷ 진료를 예약할 때
❸ 진료를 받을 때
❹ 외과
❺ 내과
❻ 안과
❼ 치과
❽ 병문안
❾ 처방과 약 구입
❿ 약 복용법
⓫ 건강상태
⓬ 건강관리

Chapter

01 접수창구

1.접수처가 어디에요?	**Where's the reception desk?** 웨얼스 더 리셉션 데스트 **A: There's the reception desk on the second floor.** 데얼즈 더 리셉션 데스크 온 더 세컨드 플로어 이층에 접수처가 있어요.
2.전에 여기 왔었는데요. 작성해야 하나요?	**I was here before. Do I need to fill something out?** 아이 워즈 히어 비포 두 아이 니드 투 필 썸씽 아웃 **A: You need to fill out a registration form.** 유 니드 투 필 아웃 어 레지스트레이션 폼 접수 용지를 작성해야 합니다.
3.접수용지는 어디 있어요?	**Where can I get a registration form?** 웨어 캔 아이 겟 어 레지스트레이션 폼 **A: Sure, here it is.** 슈어, 히얼 잇 이즈 네, 여기 있습니다.
4.의사 선생님을 뵙고 싶은데요.	**I'd like to see a doctor.** 아이두 라이크 투 씨 어 닥터 **A: Do you have an appointment?** 두 유 해브 언 어포인트먼트 예약하셨나요?
5.전에 여기 오신 적 있나요?	**Have you been here before?** 해브 유 빈 히얼 비포 **A: This will be my first visit.** 디스 윌 비 마이 퍼스트 비짓 이번이 처음입니다.

6.보험카드 좀 볼 수 있을까요?

May I see your insurance card?
메아이 씨 유어 인슈어런스 카드

A: Here's my health insurance card.
히얼즈 마이 헬스 인슈어런스 카드
의료 보험카드 여기 있습니다.

7.보험에 가입하셨나요?

Are you insured?
아류 인슈어드

A: I have traveler's insurance.
아이 해브 트레블러즈 인슈어런스
여행자보험에 들었어요.

8.지금 의사 선생님께 진찰을 받을 수 있나요?

Could I see the doctor now?
쿠드 아이 씨 더 닥터 나우

A: The doctor is out now, sir. But he'll be back at about 11.
더 닥터 이즈 아웃 나우, 써 밧 히윌 비 백 어바웃 일레븐
의사 선생님은 지금 자리에 안 계십니다만 11시경에 돌아오실 거예요.

Chapter 02

진료를 예약할 때

1.여보세요. 김 박사님 병원입니다.

Hello, Dr.Kim's office.
헬로우, 닥터.김 오피스.

A: I'd like to make an appointment to see the doctor.
아이두 라이크 투 메이크 언 어포인트먼트 투 씨 더 닥터
진료예약을 하고 싶은데요.

2.김 박사님과 진료예약을 하고 싶은데요.

I'd like to make an appointment to see Dr. Kim.
아이두 라이크 투 메이크 언 어포인트먼트 투 씨 닥터 김

A: How about eleven o'clock next Friday?
하우 어바웃 일레븐 어클락 넥스트 프라이데이
다음 주 금요일 11시는 어떠세요?

3.그보다 더 빨리는 안 될까요?

No sooner than that?
노우 수너 댄 댓

A: I'm sorry, we're all booked up.
아임 쏘리, 위월 올 북트 업
죄송합니다. 예약이 다 찼어요.

4.글쎄요, 다음 주 월요일 10시가 좋을 것 같은데요?

Let's see. Would next Monday at 10 be all right?
렛츠 씨 우드 넥스트 먼데이 엣 텐 비 올 라잇

A: No. I was hoping I could make the appointment for today.
노우 아이 워즈 호핑 아이 쿠드 메이크 디 어포인트먼트 포 투데이
아니오. 오늘 중으로 예약을 했으면 하는데요.

5.어느 선생님께 진료 받기를 원하세요?

Which doctor would you like to see?
위치 닥터 우쥬 라이크 투 씨

A: I'd like to see Dr. Kim.
아이두 라이크 투 씨 닥터 김
김 박사님께 진료 받고 싶어요.

6.오후에 의사 선생님께서 시간이 되세요?

Is doctor available in the afternoon?
이즈 닥터 어베일러블 인 디 애프터눈

A: The doctor is very busy today.
더 닥터 이즈 베리 비지 투데이
오늘은 선생님께서 바쁘십니다.

7.이 병원 몇 시부터 몇 시까지 진료하세요?

What hours is this hospital open?
왓 아워즈 이즈 디스 하스피틀 오픈

A: This hospital works from nine to seven.
디스 하스피틀 웍 프럼 나인 투 세븐
9시부터 7시까지 근무합니다.

8.선생님께서 내일 10시에 진료 보실 수 있나요?

Is the doctor available to see me at 10 o'clock tomorrow?
이즈 더 닥터 어베일러블 투 씨 미 엣 텐 어클락 투머로우

A: I'm sorry, but there are no opening tomorrow.
아임 쏘리, 밧 데얼 아 노우 오프닝 투머로우
죄송하지만, 내일은 빈 시간이 없네요.

9.가장 빠른 시간이 언젠가요?

What's the earliest time?
왓츠 더 얼리스트 타임

A: He has an opening this Saturday at ten.
히 해즈 언 오프닝 디스 세러데이 엣 텐
이번 주 토요일 10시에 시간이 됩니다.

Chapter 03

진료를 받을 때

1.얼마나 기다려야 하나요?

How long will I have to wait?
하우 롱 윌 아이 해브 투 웨이트

= How long is the wait?
하우 롱 이즈 더 웨이트

A: Please wait until I call your name.
플리즈 웨이트 언틸 아이 콜 유어 네임
제가 부를 때까지 기다리세요.

2.지금 들어가시면 됩니다. 이쪽으로 오세요.

You can go now. Please come this way.
유 캔 고우 나우 플리즈 컴 디스 웨이

A: What brings you here?
왓 브링즈 유 히얼
어떻게 오셨어요?

3.어디가 아프세요?

Where does it hurt?
웨어 더즈 잇 헐트

What's the matter?
왓츠 더 매러

Does it hurt anywhere?
더즈 잇 헐트 애니웨어

What have you brought in?
왓 해브 유 브로트 인

What seems to be the problem?
왓 심즈 투 비 더 프라블럼

Where do you feel the pain?
웨어 두 유 필 인 페인

A: I have a pain here.
아이 해브 어 페인 히어

= It hurts here.
이츠 헐츠 히어
여기가 아파요.

3-1.배가 아직도 아픕니까?	**Does your stomach still hurt?** 더즈 유어 스터먹 스틸 허트 **A: Yes, it does. it hasn't gotten any better at all.** 예스, 잇 더즈 잇 해즌트 가튼 애니 베러 엣 올 예, 그렇습니다. 전혀 좋아지지 않는군요.
3-2.그러면 제가 어떻게 해야 되나요?	**Well, what should I do?** 웰, 왓 슈드 아이 두 **A: I'll give you a prescription for some medicine.** 아윌 기브 유 어 프리스크립션 포 썸 메디슨 처방전을 써 드릴테니 그 약을 사서 드세요.
3-3.그러면 며칠 내에 나아질 것입니다.	**And you should feel better in a few days.** 앤 유 슈드 필 베러 인 어 퓨 데이즈 **A: Thank you very much.** 땡큐 베리 머치 대단히 고맙습니다.
4.어디가 아픈지 증상을 말씀해 보세요.	**Can you tell me what's wrong?** 캔 유 텔 미 왓츠 렁 **= Describe what's wrong?** 디스크라이브 왓츠 렁 **A: Spicy food always gives me heartburn.** 스파이시 푸드 올웨이즈 기브스 미 하트번 매운 음식을 먹으면 항상 속이 쓰려요.
5.제가 이렇게 하면 아프세요?	**Does it hurt when I do this?** 더즈 잇 헐트 웬 아이 두 디스 **= Does it hurt when I press it here?** 더즈 잇 헐트 웬 아이 프레스 잇 히어 **A: It hurts very much.** 잇 헐츠 베리 머치 정말 아파요.

6.이런 증상이 있은 지 얼마나 됐어요?

How long have you had this problem/pain/these symptoms?
하우 롱 해브 유 해드 디스 프라블럼/페인/디스 심텀즈

A: The pain started a week ago.
더 페인 스타티드 어 위크 어고우
일주일 전부터 아프기 시작했어요.

7.전에도 비슷한 증상이 있었나요?

Have you ever had these symptoms before?
해브 유 에버 해드 디즈 심텀즈 비포

= Have you ever had anything similar?
해브 유 에버 해드 애니씽 씨믈러

A: It hurts off and on.
잇 헐츠 오프 앤 온
아팠다가 안 아팠다가 해요.

8.진찰을 해 보겠습니다.

I'll examine you.
아윌 익재민 유

A: Would you please lift up your shirt?
우쥬 플리즈 리프트 업 유어 셔츠
셔츠 좀 걷어 올려 보실래요?

9.혈압을 좀 재겠습니다.

Let's check your blood pressure.
렛츠 체크 유어 블러드 프레슈어

= Let me take your blood pressure.
렛 미 테이크 유어 블러드 프레슈어
혈압이 130, 82입니다.

Your blood pressure is 130 over 82.
유아 블러드 프레슈어 이즈 원헌드레드써티 오버 에잇티투

10.체온을 잴 게요.

Let's take your temperature.
렛츠 테이크 유어 템퍼러쳐

= Let me take your temperature.
렛 미 테이크 유어 템퍼러쳐

Your temperature is normal.
유어 템퍼러쳐 이즈 노멀
체온은 정상입니다.

11.피 검사를 해 봅시다.

Let's take a blood sample.
렛츠 테이크 어 블러드 샘플

A: The results should be back in a three day.
더 리절츠 슈드 비 백 인 어 쓰리 데이
검사 결과는 삼일 후에 나옵니다.

12.제가 무슨 병이죠?

What's wrong with me?
왓츠 렁 위드 미

A: It looks like you've got the flu.
잇 룩스 라이크 유브 갓 더 플루
독감에 걸린 것 같아요.

13.상태가 어떻습니까?

How do you feel now?
하우 두 유 필 나우

A: Nothing serious. Keep drinking as much water as you can.
낫씽 시리어스 킵 드링킹 애즈 머치 워터 애즈 유 캔
심하지는 않아요. 될 수 있는 대로 많은 물을 마시세요.

14.입원을 해야 하나요?

Should I be hospitalize?
슈드 아이 비 호스피틀라이즈

= Do I have to enter hospital?
두 아이 해브 투 엔터 하스피틀

A: No, just relax for a few days.
노우, 저스트 릴랙스 포 어 퓨 데이즈
아니오. 며칠동안 푹 쉬세요.

15.주사를 놓겠습니다.
팔에 힘을 빼세요.

We are going to give you a shot.
Relax your arm, please.
위 아 고잉 투 기브 유 어 샷 릴랙스 유어 암, 플리즈

A: Does it hurt?

더즈 잇 헐트

아파요?

16.처방전을 드릴 테니 약을 사서 드세요.

I'll give you prescription for some medicine. Take the medicine.

아윌 기브 유 프리스스크립션 포 썸 메디슨 테이크 더 메디슨

A: Will my insurance cover this?

윌 마이 인슈어런스 커버 디스

보험처리가 되나요?

외과

1.어디가 아프세요?

Does it hurt anywhere?
더즈 잇 헐트 애니웨어

= Where do you hurt?
웨어 두 유 헐트

= What's bothering you?
왓츠 바더링 유

A: I hurt myself doing exercise.
아이 헐트 마이셀프 두잉 엑설사이즈
운동하다 다쳤어요.

2.어쩌다가 이렇게 됐어요?

How did this happen?
하우 디드 디스 헤픈

A: I fell down the stairs.
아이 펠 다운 더 스테스
계단에서 넘어졌어요.

3.넘어져서 발목을 삐었어요.

I fell and I twisted my ankle.
아이 펠 앤 아이 트위스티드 마이 앵클

= I fell and I've sprained my ankle.
아이 펠 앤 아이브 스프레인드 마이 앵클

A: I can't put pressure on my foot.
아이 캔트 풋 프레슈어 온 마이 풋
발을 디딜 수가 없어요.

4.발목이 부은 것 같아요.

It looks swollen your ankle.
잇 룩스 스월런 유어 앵클

A: You're going to be on crutches for a few weeks at least.
유어 고잉 투 비 온 크러치스 포 어 퓨 윅스 엣 리스트
적어도 2, 3주는 목발을 하고 있어야 할 거예요.

5.수술을 해야 하나요?	**Do I need surgery?** 두 아이 니드 설저리 **= Will I need an operation?** 윌 아이 니드 언 아퍼레이션 **A: You need to an operation.** 유 니드 투 언 아퍼레이션 수술을 해야 합니다.
6.부러졌나요?	**Is it broken?** 이즈 잇 브로큰 **A: You need to wear a cast for one month.** 유 니드 투 웨어 어 캐스트 포 원 먼스 한 달간 깁스를 해야 합니다.
7.이렇게 움직일 수 있나요?	**Can you move it like this?** 캔 유 무비 잇 라이크 디스 **A: My arm hurts when I move it like this.** 마이 암 헐츠 웬 아이 무비 잇 라이크 디스 팔을 이렇게 움직이면 아파요.
8.허리에 통증이 있어요.	**My back is sore.** 마이 백 이즈 쏘얼 **= I've a pain in my back.** 아이브 어 페인 인 마이 백 **= I've an aching back.** 아이브 언 에이킹 백 **I can't bend over.** 아이 캔트 벤드 오버 허리를 굽힐 수가 없어요.
9.엑스레이를 찍을 게요.	**I'll take x-ray it.** 아윌 테이크 엑스-레이 잇

A: What is the result?
왓 이즈 더 리절트
결과가 어떻게 나왔어요?

10.뜨거운 팬을 잡다가 오른손을 데었어요.

I touched a hot pan and burned my right hand.
아이 터치 어 핫 팬 앤 번드 마이 라이트 핸드

A: It's good that it won't leave a scar.
잇츠 굿 댓 잇 워운트 리브 어 스칼
흉터가 남지 않을 거라니 다행이에요.

11.끓는 물에 손을 데었어요.

I burned my hand with broiling water.
아이 번드 마이 핸드 위드 브로링 워터

A: You have second degree burns.
유 해브 세컨드 디그리 번스
2도 화상을 입으셨네요.

12.외상은 없는데 안색이 창백해요.

No trauma, but he doesn't look so well.
노우 트라우마, 밧 히 더즌트 룩 쏘우 웰

A: There's a kink in my neck.
데얼즈 어 킹크 인 마이 넥
목을 삐끗했어요.

13.감염될 염려는 없나요?

Should I be worried about it getting infected?
슈드 아이 비 워리드 어바웃 잇 게팅 인펙티드

A: Not likely.
낫 라이클리
그럴 것 같지 않아요.

14.상처에 고름이 생겼어요. 치료가 되나요?

Pus formed in the wound. Can it be cured?
퍼스 폼드 인 더 워운드 캔 잇 비 큐어드

Chapter 05

내과

1.어디가 아프세요?	What could be wrong? 왓 쿠드 비 렁 A: I have a fever and a cough. 아이 해브 어 피버 앤 어 코프 열이 있고 기침이 나요.
2.목이 따끔거리고 머리도 아파요.	My throat is sore, and my head hurts. 마이 쓰로우트 이즈 쏘얼, 앤 마이 헤드 헐트 = I've a sore throat, and I have a headache. 아이브 어 쏘얼 쓰로우트, 앤드 아이 해브 어 헤데이크 A: A cold has been going around these days. 어 콜드 해즈 빈 고잉 어라운드 디즈 데이즈 요새 감기가 유행이에요.
3.콧물이 흐르고 열이 좀 있어요.	I have a running nose and I've a slight fever. 아이 해브 어 러닝 노우즈 앤 아이브 어 슬라이트 피버 = My nose is running and I feel a little feverish. 마이 노우즈 이즈 러닝 앤 아이 필 어 리틀 피벌리쉬 = I've a runny nose and a slight fever. 아이브 어 러니 노우즈 앤 어 슬라이트 피버 A: You have a terrible clod. 유 해브 어 테러블 콜드 심한 감기에 걸렸어요.
4.코가 막혀서 숨을 거의 못 쉬겠어요.	I have a stuffy nose. I can barely breathe. 아이 해브 어 스터피 노우즈 아이 캔 베얼리 브리드

A: You sound like you have a cold.
유 사운드 라이크 유 해브 어 콜드
감기에 걸리셨나 봐요.

5.배탈이 났어요.

My stomach is upset.
마이 스터먹 이즈 업셋

= I have a stomachache.
아이 해브 어 스터먹에잌

A: It hurts when I do this.
잇 헐츠 웬 아이 두 디스
이렇게 하면 여기가 아파요.

What about your heartburn?
왓 어바웃 유어 하트번
속 쓰린 건 어때요?

A: I'll be fine. The doctor has me on these new pills and they work great.
아윌 비 파인 더 닥터 해즈 미 온 디즈 뉴 필스 앤 데이 웍 그레이트
괜찮아요. 의사가 이 알약을 새로 처방해 줬는데 아주 잘 들어요.

6.토할 것 같아요.

I feel like I'm going to throw up.
아이 필 라이크 아임 고잉 투 쓰로우 업

= I think I'm going to vomit.
아이 띵크 아임 고잉 투 바밋

= I'm going to barf.
아임 고잉 투 바프

= I feel like throwing up.
아이 필 라이크 쓰로윙 업

It hurts after I eat.
잇 헐트 애프터 아이 이트
먹으면 여기가 아파요.

7.설사를 해요.

I've got diarrhea.
아이브 갓 다이어리어

병원

	= I have diarrhea. 아이 해브 다이어리어 I can eat very little. 아이 캔 이트 베리 리틀 아무것도 먹을 수가 없어요.
8.많이 어지러워요. 방이 빙빙 도는 것 같아요.	I feel really dizzy. And the room looks like it's spinning around me. 아이 필 리얼리 디지 앤 더 룸 룩스 라이크 잇츠 스피닝 어라운드 미 A: Here, sit down. I'll go and call the ambulance. 히어, 씻 다운 아윌 고우 앤 콜 더 엠뷸런스 여기 좀 앉아요. 가서 구급차를 불러올게요.
9.엄마, 어디 아프세요? 얼굴이 온통 빨게요. 괜찮아요?	What's wrong, mom? Your face is all flushed. You ok? 왓츠 렁, 맘 유어 페이스 이즈 올 플러시트 유 오케이
10.온 몸이 뻐근하고 쑤셔요.	I'm stiff and sore all over. 아임 스터프 앤 소어 올 오버 A: I've been sick for two days. 아이브 빈 씩 포 투 데이즈 아픈 지 이틀이 됐어요.
11.몸살이 났어요.	I ache all over. 아이 에이크 올 오버 A: Take this medicine and make sure you get plenty of rest. 테이크 디스 메디슨 앤 메이크 슈어 유 겟 플렌티 오브 레스트 이 약을 드시고 꼭 충분히 쉬도록 하세요.
12.매운 음식을 좀 드셔 보세요. 코가 뻥 뚫릴 거예요.	Oh, try eating spicy food. It'll help clear your nose. 오, 트라이 이팅 스파이시 푸드, 잇윌 헬프 클리어 유어 노우즈

13.증상이 어떤데요?

What are your symptoms?
왓 알 유어 심텀즈

A: I feel a touch of cold.
아이 필 어 터치 오프 콜드

= I'm coming down with a cold.
아임 커밍 다운 위드 어 콜드
감기기운이 있어요.

A: I'll write out a prescription.
아윌 이트 아웃 어 프리스크립션
처방전을 써드리겠습니다.

14.변비가 있어요.

I'm constipated.
아임 칸스티페이티드

= I'm suffering from constipation.
아임 써퍼링 프럼 컨스티페이션

A: Have you had this problem long?
해브 유 해드 디스 프라블럼 렁
오래 전부터 이런 증상이 있었나요?

15.아주 건강해 보이시는데, 어디가 편찮으세요?

You look fit as a fiddle. What could be wrong?
유 룩 핏트 애즈 어 피들 왓 쿠드 비 렁

A: I feel sick to my stomach.
아이 필 씩 투 마이 스터먹
속이 안 좋아요.

병원

Chapter

06 안과

1. 시력 검사하러 왔어요.	**I'm here to have my eyes checked.** 아임 히어 투 해브 마이 아이즈 체크 **A: Just take a look at the chart.** 저스트 테이크 어 룩 엣 더 차트 시력검사표를 보세요.
2.시력이 어떻게 되나요?	**What's my vision?** 왓츠 마이 비젼 **A: You have poor vision. When was the last time you got an eye-exam?** 유 해브 푸어 비젼 웬 워즈 더 라스트 타임 유 갓 언 아이즈-이그잼 당신 시력이 나빠요. 마지막으로 시력 검사 받은 게 언제죠? **A: About 3 years ago.** 어바웃 쓰리 이얼즈 어고우 3년쯤 전에요.
3.색을 잘 구분하지 못하겠어요.	**I can't distinguish colors.** 아이 캔트 디스팅귀쉬 컬러즈 **A: You seem to be color-blind.** 유 씸 투 비 컬러-블라인드 당신은 색맹인 것 같아요.
4.네번째 줄을 읽을 수 있겠어요?	**Can you make out the forth line?** 캔 유 메이크 아웃 더 포쓰 라인 **A: I can't read.** 아이 캔트 리드 못 읽겠어요.
5.제 시력이 점점 나빠지고 있어요.	**My eyesight is getting worse.** 마이 아이사이트 이즈 게팅 월스

= My eyesight is failing.
마이 아이사이트 이즈 페일링

A: My vision is blurry.
마이 비년 이즈 블러리
흐릿하게 보여요.

6.책을 읽으면 머리가 아파요.

Reading gives me a headache.
리딩 기브스 미 어 헤데이크

A: Is it something serious?
이즈 잇 썸씽 시리어스
심각한 건가요?

7.물체가 선명하지 않고 흐릿하게 보여요.

I'm suffering from blurry vision.
아임 서퍼링 프럼 블러리 비젼

A: We'll have to run some more tests.
위윌 해브 투 런 썸 모어 테스츠
몇 가지 검사를 해봐야 할 것 같아요.

8.눈이 충혈 되었어요.

You have blood shot eyes.
유 해브 블러드 샷 아이즈

= Your eyes are blood shot.
유어 아이즈 아 블러드 샷

A: You need to stay inside and take some medicine.
유 니드 투 스테이 인사이드 앤 테이크 썸 메디슨
밖에 나가지 말고 약을 좀 먹어야겠어요.

9.시력이 점점 약해지고 있어요.

My eyesight is falling.
마이 아이사이트 이즈 폴링

A: Maybe you just need new glasses.
메이비 유 저스트 니드 뉴 글래시스
안경을 새로 사야겠어요.

Chapter 07

치과

1. 진료 예약을 하고 싶은데요.	**I'd like to make an appointment to see the doctor.** 아이두 라이크 투 메이크 언 어포인트먼트 투 씨 더 닥터 **A: Would next Monday be ok?** 우드 넥스트 먼데이 비 오케이 다음주 월요일 괜찮으세요
2.진료예약이 되어 있습니까?	**Do you have appointment on your calendar?** 두 유 해브 어포인트먼트 온 유어 캘린더 **A: Yes, I have a ten o'clock appointment.** 예스, 아이 해브 어 텐 어클락 어포인트먼트 네, 10시에 예약했어요.
3.어디가 아프십니까?	**What seems to be the problem?** 왓 심즈 투 비 더 프라블럼 **A: I suffer from my wisdom tooth since last weekend.** 아이 서퍼 프럼 마이 위즈덤 투스 신스 라스트 위캔드 지난 주말부터 사랑니 때문에 고통스러워요.
4.입을 벌리고 '아' 하세요.	**Open your mouth and say, "Aah."** 오픈 유어 마우스 앤 세이, "아" **You need to get your tooth pulled.** 유 니드 투 겟 유어 투스 풀드 이를 뽑으셔야겠어요.
5.잇몸이 아파요.	**My gums hurt.** 마이 검스 헐트 **A: Your gums are inflamed.** 유어 검스 아 인플레임드 당신 몸에 염증이 있어요.

6.음식이 닿으면 이가 아파요.

The tooth hurts when food touches it.
더 투스 헐츠 웬 푸드 터치 잇

A: Your gums are swollen.
유어 검스 아 스왈른
당신 잇몸이 부었어요.

7.음식물이 이 사이에 자주 끼어요. 때운 곳이 떨어졌어요.

Food often gets caught between my teeth. I've lost a filling.
푸드 오픈 겟츠 코트 비트윈 마이 티스 아이브 로스트 어 필링

8.치석이 많이 끼었어요.

I have a lot of tartar on my teeth.
아이 해브 어 랏 오브 타르 온 마이 투스

A: You need to get your teeth cleaned.
유 니드 투 겟 유어 티스 클린드
당신 스케일링을 해야겠어요.

9.적어도 하루에 두 번은 이를 닦아야 해요.

Clean your teeth at least twice a day.
클린 유어 티스 엣 리스트 투와이스 어 데이

A: I'll keep that in mind, doctor.
아윌 킵 댓 인 마인드, 닥터
네 선생님. 명심하겠습니다.

10.충치가 있네요.

You have a cavity.
유 해브 어 캐버티

= You have some decayed teeth.
유 해브 썸 디케이트 티스

A: I think I need to have cavity filled in.
아이 띵크 아이 니드 투 해브 캐버티 필드 인
당신 이를 떼워야 될 것 같아요.

11.오늘은 일시적으로 때우기만 했어요.

I've just put in a temporary filling today.
아이브 저스트 풋 인 어 템포러리 필링 투데이

	A: How long will the treatment take? 하우 롱 윌 더 트리트먼트 테이크 시간이 얼마나 걸리나요?
12.의치가 잘 맞지 않는 것 같아요.	I'm afraid the denture doesn't fit well. 아임 어프레이드 더 덴처 더즌트 핏트 웰 A: So it'll require two or three more visits. 쏘우 잇윌 리콰이얼 투 오어 쓰리 모어 비짓츠 두 세 번 더 오셔야 해요.
13.언제 다시 오면 되나요?	When should I come back? 웬 슈드 아이 컴 백 A: Come again tomorrow afternoon. 컴 어겐 투머로우 애프터눈 내일 오후에 또 오세요.
14.이 뽑으러 왔어요.	I'm here for pulling a tooth. 아임 히어 포 풀링 어 투스 A: Let me give you a shot of anesthetic. 렛 미 기브 유 어 샷 오브 에네세릭 마취주사를 놓겠습니다.
15.오늘 치료비는 얼마에요?	How much is curative expense? 하우 머치 이즈 큐러티브 익스펜스 A: It's 5,000 won. 잇츠 파이브싸우전드 원 5천 원입니다.
16.이가 흔들거려요.	This tooth feels loose. 디스 투스 필즐 루즈 A: You need to get your tooth pulled now. 유 니드 투 겟 유어 투스 풀드 나우 지금 이를 뽑아야겠어요.

1.어느 병원에 입원 했어요?	**Which hospital is he in?** 위치 하스피틀 이즈 히 인 **A: He had to go into the Seoul hospital.** 히 해드 투 고 인투 더 서울 하스피틀 서울 병원에 입원했어요.
2.몇 시가 방문 시간 인가요?	**What are the visiting hours?** 왓 아 더 비짓팅 아워즈 **A: The visiting hours are after 3 o'clock.** 더 비짓팅 아워즈 아 애프터 쓰리 어클락 3시 이후입니다.
3.환자에게 뭘 갖다 주면 될까요?	**What should I bring the patient?** 왓 슈드 아이 브링 더 페이션트 **A: How about some flowers?** 하우 어바웃 썸 플라워즈 꽃이 어떨까요?
4.소식 듣자마자 달려 왔어요.	**I came as soon as I heard.** 아이 케임 애즈 쑨 애즈 아이 허드 **A: You look better than I've thought.** 유 룩 베러 댄 아이브 써트 생각보다 상태가 괜찮네요.
5.많이 아프신가요?	**Are you in much pain?** 아류 인 머치 페인 **A: The patient is doing much better.** 더 페이션트 이즈 두잉 머치 베러 **= The patient is getting over it.** 더 페이션트 이즈 게팅 오버 잇 환자 상태가 많이 좋아지고 있어요.

6.수술이 잘 됐습니다.	**The surgery went fine.** 더 설저리 웬트 파인. **A: He's in the recovery room right now.** 히즈 인 더 리커버리 룸 라잇 나우 지금 회복실에 있어요.
7.언제 퇴원하게 되나요?	**When are you being released?** 웬 아류 빙 릴리즈드 **= When will be get out of the hospital?** 웬 윌 비 겟 아웃 오브 더 하스피틀 **A: I will soon be out of hospital.** 아이 윌 쑨 비 아웃 오브 하스피틀 곧 퇴원하게 될 겁니다.
8.얼마나 있게 되는 거예요?	**How long will you be here?** 하우 롱 윌 유 비 히어 **A: The doctor said he had to hospitalize for two weeks.** 더 닥터 세드 히 해드 투 하스피털라이즈 포 투 윅스 의사가 두 주는 입원해야 한다는 군요.
9.뭐 필요한 거 있어요?	**Is there anything you need?** 이즈 데어 애니씽 유 니드 **= Do you need anything?** 두 유 니드 애니씽 **A: There's nothing necessary.** 데얼즈 나띵 네서써리 필요한 것 없습니다.
10.오늘은 좀 나아졌어요?	**Are you doing better today?** 아류 두잉 베러 투데이 **A: I'm better now.** 아임 베러 나우 좋아졌어요.
11.곧 나아지길 바랍니다.	**I hope you feel better soon.** 아이 호프 유 필 베러 쑨

A: Thank you for coming by.
땡큐 포 커밍 바이
와줘서 감사해요.

12.못 일어나서 죄송해요.

Sorry I can't get up.
쏘리 아이 캔트 겟 업

A: Just lie there.
저스트 라이 데어
그냥 누워 계세요.

13.틀림없이 곧 회복될 거예요.

I'm sure you'll be up and about soon.
아임 슈어 유윌 비 업 앤 어바웃 쑨

A: Just take everything easy and relax.
저스트 테이크 에브리씽 이지 앤 릴랙스
편하게 생각하고 푹 쉬세요.

14.하루가 다르게 점점 좋아 보이네요. 집에는 언제 가세요?

You're looking better every day, when do you go home?
유아 룩킹 베러 에브리 데이, 웬 두 유 고우 홈

A: I'm being discharged from the hospital tomorrow.
아임 빙 디스차지드 프럼 더 하스피틀 투머로우
내일 퇴원할 거에요.

15.몸조리 잘 하세요.

Take good care of yourself.
테이크 굿 케어 오브 유어셀프

A: I really appreciate it.
아이 리얼리 어프리쉐이트 잇
정말 감사합니다.

16.그럼 이제 가봐야겠습니다.

Well, I must be going now.
웰, 아이 머스트 비 고잉 나우

A: Take it easy.
테이크 잇 이지
살펴가세요.

Chapter 09

처방과 약 구입

1.이 처방전대로 약을 지어 주시겠어요?

Could you fill this prescription, please?
쿠쥬 필 디스 프리스크립션, 플리즈

= Will you please get this prescription filled?
윌 유 플리즈 겟 프리스트립션 필드

I have a prescription here.
아이 해브 어 프리스크립션 히얼
여기 처방전이 있어요.

2.이 약은 처방전이 있어야 하나요?

Do I need a prescription for this?
두 아이 니드 어 프리스크립션 포 디스

A: We can't give you this medicine without a prescription.
위 캔드 기브 유 디스 메디슨 위아웃 어 프리스크립션
처방전이 없으면 약을 드릴 수 없어요.

3.처방전 없이 수면제를 살 수 있나요?

Can I buy some sleeping pills without a prescription?
캔 아이 바이 썸 슬리핑 필즈 위아웃 어 프리스크립션

A: These are prescription drugs.
데어 아 프리스크립션 드럭스
이 약은 처방전이 필요합니다.

4.소화제를 주세요.

I'd like something for indigestion.
아이두 라이크 썸씽 포 인디제스쳔

A: Try this medicine.
트라이 디즈 메디슨
이 약을 드셔보세요.

5.두통약 있어요?

Do you have anything for a headache?
두 유 해브 애니씽 포 어 헤데이크

A: Here's your medicine.
히얼즈 유어 메디슨
약 여기 있어요.

6.변비에는 어떤 약이 좋아요?

What would you recommend for constipation?
왓 우쥬 레커멘드 포 컨스티페이션

A: This medicine will relieve your pain.
디스 메디슨 윌 릴리브 유어 페인
이 약을 먹으면 괜찮아 질 겁니다.

7.감기에 좋은 약이 있나요?

Do you have anything for a cold?
두 유 브브 애니씽 포 어 콜드

A: This medicine will do you good.
디스 메디슨 윌 두 유 굿
이 약을 드시면 나을 겁니다.

8.진통제를 주시겠어요?

May I have a painkiller?
메아이 해브 어 페인킬러

A: Will this medicine relieve my pain?
윌 디스 메디슨 릴리브 마이 페인
이 약을 먹으면 통증이 가라앉습니까?

9.안약을 주십시오.

I'd like some eye drops.
아이두 라이크 썸 아이 드롭

I'm here to buy some eye drops.
아임 히얼 투 바이 썸 아이 드롭

Do this eye drops have any adverse reaction?
두 디스 아이 드롭 해브 애니 애드벌스 리액션
부작용은 없나요?

10.붕대와 탈지면을 주세요.

Some bandages and cotton wool, please.
썸 벤데이지 앤 카튼 울, 플리즈

A: Yes, here it is.
예스, 히얼 잇 이즈
네, 여기 있어요.

Chapter 10

약 복용법

1.이 약은 어떻게 먹어야 하나요?	**How should I take this medicine?** 하우 슈드 아이 테이크 디스 메디슨 **A: Take this after each meal three times a day.** 테이크 디스 애프터 이치 밀 쓰리 타임즈 어 데이 하루 세 번 식후에 드세요.
2.하루에 몇 번 먹어야 하나요?	**How many times a day should I take it?** 하우 메니 타임즈 어 데이 슈드 아이 테이크 잇 **A: One tablet three times daily.** 원 테블렛 쓰리 타임즈 데일리 하루 세 번 한 알 드세요.
3.식후(전)에 드세요.	**Take after(before) eating.** 테이크 애프터(비포) 잇팅
4.잠자리 들기 전에 드세요.	**Take before going to bed.** 테이크 비포 고잉 투 베드
5.이 약은 술을 먹어도 괜찮아요?	**Can I take this with alcohol?** 캔 아이 테이크 디스 위드 알코올 **A: Don't drink alcohol.** 돈트 드링크 알코올 술은 드시지 마세요.
6.혹시 부작용이 있나요?	**Are there any side effects?** 아 데어 애니 사이드 이팩츠 **A: May cause drowsiness.** 메이 커즈 드로우니스 졸음을 유발할 수 있어요.

7.이 약은 복용한 전후 30분간은 식사를 하면 안 됩니다.

Don't eat for half an hour before or after taking this medicine.
돈트 이트 포 하프 언 아워 비포 오어 애프터 테이킹 디스 메디슨

8.임산부는 사용하기 전에 의사와 상의 하십시오.

Pregnant women please consult your physician before use.
프레그넨트 우민 플리즈 컨설트 유어 피지션 비포 유즈

9.몇 번 복용하나요?

How often should I take this?
하우 오픈 슈드 아이 테이크 디스

A: You should take it every four hours.
유 슈드 테이크 잇 에브리 포 아워즈
4시간마다 드십시오.

10.한 번에 한 알씩만 드세요.

Only one at a time.
온리 원 엣 어 타임

11.식후 한 스푼을 복용하세요.

Take one teaspoon after meals.
테이크 원 티스푼 애프터 밀

12.권장된 복용량을 초과하지 마세요.

Don't exceed the recommended dosage.
돈트 익시드 더 레커멘디드 도세지

13.이 연고를 피부에 발라주세요.

Apply this ointment to your skin.
어플라이 디스 오인먼트 투 유어 스킨

Take three times daily.
테이크 쓰리 타임즈 데일리
하루에 세 번 발라주세요.

14.2주간 술, 카페인, 담배를 삼가세요.

Avoid alcohol, caffeine and smoking for two weeks.
어보이드 알코올, 카페인 앤 스모킹 포 투 웍스

15.충분한 휴식을 취하십시오.

Make sure you get plenty of rest.
메이크 슈어 유 겟 플렌티 오브 레스트

16.아침 먹고 두 알씩 드시고 밤에는 잠들기 전에 다시 두 알 드세요.

Take two pills with breakfast and then two again at night before bed.
테이크 투 필 위드 브렉퍼스트 앤 댄 투 어겐 엣 나잇 비포 베드

Chapter 11

건강상태

1.기분이 괜찮아요?

Are you feeling ok?
아류 필링 오케이

= Do you feel all right?
두 유 필 올 라잇

A: I'm feeling under the weather.
아임 필링 언더 더 웨더
몸이 안 좋아요.
(under the weather 몸이 안 좋은, 아픈)

2.오늘은 컨디션이 어때요?

How are you feeling today?
하우 아류 필링 투데이

A: I feel much better than yesterday.
아이 필 머치 베러 댄 예스터데이
어제 보다는 훨씬 좋아요.

3.안색이 너무 안 좋아 보여요.

You look like hell warmed over.
유 룩 라이크 헬 웜드 오버

A: I'm just a little under the weather, that's all.
아임 저스트 어 리틀 언더 더 웨더, 댓츠 올
그냥 몸이 좀 안 좋아서 그래요. 다른 건 없어요.

4.요즘은 쉽게 피로해 져요.

I easily get tired these days.
아이 이즐리 겟 타이어드 디즈 데이즈

A: Don't be so hard on yourself.
돈트 비 쏘우 하드 온 유어셀프
너무 무리하지 마세요.

5.제가 아무래도 무리를 하고 있는 것 같아요.

I'm burning the candle at both ends.
아임 버닝 더 캔들 엣 보쓰 엔드

A: Maybe you should take a time off.
메이비 유 슈드 테이크 어 타임 오프
아무래도 좀 쉬어야겠어요.

6.어디 아프신가요?	**Where does it hurt?** 웨어 더즈 잇 헐트 **A: Just a little tired.** 저스트 어 리틀 타이어드 그냥 좀 피곤해요.
7.어제 밤에 편히 주무셨어요?	**Did you sleep soundly last night?** 디쥬 슬립 사운들리 라스트 나잇 **A: I lay awake all night long.** 아이 레이 어웨이크 올 나이트 롱 밤새 뜬 눈으로 지새웠어요.
8.당신 곧 죽을 사람처럼 보여요. 괜찮은 거예요?	**You look like death warmed over. Are you ok?** 유 룩 라이크 데쓰 웜드 오버 아류 오케이 **A: My allergies are killing me.** 마이 알러지 아 킬링 미 알레르기 때문에 죽겠어요.
9.안색이 창백해 보여요.	**You look green around the gills.** 유 룩 그린 어라운드 더 길즈 **= You look pale** 유 룩 페일 **= You look a bit pale.** 유 룩 어 빗 페일 **A: Have you tried seeing a doctor?** 해브 유 트라이드 씨잉 어 닥터 병원 가 봤어요?
10.몸이 아파 보여요.	**You look a little bit under the weather.** 유 룩 어 리틀 빗 언더 더 웨더 **A: I'm feeling a bit dizzy.** 아임 필링 어 빗 디지 좀 어지러워요.

11.근육통이 생겨서 운동량을 줄여야겠어요.

My muscles hurt, so I'm going to ease upon exercise.
마이 머슬 헐트, 쏘우 아임 고잉 투 이지 업온 엑서사이즈

A: Good rest should cure it.
굿 레스트 슈드 큐어 잇
좀 쉬고 나면 나을 거예요.

12.아직도 몸이 썩 좋지 않아요.

I still don't feel too well.
아이 스틸 돈트 필 투 웰

A: I think you should go home and get some rest.
아이 띵크 유 슈드 고우 홈 앤 겟 썸 레스트
집에 가서 좀 쉬는 게 좋겠어요.

13.당신은 지쳐있어요.

Now you are tired.
나우 유 아 타이어드

A: You had better take a rest.
유 해드 베러 테이크 어 레스트
당신은 좀 쉬는 게 좋겠어요.

14.요즘 안색이 무척 안 좋아요.

You look awful these days.
유 룩 어풀 디즈 데이즈

A: Something must be wrong with me.
썸씽 머스트 비 렁 위드 미
분명 몸에 이상이 있어요.

15.난 아주 건강해요

I'm in the best of health
아임 인 더 베스트 오브 헬스

I'm the picture of health
아임 더 픽쳐 오브 헬스

I'm in the pink
아임 인 더 핑크

A: Your color is good.
유어 컬러 이즈 굿
혈색이 좋아요.

16.조심하세요. 요즘 독감이 유행하고 있어요. 무리하지 마요. 며칠 더 쉬세요.

Take care of yourself. There's a flu going around.

테이크 케어 오브 유어셀프 데얼즈 어 플루 고잉 어라운드

Don't work too hard. Just take a few more days off.

돈트 웍 투 하드 저스트 테이크 어 퓨 모어 데이즈 오프

Chapter 12

건강관리

1.어떻게 그렇게 건강 하세요?

How do you keep in shape?
하우 두 유 킵 인 쉐이프

= How do you keep in such good shape?
하우 두 유 킵 인 서치 굿 쉐이프

A: A balanced diet and regular exercise.
어 밸런스트 다이어트 앤 레귤러 엑서사이즈
균형있는 식사와 규칙적인 운동이죠.

2.건강을 유지하기 위하여 무엇을 하세요?

What do you do for your health?
왓 두 유 두 포 유어 헬스

= What do you do to stay healthy?
왓 두 유 두 투 스테이 헬시

A: I workout everyday by jogging.
아이 웍아웃 에브리데이 바이 조깅

= I go jogging everyday.
아이 고잉 조깅 에브리데이
매일 조깅을 해요.

3.와! 살이 아주 많이 빠진 것 같아요. 비결이 뭐예요?

Wow! You look like you're lost a lot of weight. What's your secret?
와우 유 룩 라이크 유아 로스트 어 랏 오브 웨이트 왓츠 유어 시크릿

A: I worked out regularly.
아이 웍트 아웃 레귤러리
규칙적으로 운동을 했어요.

4.헬스클럽에 얼마나 자주 가세요?

How often do you go to the gym?
하우 오픈 두 유 고우 투 더 짐

A: Usually five days a week.
유절리 파이브 데이즈 어 위크
보통 일주일에 5일 가요.

5.겨울에 찐 살을 좀 빼야겠어요.	I really need to loss some of this winter weight. 아이 리얼리 니드 투 루즈 썸 오브 디스 윈터 웨이트 A: Losing weight is easier said than done. 루징 웨이트 이즈 이지얼 세드 댄 던 살을 빼는 게 말처럼 쉽진 않아요.
6.저는 건강이 예전 같지 않아요.	I'm not as healthy as I used to be. 아임 낫 애즈 헬시 애즈 아이 유즈드 투 비 A: Exercise will keep you in good health. 엑서사이즈 윌 킵 유 인 굿 헬스 운동을 하면 건강이 좋아지실 거예요.
7.저는 걸어 다닌 지 6년이 되었어요.	I have walked for six years. 아이 해브 웍트 포 씩스 이얼즈 A: Now I can see why you are so fit. 나우 아이 캔 씨 와이 유 아 쏘우 핏트 당신이 왜 그렇게 건강한지 이제 알겠어요.
8.몸무게를 줄여야겠어요.	I have to work off weight. 아이 해브 투 웍 오프 웨이트 A: I stick to my diet and exercise a lot. 아이 스틱 투 마이 다이어트 앤 엑서사이즈 어 랏 난 다이어트를 계속하고 운동을 많이 해요.
9.우리 함께 헬스클럽에 다녀요. 서로 자극이 될 수 있을 거예요.	Let's go to the gym together. we can motivate each other. 렛츠 고우 투 더 짐 투게더 위 캔 모티베이트 이치 어더 A: me too. I should work out more often. 미 투 아이 슈드 웍 아웃 모어 오픈 저도 그래요. 운동을 더욱 자주 해야겠어요.

10.언제나 건강이 중요하잖아요.

Your health always comes first.
유어 헬스 올웨이즈 컴스 퍼스트
(come first 가장 중요하다, 우선시되다)

A: I'm thinking about joining a fitness center.
아임 띵킹 어바웃 조인닝 어 피트니스 센터
저도 헬스클럽에 다닐까 생각 중이에요.

11.저는 건강을 위해 수영하러 다닙니다.

I go swimming for my health.
아이 고우 스위밍 포 마이 헬스

A: Swimming is a great way to keep in shape.
스위밍 이즈 어 그레이트 웨이 투 킵 인 쉐이프
수영은 매우 좋은 건강 유지법입니다.

12.이런 말씀을 드려 죄송한데, 아빠는 자기 관리를 너무 안 하는 것 같아요.

I'm sorry to say this, but you're really let yourself go.
아임 쏘리 투 세이 디즈, 밧 유아 리얼리 렛 유어셀프 고우

Dad, it's not a joke.
대드, 렛츠 낫 어 조크
아빠, 농담 아니에요!

13.규칙적인 운동은 체중을 유지하는 데 매우 중요해요.

Regular exercise is really important for maintaining your weight.
레귤러 엑서사이즈 이즈 리얼리 임폴턴트 포 메인테이닝 유어 웨이트

A: Exercise became part of my daily life.
엑서사이즈 비컴 파트 오브 마이 데일리 라이프
운동은 내 생활의 일부가 되었어요.

14.운동을 많이 하세요?

Do you get much exercise?
두 유 겟 머치 엑서사이즈

A: I worked out regularly.
아이 웍트 아웃 레귤러리
꾸준히 운동을 해요.

15.당신의 건강을 위해 담배를 끊으세요.

I advice you to quit smoking for your health.
아이 어드바이스 유 투 퀴트 스모킹 포 유어 헬스

16.아침 식사를 거르는 게 몸에 정말 해롭다고 들었어요.

I heard that skipping breakfast is really bad for you.
아이 허드 댓 스키핑 브렉퍼스트 이즈 리얼리 배드 포 유

17.단 음식을 덜 섭취하도록 노력해 보세요.

Try to eat less sweet food, please.
트라이 투 이트 레스 스위트 푸드, 플리즈

18.스트레스를 받는다고 생각되면 저는 운동을 해요.

When I feel I'm under stress, I do exercise.
웬 아이 필 아임 언더 스트레스, 아이 두 엑서사이즈

19.기름진 음식을 먹지 말라는데 그게 어디 말처럼 쉽나요.

Avoiding fatty foods is easier said than done.
어보이딩 패디 푸드 이즈 이지얼 세드 댄 던

A: Look at this gut! You need to get in shape.
룩 엣 디즈 거트 유 니드 투 겟 인 쉐이프
이 배 좀 봐요! 몸매 관리를 해야겠어요.

Practical English

식당

11

Chapter 01

식당을 찾을 때

1.뭐 드시고 싶으세요?	**What do you want to eat?** 왓 두 유 원 투 이트 **= What would you like to eat?** 왓 우쥬 라이크 투 이트 **A: I have a craving for some sushi.** 아이 해브 어 크르이빙 포 썸 수씨 초밥이 무척 먹고 싶어요. (have a craving for ~을 갈망하다)
2.어디에서 먹고 싶어요?	**Where would you like to eat?** 웨어 우쥬 라이크 투 이트? **A: I know a really great sushi bar around here.** 아이 노우 어 리얼리 그레이트 수씨 바 어라운드 히어 이 근처에 근사한 초밥 집을 알고 있어요.
3.이 시간에 문을 연 식당이 있어요?	**Are there any restaurants open near here this time?** 아 데어 애니 레스토랑스 오픈 니어 히어 디스 타임 **A: Seven's is open 24 hours.** 세븐즈 이즈 오픈 투애니포 아워즈 식당이 24시간 영업해요.
4.오늘 저녁에 어디로 갈까?	**Where should we go tonight?** 웨어 슈드 위 고우 투나잇 **A: I know a place that has excellent food.** 아이 노우 어 플레이스 댓 해즈 엑설런트 푸드 음식 맛이 기가 막힌 곳을 알고 있어요.
5.특별히 생각해 둔 식당이라도 있으세요?	**Do you have a particular place in mind?** 두 유 해브 어 파티큘러 플레이스 인 마인드

A: I heard there is a fancy new restaurant in downtown.
아이 허드 데어 이즈 어 팬시 뉴 레스토랑 인 다운타운
시내에 근사한 새 음식점이 있다고 들었어요.

6.그림 중국 음식점 가는 건 어때요?

So, how about we go for chinese?
쏘우, 하우 어바웃 위 고우 포 차이니즈

A: Oh, I'm not really into chinese.
오, 아임 낫 리얼리 인투 차이니즈
아, 전 중국 음식을 정말 싫어해요.

7.한식이 먹고 싶은데 당신은 어때요?

I'd like to eat Korean food. How about you?
아이두 라이크 투 잇 코리언 푸드 하우 어바웃 유

A: Let's go to a Korean restaurant.
렛츠 고우 투 어 코리언 레스토랑
한식집으로 갑시다.

8.이 근처에 싸고 맛있는 음식점이 있어요?

Is there a cheap restaurant with delicious food near here?
이즈 데어 어 치프 레스토랑 위드 딜리셔스 푸드 니어 히어

A: I heard about the restaurant around here.
아이 허드 어바웃 더 레스토랑 어라운드 히어
이 근처에 그 식당이 있다고 들었어요.

9.특별히 좋아하는 음식이 있나요?

Do you care for any particular food?
두 유 케어 포 애니 파티큘러 푸드

A: I'd like japanese food.
아이두 라이크 재퍼니즈 푸드
일본 음식을 좋아해요.

10.이탈리아 요리 좋아하세요?

Do you like italian food?
두 유 라이크 이탈리언 푸드

	A: I don't know. I've never tried it. 아이 돈트 노우 아이브 네버 트라이드 이트 먹어보지 않아서 모르겠어요.
11.식성이 까다롭군요. 좋아요. 당신이 음식점을 골라보는 게 어때요?	You're a picky eater. Ok. How about you pick the restaurant? 유아 어 피키 이터 오케이. 하우 어바웃 유 픽 더 레스토랑 Or, there's a nice italian place close by. 오어, 데얼즈 어 나이스 이탈리언 플레이스 클로즈 바이 아니면 근처에 괜찮은 이탈리아 음식점이 있어요.
12.단골 음식점이 있나요?	Do you have a favorite restaurant? 두 유 해브 어 페이버릿 레스토랑 A: I'm a regular here. 아임 어 레귤러 히어 여기가 저의 단골집입니다.
13.분위기 좋은 음식점이 있나요?	Is there a restaurant with ambiance? 이즈 데어 어 레스토랑 위드 앰비언스 A: I like the atmosphere very much here. 아이 라이크 더 앳모스피어 베리 머치 히어 이 곳은 분위기가 참 마음에 들어요.
14.그 집은 어떻게 찾아가요?	How can I get there? 하우 캔 아이 겟 데어 Could you tell me how to get there? 쿠쥬 텔 미 하우 투 겟 데어 A: There's a restaurant just down this street. 데얼즈 어 레스토랑 저스트 다운 디스 스트릿 이 길로 가면 음식점이 있어요.

15.이 지방의 유명한 음식은 무엇입니까?

What's the famous food from this area?
왓츠 더 페이머스 푸드 프럼 디스 에리어

A: We are famous for seafood spaghetti.
위 아 페이머스 포 씨푸드 스파게티
해산물 스파게티가 유명해요.

Chapter 02

식당을 예약할 때

1.종로 식당입니다. 무얼 도와드릴까요?	**Hello, this is Jong-ro restaurant. May I help you?** 헬로우, 디스 이즈 종로 레스토랑 메아이 헬프 유 **A: Do you accept reservations?** 두 유 억셉트 레저베이션 예약 받으십니까?
2.내일 밤 6시에 3명 예약하고 싶어요.	**I'd like to reserve for three at 6 tomorrow night.** 아이두 라이크 투 리절브 포 쓰리 엣 씩스 투머로우 나이트 **= I'd like to make a reservation for three at 6 tomorrow night.** 아이두 라이크 투 메이크 어 레저베이션 포 쓰리 엣 씩스 투머로우 나이트 **A: Okay, sir. May I have your name, please?** 오케이, 써, 메아이 해브 유어 네임, 플리즈 알겠습니다. 성함을 말씀해 주십시오.
3.몇 시에 도착하나요?	**What time will you be arriving?** 왓 타임 윌 유 비 어라이빙 **A: I'll be there by 6pm.** 아윌 비 데어 바이 씩스피엠 오후 6시까지는 도착할 거예요.
4.오늘 저녁 7시에 예약하고 싶은데요.	**I'd like to make a reservation for this evening at 7.** 아이두 라이크 투 메이크 어 레저베이션 포 디스 이브닝 엣 세븐 **A: I'm sorry our tables are full.** 아임 쏘리 아워 테이블즈 아 풀 죄송하지만 좌석이 없습니다.

5.8시 이후에는 좌석을 잡으실 수 있어요.

I think you could make a table after eight o'clock.
아이 띵크 유 쿠드 메이크 어 테이블 애프터 에잇 어클락

A: Eight should be fine, then.
에잇 슈드 비 파인, 댄
그럼 8시에 부탁합니다.

6.어느 분의 이름으로 예약하시겠어요?

What name should I put this restaurant under?
왓 네임 슈드 아이 풋 디스 레스토랑 언더

A: My name is Sedong Lee.
마이 네임 이즈 세동 리
이세동입니다.

7.어떤 자리를 원하세요?

Which table do you want?
위치 테이블 두 유 원트

A: By the window, please.
바이 더 윈도우, 플리즈
창가 쪽 자리를 주세요.

8.몇 분이십니까?

For how many, sir?
포 하우 메니, 써

How many in your party?
하우 메니 인 유어 파티

A: A table for three.
어 테이블 포 쓰리
세 사람 앉을 자리요.

Chapter

03 자리에 앉을 때

1.예약하셨어요?	**Do you have a reservation?** 두 유 해브 어 레저베이션 **A: I made a reservation this evening for 6.** 아이 메이드 어 레저베이션 디스 이브닝 포 씩스 오늘 밤 6시에 예약했는데요.
2.성함이 어떻게 되세요?	**May I have your name, please?** 메아이 해브 유어 네임, 플리즈 **A: My name is Sedong Lee.** 마이 네임 이즈 세동 리 이세동입니다.
3.네 분이신가요?	**Table for four?** 테이블 포 포 **A: Yes, that's right.** 예스, 댓츠 라잇 네, 맞습니다.
4.세동씨 일행 네 명이 앉을 자리가 준비되어 있어요.	**We have a table ready for Sedong, party of four.** 위 해브 어 테이블 레디 포 세동, 파티 오브 포 **= Table for Sedong, party of four.** 테이블 포 세동, 파티 오브 포 **Sedong, party of four.** 세동, 파티 오브 포 **This way please.** 디스 웨이 플리즈 이 쪽으로 오십시오.
5.안녕하세요. 5인석 부탁합니다.	**Hi. A table for 5, please.** 하이 어 테이블 포 파이브, 플리즈

A: Did you make a reservation before coming here?
디쥬 메이크 어 레저베이션 비포 커밍 히어
오시기 전에 예약하셨나요?

6.아니오, 예약하지 않았어요.

No, we didn't make a reservation.
노우, 위 디든트 메이크 어 레저베이션

A: We can't accommodate walk-ins.
위 캔트 어커모데잇 웍-인스
그냥 오시는 분은 받을 수 없어요.

7.세 사람인데 자리가 있어요?

We are 3. Do you have a table for us?
위 아 쓰리 두 유 해브 어 테이블 포 어스

A: I'm afraid there's nothing available right now.
아임 어프레이드 데얼즈 낫씽 어베일러블 라잇 나우
지금은 자리가 없네요.

8.얼마나 기다려야 하나요?

How long do we have to wait?
하우 롱 두 위 해브 어 웨이트

= How long is the wait?
하우 롱 이즈 더 웨이트

A: There's a ten minutes wait.
데얼즈 어 텐 미니츠 웨이트
10분 기다리셔야 합니다.

9.5인용 좌석을 주세요. 한 명이 더 올 겁니다.

Make that five, please. We're expecting one more.
메이크 댓 파이브 플리즈 위아 익스펙팅 원 모어

A: We'll have a table ready in just a few minutes.
위윌 해브 어 테이블 레디 인 저스트 어 퓨 미니츠
몇 분만 있으면 자리가 납니다.

10.저 쪽으로 자리를 옮길 수 있을까요?

Could we move over there?
쿠드 위 무브 오버 데어

A: Another party will be sitting there.
어나더 파티 윌 비 싯팅 데어
다른 일행이 거기에 앉을 거예요.

11.자리 있어요?

Do you have a table?
두 유 해브 어 테이블

A: I'm afraid we're full now.
아임 어프레이드 위윌 풀 나우
죄송하지만 지금은 자리가 다 찼어요.

12.안녕하세요. 기다리게 해서 죄송해요.

Hello. Sorry to keep you waiting.
헬로우 쏘리 투 킵 유 웨이팅

A: Please have a seat here while you wait.
플리즈 해브 어 시트 히어 와일 유 웨이트
기다리는 동안 여기에 앉아 계세요.

13.안녕하세요. 예약이 되어 있으신가요?

Good evening, sir. Do you have a reservation?
굿 이브닝, 써 두 유 해브 어 레저베이션

A: I'm sorry, but all the tables are booked.
아임 쏘리, 밧 올 더 테이블즈 아 북트
죄송하지만 모든 테이블이 다 예약이 되어 있어요.

14.실례지만, 이곳에서는 담배를 피우지 말아 주세요.

Excuse me, but could you not smoke here.
익스큐즈 미, 밧 쿠쥬 낫 스모크 히어

A: I'm sorry. where's the smoking area?
아임 쏘리 웨얼즈 더 스모킹 에리어
죄송합니다. 흡연 구역은 어디입니까?

15.자리가 났습니다. 이쪽으로 오십시오.

We've got a table. This way, please.
위브 갓 어 테이블 디스 웨이. 플리즈

A: All right. Thank you.
올 라잇 땡큐
알겠습니다. 감사합니다.

Chapter

04 식사 주문

1.주문하시겠어요?	Are you ready to order? 아류 레디 투 오더 = May I take your order? 메아이 테이크 유어 오더 = Would you like to order now? 우쥬 라이크 투 오더 나우 = Ready to order? 레디 투 오더 A: Can I see the menu, please? 캔 아이 씨 더 메뉴, 플리즈 메뉴 좀 보여주시겠어요?
2.메뉴 좀 볼 수 있을까요?	Could I see a menu, please? 쿠드 아이 씨 어 메뉴, 플리즈 A: Here's our menu, sir. 히얼즈 아워 메뉴, 써 메뉴 여기 있습니다.
3.뭘 드시겠어요?	What would you like to have? 왓 우쥬 라이크 투 해브 What will you have? 왓 윌 유 해브 A: I'll have my usual. 아윌 해브 마이 유주얼 늘 먹던 걸로 주세요. Could we have a few more minutes? 쿠드 위 해브 어 퓨 모어 미니츠 잠시만 시간을 주시겠어요?
4.오늘의 특선 요리가 뭐예요?	What's today's special? 왓츠 투데이즈 스페셜 = What are the specials of the day? 왓 아 더 스페셜스 오브 더 데이

= Do you have any specials today?
두 유 해브 애니 스페셜스 투데이

A: The specials are listed on the board.
더 스페셜스 아 리스티드 온 더 보드
특선 요리는 게시판에 있어요.

5.누가 더 오실 건가요?

Are you waiting for someone?
아류 웨이팅 포 썸원

= Will someone be joining you?
윌 썸원 비 조잉 유

A: My friend will be along shortly.
마이 프렌드 윌 비 어롱 숏트리
제 친구가 곧 올 겁니다.

6.여기서 잘 하는게 뭡니까?

What's good here?
왓츠 굿 히어

A: You should have galbi here.
유 슈드 해브 갈비 히어
여기서는 갈비를 꼭 드셔 보세요.

7.스테이크로 주세요.

I'll have a steak.
아윌 테이크 어 스테이크

A: The same for me.
더 세임 포 미

= I'll have the same.
아윌 해브 더 세임
같은 걸로 주세요.

8.스테이크는 어떻게 해 드릴까요?

How would you like your steak?
하우 우쥬 라이크 유어 스테이크

= How do you like your steak?
하우 두 유 라이크 유어 스테이크

= How would you like your steak cooked?
하우 우쥬 라이크 유어 스테이크 쿡드

	A: Well done, please. 웰 던, 플리즈 **= Please make sure it's well done.** 플리즈 메이크 슈어 잇츠 웰 던 잘 익혀 주세요. **Rare(or medium), please.** 레어(오어 미디움), 플리즈 살짝만(중간 정도로) 익혀 주세요.
9.이건 뭐가 딸려 나오나요?	**What does that come with?** 왓 더즈 댓 컴 위드 **= What comes with that?** 왓 컴즈 위드 댓 **A: That comes with a salad.** 댓 컴즈 위드 어 샐러드 그건 샐러드가 함께 나와요.
10.수프는 어떻게 할까요?	**What kind of soup would you like?** 왓 카인드 오브 수프 우쥬 라이크 **A: I'll have consomme.** 아윌 해브 칸소메이 감자 수프로 주세요.
11.지금 주문하시겠어요?	**Would you like to order now?** 우쥬 라이크 투 오더 나우 **A: Let you know when we've decided.** 렛 유 노우 웬 위브 디사이디드 결정되면 알려드릴게요.
12.뭐가 제일 빨리 되나요?	**What can you prepare the quickest?** 왓 캔 유 프리페어 더 퀵스트 **= What can be served quickly?** 왓 캔 비 서브드 퀵클리

A: A set menu. The food could be ready in about ten minutes.
어 세트 메뉴 더 푸드 쿠드 비 리얼리 인 어바웃 텐 미니츠
정식입니다. 음식은 십분 정도 후에 나올 겁니다.

13.커피 마실 분 있나요?

Would anyone like coffee?
우드 애니원 라이크 커피

A: Bring me the coffee later, please.
브링 미 더 커피 레이터, 플리즈

= Coffee later, please.
커피 레이터, 플리즈
커피는 식사 후에 갖다 주세요.

14.디저트 드릴까요?

Would you like a dessert?
우쥬 라이크 어 디저트

A: I'll have an ice cream for dessert.
아윌 해브 언 아이스 크림 포 디저트
디저트는 아이스크림으로 주세요.

15.음료수는 무엇을 드시겠습니까?

What would you like to drink?
왓 우쥬 라이크 투 드링크

A: Coffee with the meal.
커피 위드 더 밀
식사와 함께 커피를 주십시오.

Chapter
05
식사를 하면서

1.여기에는 자주 오세요?	**Do you come here often?** 두 유 컴 히어 오픈 **A: No, this is my first time here today.** 노우, 디스 이즈 마이 퍼스트 타임 히어 투데이 아뇨, 오늘이 처음이에요.
2.저는 이 곳 분위기가 마음에 들어요.	**The atmosphere is very nice in this restaurant.** 디 앳모스피어 이즈 베리 나이스 인 디스 레스토랑 **= I like the atmosphere here.** 아이 라이크 디 앳모스피어 히어 **A: I'm glad you like it.** 아임 글래드 투 유 라이크 잇 마음에 드신다니 다행이에요.
3.이 식당 아주 좋은데요.	**This restaurant is nice and cool.** 디스 레스토랑 이즈 나이스 앤 쿨 **A: The waiters are kind and clean.** 더 웨이터스 아 카인드 앤 클린 웨이터들이 친절하고 깨끗해요.
4.주문한 것은 어떻게 된 겁니까?	**What happened to my order?** 왓 헤픈드 투 마이 오더 **A: Here's your order.** 히얼즈 유어 오더 주문하신 거 나왔어요.
5.조심하세요. 접시가 뜨거워요. 어서 드세요.	**Careful, the plate is hot. Help yourself.** 케어풀, 더 플레이트 이즈 핫 헬프 유어셀프 **A: Thanks.** 땡스 감사합니다.

6.맛있어 보이지 않나요? 그냥 보기만 해도 입에 침이 고이네요.

It does look good, doesn't it? My mouth is watering just looking at it.
잇 더즈 룩 굿, 더즌트 잇 마이 마우스 이즈 워터링 저스트 룩킹 엣 잇

A: Enjoy your meal.
앤조이 유어 밀
맛있게 드십시오.

7.스테이크는 괜찮아요?

Do you find the steak all right?
두 유 파인드 더 스테이크 올 라잇

= How's your steak?
하우즈 유어 스테이크

A: Please start while everything is warm.
플리즈 스타트 와일 에브리씽 이즈 웜
식기 전에 드세요.

8.식사는 괜찮으세요?

Are you enjoying your meal?
아류 앤조잉 유어 밀

A: I enjoyed my meal.
아이 앤조이드 마이 밀
잘 먹었습니다.

9.많이 드세요.

Please take a big helping.
플리즈 테이크 어 빅 헬핑

A: Thank you, your salad is really good.
땡큐, 유어 샐러드 이즈 리얼리 굿
고마워요. 샐러드가 아주 맛있어요.

10.수프 맛은 어때요?

How's the soup?
하우즈 더 스프

A: It's pretty good.
잇츠 프리티 굿
아주 맛있어요.

11.맛이 어때요?

How does it taste?
하우 더즈 잇 테이스트

A: It's flat.
이츠 플랫
음식이 싱거워요.

12.맛 좀 보세요.

Take a taste.
테이크 어 테이스트

A: It's too hot.
잇츠 투 핫
너무 매워요.

13.저기, 이거 한번 먹어봐요.

Here, try this one.
히어, 트라이 디스 원

A: It melts in my mouth.
잇 멜츠 인 마이 마우스
입 안에서 녹아요.

14.입맛에 맞으세요?

Is it to your taste?
이즈 잇 투 유어 테이스트

A: It tastes good.
잇 테이스트 굿
맛있어요.

15.많이 드셨어요?

Did you have enough?
디쥬 해브 이너프

A: Yes. I've had an enormous amount.
예스 아이브 해드 언 이노머스 어마운트
정말 많이 먹었어요.

16.좀 더 드실래요?

Do you want to eat some more?
두 유 원 투 이트 썸 모어

A: No, thanks. I'm stuffed.
노우. 땡스 아임 스터프
아뇨, 됐어요. 배가 불러요.

17.배가 너무 부릅니다. 더 먹을 수 없어요.

I'm really full up. I couldn't eat another mouthful.
아임 리얼리 풀 업 아이 쿠든트 이트 어나더 마우스풀

A: Are you sure? We have plenty, you know.
아류 슈어 위 해브 플렌티, 유 노우
정말이세요? 아직 많이 남았어요.

18.더 필요하신 게 있나요?

Is there anything else?
이즈 데얼 애니씽 엘스

= Is there anything I can get you?
이즈 데어 애니씽 아이 캔 겟 유

= Anything else I can do for you?
애니씽 엘스 아이 캔 두 포 유

A: No, it's enough now.
노우, 잇츠 이너프 나우
아니오, 이제 충분합니다.

Chapter 06

필요한 것 부탁하기

1.물 좀 더 주시겠어요?	**Could I have some more water, please?** 쿠드 아이 해브 썸 모어 워터 플리즈 **= May I have more water?** 메아이 해브 모어 워터 **A: Sure, here it is.** 슈어, 히얼 잇 이즈 네, 여기 있습니다.
2.더 필요하신 게 있나요?	**Is there anything I can get for you?** 이즈 데어 애니씽 아이 캔 겟 포 유 **Is there anything else?** 이즈 데어 애니씽 엘스 **A: No, that's enough.** 노우, 댓츠 이너프 아닙니다. 이걸로 됐습니다.
3.이걸 좀 싸주실 수 있나요?	**Could you wrap this, please?** 쿠쥬 랩 디스, 플리즈 **Could we have a doggie bag?** 쿠드 위 해브 어 도기 백 **= Do you have a doggie bag?** 두 유 해브 어 도기 백 **A: Sure! No problem.** 슈어 노우 프라블럼 그럼요! 물론이죠.
4.접시 좀 치워 주세요.	**Please take these plates away.** 플리즈 테이크 디즈 플레이트 어웨이 **Would you take the dishes away?** 우쥬 테이크 어 디쉬즈 어웨이 **A: Okay.** 오케이 알겠습니다.

5.작은 접시 좀 주시겠어요?

Could you bring us small plates?
쿠쥬 브링 어스 스몰 플레이트

A: Here you are.
히얼 유 아
여기 있습니다.

6.테이블 닦아 주시겠어요?

Could you wipe the table?
쿠쥬 와이프 더 테이블

A: All right.
올 라잇
알겠습니다.

7.이 요리에는 화학 조미료를 넣지 마세요.

I'd like that without MSG, please. (MSG= mono sodium glutamate)
아이두 라이크 댓 위아웃 엠에스지, 플리즈

A: I completely understand.
아이 컴플리틀리 언더스탠드
잘 알겠습니다.

8.음식이 차가운데 데워 주시겠어요?

This food is cold. Could you warm it up?
디스 푸드 이즈 콜드 쿠쥬 웜 잇 업

A: I'll warm the food up.
아윌 웜 더 푸드 업
데워드리겠습니다.

Chapter 07

식당에서 문제가 생겼을 때

1.저희가 30분째 음식을 기다리고 있는 것 아세요?

Do you know we've been waiting 30 minutes for the food?
두 유 노우 위브 빈 웨이팅 써티 미니츠 포 더 푸드

A: Oh, I'm sorry, sir.
오, 아임 쏘리, 써
아, 손님 정말 죄송합니다.

2.뭔가 조치를 취할 순 없나요?

Can't you do anything about it?
캔트 유 두 애니씽 어바웃 잇

A: I'll go to the kitchen right away to find out why it's taking so long.
아윌 고우 투 더 키친 라잇 어웨이 투 파인드 아웃 와이 잇츠 테이킹 쏘우 롱
제가 당장 주방에 가서 왜 이렇게 시간이 걸리는 지 알아보겠습니다.

3.알겠습니다. 음식은 5분 정도 후에 나올 겁니다.

Sure. The food should be ready in about 5 minutes.
슈어 더 푸드 슈드 비 레디 인 어바웃 파이브 미니츠

A: On the double, please.
온 더 더블, 플리즈
빨리 좀 해주세요.

4.수프 맛이 이상해요.

This soup is terrible.
디스 스프 이즈 테러블

Send it back, waiter!
센드 잇 백, 웨이터
웨이터, 바꿔줘요!

5.여기요, 이거 제가 주문한 게 아니에요.

Excuse me, this isn't what I ordered.
익스큐즈 미, 디스 이즌트 왓 아이 오더드

A: Oh, sorry. What did you order?
오, 쏘리 왓 디쥬 오더
아, 죄송해요. 무엇을 주문하셨나요?

6.주문한 게 아직 안 나왔어요.

I didn't get my order yet.
아이 디든트 겟 마이 오더 옛

= My order hasn't come yet.
마이 오더 해즌트 컴 옛

A: I'm sorry. I'll check with the kitchen.
아임 쏘리 아윌 체크 위드 더 키친
죄송합니다. 주방에 확인하겠습니다.

7.웨이터, 이 스테이크는 구두 가죽처럼 질겨요. 먹을 수가 없어요.

Waiter, this steak is as tough as shoes leather, I can't eat it.
웨이터, 디스 스테이크 이즈 애즈 터프 애즈 슈즈 레더, 아이 캔트 이트 잇

A: I'm sorry, sir. I'll have the chef prepare you another.
아임 쏘리, 써 아윌 해브 더 쉐프 프리페어 유 어나더
죄송해요, 손님. 주방장에게 음식을 다시 준비하라고 할게요.

8.이 스테이크 설익은 것 같아요.

I'm afraid this steak is a little undone.
아임 어프레이드 디스 스테이크 이즈 어 리틀 언던

A: I'll make sure it's well done.
아윌 메이크 슈어 잇츠 웰 던
꼭 완전히 익혀 드리겠습니다.

9.이 채소는 거의 요리가 되지 않았어요.

These vegetables are hardly cooked at all.
디스 베지터블 아 하드리 쿡드 엣 올

A: I'll take it back to the kitchen.
아윌 테이크 잇 백 투 더 키친
도로 부엌으로 가져갈게요.

10.음식이 어떠신가요?

How is your meal?
하우 이즈 유어 밀

A: I'm afraid this food is stale.
아임 어프레이드 디스 푸드 이즈 스테일
이 음식이 상한 것 같아요.

11.스푼이 더러워요.

The spoon isn't clean.

더 스푼 이즌트 클린

A: I'll change this for another one.

아윌 체인지 디스 포 어나더 원

다른 것으로 바꿔 드릴게요.

Chapter 08 식성과 식습관

1.저는 보통 아침을 안 먹어요.

I usually skip breakfast.
아이 유절리 스킵 브렉퍼스트

A: It's not good for your health.
잇츠 낫 굿 포 유어 헬스
건강에 좋지 않아요.

2.전 음식을 좀 가리는 편이에요.

I'm kind of picky about food.
아임 카인드 오브 피키 어바웃 푸드

= I'm fussy about food.
아임 퍼시 어바웃 푸드

3.저는 뭐든 잘 먹어요.

I have an iron stomach.
아이 해브 언 아이언 스터먹

= I'm not at all fussy.
아임 낫 엣 올 퍼시

= I eat about everything.
아이 이트 어바웃 에브리씽

4.저는 식성이 까다로워요.

I'm a picky eater.
아임 어 피키 이터

= I'm very choosy about the food.
아임 베리 추지 어바웃 더 푸드

= I only like specific food.
아이 온니 라이크 스퍼시픽 푸드

5.저는 식욕이 왕성해요.

I eat like a horse.
아이 이트 라이크 어 홀스

= I have a big appetite.
아이 해브 어 빅 애피타이트

A: If you want to lose weight, you must eat like a bird.
이프 유 원 투 루즈 웨이트, 유 머스트 이트 라이크 어 버드
체중을 줄이려면 소식을 해야지요.

6.저는 달고 매운 음식을 좋아해요.	**I like both sweet and hot foods.** 아이 라이크 보스 스위트 앤 핫 푸드
7.저는 돼지고기를 못 먹어요.	**Pork doesn't agree with me.** 포크 더즌트 어그리 위드 미
8.저는 기름기 있는 음식을 안 좋아해요.	**I don't like oily food.** 아이 돈트 라이크 오일 푸드
9.항상 그렇게 빨리 먹어요?	**Do you always eat so fast?** 두 유 올웨이즈 이트 쏘우 페스트

Chapter 09

패스트 푸드점에서

식당

1.무엇으로 드시겠습니까?	**What would you like?** 왓 우쥬 라이크 **= What will it be?** 왓 윌 잇 비 **A: Give me a hot dog with everything.** 기브 미 어 핫도그 위드 에브리씽 다 넣어서 핫도그 하나 주세요.
2.여기서 드시겠어요, 아니면 가져 가시겠어요?	**For here or to go?** 포 히얼 오어 투 고우 **= Will this be for here of to go?** 윌 디스 비 포 히얼 오브 투 고우 **= Is that for here or to go?** 이즈 댓 포 히얼 오어 투 고우 **A: For here, please.** 포 히얼, 플리즈 여기서 먹을 거예요.
3.여기서 드실 건가요?	**Are you going to eat it here?** 아류 고잉 투 이트 잇 히얼 **A: No. To go, please.** 노우 투 고우, 플리즈 아니오. 가져갈 겁니다.
4.다 넣은 햄버거 하나 주세요.	**Give me, a burger with everything.** 기브 미, 어 버거 위드 에브리씽 **A: Here's your order.** 히얼즈 유어 오더 여기 있습니다.
5.버거 유니버스입니다. 뭘 드릴까요?	**Welcome to Burger Universe, can I take your order?** 웰컴 투 버거 유니벌스, 캔 아이 테이크 유어 오더

	A: Hi, I'd like a cosmo burger and a small fries please. 하이, 아이두 라이크 어 코스모 버거 앤 어 스몰 프라이즈 플리즈 안녕하세요. 코스모 버거랑 감자튀김 작은 걸로 주세요.
6.마실 건 뭐가 있나요?	**What kind of drinks do you have?** 왓 카인드 오브 드링크 두 유 해브 **What kind of drinks you got?** 왓 카인드 오브 드링크 유 갓 **= What do you have to drink?** 왓 두 유 해브 투 드링크
7.음료수는 어떤 사이즈로 드릴까요?	**What size drink would you like?** 왓 사이즈 드링크 우쥬 라이크 A: Give me a small soda, no ice. 기브 미 어 스몰 소다, 노우 아이스 탄산음료 작은 것으로 하나 주세요. 얼음은 넣지 말고요.
8.감자튀김 하나 주세요.	**Give me another of fries.** 기브 미 어나더 오브 프라이즈 A: Just a moment, please. 저스트 어 모먼트, 플리즈 잠시만 기다리세요.
9.계란은 어떻게 해 드릴까요?	**How would you like your eggs?** 하우 우쥬 라이크 유어 에그즈 A: Sunny side up, please. 써니 사이드 업, 플리즈 한 쪽만 익혀 주세요.
10.청량음료 큰 걸로 드릴까요?	**Will that be a large soft drink?** 윌 댓 비 어 라지 소프트 드링크 A: Give me a medium. 기브 미 어 미디엄 중간 걸로 주세요.

11.핫도그에 뭘 넣을까요?

What would you like on your hot dog?
왓 우쥬 라이크 온 유어 핫도그

A: Give me a hot dog with the works, please.
기브 미 어 핫도그 위드 더 웍스, 플리즈
핫도그에 다 넣어주세요.

12.재료를 다 얹어 드릴까요?

Do you want everything on it?
두 유 원트 에브리씽 온 잇

A: Hold the ketchup, please.
홀드 더 케첩, 플리즈
케첩은 빼주세요.

13.이제 주문 다 하셨나요?

Will that be all?
윌 댓 비 올

A: That's all.
댓츠 올
그게 다에요.

14.거스름돈은 여기 있어요.

Here's your charge.
히얼즈 유어 차지

A: Thank you and come again.
땡큐 앤 컴 어겐
감사합니다. 또 오세요.

15.햄버거 두 개랑 감자튀김 큰 걸로 두 개, 밀크쉐이크 한 잔 주세요.

I want to get two burgers, two large orders of fries, a milkshake.
아이 원 투 겟 투 버거즈, 투 라지 오더 오브 프라이즈, 어 밀크쉐이크

I have one burger and fries here, but wrap everything else, please.
아이 해브 원 버거 앤 프라이즈 히얼, 밧 랩 에브리씽 엘스, 플리즈
햄버거 한 개와 감자튀김은 여기서 먹을 거고, 나머지는 전부 싸 주세요.

Chapter 10

술집에서

1.뭐를 드릴까요?	**What'll you have?** 왓윌 유 해브 **= What's yours?** 왓츠 유얼즈 **A: I'd like a glass of wine.** 아이두 라이크 어 글래스 오브 와인 와인 한 잔 주세요.
2.뭐 마실까?	**What would we like to drink?** 왓 우드 위 라이크 어 드링크 **= What are we having?** 왓 아 위 해빙 **A: Make it a cold beer.** 메이크 잇 어 콜드 비어 시원한 맥주 한 병 주세요.
3.술 한 잔 하시겠어요?	**Would you care for a drink?** 우쥬 케어 포 어 드링크 **A: I'll have whisky, please.** 아윌 해브 위스키, 플리즈 위스키 주세요.
4.한 잔 더 할래요?	**Care for another?** 케어 포 어나더 **A: No, thanks. That's enough.** 노우, 땡스 댓츠 이너프 아닙니다. 이걸로 됐습니다.
5.꼭 한 잔 더 마셔야겠어요?	**Do you really think you ought to have another one?** 두 유 리얼리 띵크 유 어트 투 해브 어나더 원 **A: I think that is your last one.** 아이 띵크 댓 이즈 유어 라스트 원 이게 자네의 마지막 잔이야.

식당

6.한 잔 더 마시자.	**Let's have another round.** 렛츠 해브 어나더 라운드 **Let's toss one back.** 렛츠 토스 원 백 **Let's knock back another** 렛츠 노크 백 어나더 **A: I've already had six glasses.** 아이브 올레디 해드 씩스 글래시스 난 이미 6잔을 마셨어요.
7.2차 갑시다.	**Let's go another round.** 렛츠 고우 어나더 라운드 **A: I'd better go home. I'm pretty buzzed.** 아이두 베러 고우 홈 아임 프리티 버즈드 집에 가는 게 좋겠어요. 많이 취했어요.
8.오, 병이 다 비었네. 한 잔 더 할까?	**Oh, this bottles dead. Shall we get another?** 오, 디스 바틀 데드 쉘 위 겟 어나더 **A: That's all for you, I'm drink trashed.** 댓츠 올 포 유, 아임 드링크 트레쉬트 이제 그만 마셔요. 전 취했어요.
9.자, 한 잔 받으세요.	**Here, let me refill your glass.** 히어, 렛 미 리필 유어 글래스 **A: Give me a swig.** 기브 미 어 스위그 한 모금만 줘요.
10.한 잔 더 주세요.	**Give me another.** 기브 미 어나더 **A: Bottoms up. = Drain up. = Drink up.** 바텀스 업 드레인 업 드링크 업 쭉 마셔요.

11.이번에는 내가 한 잔씩 돌릴게요.	**The next round is on me.** 더 넥스트 라운드 이즈 온 미 **A: No, this round is on me.** 노우, 디스 라운드 이즈 온 미 아니야, 이번에는 내가 돌리는 거야.
12.잔 좀 채워주시겠어요?	**Can you top my glass up?** 캔 유 탑 마이 글래스 업 **A: Let's get drunk together.** 렛츠 겟 드렁크 투게더 진탕 마셔봅시다.
13.누가 사는 거예요?	**Who's buying?** 후스 바잉 **A: I'm buying.** 아임 바잉 내가 살게요.
14.자, 모두들 잔을 들어 주세요.	**Everybody, please pick up your glasses.** 에브리바디, 플리즈 픽 업 유어 글래시스 **A: Let's make a toast.** 렛츠 메이크 어 토스트 건배합시다.
16.무엇을 위해 건배할까요?	**What shall we drink to?** 왓 쉘 위 드링크 투 **A: To our health.** 투 아워 헬스 우리들의 건강을 위하여.

Chapter 11

계산할 때

1.계산서 좀 주세요.

Check, please.
체크, 플리즈

= We'd like the bill, please.
위드 라이크 더 빌, 플리즈

= Could I have the bill?
쿠드 아이 해브 더 빌

= Could you get the bill?
쿠쥬 겟 더 빌

= Can we have the bill?
캔 위 해브 더 빌

A: Sure. Here you are.
슈어, 히얼 유 아
네, 여기 있습니다.

2.전부 얼마입니까?

How much is it altogether?
하우 머치 이즈 잇 올투게더

= How much is the whole thing?
하우 머치 이즈 더 홀띵

3.제가 낼게요.

I'll treat you.
아윌 트리트 유

= I'll take care of the bill.
아윌 테이크 케어 오브 더 빌

I'll pay the bill today.
아윌 페이 더 빌 투데이

A: No, it's better to go Dutch.
노우, 잇츠 베러 투 고우 더치
아니오, 각자 내는 게 좋겠어요.

4.각자 냅시다.

Let's share the bill. = Let's go Dutch.
렛츠 쉐얼 더 빌 렛츠 고우 더치

Let's split the bill.
렛츠 스플릿 더 빌

5.됐어요. 제가 살게요. 지난 번에 당신이 냈잖아요.

Nonsense. It's on me. You paid last time.
넌센스 잇츠 온 미 유 페이드 라스트 타임

A: Okay. I'll pay next time.
오케이 아윌 페이 넥스트 타임
그래요. 다음에는 내가 살게요.

6.어디서 계산하면 되나요?

Where should I pay?
웨얼 슈드 아이 페이

A: You can pay at the register.
유 캔 페이 엣 더 레지스터
계산대에서 하시면 됩니다.

7.그럼 내가 계산할게.

Then I'll pay for the bill.
댄 아윌 페이 포 더 빌

A: No way. It's too much. Let's go Dutch.
노우 웨이 잇츠 투 머치 렛츠 고우 더치
안돼. 너무 많아. 각자 내자.

8.얼마 나왔어요?

What are the damages?
왓 아 더 데미지

A: Here comes the check.
히얼 컴스 더 체크
여기 계산서 있어요.

9.계산서가 잘못된 것 같아요.

There seems to be a mistake.
데얼 심스 투 비 어 미스테이크

= I think there's a mistake in this bill.
아이 띵크 데얼즈 어 미스테이크 인 디스 빌

A: Let me check it again.
렛 미 체크 잇 어겐
다시 한 번 확인하지요.

10.계산을 같이 하실래요, 따로 하실래요?

One check or separate checks?
원 체크 오어 세퍼레이트 체크

A: Let me pay for mine.
렛 미 페이 포 마인
내 것은 제가 내겠습니다.

11.여기서 계산할까요, 아니면 계산대에 가서 할까요?

Do I pay you or the cashier?
두 아이 페이 유 오어 더 캐셔

A: You can pay me.
유 캔 페이 미
저한테 내시면 됩니다.

12.제 몫은 얼마에요?

How much is my share?
하우 머치 이즈 마이 쉐얼

A: It's 30 dollars.
잇츠 써티 달러즈
30달러입니다.

13.이 금액에는 팁이 포함되어 있나요?

Does this include the tip?
더즈 디스 인클루드 더 팁

= Is a gratuity included?
이즈 어 그러투티 인클루디드

= Is a service charge included?
이즈 어 서비스 차지 인클루디드

14.영수증을 좀 갖다 주시겠어요?

Can I have a receipt, please?
캔 아이 해브 어 리십트, 플리즈

May I have a receipt, please?
메아이 해브 어 리십트 플리즈

A: Sure, here it is.
슈어, 히얼 잇 이즈
네, 여기 있습니다.

15.이 신용 카드를 받나요?

Do you take/accept this credit card?
두 유 테이크/억셉트 디스 크레딧 카드

Can I pay with this credit card?
캔 아이 페이 위드 디스 크레딧 카드

A: Yes, I do.
예스, 아이 두
예, 받습니다.

Practical English

교통

12

❶ 자동차를 운전할 때
❷ 택시를 이용할 때
❸ 버스를 이용할 때
❹ 지하철을 이용할 때
❺ 기차를 이용할 때
❻ 렌트카를 이용할 때
❼ 주유소에서
❽ 카센터에서
❾ 자동차를 구매할 때
❿ 길을 물을 때

Chapter 01

자동차를 운전할 때

1.제가 태워 드릴까요?	**Can I give you a ride?** 캔 아이 기브 유 어 라이드 **A: Going my way?** 고잉 마이 웨이 같은 방향으로 가세요?
2.운전 잘 하세요?	**Are you a good driver?** 아류 어 굿 드라이버 **A: There's no need to hurry. Please drive safely.** 데얼즈 노우 니드 투 허리 플리즈 드라이브 세이플리 서두를 필요 없어요. 안전 운행 하세요.
3.조심해요! 저 차를 박을 뻔 했잖아요. 차오는 거 못 봤어요?	**Watch out! You almost hit that other car. Didn't you see it coming?** 왓치 아웃 유 올모스트 힛 댓 어더 카 디든트 유 씨 잇 커밍 **A: Now until I was almost on top of it.** 나우 언틸 아이 워즈 올모스트 온 탑 오브 잇 가까이 올 때까지 못 봤어요.
4.안전벨트 매세요.	**Put on your seatbelt, please.** 풋 온 유어 싯벨트, 플리즈 **= Please fasten your seatbelt.** 플리즈 패슨 유어 싯벨트 **A: I'm a beginner.** 아임 어 비기너 저는 초보 운전자입니다.
5.운전해서 거기 가는 데 어느 정도 걸려요?	**How long will it take to drive there?** 하우 롱 윌 잇 테이크 투 드라이브 데얼 **A: It takes about 20 minutes.** 잇 테이크 어바웃 투엔티 미니츠 약 20분 걸립니다.

6.조심하세요. 길이 좀 미끄러워요. 속도를 줄이세요.

Take care. The road is a little slippery. Slow down.
테이크 케어 더 로드 이즈 어 리틀 슬리퍼리 슬로우 다운

7.오늘은 교통이 혼잡하군요.

The traffic is really bad today.
더 트레픽 이즈 리얼리 배드 투데이

A: The traffic on this street is always heavy.
더 트레픽 온 디스 스트리트 이즈 올웨이즈 헤비
이 거리는 항상 교통량이 많아요.

8.졸음이 오네요. 대신 운전 좀 해주실래요?

I feel sleepy. Can you take over the wheel?
아이 필 슬리피 캔 유 테이크 오버 더 휠

A: We'd better take turns driving.
위드 베러 테이크 턴스 드라이빙
교대로 운전하는 게 좋을 것 같군요.
(take over ~을 대신하다)

9.아직도 멀었나요?

Is it still far from here?
이즈 잇 스틸 파 프럼 히얼

A: We'll be there in five minutes.
위윌 비 데얼 인 파이브 미니츠
5분 후에 도착할 거예요.

10.어디서 내려 주면 되나요?

Where shall I drop you off?
웨어 쉘 아이 드롭 유 오프

A: Please pull up in front of the hospital.
플리즈 풀 업 인 프런트 오브 더 하스피틀
병원 앞에 내려주세요.

11.무엇 때문에 밀려요?

What's the hold up?
왓츠 더 홀드 업

A: I wonder if there's an accident up ahead.
아이 원더 이프 데얼즈 언 엑시던트 업 어헤드
앞에 교통사고가 난 것 같은데요.

12.우리는 어디로 가야 되나요?	**Where do we go?** 웨얼 두 위 고우 **A: Turn right at the next corner, please.** 턴 라이트 엣 더 넥스트 코너, 플리즈 다음 모퉁이에서 우회전 하세요.
13.여기서 고속도로를 어떻게 가나요?	**How do we get to the highway from here?** 하우 두 위 겟 투 더 하이웨이 프럼 히얼 **A: Turn right at that stop light.** 턴 라이트 엣 댓 스톱 라이트 정지선로에서 우회전 하세요.
14.고속도로를 이용 합시다.	**Let's take the highway.** 렛츠 테이크 더 하이웨이 **A: Put down the sun visor. And take my sunglasses.** 풋 다운 더 선 바이저 앤 테이크 마이 선글래스 차광판을 내려요. 그리고 내 선글라스를 껴요.
15.길을 잃은 것 같아요.	**I seem to be lost.** 아이 씸 투 비 로스트 **A: Didn't you turn on the car navigation?** 디든트 유 턴 온 더 카 네비게이션 네비게이션 작동 안 시켰어요?
16.다음 휴게소까지 멀었어요?	**Is it a long way to the next rest area?** 이즈 잇 어 롱 웨이 투 더 넥스트 레스트 에리어 **A: Let's look at the next sign, please.** 렛츠 룩 엣 더 넥스트 싸인, 플리즈 다음 표지판을 봐주세요.

17.양 팔을 펴고 허리를 쭉 펴고 싶어요.

I want to stretch my arms and straighten my back.
아이 원 투 스트레치 마이 암스 앤 스트레이튼 마이 백

A: Drive carefully.
드라이브 케어풀
운전 조심하세요.

18.여기에 주차할 수 있나요?

Can I park here?
캔 아이 파크 히얼

A: Here is a towaway zone.
히얼 이즈 어 토우어웨이 존
여기는 견인지역입니다.

Chapter 02

택시를 이용할 때

1.어디로 가세요?	**Where to, sir?** 웨어 투, 써 웨어 **= Where are you going?** 아류 고잉 **= Where do you want to go?** 웨어 두 유 원 투 고우 **A: Take me to the airport.** 테이크 미 투 디 에어포트 공항으로 가주세요.
2.어느 공항이에요?	**Which airport?** 위치 에어포트 **A: Please take me to the Kimpo airport.** 플리즈 테이크 미 투 더 김포 에어포트 김포공항으로 가주세요.
3.공항까지 얼마나 걸릴까요?	**How long will it take to the airport by taxi?** 하우 롱 윌 이츠 테이크 투 더 에어폴트 바이 택시 **A: It'll take more than thirty minutes.** 잇윌 테이크 모어 댄 써티 미니츠 30분 이상 걸릴 거예요.
4.30분 안에 공항에 가야 해요.	**I need to be at the airport in thirty minutes.** 아이 니드 투 비 엣 디 에어포트 인 써티 미니츠 **A: It's rush hour, I can't go to airport in thirty minutes.** 잇츠 러쉬 아워, 아이 캔트 고우 투 에어포트 인 써티 미니츠 러시아워여서 30분 안에는 공항에 갈 수 없어요.

5.얼마나 빨리 시내를 통과할 수 있어요?

How fast can you get me across town?
하우 패스트 캔 유 겟 미 어크로스 타운

A: Depends on the traffic. What's your destination?
디펜드 온 더 트레픽 왓츠 유어 데스티네이션
교통사정에 따라 달라요. 목적지가 어디신데요?

6.공항까지 빨리 가주세요.

To the airport, and be quick about it.
투 디 에어포트, 앤 비 퀵 어바웃 잇

The airport and make it quick.
디 에어포트 앤 메이크 잇 퀵

A: I'm doing my best, sir.
아임 두잉 마이 베스트, 써
최선을 다하고 있어요.

7.늦었어요. 가장 빠른 길로 가주세요.

I'm late. Take the fastest way, please.
아임 레이트 테이크 더 패스티스트 웨이, 플리즈

A: I'm going as fast as I can.
아임 고잉 애즈 패스트 애즈 아이 캔
최대한 빨리 가고 있는 거예요.

8.신촌까지 가 주시겠어요?

Could you take us to Sincheon, please?
쿠쥬 테이크 어스 투 신촌, 플리즈

A: Is it far from here?
이즈 잇 파 프럼 히얼
여기서 멀어요?

9.제가 급하거든요. 6시까지 신촌에 갈 수 있을까요?

I'm in a hurry. Can I get to Sincheon by six?
아임 인 어 허리 캔 아이 겟 투 신촌 바이 씩스

A: Traffic is always heavy there. It'll take almost thirty minutes.
트레픽 이즈 올웨이즈 헤비 데얼 잇윌 테이크 올모스트 써티 미니츠
거긴 교통이 항상 붐벼요. 거의 30분은 걸릴 거예요.

10.신촌 가는 지름길은 없나요?	**Isn't there a shortcut to Sincheon?** 이즌트 데얼 어 쇼트컷 투 신촌 **A: This is the best way to go there.** 디스 이즈 더 베스트 웨이 투 고우 데얼 이것이 그곳으로 가는 최선의 방법입니다.
11.다 왔습니다. 손님 여기서 내려드릴까요?	**Here we are. Where should I get off?** 히얼 위 아 웨얼 슈드 아이 겟 오프 **A: Let me out across from that restaurant.** 렛 미 아웃 어크로스 프럼 댓 레스토랑 식당 맞은 편에서 내려주세요.
12.손님, 여기서 내려 드려도 될까요?	**Is here okay, sir?** 이즈 히얼 오케이, 써 **A: Let me get off here.** 렛 미 겟 오프 히얼 여기서 내려주세요.
13.여기서 걸어가면 돼요.	**I can walk from here.** 아이 캔 웍 프럼 히얼 **A: Careful when you open the door.** 케어풀 웬 유 오픈 더 도어 문 열 때 조심하세요.
14.요금이 얼마입니까?	**What's the fare? = How much is it?** 왓츠 더 페어 하우 머치 이즈 잇 **= How much is the fare?** 하우 머치 이즈 더 페어 **A: 15 dollars.** 피프틴 달러 15달러입니다.
15. 20달러짜리인데 잔돈이 있나요?	**Do you have change for a twenty?** 두 유 해브 체인지 포 어 투웬티

= Can you break a twenty?
캔 유 브레이크 어 투웬티

A: I'm sorry, I don't have any change.
아임 쏘리, 아이 돈트 해브 애니 체인지
죄송하지만 잔돈이 없는데요.

16.여기 20달러 있어요.

Here's twenty.
히얼즈 투웬티

A: Keep the change.
킵 더 체인지
거스름돈은 가지세요.

17.공항에서 호텔까지 얼마나 나와요?

How much from the airport to the hotel?
하우 머치 프럼 디 에어포트 투 더 호텔

A: Well, It depends on the time of day and the traffic.
웰, 아이두 잇 디펜즈 온 더 타임 오브 데이 앤 더 트레픽
글쎄요. 시간대와 교통량에 따라 다를 거예요.

18.다 왔습니다.

Here we are.
히얼 위 아

A: Let me get off anywhere near here.
렛 미 겟 오프 에니웨어 니어 히얼
여기 아무데서나 세워주세요.

19.제 가방을 꺼내주시겠어요?

Could you take out my bag?
쿠쥬 테이크 아웃 마이 백

A: Sure.
슈어.
그러지요.

20.택시 승강장이 어디 있어요?

Where's the taxi stand?
웨얼즈 더 택시 스텐드

A: It's across the street.
잇츠 어크로스 더 스트리트
길 건너편에 있어요.

Chapter

03

버스를 이용할 때

1.실례합니다. 가까운 버스 정류장이 어디에 있어요?

Excuse me. Where's the nearest bus stop?
익스큐즈 미 웨얼즈 더 니어리스트 버스 스탑

= Is there a bus stop around here?
이즈 데얼 어 버스 스탑 어라운드 히얼

A: At the corner over there.
엣 더 코너 오버 데어
저 쪽 모퉁이에 있어요.

2.시청으로 가려면 어떤 버스를 타야 하나요?

Which bus should I take to go to City Hall?
위치 버스 슈드 아이 테이크 투 고우 투 시티 홀

= Which bus goes to City Hall?
위치 버스 고즈 투 시티 홀

A: You can take the 50 bus here.
유 캔 테이크 더 피프티 버스 히얼
여기에서 50번 버스를 타면 됩니다.

3.여기서 시청 가는데 몇 정거장이나 가야 하나요?

How many stops are there to City Hall from here?
하우 메니 스탑 얼 데어 더 시티 홀 프럼 히얼

A: It's the sixth stops from here.
잇츠 더 씩쓰 스탑 프럼 히얼
여기서 여섯 정거장 더 가시면 됩니다.

4.이 버스는 국립 박물관에 가나요?

Does this bus go to the national museum?
더즈 디스 버스 고우 투 더 내셔널 뮤지엄

A: No, I'm afraid you got on the wrong bus.
노우, 아임 어프레이드 유 갓 온 더 렁 버스
아니오, 버스를 잘못 타신 것 같아요.

5.이 노선의 버스들은 얼마 간격으로 운행 되나요?

How often do the buses come on this route?
하우 오픈 두 더 버스 컴 온 디스 루트

A: The buses run every 5minutes.
더 버스 런 에브리 파이브 미니츠
5분 간격으로 운행됩니다.

6.시청에 가려면 몇 정거장이나 남았어요?

How many more stops before we reach City Hall?
하우 메니 모어 스탑 비포 위 리치 시티 홀

A: It's the third stops from here.
잇츠 더 써드 스탑 프럼 히얼
여기서 세 정거장 더 가시면 됩니다.

7.거기까지 가는데 얼마나 걸려요?

How long will it take to get there?
하우 롱 윌 잇 테이크 투 겟 데얼

A: It takes about 10minutes.
잇 테이크스 어바웃 텐 미니츠
10분 정도 걸려요.

8.시청까지는 몇 정거장이나 되나요?

How many stops before City Hall?
하우 메니 스탑 비포 씨티 홀

A: I guess about eight.
아이 게스 어바웃 에잇
8정거장은 될 거예요.

9.호텔 버스는 얼마나 자주 다녀요?

How often do the hotel buses run?
하우 오픈 두 더 호텔 버시스 런

A: They usually run every 10minutes from 5am to 10pm.
데이 유절리 런 에브리 텐 미니츠 프럼 파이브에이엠 투 텐피엠
오전 5시부터 오후 10시까지 10분 간격으로 다녀요.

10.기사가 정거장을 방송 해주나요?

Does the driver announce the stops?
더즈 더 드라이버 어나운스 더 스탑스

A: Yes. Absolutely.
예스 엡솔루트리
예. 물론이죠.

11.여기서 제가 내려야 하나요?

Is this where I should get off?
이즈 디스 웨얼 아이 슈드 겟 오프

A: Here's your stop. Driver! Open the back door.
히얼즈 유어 스탑 드라이버 오픈 더 백 도어
여기서 내리세요. 기사아저씨! 뒷문 좀 열어주세요.

12.올라오세요.

Step up, please.
스탑 업, 플리즈

A: There's plenty of room in back. Move back, please.
데얼즈 플렌티 오브 룸 인 백 무브 백, 플리즈

= There's plenty of room in the rear. Move to the rear, please.
데얼즈 플렌티 오브 룸 인 더 리어 무브 투 더 리어, 플리즈
뒷 쪽에 공간이 많습니다. 뒤로 가세요.

13.시내로 가려면 어느 버스를 타야 합니까?

Which bus should I take to go to downtown?
위치 버스 슈드 아이 테이크 투 고우 투 다운타운

A: You can take the 3 bus across the street.
유 캔 테이크 더 쓰리 버스 어크로스 더 스트리트
길 건너편에서 3번 버스를 타세요.

14.이 버스는 롯데 호텔 앞에 서요?

Does this bus stop at the Lotte Hotel?
더즈 디스 버스 스탑 엣 더 롯데 호텔

A: No, it doesn't. You need to take 20bus.
노우, 잇 더즌트 유 니드 투 테이크 투엔티버스
아니오. 20번 버스를 타세요.

15.어디서 갈아 타야 합니까?

Where do I have to transfer?
웨얼 두 아이 해브 투 트렌스퍼

A: You have to transfer at next stop.
유 해브 투 트렌스퍼 엣 넥스트 스탑
다음 정류장에서 갈아타야 합니다.

16.롯데호텔 가려면 어디서 내립니까?

Where do I get off to the Lotte Hotel?
웨얼 두 아이 겟 오프 투 더 롯데 호텔

A: Get off at the next stop.
겟 오프 엣 더 넥스트 스탑
다음에서 내리세요.

Chapter
04 지하철을 이용할 때

1.가장 가까운 지하철역은 어디인가요?	**Where's the closest/nearest subway station?** 웨얼 더 클로스트/니어리스트 서브웨이 스테이션 **A: Walk straight on for about 50meters.** 웍 스트레이트 온 포 어바웃 피프티 미터스 50m정도 곧장 걸어가세요.
2.지하철역은 어떻게 가야 하나요?	**How can I get to the subway station?** 하우 캔 아이 겟 투 더 서브웨이 스테이션 **A: Keep going, please.** 킵 고잉, 플리즈 곧장 걸어 가세요.
3.시청으로 가려면 몇 호선을 타면 되나요?	**Which line is for City Hall?** 위치 라인 이즈 포 시티 홀 **= Which line goes to City Hall?** 위치 라인 고즈 투 시티 홀 **A: Take line number one.** 테이크 라인 넘버 원 1호선을 타세요.
4.어느 역에서 갈아 타면 되나요?	**Where do I change?** 웨얼 두 아이 체인지 **= At what station do I transfer?** 엣 왓 스테이션 두 아이 트렌스퍼 **= Where do I have to transfer?** 웨얼 두 아이 해브 투 트렌스퍼 **A: You must change at the Jonro 3 ga station.** 유 머스트 체인지 엣 더 종로 쓰리 가 스테이션 **= You should transfer over at Jongro 3 ga station.** 유 슈드 트렌스퍼 오버 엣 종로 쓰리 가 스테이션 종로 3가역에서 갈아타면 돼요.

5.어디서 내려야 하나요?

Where should I get off?
웨얼 슈드 아이 겟 오프

A: Get off at the next station.
겟 오프 엣 더 넥스트 스테이션
다음역에서 내리세요.

6.시청을 가려고 하는데 이 쪽이 맞는 방향인지 모르겠어요.

I'd like to go to City Hall. I don't know if this is the right side.
아이두 라이크 투 고우 투 시티 홀 아이 돈트 노우 이프 디스 이즈 더 라이트 사이드

A: I think it is on the other side.
아이 띵크 잇 이즈 온 디 어더 사이드
건너편인 것 같은데요.

7.지하철로 롯데백화점 갈 수 있나요?

Can I take the subway to Lotte Department store?
캔 아이 테이크 더 서브웨이 투 롯데 디파트먼트 스토어

A: Take line number two and get off at the Jamsil station.
테이크 라인 넘버 투 앤 겟 오프 엣 더 잠실 스테이션
2호선을 타고 잠실역에서 내리세요.

8.시청에 가려면 몇 번 출구로 나가야 하나요?

Which exit should I use to get City Hall?
위치 엑시트 슈드 아이 유즈 투 겟 시티 홀

A: Take the number 3 exit.
테이크 더 넘버 쓰리 엑시트
3번 출구로 나가세요.

9.몇 호선이 잠실 롯데 백화점으로 가나요?

Which line goes to Jamsil Lotte Department store?
위치 라인 고즈 투 잠실 롯데 디파트먼트 스토어

A: You have to get on line number 2.
유 해브 투 겟 온 라인 넘버 투
2호선을 타야 해요.

교통

10.롯데백화점 쪽으로 나가는 출구가 어디인가요?	**Which exit should I take for Lotte Department?** 위치 엑시트 슈드 아이 테이크 포 롯데 디파트먼트 **A: Come out of exit number 3.** 컴 아웃 오브 엑시트 넘버 쓰리 3번 출구로 나오세요.
11.이것이 잠실역으로 가는 지하철인가요?	**Is this a subway to Jamsil station?** 이즈 디스 어 서브웨이 투 잠실 스테이션 **A: You got on the wrong subway.** 유 갓 온 더 렁 스테이션 지하철을 잘못 타셨어요.
12.표는 어디에서 살 수 있나요?	**Where can I buy a ticket?** 웨어 캔 아이 바이 어 티켓 **A: You can buy one from the ticket machine.** 유 캔 바이 원 프럼 더 티켓 머신 자동매표기에서 사면 됩니다.
13.자동매표기는 어디에 있어요?	**Where's the ticket machine?** 웨얼즈 더 티켓 머신 **A: Over there.** 오버 데얼 저쪽에 있어요.
14.시청역까지 몇 정거장 남았어요?	**How many stops are there left to City Hall station?** 하우 메니 스탑스 아 데얼 레프트 투 시티 홀 스테이션 **A: Five more stops to go.** 파이브 모어 스탑 투 고우 다섯 정거장 더 가셔야 해요.
15.어느 쪽으로 내려야 하나요?	**Which side do I get off?** 위치 사이드 두 아이 겟 오프

A: Any side that opens.
애니 사이드 댓 오픈
열리는 쪽으로 내리세요.

16.지하철은 얼마나 자주 다니나요?

How often subway runs?
하우 오픈 서브웨이 런즈

A: I'm going to top up my subway card with 10,000.
아임 고잉 투 탑 업 마이 서브웨이 카드 위드 텐 싸우젠드
지하철 교통카드에 만원을 충전하려고요.

17.여기가 어딘가요?

Where are we?
웨얼 아 위

= What stop are we at?
왓 스탑 아 위 엣

A: This stop is City Hall.
디스 스탑 이즈 시티 홀
이번 정차할 역은 시청입니다.

Chapter 05

기차를 이용할 때

1.대구로 가는 표를 어디에서 살 수 있나요?	**Where can I buy a ticket for Deagu?** 웨얼 캔 아이 바이 어 티켓 포 대구 **A: You can get a ticket through online ticket booking.** 유 캔 겟 어 티켓 쓰루 온라인 티켓 북킹 온라인 티켓 예매를 통해 살 수 있어요.
2.대구행 열차는 얼마나 자주 오나요?	**How often do trains run to Deagu?** 하우 오픈 두 트레인 런 투 대구 **A: It leaves every one hour.** 잇 리브스 에브리 원 아워 한 시간 간격으로 있어요.
3.몇 시에 대구행 열차가 있습니까?	**What time is there a train to Deagu?** 왓 타임 이즈 데얼 어 트레인 투 대구 **A: Every hours on the five minutes.** 에브리 아워즈 온 더 파이브 미니츠 매시 5분에 있어요.
4.대구로 가는 가장 이른 열차는 몇 시에 있어요?	**What time is the earliest train to Deagu?** 왓 타임 이즈 디 얼리스트 트레인 투 대구 **A: It leaves at 5:05am.** 잇 리브스 엣 파이브:파이브 에이엠 오전 5시 5분에 출발합니다.
5.대구로 가는 다음 열차는 언제 있나요?	**What's the next train for Deagu?** 왓츠 더 넥스트 트레인 포 대구 **= When does the next train leave for Deagu?** 웬 더즈 더 넥스트 트레인 리브 포 대구 **A: The next train leaves at 6:05am.** 더 넥스트 트레인 리브즈 엣 식스:파이브 에이엠 다음 열차는 6시 5분에 있어요.

6.이 열차는 예정대로 출발합니까?	**Is this train on schedule?** 이즈 디스 트레인 온 스케쥴 **A: Certainly. It'll leave in five minutes.** 써튼리 잇윌 리브 인 파이브 미니츠 그럼요. 5분 내로 출발할 겁니다.
7.이 열차가 대구로 가는 열차입니까?	**Is this the train for Deagu?** 이즈 디스 더 트레인 포 대구 **= Is this train right to Deagu?** 이즈 디스 트레인 라잇 투 대구 **A: No, it's over there.** 노우, 잇츠 오버 데얼 아니오. 그건 저쪽입니다.
8.대구까지는 얼마나 걸립니까?	**How lone will it take to get to Deagu?** 하우 롱 윌 잇 테이크 투 겟 대구 **A: It takes almost two hours.** 잇 테이크스 올모스트 투 아워즈 거의 두 시간 걸립니다.
9.몇 등석으로 드릴까요?	**What class would you like?** 왓 클래스 우쥬 라이크 **A: A first class, please.** 어 퍼스트 클래스, 플리즈 1등석으로 주세요.
10.편도입니까? 왕복입니까?	**One way or return?** 원 웨어 오어 리턴 **A: Round trip ticket to Deagu, please.** 라운드 트립 티켓 투 대구, 플리즈 대구까지 왕복표로 주세요.
11.좌석 찾는 것을 도와 주시겠어요?	**Can you help me find this seat?** 캔 유 헬프 미 파인드 디스 시트 **A: May I see your ticket, please?** 메아이 씨 유어 티켓, 플리즈 승차권을 보여주시겠어요?

교통

12.여기가 손님 자리 입니다.	**This is your seat.** 디스 이즈 유어 시트 **A: That's my seat.** 댓츠 마이 시트 거기는 제 자리입니다.
13.창문 좀 닫아도 되겠어요?	**Would you mind if I closed the window?** 우쥬 마인드 이프 아이 클로즈드 어 윈도우 **A: Suit yourself. I'm fine either way.** 수트 유어셀프 아임 파인 이더 웨이 좋을 대로 하세요. 전 상관없어요.
14.여기에서부터 몇 번째 역입니까?	**How many stops from here?** 하우 메니 스탑스 프럼 히얼 **A: Four more stops to go.** 포 모어 스탑스 투 고우 네 정거장 더 가셔야 해요.
15.마지막 열차 시간이 어떻게 되나요?	**What time does the last train leave?** 왓 타임 더즈 더 라스트 트레인 리브 **A: It leaves at 11:05pm.** 잇 리브스 엣 일레븐:파이브 피엠 오후 11시 5분에 출발합니다.
16.대구로 가는 열차는 몇 번 선에서 출발하나요?	**What track does the train for Deagu leave from?** 왓 트랙 더즈 더 트레인 포 대구 리브 프럼 **A: It will leave from track No3.** 잇 윌 리브 프럼 트랙 넘버쓰리 3번 선에서 출발합니다.
17.아직 좌석이 있나요?	**Are there seats still available?** 아 데어 시트 스틸 어베일러블 **A: All seats are sold out.** 올 시트 아 솔드 아웃 모든 좌석은 매진입니다.

Chapter 06 렌트카를 이용할 때

1.렌트카 회사가 이 근처에 있어요?

Is there a car rental company near here?
이즈 데얼 어 카 렌탈 캠퍼니 니어 히얼

A: It's across the street.
잇츠 어크로스 더 스트리트
길 건너편에 있어요.

2.차를 빌리고 싶어요.

I'd like to rent a car.
아이두 라이크 투 렌트 어 카

A: Where can I rent a car?
웨얼 캔 아이 렌트 어 카
어디서 빌릴 수 있나요?

3.어떤 차종이 있나요?

What model of cars do you have?
왓 모델 오브 카 두 유 해브

A: There are many all sorts of cars.
데얼 아 메니 올 쏘트 오브 카
여러 가지 차종이 많이 있습니다.

4.어떤 차를 원하세요?

What type of a car would you like?
왓 타입 오브 어 카 우쥬 라이크

= What kind of car do you want?
왓 카인드 오브 카 두 유 원트

A: A compact medium car, please.
어 컴팩트 미디엄 카, 플리즈
중형차가 좋겠어요.

I'd like to rent a compact car.
아이두 라이크 투 렌트 어 컴팩트 카
소형차가 좋겠어요.

5.얼마나 사용하실 겁니까?

How long would you like to use it?
하우 롱 우쥬 라이크 투 유즈 잇

= How long will you need it?
하우 롱 윌 유 니드 잇

A: I need it for 3days.
아이 니드 잇 포 쓰리데이즈

= I'd like to rent this car for 3days.
아이두 라이크 투 렌트 디스 카 포 쓰리데이즈
3일동안 빌리고 싶습니다.

6.하루에 요금은 얼마 입니까?

What are your daily rates?
왓 아 유어 데일리 레이츠

= What is the charge per day?
왓 이즈 더 차지 퍼 데이

A: A compact is $30.
어 컴팩트 이즈 써티달러
소형은 30불입니다.

7.언제 이용하시겠습니까?

When will you start to use it?
웬 윌 유 스타트 투 유즈 잇

A: I'd like to rent the car from 9am. tomorrow.
아이두 라이크 투 렌트 더 카 프롬 나인에이엠 투머로우
내일 아침 9시에 쓰고 싶어요.

8.좋아요. 빌리겠습니다.

Yes. I'll rent it.
예스 아윌 렌트 잇

A: Could you send the car to the hotel at 3pm tomorrow?
쿠쥬 센드 더 카 투 더 호텔 엣 쓰리피엠 투머로우
내일 오후 3시까지 차를 호텔로 보내주시겠어요?

9.언제까지 차를 반납해야 하나요?

When do I have to return the car?
웬 두 아이 해브 투 리턴 더 카

A: Before 5pm on the 25th.
비포 파이브피엠 온 더 투웨니피프쓰
25일 오후 5시 전까지 해주시면 됩니다.

10.다른 곳에 차를 반납할 수 있나요?

Can I return the car at a different location?
캔 아이 리턴 더 카 엣 어 디프런트 로케이션

A: Yes, you can see on the brochure where to return it.
예스, 유 캔 씨 온 더 브로슈어 웨얼 투 리턴 잇
네. 반환 가능 장소가 안내서에 나와 있습니다.

11.보험이 가격에 포함되어 있나요?

Is insurance included?
이즈 인슈어런스 인클루디드

= Does the price included insurance?
더즈 더 프라이스 인클루디드 인슈어런스

A: Yes, it is included in the price.
예스, 잇 이즈 인클루디드 인 더 프라이스
네. 가격에 포함되어 있습니다.

12.보험은 어떻게 하시겠습니까?

How about the insurance?
하우 어바웃 더 인슈어런스

A: Full insurance, please.
풀 인슈어런스, 플리즈
종합보험으로 하겠습니다.

13.운전 면허증을 보여 주세요.

Please show me your driver's license?
플리즈 쇼 미 유어 드라이브 라이센스

= May I see your driver's license, please?
메아이 씨 유어 드라이버 라이센스, 플리즈

A: Here's my international driver's license.
히얼즈 마이 인터네셔널 드라이버 라이센스
이게 제 국제 운전면허증입니다.

Chapter 07

주유소에서

1.이 근처에 주유소가 있나요?	**Is there a gas station near here?** 이즈 데얼 어 개스 스테이션 니어 히얼 **A: It's only a few kilometers to gas station.** 잇츠 온니 어 퓨 킬로미터스 투 개스 스테이션 주유소까지 2~3킬로미터 됩니다.
2.뭘 도와드릴까요?	**What do you need?** 왓 두 유 니드 **= What can I get you?** 왓 캔 아이 겟 유 **= What can I do for you?** 왓 캔 아이 두 포 유 **A: We'd better fill her up.** 위드 베러 풀 허 업. 주유해야겠어요.
3.기름이 다 떨어져가요.	**We're running out of gas.** 위아 러닝 아웃 오브 개스 **= I've run out of gas.** 아이브 런 아웃 오브 개스 **= I'm out of gas.** 아임 아웃 오브 개스 **A: This car is a real gas guzzler.** 디스 카 이즈 어 리얼 개스 거즐러 이 차는 기름을 엄청나게 먹어요.
4.기름은 충분한가요?	**Do you have enough gas?** 두 유 해브 이너프 개스 **A: We'd better stop at the next gas station.** 위드 베러 스탑 엣 더 넥스트 개스 스테이션 다음 주유소에 잠깐 들르는 게 좋겠어요.

5.어떤 걸로 넣어드릴까요?	**What would you like?** 왓 우드 유 라이크 **A: Premium gasoline, please.** 프리미엄 가솔린, 플리즈 고급 휘발유로 주세요. **= High octane, please.** 하이 옥탄, 플리즈 옥탄가 높은 걸로 주세요.
6.얼마나 넣어드릴까요?	**How much?** 하우 머치 **= How much do you want?** 하우 머치 두 유 원트 **A: Just put in 10 liters, please.** 저스트 풋 인 텐 리터, 플리즈 10리터만 넣어주세요. **Fill it up, please.** 필 잇 업, 플리즈 **= Fill her up.** 필 허 업 **= Full tank.** 풀 탱크 꽉 채워주세요.
7.3번 주유기에 차를 세워 주세요.	**Pull up to pump number 3.** 풀 업 투 펌프 넘버 쓰리 **A: Would you open the gas cap?** 우쥬 오픈 더 개스 캡 주유기를 열어주시겠어요?
8.차에서 내리지 않으셔도 됩니다.	**You don't have to get out of your car.** 유 돈트 해브 투 겟 아웃 오브 유어 카 **A: Oh, is that so?** 오, 이즈 댓 쏘우 아 그래요?

9.세차 좀 해주세요.	**Please wash my car.** 플리즈 워시 마이 카 **A: Make sure your windows are rolled up tight.** 메이크 슈어 유어 윈도우 아 롤드 업 타이트 창문이 꽉 닫혀 있는지 확인해 주세요.
10.이것은 자동인가요?	**Is it automatic?** 이즈 잇 오토메틱 **A: First, spray your car down with water.** 퍼스트, 스프레이 유어 카 다운 위드 워터 우선, 차에 물을 뿌리세요.
11.잘 닦으신 후에 광을 내세요.	**Polish your car after washing it well.** 폴리쉬 유어 카 애프터 워싱 잇 웰 **A: Yes, I got it.** 예스, 아이 갓 잇 네 알겠습니다.
12.50,000원 어치 넣어 주세요.	**50,000, please.** 피프티 싸우전드, 플리즈 **A: You would need to do it yourself.** 유 우드 니드 투 두 잇 유어셀프 셀프서비스입니다.

Chapter 08

카센터에서

1.타이어 공기가 빠진 것 같아요. 점검 좀 해주세요.

I think my tires are low. Please check them.
아이 띵크 마이 타이어 아 로우 플리즈 체크 댐

A: Your tires are low.
유어 타이어 아 로우
타이어 공기가 빠졌네요.

2.시동이 안 걸려요.

My car won't start.
마이 카 오운트 스타트

A: There's something wrong with the engine.
데얼즈 썸씽 렁 위드 디 엔진
엔진에 이상이 생겼어요.

3.차에 어디가 이상이 있어요?

What's wrong with my car?
왓츠 렁 위드 마이 카

A: The brake pedals are not a good shape.
더 브레이크 페달즈 아 낫 어 굿 쉐이프
브레이크 페달의 상태가 좋지 않습니다.

4.엔진 오일을 봐드릴까요?

Can I check you're the engine's oil?
캔 아이 체크 유어 디 엔진 오일

= Check the oil?
체크 디 오일

= Shall I check your oil?
쉘 아이 체크 유어 오일

A: You need an oil change.
유 니드 언 오일 체인지
오일을 교환해야 돼요.

5.완충기가 망가졌어요.

Your shocks are shot.
유어 샥스 아 샷

A: The mechanic will have to take a look at it.
더 메케닉 윌 해브 투 테이크 어 룩 엣 잇
정비공이 한 번 거길 봐야겠어요.

6.타이어에서 바람이 서서히 빠지고 있어요.

There's a slow leak in one of the tires.
데얼즈 어 슬로우 렉 인 원 오브 더 타이어

A: Put air in the tires, please.
풋 에어 인 더 타이어, 플리즈
타이어 바람 좀 넣어주세요.

7.자동차 점검을 하러 왔어요.

I'm here for the inspection.
아임 히얼 포 더 인스펙션

I need to check up on my car.
아이 니드 투 체크 업 온 마이 카

Where shall we pull over?
웨얼 쉘 위 풀 오버
차를 어디에 댈까요?

8.엔진에 이상한 소리가 들립니다.

There's a strange noise coming from the engine.
데얼즈 어 스트레인지 노이즈 커밍 프럼 디 엔진

How long do you need to repair it?
하우 롱 두 유 니드 투 리페어 잇

= How soon can you fix it?
하우 쑨 캔 유 픽스 잇
수리하는 데 시간이 얼마나 걸릴까요?

9.차가 점검이 필요해요.

Your car needs a tune-up.
유어 카 니스 어 튠-업

A: You have to leave your car.
유 해브 투 리브 유어 카
차를 맡기고 가셔야겠어요.

10.차는 언제 찾을 수 있나요?

When can I pick up my car?
웬 캔 아이 픽 업 마이 카

= When can I get my car back?
웬 캔 아이 겟 마이 카 백

A: It will be done by tomorrow.
잇 윌 비 던 바이 투머로우

= You can pick it up tomorrow.
유 캔 픽 잇 업 투머로우
내일까지 해드리겠습니다.

11.제 차 다 고쳤나요?

Is my car ready to go?
이즈 마이 카 레디 투 고

A: Your car is ready to go.
유어 카 이즈 레디 투 고우
다 됐습니다.

12.견적 좀 내주세요.

Give me an estimate, please.
기브 미 언 에스티머트, 플리즈

A: Call me tomorrow and I'll give you an estimate.
콜 미 투머로우 앤 아윌 기브 유 언 에스티머트
내일 전화하시면 견적을 뽑아드리죠.

13.배터리가 나갔어요.

My battery is dead.
마이 베터리 이즈 데드

A: Please charge the battery.
플리즈 차지 더 베터리
배터리를 충전해주세요.

14.범퍼 가는 데 얼마나 드나요?

How much will it cost to change the bumper?
하우 머치 윌 잇 코스트 투 체인지 더 범퍼

A: It will cost 300,000won.
잇 윌 코스트 쓰리헌드레드싸우전드원
30만원 듭니다.

Chapter 09

자동차를 구매할 때〉

1.찾으시는 게 있으세요?	What were you looking for? 왓 워 유 룩킹 포 = Can I show you something? 캔 아이 쇼 유 썸씽 A: I'm just looking, thanks. 아임 저스트 룩킹, 땡스 그냥 구경하는 거예요. 고마워요.
2.새 차를 찾으세요, 중고차를 찾으세요?	Were you looking for something in a new car or a used one? 워 유 룩킹 포 썸씽 인 어 뉴 카 오어 어 유즈드 원 A: I need a new car. 아이 니드 어 뉴 카 차를 새로 사려고요.
3.어떤 차를 원하세요?	What kind of model do you want? 왓 카인드 오브 모델 두 유 원트 A: I need a small economic car. 아이 니드 어 스몰 이코노믹 카 소형차를 사려고 하는데요.
4.이건 아주 인기 있는 모델이죠.	This is a very popular model. 디스 이즈 어 베리 파퓰러 모델 A: If you want comfort, this one is for you. 이프 유 원트 컴폴트, 디스 원 이즈 포 유 편한 것을 찾으시면 이게 딱 알맞은 겁니다.
5.이건 수동변속기예요, 자동변속기예요?	Is it stick shift or automatic? 이즈 잇 스틱 쉬프트 오어 오토메틱 A: This is automatic transmission. 디스 이즈 오토메틱 트렌스미션 이것은 자동변속기입니다.

6.이 차의 표준 사양이 뭐에요?

What's the standard of this car?
왓츠 더 스탠다드 오브 디스 카

= What are the standard features of this car?
왓 아 더 스탠다드 피쳐스 오브 디스 카

7.차의 연비는 어떻게 되나요?

What about mileage of this car?
왓 어바웃 마일리지 오브 디스 카

= What sort of mileage does this car get?
왓 쏘트 오브 마일리지 더즈 디스 카 겟

8.원하시는 가격이 얼마입니까?

What's the asking price?
왓츠 더 에스킹 프라이스

= How much are you asking for it?
하우머치 아 유 에스킹 포 잇

A: What's the sticker price?
왓츠 더 스티커 프라이스
출시가격이 얼마예요?

9.4천 달러 정도면 어떤 차를 살 수 있나요?

What do you have for $4,000?
왓 두 유 해브 포 포어싸우전드달러

A: Are you willing to negotiate?
아 유 윌링 투 니고우쉬에이트
가격 협상을 좀 해보실까요?

10.할부로 살 수 있나요?

Can I buy in installments?
캔 아이 바이 인 인스톨먼트

A: Yes. You can pay in 36 installments.
예스. 유 캔 페이 인 써디씩스 인스톨먼트
36개월 할부로 살 수 있습니다.

11.시운전 해봐도 되나요?

Can I take it for a test drive?
캔 아이 테이크 잇 포 어 테스트 드라이브

A: Let's give it a test.
렛츠 기브 잇 어 테스트
시운전 해보죠.

12.횡재했네요! 완전 새 것 같아요.

What a steal! It looks like a new car.
왓 어 스틸 잇 룩스 라이크 어 뉴 카

Chapter 10

길을 물을 때

1.여기가 어디입니까?

Where are we now?
웨얼 아 위 나우

A: We're near Seoul station.
위얼 니어 서울 스테이션
서울역 근처예요.

2.시청으로 가는 방향이 어느 쪽인가요?

Which direction is it to city hall?
위치 디렉션 이즈 잇 투 시티 홀

A: Go straight down/along this road.
고우 스트레이트 다운/어롱 디스 로드
이 길을 똑바로 가세요.

3.병원은 어떻게 가야 하나요?

How can I get to the hospital?
하우 캔 아이 겟 투 더 하스피틀

= Do you know where the hospital is?
두 유 노우 웨얼 더 하스피틀 이즈

A: Turn left at the intersection. You can't miss it.
턴 레프트 엣 더 인터섹션 유 캔트 미스 잇
교차로에서 왼쪽으로 도십시오. 바로 찾을 수 있어요.

4.여기서 얼마나 멀어요?

How far is it from here?
하우 파 이즈 잇 프럼 히얼

A: It takes 10 minutes on foot.
잇 테이크스 텐 미니츠 온 풋
걸어서 10분 정도 걸립니다.

5.백화점은 어디 있나요?

Where's the department store?
웨얼즈 더 디파트먼트 스토어

A: Go east for two blocks.
고우 이스트 포 투 블럭
동쪽으로 두 블록 가십시오.

6.실례지만 지하철역까지 이 길을 가면 되나요?

Excuse me, but is this right way to a subway station?
익스큐즈 미, 밧 이즈 디스 라이트 웨이 투 어 서브웨이 스테이션

A: Keep going straight.
킵 고잉 스트레이트
계속 똑바로 가십시오.

7.어디로 가려고 하십니까?

Where would you like to go?
웨얼 우쥬 라이크 투 고우

A: I'm looking for National Museum.
아임 룩킹 포 내셔널 뮤지엄
국립 박물관을 찾고 있습니다.

8.여기서부터 어떻게 가야 하나요?

How do I get there from here?
하우 두 아이 겟 데얼 프럼 히얼

A: It's two blocks down the street.
잇츠 투 블럭 다운 더 스트리트
두 블록 내려가면 있습니다.

9.롯데호텔로 가는 길을 알려주시겠어요?

Could you tell me the way to the Lotte Hotel?
쿠쥬 텔 미 더 웨이 투 더 롯데 호텔

A: Sorry, I'm a stranger here myself.
쏘리, 아임 어 스트레인져 히얼 마이셀프
미안합니다만 저도 이곳이 처음이라서요.

10.근처에 편의점이 있나요?

Is there a convenient store near here?
이즈 데얼 어 컨비니언트 스토어 니어 히얼

A: You can see it on the apposite side of the park.
유 캔 씨 잇 온 더 애퍼짓 사이드 오브 더 파크
그건 공원 반대편에 있습니다.

11.찾기 쉬운가요?

Is it easy to find?
이즈 잇 이지 투 파인드

A: Just go along this street.
저스트 고우 어롱 디스 스트리트
이 길만 따라 가면 돼요.

12.길을 잃은 것 같아요.

I'm afraid I got lost.
아임 어프레이드 아이 갓 로스트

= I'm afraid i'm lost.
아임 어프레이드 아임 로스트

= I seem to be lost.
아이 씸 투 비 로스트

A: Where were you headed?
웨얼 워 유 헤디드
어딜 가시려던 거였어요?

13.근처에 서점이 있나요?

Is there a bookstore near here?
이즈 데얼 어 북스토어 니어 히얼

A: I'm going there myself. Just follow me.
아임 고잉 데얼 마이셀프 저스트 팔로우 미
저도 거기 가는 길이에요. 저를 따라오세요.

14.길을 잘못 들었어요.

You took the wrong way.
유 툭 더 렁 웨이

A: What's the name of this street?
왓츠 더 네임 오브 디스 스트리트
이 거리 이름이 뭐에요?

15.은행은 어디 있어요?

Where can I find the bank?
웨얼 캔 아이 파인드 더 뱅크

A: You'll have to go back the way you came.
유윌 해브 투 고우 백 더 웨이 유 케임
지금 오신 길을 되돌아 가셔야 해요.

16.역까지 멉니까?

Is it far to the station?
이즈 잇 파 투 더 스테이션

A: It's not so far from here. It's just around the corner.
잇츠 낫 쏘우 파 프럼 히얼 잇츠 저스트 어라운드 더 코너
여기서 그렇게 멀지 않아요. 바로 모퉁이를 돌면 있습니다.

17.기차역이 어딘지 아시나요?

Do you know where I could find the train station?
두 유 노우 웨얼 아이 쿠드 파인드 더 트레인 스테이션

A: It's up ahead on the left side of the road.
잇츠 업 어헤드 온 더 레프트 사이드 오브 더 로드
가다가 길 왼편에 있어요.

Practical English

쇼핑

13

❶ 가게를 찾을 때
❷ 물건을 찾을 때
❸ 물건을 고를 때
❹ 옷을 구입할 때
❺ 가격 흥정과 계산
❻ 포장과 배송
❼ 교환과 환불
❽ 슈퍼마켓에서

Chapter 01

가게를 찾을 때

1.시장은 어디에 있나요?	**Where's the market?** 웨얼즈 더 마켓 **A: It's across the street.** 잇츠 어크로스 더 스트리트 길 건너에 있어요.
2.여기에 가장 가까운 쇼핑센터는 어디 있어요?	**Where's the nearest shopping center from here?** 웨얼즈 더 니어리스트 쇼핑센터 프럼 히어 **A: It's near the subway station.** 잇츠 니어 더 서브웨이 스테이션 지하철 가까이에 있어요.
3.가구는 몇 층에 있나요?	**What floor is furniture on?** 왓 플로어 이즈 퍼니쳐 온 **A: It's on the ground floor.** 잇츠 온 더 그라운드 플로어 1층에 있어요.
4.가전제품은 어디에서 파나요?	**Where do they sell household appliances?** 웨어 두 데이 셀 하우스홀드 어플라이언시스 **A: Take the escalator to the 7 floor.** 테이크 더 에스컬레이터 투 더 쎄븐쓰 플로어 에스컬레이터를 타고 7층으로 가세요.
5.여성복은 어디에서 사나요?	**Where can I buy women's clothing?** 웨어 캔 아이 바이 우먼즈 클로싱 **= Where's ladies' wear?** 웨얼즈 레이디 웨어 **A: They're on the fifth floor.** 데이아 온 더 핍쓰 플로어 5층에 있습니다.

6.화장품 코너를 찾고 있어요.

I'm looking for the cosmetic.
아임 룩킹 포 더 커스매딕

A: It's on the third floor, sir. Take an escalator over there.
잇츠 온 더 써드 프로어 써어 테이크 언 에스컬레이터 오버 데어
3층에 있어요. 저기 에스컬레이터를 이용하세요.

7.식료품은 지하에 있습니까?

Is the food stuff in the basement?
이즈 더 푸드 스터프 인 더 베이스먼트

A: It's in the second basement.
잇츠 인 더 세컨드 베이스먼트
지하 2층에 있어요.

8.편의점을 찾고 있어요.

I'm looking for a convenience store.
아임 룩킹 포 어 컨비니언스 스토어

A: You can find it around the corner.
유 캔 파인드 잇 어라운드 더 코너
모퉁이 근처에 가면 보일 겁니다.

9.어디를 찾고 계십니까?

Where are you looking for?
웨어 아류 룩킹 포

A: I'm looking for the discount shop.
아임 룩킹 포 더 디스카운트 샵
할인점을 찾고 있어요.

10.몇 층에 식당들이 있나요?

On which floor is the food department?
온 위치 플로어 이즈 더 푸드 디파트먼트

A: Take the elevator to the 8th floor.
테이크 디 엘리베이터 투 더 에잇쓰 플로어
엘리베이터를 타고 8층으로 가세요.

11.문구 코너가 몇 층 입니까?

What floor is the stationery on?
왓 플로어 이즈 더 스테이션너리

A: Take the elevator and get off on the 6th floor.
테이크 디 엘리베이터 앤 겟 오프 온 더 씩스 플로어
엘리베이터를 타고 6층에서 내리세요.

12.남성복 섹션을 찾고 있어요.

I'm looking for the men's clothes section.
아임 룩킹 포 더 맨스 클로우즈 섹션

A: It's over that way.
잇츠 오버 댓 웨이

= It's over there.
잇츠 오버 데어
저쪽에 있어요.

13.그거 어디에서 샀나요?

Where did you buy it?
웨어 디쥬 바이 잇

A: I bought it at Lotte Department. It's having a big sale.
아이 보트 잇 앳 롯데 디파트먼트 잇츠 해빙 어 빅 세일
롯데 백화점에서 샀어요. 지금 바겐세일 중이에요.

Chapter 02

물건을 찾을 때

1.특별히 찾으시는 게 있나요?

Are you looking for something in particular?
아류 룩킹 포 썸씽 인 퍼티큘러

= Do you have something specific in mind?
두 유 해브 썸씽 스페시픽 인 마인드

A: I'm just browsing. = Just looking.
아임 저스트 브라우징 저스트 룩킹
구경만 하고 있어요.

2.찾는 걸 도와드릴까요?

Can I help you find something?
캔 아이 헬퓨 파인드 썸씽

= Is there anything I can help you find today?
이즈 데어 에니씽 아이 캔 헬퓨 파인드 투데이

A: I'm just looking around.
아임 저스트 룩킹 어라운드
그냥 둘러보고 있어요

3.안녕하세요. 무엇을 도와드릴까요?

Hello. May I help you?
헬로우 메이 아이 헬류

A: I'm looking for items on sale.
아임 룩킹 포 아이템즈 온 세일
저는 세일 상품을 사려고 하는데요

4.같은 걸로 다른 색깔은 없나요?

Do you have this in another color?
두 유 해브 디스 인 어나덜 칼라

A: Sorry, that's all we have.
쏘리 댓츠 올 위 해브
죄송해요. 이게 전부입니다.

5.언제 다시 갖다 놓을 수 있나요?

When are you going to get it back in stock?
웬 아류 고잉 투 겟 잇 백 인 스톡

A: In about a week or so.
인 어바웃 어 위크 오어 쏘우
약 일주일 후에 나요.

6.청바지를 찾는데요.

I need some jeans.
아이 니드 썸 진스

A: We didn't carry this item.
위 디든트 캐리 디스 아이템
저희는 이 상품은 취급하지 않아요.

7.내 남편에게 줄 것을 찾고 있는데요.

I'm looking for something for my husband.
아임 룩킹 포 썸씽 포 마이 허즈번드

A: How do you like this one?
하우 두 유 라익 디스 원
이건 어떠세요?

8.제가 도와드릴 일이 있으면 저한테 말씀하세요.

If I can help you, just let me know.
이프 아이 캔 헬퓨 저스트 렛 미 노우

A: Thank you, I'm just looking.
땡큐 아임 저스트 룩킹
고맙습니다만 그냥 구경만 하려고요.

9.어떤 종류를 찾고 계신가요?

What kind are you looking for?
왓 카인드 아류 룩킹 포

A: I'm trying to find a present for my wife.
아임 트라잉 투 파인드 어 프레젠트 포 마이 와이프
내 아내에게 줄 선물을 찾고 있어요.

10.남편 생일 선물로 뭘 사면 좋을까요?

What should I get husband for his birthday?
왓 슈드 아이 겟 허즈번드 포 히즈 버스데이

A: A new necktie? What's your choice?
어 뉴 넥타이 왓츠 유어 초이스
넥타이 어때요? 골라 보세요.

11.지금 세일 중인가요?

Are you currently having a sale?
아류 커런틀리 해빙 어 세일

A: Everything is 30% off.
에브리씽 이즈 써티 퍼센트 오프
전 제품을 30% 할인합니다.

12.이런 물건 있어요?

Do you have this in stock?
두 유 해브 디스 인 스톡

A: We're already all sold out.
위아 올레디 올 쏠드 아웃
이미 다 팔렸어요.

13.무엇을 찾나요?

What are you looking for?
왓 아류 룩킹 포

A: I need a swimsuit.
아이 니드 어 스윔슈트
수영복을 찾아요.

14.어느 특정 상표를 원하세요?

Would you like to have any particular brand?
우쥬 라익 투 해브 에니 퍼티큘러 브랜드

A: May I see that blouse in the window?
메이 아이 씨 댓 블라우스 인 더 윈도우
진열장에 있는 블라우스 볼 수 있을까요?

15.남성용 샌들 파나요?

Do you have sandals for men?
두 유 해브 샌달스 포 민

A: Of course. What size do you wear?
오브 코스왓 사이즈 두 유 웨어
물론이죠. 사이즈 몇 신으세요?

Chapter 03

물건을 고를 때

1.이것은 어떠세요?	**How do you like this one?** 하우 두 유 라익 디스 원 **A: I don't like the color.** 아이 돈 라익 더 컬러 색상이 마음에 들지 않아요.
2.좋아하는 색상이 있나요?	**Do you have a favorite color?** 두 유 해버 페이브릿 컬러 **A: Do you have this in blue?** 두 유 해브 디스 인 블루 이거 파란색으로 있나요?
3.어떤 게 더 좋으세요?	**Which do you prefer?** 위치 두 유 프리퍼 **A: I like that better.** 아이 라익 댓 베러 나는 저게 더 좋아요.
4.이게 가장 최신 모델인가요?	**Is this your latest model?** 이즈 디스 유어 레이티스트 모델 **A: It's all the rage these days.** 잇츠 올 더 레이지 디즈 데이즈 요즘 이게 대유행이잖아요. (be all the rage 대유행이다, 큰 인기를 끌다)
5.그 물건은 떨어졌어요.	**We're out of that item.** 위아 아웃 오브 댓 아이템 **A: It sells like hot cakes.** 잇 셀즈 라익 핫 케잌스 그 물건은 날개 돋친 듯이 팔립니다.
6.운동화 좀 추천해 주실래요?	**Would you recommend some sneakers?** 우쥬 리코멘드 썸 스니커스

A: How about this one?
하우 어바웃 디스 원
이건 어떠세요?

7.발에 잘 맞아요?

How do they feel on your feet?
하우 두 데이 필 온 유어 핏

A: They hurt the tops of my feet.
데이 헐트 더 탑스 오브 마이 핏
발등이 아프네요.

8.신어 봐도 되나요?

Can I try these on?
캔 아이 트라이 디즈 온

A: Does it fit well?
더즈 잇 핏 웰
잘 맞나요?

9.어떤 사이즈를 찾으세요?

What size are you looking for?
왓 사이즈 아류 룩킹 포

A: I wear size 250.
아이 웨어 사이즈 투헌드레드피프티
저는 250 사이즈로 신어요.

10.어떠세요? 괜찮으세요?

How do they feel? Do they feel right?
하우 두 데이 필 두 데이 필 롸잇

A: They're too loose on my feet.
데이아 투 루즈 온 마이 핏
발이 너무 헐거워요.

11.이건 최신 상품인가요?

Is this the latest thing?
이즈 디스 더 레이티스트 씽

A: They are selling like hot cakes these days.
데이 아 셀링 라익 핫 케잌스 디즈 데이즈
요즘 불티나게 팔려요.

12.사이즈가 맞는지 한번 입어보세요.

Please try it on for your size.
플리즈 트라이 잇 온 포 유어 사이즈

A: This blouse doesn't fit me.
디스 블라우스 더즌트 핏 미
이 블라우스는 나한테 안 맞아요.

13.이것으로 좀 더 작은 사이즈 있나요?

Do you have this in a smaller size?
두 유 해브 디즈 인 어 스몰러 사이즈

A: I've got just your size.
아이브 갓 저스트 유어 사이즈
딱 맞는 크기가 있어요.

14.제가 찾는 물건이 없어요.

I can't find what I'm looking for.
아이 캔 파인드 왓 아임 룩킹 포

A: I think I'll shop around.
아이 씽크 아윌 샵 어라운드
다른 데로 가 봐야겠어요.

15.이 스타일로 5사이즈가 있나요?

Do you have this style of shoes in a size five?
두 유 해브 디즈 스타일 오브 슈즈 인 어 사이즈 파이브

A: I'm sorry, we're sold out.
아임 쏘리 위아 쏠드 아웃
죄송하지만, 다 팔렸네요.

Chapter 04

옷을 구입할 때

1.뭔가 찾는 게 있으세요?

Are you looking for?
아류 룩킹 포

A: Yes. I'm looking for a blouse.
예스 아임 룩킹 포 어 블라우스
네. 블라우스를 찾고 있어요.

2.사이즈 몇 입으세요?

What size do you wear?
왓 사이즈 두 유 웨어

A: I wear a small.
아이 웨어 어 스몰
저는 작은 사이즈로 입어요.

3.귀엽네요. 입어 봐도 돼요?

That's pretty. Can I try it on?
댓츠 프리티 캔 아이 트라이 잇 온

A: Of course, just follow me.
오브 코즈 저스트 팔로우 미
물론이죠. 따라오세요.

4.이거 붉은 색으로 있나요?

Do you have this in red?
두 유 해브 디스 인 레드

A: We don't have it in that color.
위 돈트 해브 잇 인 댓 컬러
그 색깔은 없네요.

5.이걸 입어보고 싶은데요.

I want to try this on.
아이 원투 트라이 디스 온

= I'd like to try this on.
아이두 라익 투 트라이 디스 온

A: That looks nice on you.
댓 룩스 라이스 온 유
잘 어울리는데요.

6.이거 더 작은 사이즈로 된 게 있나요?	**Do you have this in a smaller size?** 두 유 해브 디스 인 어 스몰러 사이즈 **A: We don't have that in your size.** 위 돈트 해브 댓 인 유어 사이즈 손님 사이즈가 없네요.
7.이 바지랑 이 재킷이랑 어울리는 것 같아요?	**Do you think these pants go with this jacket?** 두 유 씽크 디즈 팬츠 고우 위드 디스 재킷 **A: Sort of. They'd look nicer with something lighter, though.** 솔트 오브 데이두 룩 나이설 위드 썸씽 라이터 도우 그럭저럭요. 근데 좀 더 밝은 색이랑 입으면 더 멋질 것 같아요.
8.더 큰 사이즈 없나요?	**Don't you have larger size?** 돈츄 해브 라져 사이즈 **A: Wait a moment. I'll trying and find one for you.** 웨이트 어 모먼트 아윌 트라잉 앤 파인드 원 포 유 잠시 기다리세요. 찾아드릴게요.
9.이것이 좋네요. 입어 봐도 되나요?	**I like this one. May I try it on?** 아이 라익 디스 원 메이 아이 트라이 잇 온 **A: Sure. I think your size is 34.** 슈어 아이 띵크 유어 사이즈 이즈 써티포 물론이죠, 34사이즈 입으시면 될 것 같네요.
10.지금 어떤 디자인이 유행하나요?	**What styles are popular now?** 왓 스타일스 아 퍼풀러 나우 **A: Mini skirts are in these days.** 미니 스커트 아 인 디즈 데이즈 요즘은 미니스커트가 유행이에요.
11.어떠세요?	**How does it fit?** 하우 더즈 잇 핏

A: This is a little snug.
디스 이즈 어 리틀 스너그
좀 끼는데요.

12. 입어 봐도 될까요?

May I try this on?
메이 아이 트라이 디스 온

A: Sure. What size do you take?
슈어 왓 사이즈 두 유 테익
물론이죠. 사이즈가 어떻게 되십니까?

13. 당신에게 잘 어울립니다.

It goes well with you.
잇 고즈 웰 위듀

A: I'll take this.
아윌 테익 디스
이걸로 하겠습니다.

14. 탈의실은 어디 있나요?

Where's the fitting room?
웨얼즈 더 피팅 룸

A: Come over here, please.
컴 오버 히어 플리즈
이 쪽으로 오세요.

15. 물로 빨 수 있나요?

Is this washable?
이즈 디스 워셔블

A: This pants is washable.
디스 팬츠 이즈 워셔블
이 바지는 물세탁이 가능합니다.

16. 어떠세요, 잘 맞습니까?

How do you feel?
하우 두 유 필

A: That's very flattering.
댓츠 베리 플래터링

= That really flatters your figure.
댓 리얼리 플래터스 유어 피규어
인물이 나시네요.

Chapter 05

가격 흥정과 계산

1.이것은 세일하나요?	**Is this on sale?** 이즈 디스 온 세일 **A: I'll give a 40% discount.** 아윌 깁어 포티 퍼센트 디스카운트 40% 할인해 드리고 있어요.
2.좀 더 싼 것은 없나요?	**Is there anything cheaper?** 이즈 데어 에니씽 치퍼 **Don't you have anything cheaper for me?** 돈츄 해브 에니띵 치러 포 미 **A: Of course. I will. Please wait a moment.** 오브 코즈 아이 윌 플리즈 웨이트 어 모우먼트 네. 있습니다. 잠시만 기다려 주세요.
3.이 물건은 가격표가 없네요. 얼마에요?	**There's no price tag on this. How much is it?** 데얼즈 노우 프라이스 태그 온 디스 하우 머취 이즈 잇 **A: It's 30,000won.** 잇츠 써티싸우전드 원 삼만 원입니다.
4.어느 정도의 가격을 원하세요?	**What price range do you have in mind?** 왓 프라이스 레인지 두 유 해브 인 마인드 **A: It's too expensive.** 잇츠 투 익스펜시브 **= That's too much for me.** 댓츠 투 머취 포 미 너무 비쌉니다.
5.조금 더 깎아 주시겠어요?	**Can you discount this a little more?** 캔 유 디스카운트 디스 어 리틀 모어

Can you come down a little on this?
캔 유 컴 다운 어 리틀 온 디스

= Please give me a discount this a little more?
플리즈 깁 미 어 디스카운트 디스 어 리틀 모어

Can you knock it off?
캔 유 노크 잇 오프

A: This is the best price I can offer you.
디스 이즈 더 베스트 프라이스 아이 캔 어퍼 유
이것이 제가 제시할 수 있는 제일 잘해드리는 가격입니다.

6.너무 비쌉니다. 깎아 주시면 살게요.

It's too expensive. If you discount it, I'll buy it.
잇츠 투 익스펜시브 이퓨 디스카운트 잇 아윌 바이 잇

A: The price are fixed.
더 프라이스 아 픽스드
정찰제입니다

7.현금으로 사면 할인 됩니까?

Will I get a discount paying cash?
윌 아이 겟 어 디스카운터 페잉 캐쉬

A: I'll give you 10% off.
아윌 기뷰 텐퍼센트 오프
10% 할인해 드릴게요

8.전부 얼마에요?

How much is it all together?
하우 머취 이즈 잇 올 투게더

How much are they in all?
하우 머취 아 데이 인 올

How much in all?
하우 머취 인 올

A: Your total comes to 30dollars.
유어 토털 컴 투 써티 달러즈
전부 합해서 30달러입니다

쇼핑

9.신용카드 받나요?	**Do you take credit card?** 두 유 테익 크레딧 카드 **A: Sorry. We only take cash.** 쏘리 위 온니 테이크 캐쉬 죄송해요. 우리는 현금만 취급해요.
10.현금으로 하시겠어요, 신용카드로 하시겠어요?	**Will you pay by cash or credit card?** 윌 유 페이 바이 캐쉬 오어 크레딧 카드 **A: I'll pay in three installments.** 아윌 페이 인 쓰리 인스톨먼츠 3개월 할부로 하겠습니다. **I will pay in lump sum.** 아이 윌 페이 인 럼프 썸 일시불로 하겠습니다.
11.이걸 어떻게 지불 하실 건가요?	**How would you like to pay for this?** 하우 우쥬 라익 투 페이 포 디스 **= How do you want to pay for this?** 하우 두 유 원투 페이 포 디스 **A: I'll pay by credit card.** 아윌 페이 바이 크레딧 카드 카드로 계산하겠습니다.
12.수표로 지불해도 되나요?	**Can I pay a check for this?** 캔 아이 페이 어 체크 포 디스 **A: Sign it here, please.** 사인 잇 히어 플리즈 여기 사인하세요.
13.할부로 하시겠어요, 일시불로 하시겠습니까?	**Which do you want installment or lump sum?** 위치 두 유 원트 인스톨먼츠 오어 럼프 썸
14.영수증 주세요.	**I want a receipt, please.** 아이 원터 리십트 플리즈

A: Here is your change.
히어 이즈 유어 체인지
여기 거스름돈 있습니다.

15.계산이 잘못 된 것 같아요.

There's something wrong in this bill.
데얼즈 썸씽 롱 인 디스 빌

= I think there's a mistake on this bill.
아이 띵크 데얼즈 어 미스테이크 온 디스 빌

A: I got short changed. Check the bill again.
아이 갓 숄 체인지드 체크 더 빌 어겐
거스름돈을 덜 받았어요. 계산서 다시 체크해 주세요.

Chapter
06 포장과 배송

1.선물용으로 포장해 주시겠어요?	**Can you gift wrap that, please?** 캔 유 기프트 랩 댓 플리즈 **= Can I have it gift-wrapped?** 캔 아이 해브 잇 기프트-랩트 **= Could you wrap this up as a gift?** 큐쥬 랩 디스 업 애즈 어 기프트 **= Do you offer gift-wrapping?** 두 유 어퍼 기프트-랩트 **A: Sure.** 슈얼 알겠습니다.
2.이거 포장해 주시겠어요?	**Would you wrap this up?** 우쥬 랩 디스 업 **= Can I have it wrapped?** 캔 아이 해브 잇 랩트 **A: What kind of packing paper do you want?** 왓 카인드 오브 패킹 페이퍼 두 유 원트 포장지를 어떤 것으로 해드릴까요?
3.특별히 원하는 배달 날짜가 있습니까?	**Do you have a specific date for delivery?** 두 유 해버 스페시픽 데이트 딜리버리 **A: I'd like to have it on Sunday.** 아이두 라익 투 해브 잇 온 선데이 일요일에 받고 싶어요.
4.이 메모를 첨부해서 보내 주세요.	**I'd like to send it with this message.** 아이두 라익 투 센드 잇 위드 디스 메시지 **A: All right, sir.** 올 라잇, 썰 알겠습니다.

5.집까지 배달되나요?

Can it be delivered to my house?
캔 잇 비 딜리버리드 투 마이 하우스

= Can you send this to my house?
캔 유 센드 디스 투 마이 하우스

A: Write your address here, please.
롸잇 유어 어드레스 히어 플리즈
여기에 주소를 써주세요.

6.배송료는 얼마인가요?

How much do you charge for delivery?
하우 머취 두 유 차지 포 딜리버리

A: It's free of charge for delivery.
잇츠 프리 오브 차지 포 딜리버리
배송료는 무료입니다.

7.언제 배달해 주시겠어요?

When can I get it?
웬 캔 아이 겟 잇

= When would it arrive?
웬 우드 잇 어라이브

A: I'll see that it's delivered to the house by today.
아윌 씨 댓 잇츠 딜리버리드 투 더 하우스 바이 투데이
오늘까지 집에 배달되도록 하겠습니다.

8.따로따로 포장해 주세요.

Wrap them separately, please.
랩 뎀 세퍼러틀리 플리즈

A: May I take the price tags off?
메이 아이 테이크 더 프라이스 택스 오프
가격표를 떼도 되나요?

9.포장되나요?

Can you wrap this up?
캔 유 랩 디스 업

A: Sure. Just wait a minute.
슈어 저스트 웨이트 어 미니트
물론이죠. 잠시만 기다리세요.

10.어디로 배달해드릴까요?

Where do you want it delivered?
웨어 두 유 원투 잇 딜리버리드

A: I'd like you to deliver it to this address.
아이두 라익 유 투 딜리버리 잇 투 디스 어드레스
이 주소로 배달해 주세요.

11.배송비는 그 쪽에서 부담하는 건가요?

Do you pay for the delivery?
두 유 페이 포 딜리버리

A: We'll pay for the delivery.
위월 페이 포 더 딜리버리
배송비는 저희가 부담하겠습니다.

12.오전 중에 배송해주시겠어요?

Can you send this before noon?
캔 유 센드 디스 비포 눈

A: We guarantee delivery by 10am.
위 게렌티 딜리버리 바이 텐 에이엠
오전 10시까지는 틀림없이 배달해 드리겠습니다.

13.선물용으로 포장해 드릴까요?

Would you like it gift-wrapped?
우쥬 라익 잇 기프트-랩트

A: Wrap it with ribbon, please.
랩 잇 위드 리본 플리즈
리본을 달아서 포장해 주세요.

14.이거 넣을 박스 좀 얻을 수 있을까요?

Is it possible to get a box for this?
이즈 잇 파서블 투 겟 어 박스 포 디스

A: I'll get it for you.
아윌 겟 잇 포 유
갖다 드리겠습니다.

15.쇼핑백 하나 주시겠어요?

Could I have a shopping bag with that, please?
쿠드 아이 해버 쇼핑 백 위드 댓 플리즈

A: Yes, here it is.
예스 히어 잇 이즈
네, 여기 있습니다.

Chapter 07

교환과 환불

1.이거 새 것으로 교환해 주세요.

I'd like to return this for a new one.
아이두 라익 투 리턴 디스 포 어 뉴 원

A: Do you have a receipt?
두 유 해버 리싑트
영수증 있으세요?

2.이거 환불 가능한가요?

Is this refundable?
이즈 디스 리펀드블

A: Sorry, but we don't give cash refunds.
쏘리 밧 위 돈트 기브 캐쉬 리펀즈
죄송하지만 현금 환불은 안 됩니다.

3.어제 샀는데 제대로 작동이 안 되네요.

I just bought this yesterday, and it doesn't work right.
아이 저스트 보트 디스 예스터데이 앤 잇 더즌트 웍 롸잇

A: Do you want a repair?
두 유 원트 리페어
수리를 원하세요?

4.안녕하세요. 3주 전에 이 믹서기를 샀는데요. 지금 고장이 났어요.

Hi. I bought this blender three weeks ago. Now it's broken.
하이 아이 보트 디스 블렌더 쓰리 윅스 어고우 나우 잇츠 브로큰

A: Do you have the receipt with you?
두 유 해브 더 리싑트 위듀
영수증 갖고 계세요?

5.아니오. 잃어버렸어요.

No, unfortunately I lost it.
노우 언포처니틀리 아이 로스트 잇

A: Our store policy says that there are no refunds without a receipt.
아워 스토어 폴리시 세즈 댓 데얼 아 노우 리펀즈 위아웃 어 리싑트
저희 가게 규정 상 영수증 없으면 환불이 안 됩니다.

쇼핑

6.그럼 어떻게 하나요? 이 믹서기를 다른 것으로 바꿀 수 있나요?	**What can I do then? Can I exchange this blender for another?** 왓 캔 아이 두 뎀 캔 아이 익스체인지 디스 블렌더 포 어나덜 **A: No, that's against our policy.** 노우 댓츠 어겐스트 아워 폴리시 아니오, 그것도 규정에 어긋납니다.
7.이 셔츠를 바꾸고 싶은데요.	**I'd like to return this shirt.** 아이두 라익 투 리턴 디스 셔츠 **A: When did you buy it?** 웬 디쥬 바이 잇 언제 사셨나요?
8.환불해 주세요.	**Give me my money back.** 깁미 마이 머니 백 **= I'd like a refund.** 아이두 라익 리펀드 **A: We don't refund money.** 위 돈트 리펀드 머니 현금으로 환불은 안 되는데요.
9.이 물건 환불받고 싶은데요.	**I want to get a refund on this product.** 아이 원투 겟 어 리펀드 온 디스 프로덕트 **A: Please, show your receipt, sir.** 플리즈, 쇼우 유어 리십트, 써어 영수증 좀 보여주세요.
10.다른 것으로 교환할 수 있나요?	**Can I exchange it for another one?** 캔 아이 익스체인지 잇 포 어나덜 원 **A: What is wrong with this product?** 왓 이즈 롱 위드 디스 프로덕트 제품에 무슨 문제가 있나요?

11.원하시는 것을 말씀해 주세요.

Let me know what you expect.
렛미 노우 왓 유 익스펙트

A: I want a new one.
아이 원터 뉴 원
새 걸로 주세요.

12.작은 것으로 바꿀 수 있나요?

Can I exchange it for a smaller one?
캔 아이 익스체인지 잇 포 어 스몰러 원

A: All purchases are final.
올 퍼처스 아 파이널
한 번 구입하시면 교환이나 환불이 안 됩니다.

13.여기 얼룩이 있습니다.

I found a stain here.
아이 파운더 스테인 히어

A: Take another.
테이크 어너덜
다른 걸로 가져가세요.

쇼핑

Chapter

08 슈퍼마켓에서

1.어느 슈퍼마켓에서 물건을 사세요?	**Which supermarket do you usually shop at?** 위치 슈퍼마켓 두 유 유절리 샵 앳 **A: I usually buy Jeil supermarket inside a village.** 아이 유절리 바이 제일 슈퍼마켓 인사이드 어 빌리지 동네에 있는 제일슈퍼에서 삽니다.
2.초콜릿 우유는 어디 있어요?	**Where's the chocolate milk?** 웨어즈 더 초콜릿 밀크 **A: It's in aisle 3.** 잇츠 인 아일 쓰리 3번 통로에 있어요.
3.이 초콜릿 우유 유통 기간이 지나지 않았어요?	**Has this chocolate milk expired?** 해즈 디스 초콜릿 밀크 엑스파이어드 **A: It has already expired.** 잇 해즈 올레디 엑스파이어드 이미 유통기한이 지났어요.
4.통조림 연어는 어느 줄인가요?	**What aisle is the canned salmon in?** 왓 아일 이즈 더 캔드 살먼 인 **A: It's in aisle 5.** 잇츠 인 아일 파이브 5번 통로에 있어요.
5.죄송하지만 그 물건은 떨어졌는데요.	**I'm afraid we're out of that item.** 아임 어프레이드 위아 아웃 오브 댓 아이템 **I'm afraid we don't have it in stock.** 아임 어프레이드 위 돈트 해브 잇 인 스톡
6.이건 언제까지 세일 하나요?	**How long is this on sale?** 하우 롱 이즈 디스 온 세일

A: That item is no longer on sale.
댓 아이템 이즈 노우 롱거 온 세일
그 품목은 세일이 끝났어요.

7.이 생선은 싱싱해요?

Is this fish fresh?
이즈 디스 피쉬 프레쉬

A: Yes, it's very fresh right now, but fish go bad soon in hot weather.
예스 잇츠 베리 프레쉬 롸잇 나우 밧 피쉬 고우 배드 쑨 인 핫 웨더
예, 지금은 정말 싱싱해요. 하지만 더운 날씨여서 금방 상합니다.

8.오늘은 채소가 쌉니다.

Today the vegetables are cheap.
투데이 더 베지타블 아 칩프

I wonder why vegetables are so expensive today.
아이 원더 와이 베지타블 아 쏘우 익스펜시브 투데이
오늘은 왜 이렇게 야채가 비싼가요?

9.이것들은 이번 주말에 세일하나요?

Are these on sale only this week?
아 디즈 온 세일 온니 디스 위크

A: The sale doesn't start until tomorrow.
더 세일 더즌트 스타트 언틸 투머로우
세일은 내일이나 돼야 시작되는데요.

10.쿠폰 있어요?

Any coupons?
Do you have any coupons?
에니 쿠폰즈 두 유 해브 에니 쿠폰즈

A: Hasn't this coupon expired?
해즌트 디스 쿠폰 엑스파이어드
이 쿠폰은 날짜가 지나지 않았어요?

11.쇠고기는 그램 당 얼마예요?

How much is beef per gram?
하우 머취 이즈 비프 퍼 그램

A: 25won per gram.
투엔티원 퍼 그램
그램 당 25원입니다.

12.제조일이 언제입니까?

When was it packed?
웬 워즈 잇 팩드

A: Oh, it's pass the expiration date. Blah! It tastes gross!
오 잇츠 패스 디 익스퍼레이션 데이트 블라 잇 테이스트 그로스
오, 유효기간이 지났네요. 윽! 맛이 갔어요!

13.이 오징어는 맛있어 보이는군요. 얼마예요?

This squid looks marvelous. How much is it?
디스 스퀴드 룩스 마블러스 하우 머취 이즈 잇

A: This item was marked on sale. Three squids is 5,000won.
디스 아이템 워즈 마크드 온 세일 쓰리 스퀴즈 이즈 파이브 싸우전원
이 품목은 세일이라고 표시됐어요. 세 마리에 5천원입니다.

14.이 사과는 달아요?

Are these apples sweet?
아 디즈 애플즈 스윗

A: This apples are very sweet.
디스 애플즈 아 베리 스윗
이 사과들은 매우 달아요.

15.케첩은 어디에 있나요?

Where will I find the ketchup?
웨어 윌 아이 파운드 더 케첩

A: They're beside the frozen foods section.
데이아 비사이드 더 프로즌 푸드 섹션
냉동식품 코너 옆에 있어요.

16.조선 라면 있나요?

Do you carry Chosun instant noodles?
두 유 케리 조선 인스턴트 누들스

A: I'm afraid we don't have it in stock.
아임 어프레이드 위 돈트 해브 잇 인 스톡
죄송하지만 그 물건은 떨어졌는데요.

17.종이봉투를 드릴까요, 비닐 봉투를 드릴까요?

Do you want paper or plastic bags?
두 유 원트 페이퍼 오어 플라스틱 백

= Paper or plastic?
페이퍼 오어 플라스틱

A: Plastic bags, please.
플라스틱 백스 플리즈
비닐봉투에 넣어주세요.

Practical English

의견

14

❶ 의견을 물을 때
❷ 의견을 조율할 때
❸ 의견에 찬성할 때
❹ 의견에 반대할 때
❺ 제안과 권유를 할 때
❻ 부탁이나 허락을 구할 때
❼ 충고와 주의를 줄 때
❽ 협상과 설득
❾ 추측과 판단
❿ 가정과 확신

Chapter 01

의견을 물을 때

1. 당신이 내 입장이라면 어떻게 하시겠어요?

What would you do if you were in my position?
왓 우쥬 두 이퓨 워 인 마이 포지션

= What would you do if you were my shoes?
왓 우쥬 두 이퓨 워 마이 슈즈

A: As far as I'm concerned, they wouldn't agree to our decision.
애즈 파 애즈 아임 컨썬드데이 우든 어그리 투 아워 디시젼
제 생각으로는, 그들은 저희 결정에 동의하지 않을 겁니다.

2.어떤 게 더 좋아요?

Which one do you prefer?
위치 원 두 유 프리퍼

A: Either one looks fine.
이더 원 룩스 파인
둘 다 좋아 보이네요.

3.지금 이 상황에 대해서 어떻게 생각해요?

What do you think about this situation?
왓 두 유 띵크 어바웃 디스 시추에이션

A: I have a different opinion about that.
아이 해버 디펄런트 오피니언 어바웃 댓
저는 좀 다른 생각을 갖고 있어요.

4.무슨 좋은 생각이라도 있나요?

Do you have any good ideas?
두 유 해브 에니 굿 아이디어

= Can you come up with any good ideas?
캔 유 컴 업 위드 에니 굿 아이디어

A: I've got a good idea.
아이브 갓 어 굿 아이디어
좋은 생각이 있는데요.

5.잘 듣고 있으니 어서 말해 봐요. 생각하고 있는 게 뭐에요?

I'm all ears. What did you have in mind?
아임 올 이어즈 왓 디쥬 해브 인 마인드

A: I was thinking that we could spend less on TV and go with more radio ads.
아이 워즈 띵크 댓 위 쿠드 스펜드 레스 온 티비 앤 고우 위드 모어 레디오 에디스
TV광고 비용을 줄이고 라디오 광고를 더 많이 하는 거에요.

6.내 새 차 어때요?

What do you think about my new car?
왓 두 유 띵크 어바웃 마이 뉴 카

= How about my new car?
하우 어바웃 마이 뉴 카

A: It's very nice.
잇츠 베리 나이스
아주 멋져요.

7.오늘 메리랑 공원에 가죠?

Are you still planning on going to the park today with Merry?
아류 스틸 플래닝 온 고잉 투 더 파크 투데이 위드 메리

A: Yes. I'm meeting her at one for a late lunch. You should join us.
예스 아임 미딩 허 앳 원 포 어 레이트 런치 유 슈드 조인 어스
네. 한 시에 만나서 늦은 점심을 먹을 거예요. 우리랑 함께 가요.

8.다른 의견 있으신가요?

Are there any more comments?
아 데아 에니 모어 코멘츠

A: I guess that you were right.
아이 게스 댓 유 워 롸잇
나는 당신이 옳다고 생각해요.

의견

9.집을 팔 생각이 있나요?	**Would you be willing to sell the house?** 우쥬 비 윌링 투 썰 더 하우스 **A: Let me think about it.** 렛미 띵크 어바웃 잇 한 번 생각해 볼게요.
10.왜 그렇게 말하는 거예요?	**Why do you say that?** 와이 두 유 세이 댓 **A: There's no smoke without fire.** 데얼즈 노우 스모크 위아웃 파이어 아니 땐 굴뚝에 연기가 나진 않잖아요.
11.이걸 어떻게 하면 될까요?	**What should I do with this?** 왓 슈드 아이 두 위드 디스 **= What am I going to do with this?** 왓 엠 아이 고잉 투 두 위디 디스 **A: Try to put yourself In their shoes.** 트라이 투 풋 유어셀프 인 데어 슈즈 그들의 입장에서 한 번 생각해 봐요.
12.더 하실 말씀이 있으세요?	**Do you have anything further to say?** 두 유 해브 에니씽 퍼더 투 세이 **A: I'm afraid not.** 아임 어프레이드 낫 유감스럽지만 아닙니다.
13.괜히 말로만 그러지 마시고요. 솔직한 의견을 말씀해 주세요.	**You're just saying that. Honestly, tell me what do you think.** 유아 저스트 세잉 댓 어니슬리 텔 미 왓 두 유 띵크 **A: This decision is a far cry from their thought.** 디스 디시젼 이즈 어 파 크라이 프럼 데어 쏘우트 이 결정은 저쪽의 생각과 너무 거리가 멉니다.

14.당신은 어떻게 생각해요?

What do you say?
왓 두 유 세이

A: I think that he was bad.
아이 띵크 댓 히 워즈 배드
나는 그 사람이 나빴다고 생각해요.

15.하고 싶은 말 있으신 분 계세요?

Has anyone else got anything to contribute?
해즈 에니원 엘스 갓 에니씽 투 컨트리뷰트

A: Let me give my humble opinion. It's impossible.
렛 미 기브 마이 험블 오피니언 잇츠 임파서블
제 소견을 말씀드릴게요. 그건 불가능합니다.

16.당신은 누구 편이에요?

Which side are you on?
위치 사이드 아 유 온

A: I'm definitely on your side.
아임 데피니트리 온 유어 사이드
전적으로 당신 편입니다.

17.빨간색이랑 파란색 중 어떤 게 더 나아요?

Which is better, the red or the blue one?
위치 이즈 베럴 더 레드 오어 더 블루 원

A: They're both good, so it's hard to choose. Let's sleep on it.
데이아 보스 굿 쏘우 잇츠 하드 투 추즈 렛츠 슬립 온 잇
둘 다 좋아서 고르기가 어렵네요. 우리 곰곰이 생각해 봐요.
(Sleep on it 곰곰이 생각하다)

의견

Chapter 02

의견을 조율할 때

1.죄송하지만 핵심을 놓치신 것 같네요.	**I'm afraid you've missed the point here.** 아임 어프레이드 유브 미스드 더 포인트 히허 **A: What have I missed?** 왓 해브 아이 미스드 제가 뭐 잘못 생각한 겁니까?
2.제 말 끝까지 들어 보세요.	**Here me out.** 히얼 미 아웃 **A: In my opinion, it's not necessary.** 인 마이 오피니언 잇츠 낫 네세써리 제 생각엔 그건 필요치 않은 것 같네요.
3.완전히 잘못 알고 있네요.	**You're completely wrong.** 유아 컴플리틀리 롱 **A: Really? Then tell me again.** 리얼리 덴 델 미 어겐 정말요? 그럼 다시 말씀해 주세요.
4.내 말 알겠어요?	**Can you hear me now?** 캔 유 히얼 미 나우 **A: Yes, I hear you loud and clear.** 예스 아이 히얼 유 라우드 앤 클리어 네, 잘 알겠습니다.
5.시간 너무 끌지 마세요. 빨리 결론 내립시다.	**Don't drag it out. Let's make a quick decision.** 돈트 드럭 잇 아웃 렛츠 메이커 퀵 디시젼 **A: I have no time now.** 아이 해브 노우 타임 나우 지금 시간이 없어요.

6.너무 걱정하지 마세요. 다 잘 될 거에요.

Don't worry, everything will be ok.
돈 워리 에브리씽 윌 비 오케이

A: It's not as easy as looks.
잇츠 낫 애즈 이지 애즈 룩스
이거 보기만큼 쉽지가 않네요.

7.생각할 시간이 필요 하네요.

I need time to think over.
아이 니드 타임 투 띵크 오버

A: Look on the bright side.
룩 온 더 브라이트 사이드
긍정적으로 생각해 봐요.

8.어떻게 그런 생각을 해냈어요?

How did you come up with the idea?
하우 디쥬 컴업 위드 디 아이디어

A: That's more like it.
댓츠 모어 라익
그게 더 좋겠는데요.

9.우리 조금씩 양보 하는 게 어떨까요?

Why don't we split the difference?
와이 돈츠 위 스플릿 더 디프런스

A: I think so, too.
아이 띵크 쏘우, 투
저도 그렇게 생각해요.

10.그러면 허심탄회하게 이야기 하세요.

Then, feel free to talk.
덴 필 프리 투 토크

A: I'd like to say yes, but I can't.
아이두 라익 두 세이 예스, 밧 아이 캔트
그렇게 하고 싶지만 그럴 수가 없네요.

11.진지하게 이야기해 봅시다.

Let's talk turkey.
렛츠 토크 터키
(talk turkey 터놓고 말하다, 진지해지다)

A: Yes, indeed!
예스 인디드
네, 그럼요!

12.조금씩 양보합시다.

Let's make a deal.
렛츠 메이커 딜

= Let's meet half way.
렛츠 미트 하프 웨이

(meet half way 양보하다, 서로 다가가다)

A: If anyone has a better idea please speak up.
이프 에니원 해즈 어 베러 아이디어 플리즈 스피크 업
좋은 의견이 있으면 거리낌 없이 말하세요.

의견에 찬성할 때

1.당신 생각은 나와 같습니까?

Are you thinking what I'm thinking?
아류 띵킹 왓 아임 띵킹

A: I think so.
아이 띵크 쏘우
저도 그렇게 생각합니다.

2.동의하나요?

Is it a deal?
이즈 잇 어 딜

A: That's what I thought.
댓츠 왓 아이 쏘트
그게 제가 생각했던 겁니다.

3.전 전적으로 찬성합니다.

I totally agree with you.
아이 토탈리 어그리 위듀

= I agree with you one-hundred percent.
아이 어그리 위듀 원-헌드레드 퍼센트

= I entirely agree with you.
아이 엔타이얼리 어그리 위듀

4.정말 맞는 말씀이에요.

I think you're right.
아이 띵크 유아 롸잇

= You're absolutely right.
유아 엡설루틀리 롸잇

5.바로 그거에요.

That's it.
댓츠 잇

= That's just what I needed.
댓츠 저스트 왓 아이 니디드

= That's suits me fine.
댓츠 수트 미 파인

6.그거 좋은 생각 같네요.	**That sounds like a good idea.** 댓 사운드즈 라이커 굿 아이디어 **= That sounds like a fine idea.** 댓 사운드즈 라이커 파인 아이디어
7.맘에 들어요.	**It's good enough.** 잇츠 굿 이너프 **= I think it's fine.** 아이 띵크 잇츠 파인
8.그게 당연한 거 아니에요?	**Isn't that the truth?** 이즌트 댓 더 투르쓰
9.전 괜찮아요.	**That's fine with me.** 댓츠 파인 위드 미 **= That's good.** 댓츠 굿
10.찬성합니다.	**I'm for your opinion.** 아임 포 유어 오피니언 **= I'm for it.** 아임 포 잇 **= I'm all for your opinion.** 아임 올 포 유아 오피니언
11.저도 같은 생각입니다.	**I feel the same way.** 아이 필 더 세임 웨이
12.저로서는 이의가 없습니다.	**There's no objection on my part.** 데얼즈 노우 오브젝션 온 마이 파트
13.나는 당신 의견에 따를 거예요.	**I'll side with you** 아윌 사이드 위듀

14.당신 좋을 대로 하세요.	**Whatever you say.** 왓에버 유 세이
15.저와 생각이 같으시다니 기쁘네요.	**That's happy you're with me.** 댓츠 해피 유아 위드 미
16.그거 정말 좋은 생각이네요.	**That's a great idea.** 댓츠 어 그레이트 아이디어 **= What a good idea.** 왓 어 굿 아이디어
17.그렇게 할게.	**I'd go along with that.** 아이두 어롱 위드 댓

Chapter 04

의견에 반대할 때

1.저는 그것에 대해 다른 생각을 갖고 있어요.	**I think otherwise about that.** 아이 띵크 어더와이스 어바웃 댓 **= I have another idea about that.** 아이 해브 어나널 아이디어 어바웃 댓 **= I have a different opinion about that.** 아이 해버 디프런트 오피니언 어바웃 댓 **A: Oh, what's it?** 오, 왓츠 잇 오, 뭔데요?
2.별로 좋은 생각이 아니에요.	**That's not a good idea.** 댓츠 낫 어 굿 아이디어 **A: Why not?** 왓이 낫 왜요?
3.저는 그렇게 보지 않아요.	**I don't see it that way.** 아이 돈츠 씨 잇 댓 웨이 **A: Then, tell me your opinion.** 덴, 텔 미 유어 오피니언 그럼 당신 생각을 말씀해 주세요.
4.저는 동의하지 않아요.	**I don't agree with you.** 아이 돈츠 어그리 위듀 **= I disagree with it.** 아이 디스어그리 위딧
5.그건 말도 안 되는 소리예요.	**That's nonsense.** 댓츠 넌센스 **= That's a bunch of malarkey.** 댓츠 어 번치 오브 머나킷

6.나는 전적으로 반대해요.	**I disagree completely.** 아이 디스어그리 컴플리틀리 **= I couldn't disagree with you more.** 아이 쿠드튼 디스어그리 위듀 모어
7.그건 불가능한 거에요.	**That's out of the question.** 댓츠 아웃 오브 더 퀘스쳔 **= That's unthinkable.** 댓츠 언띵커블 **= It's out of the question.** 잇츠 아웃 오브 더 퀘스쳔
8.절대로 안돼요.	**Absolutely no.** 엡설루틀리 노우 **= No way!** 노우 웨이
9.그럴 생각은 없어요.	**Not if I can help it.** 낫 이프 아이 캔 헬프 잇
10.그렇게 생각하지 않아요.	**I don't think so.** 아이 돈트 띵크 쏘우
11.저는 반대합니다.	**I'm opposed.** 아임 오포스드
12.농담하는 거지요.	**You're kidding.** 유아 키딩
13.그런 생각은 집어 치워요.	**You can lay that notion to rest.** 유 캔 레이 댓 노션 투 레스트 (lay something to rest ~을 집어치우다, 그만두다)
14.이해가 되질 않아요.	**I don't get it.** 아이 돈트 겟 잇

의견

15.무슨 말인지는 알겠지만 반대에요.	**I see your point, but I disagree.** 아이 씨 유어 포인트, 밧 아이 디스어그리
16.마음에 내키지 않아요.	**I don't feel up to it.** 아이 돈트 필 업 투 잇
17.그 점에 있어서는 동의할 수 없어요.	**I'd have to disagree with you there.** 아이두 해브 투 디스어그리 위듀 데어

제안과 권유를 할 때

1.영화 보러 가는 길인데 같이 갈래요?

I'm heading to the movies, want to come with me?
아임 헤딩 투 더 무비즈, 원 투 컴 위드 미

A: Sorry, but I was just leaving for friend's house.
쏘리, 밧 아이 워즈 저스트 리빙 포 프렌즈 하우스
미안한데 지금 막 친구 집에 가려던 참이었어요.

2.일 끝나고 한 잔 하러 갈래요?

Do you want to go for a drink after work?
두 유 원투 고우 포 어 드링크 애프터 워크

A: That's fine with me.
댓츠 파인 위드 미
저는 좋아요.

3.산책하러 나가는 게 어때요?

How about going for a walk?
하우 어바웃 고잉 포 어 워크

= What about going for a walk?
왓 어바웃 고잉 포 어 워크

A: How say you?
하우 세이 유
당신 생각은 어때요?

4.영화 보러 가는 게 어때요?

How about going to the movies?
하우 어바웃 고잉 투 더 무비즈

= How about seeing a movies?
하우 어바웃 씨잉 어 무비즈

= What about seeing a movies?
왓 어바웃 씨엉 어 무비즈

A: Let's go to the movies.
렛츠 고우 투 더 무비즈
영화 보러 가요.

5.우리 저녁 먹으러 나갈까요?

Why don't we go out for dinner?
와이 돈트 위 고우 아웃 포 디너

A: Yes, I'd love to.
예스 아이두 러브 투
그거 좋아요.

6.저랑 쇼핑 가실래요?

Would you like to go shopping with me?
우쥬 라익 투 고우 쇼핑 위드 미

= How about going shopping with me?
하우 어바웃 고잉 쇼핑 위드 미

A: Sure. What time is good for you?
슈어 왓 타임 이즈 굿 포 유
물론이죠. 몇시가 좋으세요?

7.어디 가서 뭐 좀 마실까요?

Would you like to go for a drink some where?
우쥬 라익 투 고우 포 어 드링크 썸 웨어

A: Let's make it some other time.
렛츠 메이크 잇 썸 아덜 타임
다음에 해요.

8.우리 시내 구경 한 번 할까요?

Shall we go sightseeing downtown?
쉘 위 고우 싸이트씨잉 다운타운

A: I'm afraid I haven't got time now.
아임 어프레이드 아이 해븐트 갓 타임 나우
지금은 시간이 없어요.

9.이런 말 하고 싶지 않지만 당신 제안은 받아들여질 가능성이 전혀 없어요.

I hate to say it, but your proposal hasn't got a snowball's chance.
아이 헤잇 투 세이 잇, 밧 유어 프로포절 해즌트 갓 어 스노우볼 챈스

A: What are you talking about?
왓 아유 토킹 어바웃
무슨 소리 하는 거예요?

10.우리 내일 만나는 거 어때요?	**What do you say if we meet tomorrow?** 왓 두 유 세이 이프 위 미트 투머로우 **A: I'd love to, but I have another appointment.** 아이두 러브 투, 밧 아이 해브 어나덜 어포인먼트 그러고 싶지만 선약이 있어요.
11.그녀에게 데이트 신청하지 그래요?	**Why not ask her out?** 와이 낫 에스크 허 아웃 **A: I'm afraid she'll stand me up.** 아임 어프레드 쉬윌 스텐드 미 업 바람 맞을까봐 겁나요.
12.술은 끊는 게 좋겠어요.	**You'd better quit drinking.** 유아 베럴 퀴트 드링킹 **A: I'll think about it.** 아윌 띵크 어바웃 잇 생각해 볼게요.
13.단 음식을 덜 섭취하도록 노력해 보세요.	**Try to eat less sweet food, please.** 트라이 투 이트 레스 스위트 푸드, 플리즈 **A: Maybe I should do it.** 메이비 아이 슈드 두 잇 그래야 할 것 같아요.
14.저녁 함께 하시겠어요?	**Would you like to join me for dinner?** 우쥬 라익 투 조인 미 포 디너 **A: I wish I could, but I have appointment this evening.** 아이 위쉬 아이 쿠드, 밧 아이 해브 어포인트먼트 디스 이브닝 그러고 싶지만, 오늘 저녁에는 약속이 있어서 안 됩니다.

의견

15.잠시 커피를 마시며 쉬기로 해요.

Let's have a coffee break, shall we?
렛츠 해버 커피 브레이크, 쉘 위

A: Yes, let's do that.
예스, 렛츠 두 댓
그렇게 합시다.

16.실례지만, 이곳에서 담배를 피우지 말아주시겠어요?

Excuse me, but could you now smoke here?
익스큐즈 미, 밧 쿠쥬 나우 스모크 히얼

Actually, second-hand smoke is just as dangerous outside.
엑츄얼리, 세컨트-핸드 스모크 이즈 저스트 애즈 데인져러스 아웃사이드
사실 간접흡연으로 인한 담배 연기도 해롭긴 마찬가지에요.

Chapter 06

부탁이나 허락을 구할 때

1\. 부탁드려도 될까요?

May I ask you favor?
메아이 애스큐 페이버

A: Of course. What's it?
오브 코즈 왓츠 잇
물론이죠. 뭔데요?

2.저랑 함께 가시겠어요?

Could you go with me?
쿠쥬 고우 위드 미

A: All right.
올 롸잇
좋아요.

3.돈 좀 빌려 줄래요?

Would you mind lending me some money?
우쥬 마인드 렌딩 미 썸 머니

= Would you lend me some money?
우쥬 렌드 미 썸 머니

A: I'm sorry, I have no money.
아임 쏘리 아이 해브 노우 머니
미안해요. 나도 여윳돈이 없어요.

4.부탁 하나 들어 주시겠어요?

Would you do me a favor?
우쥬 두 미 어 페이버

A: Not this time.
낫 디스 타임
이번엔 곤란해요.

5.창문 좀 열어 주시겠어요?

Could you open the window?
쿠쥬 오픈 더 윈도우

A: I'd be glad to.
아두 비 글래드 투
기꺼이 그러겠습니다.

6.어려운 부탁 하나 들어줄래요?	**Could I ask you a big favor?** 쿠드 아이 애스큐 어 빅 페이버 **A: Of course, go ahead.** 오브 코즈 고우 어해드 물론이죠, 말씀해 보세요.
7.이 서류 좀 타이핑해 주시겠어요?	**Would you please type these documents?** 우쥬 플리즈 타이프 디즈 더큐먼츠 **A: I don't have enough time to do that.** 아이 돈트 해브 이너프 타임 투 두 댓 그것을 할 만한 시간이 없어요.
8.내일 하루 쉬어도 되겠습니까?	**Will you please let me have a day off tomorrow?** 윌 유 플리즈 렛 미 해버 데이 오프 투머로우 **A: Well. I'd rather you didn't** 웰 아이두 레더 유 돈트 글쎄요. 그렇게 안 했으면 좋겠는데요.
9.괜찮으시다면 여기 앉아도 될까요?	**If it's okay with you, Can I sit here?** 이프 잇츠 오케이 위듀 캔 아이 씻 히어 **A: Sure.** 슈어 물론이죠.
10.실례합니다. 좀 지나가도 될까요?	**Excuse me. Can I get through?** 익스큐즈 미 캔 아이 겟 쓰루 **A: Yes, of course.** 예스 오브 코즈 예, 물론이죠.

11.들어가도 될까요?	**May I come in?** 메아이 컴 인 **A: Sure come right in.** 슈어 컴 롸잇 인 그럼요. 어서 와요.
12.전화 좀 써도 될까요?	**Could I use the phone?** 쿠드 아이 유즈 더 폰 **A: Be my guest.** 비 마이 게스트 얼마든지요.
13.잠깐만 실례해도 될까요?	**May I be excused from the table?** 메아이 비 익스큐즈드 프럼 더 테이블 **= Can I bother you for a moment?** 캔 아이 바더 유 포 어 모우먼트 **A: Sure, go ahead.** 슈어 고우 어헤드 물론이에요. 그러세요.
14.담배를 피워도 괜찮겠어요?	**Do you mind if I smoke?** 두 유 마인드 이프 아이 스모크 **A: No, not at all. Go ahead.** 노우, 낫 앳 올 고우 어헤드 물론이죠. 어서 피우세요. **No, I guess not. This is a non-smoking room.** 노우 아이 게스 낫 디스 이즈 어 논-스모크 룸 안 될 것 같아요. 여긴 금연구역이에요.
15.저 좀 도와주시겠어요?	**Can you give me a hand?** 캔 유 기브 미 어 핸드 **A: What is it? I'll do what I can.** 왓 이즈 잇 아윌 두 왓 아이 캔 무슨 일이시죠? 제가 할 수 있는 건 해드리죠.

16. 실례지만 동석해도 될까요?

Excuse me. May I join you?
익스큐즈 미 메아이 조인 유

A: Certainly. = No problem.
설튼리 노우 프라블럼
그러세요.

Chapter
07
충고와 주의를 줄 때

1.병원에 가 보는 게 좋겠어요.

I think you should see a doctor.
아이 띵큐 슈드 씨 어 닥터

A: Yeah. I think you're right.
옛 아이 띵크 유아 롸잇
그래야 할 것 같아요.

2.그의 충고를 따르는 게 좋겠어요.

You'd better follow his advice.
유두 베터 팔로우 히즈 어드바이스

A: I think so.
아이 띵크 쏘우
그래요.

3.열심히 공부하지 않으면 시험에 떨어질 거에요.

Work hard otherwise you'll fail your exam.
웍 하드 어더와이즈 유윌 페일 유아 이그잼

A: I'll keep it in mind.
아윌 킾 잇 인 마인드
명심할게요.

4.그 사람 조심하는 게 좋을 거에요.

He had better watch out.
히 해드 베터 와치 아웃

A: I think you are right.
아이 띵크 유 아 롸잇
당신 말이 맞는 것 같아요.

5.그의 말을 액면 그대로 받아들이지 마세요.

Don't take what he says as face value.
돈트 테이크 왓 히 세즈 애즈 페이스 벨류

A: Thanks for your advice.
땡스 포 유어 어드바이스
충고 고마워요.

6.다시는 그런 일이 없도록 하세요.

Don't let it happen again.
돈트 렛 잇 헤픈 어겐

A: I'll take your words.
아윌 테이크 유어 워드
충고 받아들일게요.

7.맥주 좀 더 마시고 싶은데요.

I want to drink some more beer.
아이 원 투 드링크 썸 모어 비어

A: You're drunk. You should go now.
유아 드렁크 유 슈드 고우 나우
당신 취했어요. 이제 가는 게 좋겠어요.

8.다시 한 번 해보는 게 좋겠어요.

You might as well try it again.
유 마이트 애즈 웰 트라이 잇 어겐

A: Thank you for encouraging me.
땡스 유 포 인커리징 미
용기를 줘서 고마워요.

9.그만 둘까요. 너무 힘들어요.

Maybe I should quit. Things been getting so stressful.
메이비 아이 슈드 퀴트 띵스 빈 겟딩 쏘우 스트레스플

A: You can't do that. Things will improve.
유 캔트 두 댓 띵스 윌 임프루브
그러면 안 되지. 앞으로 좋아질 거에요.

10.여론에 귀를 기울이세요.

Hold your ear to the ground.
홀드 유어 이어 투 더 그라운드

A: I think I should ask for other opinions.
아이 띵크 아이 슈드 애스크 포 어더 오피니언스
다른 사람들 의견도 들어봐야 할 것 같아요.

11.그 사람과 사귀지 마세요.

Don't associate with him.
돈트 어소우시에잇 위드 힘

A: Don't take it personally.
돈트 테이크 잇 퍼스넬리
기분 나쁘게 받아들이지 마세요.

Do it your own way.
두 잇 유어 원 웨이

12.소신껏 하세요.

A: You'd better keep my words in mind.
유두 베터 킵 마이 워즈 인 마인드
내 말을 명심하는 게 좋을 거예요.

How can you say that?
하우 캔 유 세이 댓

13.당신 나한테 그렇게 말할 수 있어요?

A: Don't take it seriously. I was just kidding.
돈트 테이크 잇 시리어슬리 아이 워즈 저스트 키딩
너무 심각하게 받아들이지 말아요. 난 그냥 농담이었어요.

I'm stressed out.
아임 스트레스트 아웃

14.너무 스트레스를 받아요.

A: Take a rest for a few days.
테이크 어 레스트 포 어 퓨 데이즈
2,3일간 휴식을 취하세요.

You're doing too much.
유아 두잉 투 머취

= You're trying to do too much.
유아 트라잉 투 두 투 머쉬

15.지금 너무 무리하고 있어요.

= You're overdoing now.
유아 오버두잉 나우

If I were you, I'd take a break.
이퓨 아이 워 유 아이두 테이크 어 브레이크
내가 당신이라면 좀 쉬겠어요.

의견

Chapter 08

협상과 설득

1.저는 이 조건을 받아들일 수 없어요.

I can't accept these conditions.
아이 캔 엑셉트 디스 컨디션스

A: Is your position fixed?
이즈 유어 포지션 픽스드
당신의 입장이 확고한가요?

2.나는 우리가 합의할 수 있으리라고 확신합니다.

I'm sure we can come to an agreement.
아임 슈어 위 캔 컴 투 언 어그리먼트

A: These conditions are no good.
디즈 컨디션스 아 노우 굿
이 조건들이 전혀 좋지 않아요.

3.이 건에 대해서 이야기 해 봅시다.

Let's talk about this.
렛츠 토크 어바웃 디스

A: There may be some room for compromise.
데어 메이 비 썸 룸 포 컴프로마이즈
타협의 여지가 있을 겁니다.

4.제 말을 들으세요.

You listen to me.
유 리슨 투 미

A: No, you listen me.
노우 유 리슨 미
아니오, 당신이 제 말을 들으세요.

5.이래도 안 하시겠어요?

How does this sound?
하우 더즈 디스 사운드

A: Don't force me to make a decision.
돈트 포스 미 투 메이크 어 디시젼
저에게 강요하지 마세요.

6.더 이상 이야기할 필요가 없군요.

I don't think we need to talk about it.
아이 돈트 띵크 위 니드 투 토크 어바웃 잇

A: Come on, let's meet halfway.
컴온 렛잇 미트 하프웨이
자, 우리 조금씩 양보합시다.

7.나는 내 방식대로 하겠습니다.

I'm bound to get it my way.
아임 바운드 투 겟 잇 마이 웨이

A: All right if you insist.
올 롸잇 이퓨 인시스트
정 그렇다면 좋습니다.

8.제 말을 끝까지 들어보세요.

Hear me out.
히얼 미 아웃

A: Let's try for a win-win situation.
렛츠 트라이 포 어 윈-윈 시츄에이션
서로 이익이 되는 상황을 만들어 봅시다.

9.대화로 모든 것을 해결할 수 있습니다.

Talking can solve everything.
토킹 캔 솔브 에브리씽

A: Let's discuss the problems until a solution is found.
렛츠 디스커스 더 프러블럼스 언틸 어 설루션 이즈 파운드
해결책이 나올 때가지 그 문제를 논의합시다.

10.당신의 입장을 바꿀 수 없을까요?

Can't you change your position just a little?
캔츄 체인지 유어 포지션 저스트 어 리틀

A: If I were you, I'd do it this way.
이프 아이 워 유 아이두 잇 디스 웨이
제가 당신이라면, 이렇게 해 보겠습니다.

의견

11.저를 믿으세요. 저는 그런 사람 아닙니다.

Trust me. I'm not that kind of person.
트러스트 미 아임 낫 댓 카인드 오브 퍼슨

A: Stop lying to me.
스탑 라이잉 투 미
저한테 거짓말 그만 해요.

12.우리는 협상할 준비가 되어 있습니다.

We're willing to strike a bargain.
위아 윌링 투 스트라이크 어 바겐

= We're ready to deal.
위아 레디 투 딜

A: That item is not negotiable.
댓 아이템 이즈 낫 니고셔블
그 사항은 협상이 불가능합니다.

13.그건 받아들일 수가 없습니다.

That is unacceptable.
댓 이즈 언억셉터블

A: We're reached an impasse.
위아 리치드 언 임패스
우리는 난관에 봉착했습니다.

14.우리는 타협안을 제시하고 싶습니다.

We'd like to offer a compromise.
위두 라이크 투 오퍼 어 컴프로마이즈

A: If you do this, I will do that.
이퓨 두 디스, 아이 윌 두 댓
당신이 이렇게 해 주신다면, 제가 그렇게 할게요.

추측과 판단

1.그가 뭔가 숨기고 있는 것 같아요.

It seems as if he's hiding something.
잇 씸즈 애즈 이프 히즈 하이딩 썸씽

A: That's what I want to ask you.
댓츠 왓 아이 원투 애스큐
그게 바로 내가 당신한테 묻고 싶은 겁니다.

2.컴퓨터가 고장 난 것 같아요.

It seems that this computer is broken.
잇 씸브 댓 디스 컴퓨터 이즈 브로큰

A: It might be.
잇 마이트 비
그런 것 같아요.

3.결과가 우리가 생각했던 것과는 반대로 나왔어요.

The result was opposite of what we expected.
더 리절트 워즈 아퍼짓 오브 왓 위 익스펙티드

A: I didn't expect this.
아이 돈트 익스펙트 디스
이건 예상을 못했어요.

4.그는 30대일 거라고 생각해요.

I guess him to be in his thirties.
아이 게스 힘 투 비 인 히즈 써티즈

A: It might be.
잇 마이트 비
그럴 것 같아요.

5.제 추측이 적중했어요.

I guessed right.
아이 게스 롸잇

A: Your guess was right on the nose.
유아 게스 워즈 라잇 온 더 노우즈
당신 추측이 딱 맞았어요.

6.결과가 우리 예상대로 되었어요.

The result come up to our expectations.
더 리절트 컴 업 투 아워 익스팩테이션

A: Really?
리얼리
정말요?

7.오늘 날씨가 갤까요?

Will the weather clear up this today?
윌 더 웨더 클리어 업 디스 투데이

A: Yes, I hope it will.
예스, 아이 호프 잇 윌
예, 그러면 좋겠어요.

8.속단하지 말아요.

Don't jump to conclusions.
돈트 점프 투 컨클루션스

A: The jury is still out.
더 져리 이즈 스틸 아웃
아직 모르는 일이에요.

9.확신하는데 그는 거기 있었어요.

I'm sure he was there.
아임 슈어 히 워즈 데어

A: I doubt if he was there. He said he was not going there.
아이 다우트 이프 히 워즈 데어 히 세드 히 워즈 낫 고잉 데어
나는 그가 정말 거기 있었는지 의심스러워요. 안 간다고 했었거든요.

10.그 사람 동의할 것 같지 않아요.

I don't think he'll agree.
아이 돈트 띵크 히윌 어겐

A: I'm afraid so.
아임 어프레이드 쏘우
그럴 것 같은데요.

11.사실임이 틀림없어요.

It must be true. = It has to be true.
잇 머스트 비 트루 잇 해브 투 비 트루

A: No way.
노우 웨이
그럴 리가 없어요.

12.우리가 길을 잃은 것 같아요.

It seems as if we're lost.
잇 씸즈 애즈 이프 위아 로스트

A: It figures.
잇 피겨스
그럴 줄 알았어요.

13.그런 경우 가능성이 있어요.

It's probably the case.
잇츠 프라버블리 더 케이스

A: It's not likely.
잇츠 낫 라이클리

= Maybe not.
메이비 낫
그런 것 같지 않은데요.

Chapter
10 가정과 확신

1.운전면허 시험에 떨어지면 어떻게 하나요?	**What if I fall the driving test?** 왓 이프 아이 폴 더 드라이빙 테스트 **A: I'm confident that you'll succeed.** 아임 컨피던트 댓 유윌 석씨드 네가 성공할 것이라고 확신해요.
2.일자리가 없으면 어떻게 하지요?	**What if there's no job opening?** 왓 이프 데얼즈 노우 잡 오프닝 **A: Don't be in such a hurry.** 돈트 비 인 써치 어 허리 너무 서두르지 마세요.
3.저 여자 몇 살처럼 보여요?	**How old does she look?** 하우 올드 더즈 쉬 룩 **A: I guess her to be in her mid 40s.** 아이 게스 허 투 비 인 허 미드 포티 나는 그녀가 40대 중반일 것으로 짐작해요.
4.그가 거절하면 어떻게 하지요?	**What if he says "No?"** 왓 이프 히 세즈 노우 **A: No way!** 노우 웨이 그럴 리가 없어요.
5.우리가 헤어지면 어떡해요?	**What if we break up?** 왓 이프 위 브레이크 업 **A: Let's think it over later.** 렛츠 띵크 잇 오버 레더 그건 나중에 고민합시다.
6.당신이 나를 사랑한다면 나도 당신을 사랑할거에요.	**I'll love you as long as you love me.** 아윌 러브 유 애즈 롱 애즈 유 러브 미

	A: Thanks. 땡스 고마워요.
7.당신은 그게 사실일거라고 생각하나요?	Do you think it is true? 두 유 땡크 잇 이즈 트루 A: Well. I'm not sure but there's a good chance. 웰 아임 낫 슈어 밧 데얼즈 어 굿 챈스 글쎄요. 잘은 모르겠지만 그럴 가능성이 있어요.
8.그녀가 내 사과를 받아들이지 않으면 어떻게 하지요?	What if she doesn't accept my apology? 왓 이프 쉬 더즌트 엑셉트 마이 어펄로지 A: I think you're going a little overboard. 아이 띵크 유아 고잉 어 리틀 오버보드 당신 좀 오버하는 것 같아요.
9.저는 제 생각이 맞다고 확신해요.	I'm quite certain I'm right. 아임 콰이트 써튼 아임 롸잇 A: It makes sense. 잇 메이크스 센스 일리가 있어요.
10.제대로 한 것이 확실한가요?	Are you sure you did it right? 아류 슈어 유 디드 잇 롸잇 A: No double about it. 노우 더블 어바웃 잇 틀림없어요.
11.당신이 원한다면 그렇게 할 수 있어요.	You can do it if that's what you want. 유 캔 두 잇 이프 댓츠 왓 유 원트 A: I knew it. 아이 노우 잇 그럴 줄 알았어요.

12.내가 만약 당신이었다면 그렇게 말하지 않았을 거에요.

I wouldn't say that if I were you.
아이 우든트 세이 댓 이프 아이 워 유

A: Who knows?
후 노우즈
누가 알아요?

13.저는 있는 그대로 말씀드리는 겁니다.

I'm telling you as it is.
아임 텔링 유 애즈 잇 이즈

A: I have faith in you.
아이 해브 페이스 인 유
난 당신을 믿어요.

14.그 사람 절대 그럴 사람이 아닙니다.

He'll never do that.
히윌 네버 두 댓

A: You said it.
유 세드 잇
맞는 말씀입니다.

Practical English

직장생활

15

❶ 직업을 물을 때
❷ 일자리 구하기
❸ 면접
❹ 직장생활
❺ 프로젝트
❻ 회의
❼ 업무 처리
❽ 업무 평가
❾ 출 · 퇴근
❿ 사직과 승진
⓫ 거래처 방문
⓬ 제품 설명
⓭ 협상과 계약
⓮ 주문과 재고
⓯ 클레임

Chapter 01

직업을 물을 때

1.직업이 무엇인가요?	**What's your job?** 왓츠 유어 잡 **What's your occupation?** 왓츠 유어 어큐페이션 **What business are you in?** 왓 비즈니스 아 유 인 **What's your profession?** 왓츠 유어 프로페션 **What do you do for a living?** 왓 두 유 두 포 어 리빙 **A: I'm an office worker.** 아임 언 오피스 워커 저는 회사원입니다.
2.무슨 일을 하세요?	**What do you do for a living?** 왓 두 유 두 포 어 리빙 **A: I'm a salaried worker.** 아임 어 샐러리드 워커 저는 봉급생활자입니다.
3.어디서 일하세요?	**Where do you work?** 웨어 두 유 웍 **A: I work for a trading company.** 아이 웍 포 어 트레이딩 컴퍼니 무역회사에 근무합니다.
4.어느 회사에 근무하세요?	**What company are you with?** 왓 컴퍼니 아 유 위드 **= What type of company do you work for?** 왓 타이프 오브 컴퍼니 두 유 웍 포 **A: I work for a construction company.** 아이 웍 포 어 컨스트럭션 컴퍼니 건설회사에서 일해요.

5.직업이 무엇인지 물어 봐도 될까요?

May I ask what your job is?
메이 아이 애스크 왓 유어 잡 이즈

A: I'm a public officer.
아임 어 퍼블릭 오피써
저는 공무원입니다.

6.어떤 종류의 일을 하시나요?

What kind of work are you in?
왓 카인드 오브 웍 아 유 인

= What kind of job do you have?
왓 카인드 오브 잡 두 유 해브

A: I'm a taxi driver.
아임 어 택시 드라이버
저는 택시 기사입니다.

7.운전한 지 얼마나 되셨나요?

How long have you been driving?
하우 롱 해브 유 빈 드라이빙

A: About ten years.
어바웃 텐 이얼즈
약 10년쯤 되었어요.

8.그 회사에서 무슨 일을 하세요?

What do you do at the company?
왓 두 유 두 앳 더 컴퍼니

A: I work in the accounting department.
아이 웍 인 디 어카운팅 디파트먼트
경리부에서 일하고 있어요.

9.왜 이 직업을 택하셨나요?

What made you choose this job?
왓 메이드 유 추즈 디스 잡

A: That's really where I wanted to work.
댓츠 리얼리 웨어 아이 원트 투 웍
제가 정말 일하고 싶은 곳입니다.

10.직업에 만족하세요?

Do you enjoy your job?
두 유 엔조이 유어 잡

A: I'm satisfied with my job.
아임 새티스파이드 위드 마이 잡
저는 이 직업에 만족합니다.

11.새로 개업한 식당은 잘 되나요?

How is business at your new restaurant?
하우 이즈 비즈니스 앳 유어 뉴 레스토랑

A: I think we'll just break even this year.
아이 띵크 유윌 저스트 브레이크 이븐 디스 이얼
올해 겨우 본전을 건질 거에요.

12.어떤 업종에 계십니까?

What kind of business are you in?
왓 카인드 오브 비즈니스 아 유 인

A: I own a construction company.
아이 오운 어 컨스트럭션 컴퍼니
건설회사를 경영하고 있어요.

13.거기서 근무하는 것은 어떻습니까?

What's it like working there?
왓츠 잇 라이크 워킹 데어

A: I'm thinking of changing my job.
아임 띵킹 오브 체인징 마이 잡
직업을 바꿀까 생각 중입니다.

14.새로운 직업은 어때요?

How's your new job?
하우즈 유어 뉴 잡

A: So far, so good.
쏘우 파, 쏘우 굿
지금까지는 좋아요.

15.당신 직업이 뭐에요?

What's your occupation?
왓츠 유어 어큐페이션

A: I'm in the publishing industry.
아임 인 더 퍼블리쉬 인더스트리
출판업에 종사하고 있습니다.

Chapter 02

일자리 구하기

1.회계사 일자리 때문에 전화드렸어요.

I'm calling about the accountant position.
아임 콜링 어바웃 디 어카운턴트 포지션

A: I'm afraid it has already been filed.
아임 어프레이드 잇 해즈 올레디 빈 필드
죄송하지만 이미 사람을 구했어요.

2.어떤 일을 하고 싶나요?

What kind of job do you want?
왓 카인드 오브 잡 두 유 원트

A: What kind of opening do you have?
왓 카인드 오브 오프닝 두 유 해브
어떤 일자리가 있나요?

3.당신 회사에 자리가 있다는 게 사실이에요?

Is it true there's an opening in your company?
이즈 잇 트루 데얼즈 언 오프닝 인 유어 컴퍼니

A: Yes, are you interested in it?
예스, 아 유 인터레스트드 인 잇
네, 관심 있어요?

4.우리 회사를 어떻게 아셨나요?

How did you hear of our company?
하우 디쥬 히얼 오브 아워 컴퍼니

A: I see your help wanted ad.
아이 씨 유어 헬프 원티드 애드
구인 광고를 보았어요.

5.기획부에 공석이 있나요?

Do you have any opening in the planning department?
두 유 해브 에니 오프닝 인 더 플래닝 디파트먼트

A: We have no opening at the moment.
위 해브 노우 오프닝 앳 더 모우먼트
현재는 공석이 없습니다.

6.그 직책에 지원하려면 자격 요건이 어떻게 되나요?

What qualifications do I need to apply for that job?
왓 퀄리피케이션스 두 아이 니드 투 어플라이 포 댓 잡

= What are the requirements to apply for that position?
왓 아 더 리콰이얼먼트 투 어플라이 포 댓 포지션

A: It's necessary licenses and business experience.
잇츠 네세서리 라이센스 앤 비즈니스 익스피리언스
자격증과 경력이 필요합니다.

7.어떻게 지원하면 되나요?

How do I apply for your company?
하우 두 아이 어플라이 포 유어 컴퍼니

A: You have to send in a resume and a cover letter.
유 해브 투 센드 인 어 레쥬메 앤 어 커버 레터
이력서와 자기소개서를 제출하세요.

8.이 메일로 보내도 괜찮습니까?

Can I send it to you by e-mail?
캔 아이 센드 잇 투 유 바이 이-메일

A: Send by e-mail us your resume, please.
센드 바이 이-메일 유즈 유어 레쥬메 플리즈
이메일로 보내주세요.

9.넥슨 회사가 엔지니어를 모집하고 있다고 들었어요.

I hear Nexon corporation is looking for engineers.
아이 히얼 넥슨 코포레이션 이즈 룩킹 포 엔지니얼스

A: Really? Are they staffing up for some big project?
리얼리 아 데이 스테핑 업 포 썸 빅 프로젝트
정말이에요? 대형 프로젝트에 필요한 직원을 채용하는 건가요?

10.난 이미 회계 쪽으로 취업되었어요.

I've got an accounting job all lined up already.
아이브 갓 언 어카운팅 잡 올 라인 업 올레디

A: Hey, that's great.
하이 댓츠 그래이트
와, 정말 잘됐다.

11.마케팅 부서에 결원이 생겼다고 들었어요.

I heard there's a job opening in the marketing departments.
아이 허드 데얼즈 어 잡 오프닝 인 더 마케팅 디파트먼트

A: Are they going to bring in someone new?
아 데이 고잉 투 브링 인 썸원 뉴
사람을 새로 채용한대요?

12.새로운 직장을 구했다면서요. 축하해요.

I heard you got a new job. Congratulations!
아이 허드 유 갓 어 뉴 잡 컹그레이츄레이션

A: Thanks. It's a bigger company, and it's even closer to home.
땡스 잇츠 어 비거 컴퍼니 앤 잇츠 이븐 클로져 투 홈
고마워요. 더 큰 회사인데다가 집에서도 훨신 더 가깝고요.

13.일자리가 있습니까?

Do you have any openings?
두 유 해브 에니 오프닝

= Is the job still available?
이즈 더 잡 스틸 어베일러블

A: Sorry. It's already been filled.
쏘리 잇츠 올레이디 빈 필드
미안합니다. 이미 채웠습니다.

14.일자리를 구하고 있나요?

Are you looking for a job?
아류 룩킹 포 어 잡

직장생활

A: I've been looking for a job for almost a year.
아이브 빈 룩킹 포 어 잡 포 올모스트 어 이얼
저는 거의 일 년 동안 일자리를 찾고 있어요.

15.회사에 빈자리가 있나요?

Is there a job opening in your company?
이즈 데어 어 잡 오프닝 인 유어 컴퍼니

A: We have no openings at the moment.
위 해브 노우 오프닝 앳 더 모우먼트
현재는 공석이 없습니다.

Chapter
03 면접

1.면접 보러 왔습니다.

I'm here for an interview.
아임 히얼 포 언 인터뷰

A: Come in. Have a seat.
컴 인 해브 어 씨트
들어오세요. 앉으세요.

2.이세동씨죠?

It's Sedong Lee, isn't it?
잇츠 세동 이, 이즌트 잇

A: Yes, that's right.
예스, 댓츠 롸잇
예, 그렇습니다.

3.이력서 좀 볼까요?

Let me see your resume?
렛 미 씨 유어 레쥬메

A: Yes, here is.
예스, 히얼 이즈
네, 여기 있습니다.

4.어떤 분야의 학위를 갖고 있나요?

What's your degree in?
왓츠 유어 디그리 인

= What degree do you have?
왓 디그리 두 유 해브

A: I majored in business administration at the university.
아이 메이저드 인 비즈니스 애드미니스트레이션 앳 디 유니버시티
저는 대학에서 경영학을 전공했습니다.

5.어느 학교를 나왔어요?

What school did you graduate from?
왓 스쿨 디쥬 그레쥬에이트 프럼

= Where did you go to school?
웨어 디쥬 고우 투 스쿨

A: I'm a graduate of Seoul university.
아임 어 그레쥬에이트 오브 서울 유니버시티
저는 서울대학교를 졸업했습니다.

6.경력이 있어요?

Do you have any business experience?
두 유 해브 에니 비즈니스 익스피리언스

A: I used to work at a A company for four years.
아이 유즈 투 웍 앳 어 에이 컴퍼니 포 포 이얼즈
저는 A회사에서 4년간 근무했습니다.

7.영어 실력은 어느 정도 입니까?

What's your English level?
왓츠 유어 잉글리쉬 레벨

A: I have no major problem communication in English.
아이 해브 노우 메이저 프라블럼 커뮤니케이션 인 잉글리쉬
영어로 의사소통하는 데는 큰 문제가 없어요.

8.거기서 근무하신 지 얼마나 되셨어요?

How long have you been working there?
하우 롱 해브 유 빈 워킹 데어

A: Including the internship, it has been five years.
인클루딩 더 인턴쉽 잇 해즈 빈 파이브 이얼즈
인턴까지 포함해서 5년 됐어요.

9.지난 직장은 왜 그만뒀어요?

Why did you leave your lase job?
와이 디쥬 리브 유어 라스트 잡

= May I ask you why you quit your previous job?
메이 아이 에스큐 와이 유 퀴트 유어 프리비어스 잡

A: I was made redundant.
아이 워즈 메이드 레던단트
저는 정리해고 당했어요.

10.초봉은 어떻게 생각하고 있나요?

What starting salary would you expect?
왓 스타팅 샐러리 우쥬 익스펙트

= What are your starting salary expectations?
왓 아류 스타팅 샐러리 익스펙테이션스

= What sort of starting salary do you expect?
왓 솔트 오브 스타팅 샐러리 두 유 익스펙트

A: I'd like to start at around $2500 per month.
아이두 라익 투 스타트 앳 어라운드 투싸우전드파이브헌드레드 퍼 먼쓰
월 2500달러 정도로 시작했으면 합니다.

11.근무시간은 어떻게 되나요?

What are the working hours?
왓 아 더 워킹 아워즈

A: Working hours are 9:00am to 6:00pm.
워킹 아워즈 아 나인 에이엠 투 씩스피엠
근무시간은 오전 9시부터 오후 6시입니다.

12.자기 소개를 좀 해주세요.

Tell me something about yourself.
텔미 썸씽 어바웃 유어셀프

= Please introduce yourself.
플리즈 인트로듀스 유어셀프

13.어떤 능력을 갖고 있나요?

What are your qualifications?
왓 아 유어 퀄리피케이션스

A: I'm an old hand at this.
아임 언 올드 핸드 앳 디스
전 이 분야에 경험이 많습니다.

14.임금 인상을 얼마나 자주 하나요?

How often do you offer raises?
하우 오픈 두 유 오퍼 레이즈

A: There's an annual pay raise in March at our company.
데얼즈 언 애뉴얼 페이 레이즈 인 마치 앳 아워 컴퍼니
우리 회사는 매년 3월에 임금 인상을 해요.

15.결과는 언제 알 수 있어요?

When will I know your decision?
웬 윌 아이 노우 유어 디시젼

A: We'll contact you within a week.
위윌 컨택트 유 위드인 어 위크
일주일 내로 알려드리겠습니다.

16.어쩐 일로 정장이야?

What's with the suit?
왓츠 위드 더 슈트

A: Oh, I just came from an interview.
오, 이 저스트 케임 프럼 언 인터뷰
아, 지금 면접보고 오는 길이에요.

17.면접 어땠어?

So how was it?
쏘우 하우 워즈 잇

A: It was tough. They asked me lots or personal questions.
잇 워즈 터프 데이 애스크드 미 랏 오어 퍼스널 퀘스쳔스
힘들었어. 사적인 질문을 많이 했어.

18.그건 그렇고, 면접은 잘 한 거예요?

So, how do you think you did any way?
쏘우 하우 두 유 띵큐 유 디드 에니 웨이

A: I'm not sure. They said they'd call me later.
아임 낫 슈어 데이 세드 데이드 콜 미 레이러
잘 모르겠어요. 나중에 전화해 준대요.

1.또 늦었잖아요.	**You're late again.** 유아 레이트 어겐 **A: Try to be on time next time.** 트라이 투 비 온 타임 넥스트 타임 다음에는 제 시간에 오도록 할게요.
2.죄송합니다만 이번 일은 해본 적이 없어서요.	**I'm sorry, I've never done this before.** 아임 쏘리 아이브 네버 던 디스 비포 **A: Oh, well. You can't lose them all.** 오, 웰 유 캔트 루즈 뎀 올 뭐 하다 보면 익숙해지겠지요.
3.그 일은 어떻게 되어 가고 있어요?	**How's the work going?** 하우즈 더 웍 고잉 **A: I'm working on it right now.** 아임 워킹 온 잇 롸잇 나우 지금 하고 있는 중입니다.
4.무슨 진척이 좀 있었나요?	**Have there been any development?** 해브 데어 빈 에니 디벨롭먼트 **A: We're 2 weeks ahead of schedule.** 위아 투 윅스 어헤드 오브 스케쥴 예정보다 2주 빨리 진행되고 있습니다.
5.그 보고서 내일까지 끝마쳐 주세요.	**I need you to finish that report by tomorrow.** 아이 니드 유 투 피니쉬 댓 리포트 바이 투머로우 **A: It's so tight. I have some other work to do.** 잇츠 쏘우 타이트 아이 해브 썸 어더 웍 투 두 시간이 너무 빡빡해요. 다른 일도 있는데요.

6.그 일은 언제쯤이면 될까요?	**When will the work be done?** 웬 윌 더 웍 비 던 **A: It will be done by the end of this month.** 잇 윌 비 던 바이 디 엔드 오브 디스 먼쓰 이달 말쯤에는 될 겁니다.
7.언제까지 끝낼까요?	**When would you like it finished?** 웬 우쥬 라익 잇 피니쉬드 **A: I need you to have this finished by today.** 아이 니드 유 투 해브 디스 피니쉬드 바이 투데이 오늘까지 이 일을 당신이 끝냈으면 합니다.
8.저 좀 도와줄 시간 있어요?	**Do you have time to help me?** 두 유 해브 타임 투 헬프 미 **A: No problem, what shall I begin with?** 노우 프라블럼, 왓 쉘 아이 비긴 위드 물론이에요. 무엇부터 할까요?
9.요청하셨던 보고서 여기 있어요.	**Here is the report you required.** 히얼 이즈 더 리포트 유 리콰이얼드 **A: Thank you, it'll be helpful.** 땡큐 잇윌 비 헬프플 고마워요. 많은 도움이 될거에요.
10.거기서 근무하는 것은 어떻습니까?	**What's it like working there?** 왓츠 잇 라익 워킹 데어 **A: I'm satisfied with my work.** 아임 티스파이드 위드 마이 웍 저는 제 일에 자부심을 갖고 있습니다.
11.회사에서 올해 임금 인상을 하지 않는다는 게 확실해요?	**Are you sure the company is not going to be giving out any raises this year?** 아류 슈어 더 컴퍼니 이즈 낫 고잉 투 비 기빙 아웃 에니 레이즈 디스 이얼

A: Read my lips. No new raises.
리드 마이 립스 노우 뉴 레이즈
내 말을 잘 들어요. 올해는 인상이 없어요.

12.그 프로젝트 얼마나 진행했어요?

How far are you on that project?
하우 파 아류 온 댓 프로젝트

A: It's not half done yet.
잇츠 낫 하프 던 옛
아직 반도 안 끝났어요.

13.이번 달에 휴가를 갈 계획이라면서요.

I heard you're planning on taking vacation this month.
아이 허드 유아 플래닝 온 테이킹 버케이션 디스 먼쓰

A: The company policy is use annual leave or lost it.
더 컴퍼니 팔러씨 이즈 유즈 애뉴얼 리브 오어 로스트 잇
연차 휴가를 안 쓰면 소멸되는 게 회사 방침이거든요.

14.내일 병가를 내도 될까요?

Would I be able to get sick leave tomorrow?
우드 아이 비 에이블 투 겟 씩 리브 투머로우

A: What's the matter?
왓츠 더 매더
무슨 일 있어요?

15.언제로 휴가를 잡을까요?

When can you schedule my vacation?
웬 캔 유 스케줄 마이 버케이션

A: I'd like to take my one week vacation in August.
아이두 라익 투 테이크 마이 원 위크 버케이션 인 어거스트
8월에 1주일동안 휴가를 냈으면 좋겠어요.

직장생활

16.상사가 저에게 성희롱을 하고 있어요.

My boss has been sexually harassing me.
마이 보스 해즈 빈 섹슈얼리 허래싱 미

A: Who is your boss?
후 이즈 유어 보스
상사가 누구입니까?

17.다음 주부터 자네가 외근을 좀 해야겠네.

Starting next week, I need you to do some work outside the office.
스타닝 넥스트 위크 아이 니드 유 투 두 썸 웍 아웃사이드 더 오피스

A: Sure, boss. Anything you need.
슈어 보스 에니씽 유 니드
네, 사장님. 무슨 일이든지 다 하겠습니다.

18.새로 입사하셨다고 들었는데요. 지금까지는 어떠세요?

I hear you're new here. How do you like it so far?
아이 히얼 유아 뉴 히어 하우 두 유 라익 잇 쏘우 파

A: It's somewhat worrisome, but I really like working in marketing.
잇츠 썸왓 워리썸 밧 아이 리얼리 라익 워킹 인 마케팅
좀 걱정되기는 하지만 마케팅 업무는 정말 마음에 들어요.

19.새로 오신 분 맞죠?

You're new here, aren't you?
유아 뉴 히어 안트 유

A: Yes. But how do you know who I am?
예스 밧 하우 두 유 노우 후 아이 엠
맞습니다. 그런데 저를 어떻게 아세요?

Chapter
05 프로젝트

1.프로젝트를 어떻게 시작해야 할까요?

How should we go about doing the project?
하우 슈드 위 고잉 어바웃 두잉 더 프로젝트

A: Let's organize a task force.
렛츠 올가나이즈드 어 태스크 포스
특별 전담팀을 구성합시다.

2.어디서부터 시작해야 하나요?

Where do we begin?
웨어 두 위 비긴

= What's the first step?
왓츠 더 퍼스트 스텝

A: You've got to begin somewhere.
유브 갓 투 비긴 썸웨어
어디서부터든 시작은 해야지요.

3.시작하기 전에 우리 모두의 의견이 같은지 확인하고 싶어요.

Before we get started, I want to make sure we're all on the same page.
비포 위 갓 스타티드 아이 원투 메이크 슈어 위아 올 온 더 세임 페이지

A: The most important thing for company is to increase sales.
더 모스트 임폴턴트 씽 포 컴포니 이즈 투 인크리즈 세일즈
이 회사에서 가장 중요한 것은 매출을 늘리는 것입니다.

4.이 일을 위해 컨설턴트를 몇 명 고용해야 겠어요.

We're going to need to bring some consultants for this job.
위아 고잉 투 니드 투 브링 썸 컨설턴츠 포 디스 잡

A: I agree. We lack the expertise to design this new widget.
아이 어그리 위 렉 디 엑스펄타이스 투 디자인 디스 뉴 위젯
맞아요. 우리는 이 새로운 장치를 디자인 할 전문 지식이 없잖아요.

직장생활

5.내년 예산안 봤어요? 아주 많이 삭감됐어요.	**Have you seen the budget for next year? There are a lot of cuts.** 해뷰 씬 더 버짓 포 넥스트 이얼 데얼 아 어 랏 오브 컷츠 **A: Really? I hope our department is not affected.** 리얼리 아이 호프 아워 디파트먼트 이즈 낫 어펙티드 정말이에요? 우리 부서는 영향을 받지 않았으면 좋겠어요.
6.이 예산안 누가 작성했어요?	**Who put this budget together?** 후 풋 디스 버짓 투게더 **A: Tom did this all by himself.** 탐 디드 디스 올 바이 힘셀프 톰이 혼자서 다 했어요.
7.이 프로젝트에 관해 톰과 이야기를 해야겠어요.	**I need to talk with Tom about this project.** 아이 니드 투 토크 위드 탐 어바웃 디스 프로젝트 **A: What's up? I thought you guys were all set to finish on time.** 왓츠 엎 아이 쏘트 유 가이 워 올 셋 투 피니쉬 온 타임 뭐가 잘못됐어요? 당신들은 제 때 끝낼 수 있게 다 준비가 된 줄 알았어요.
8.우리 사업 확장하는 것에 대해 어떻게 생각하세요?	**What do you think about expanding our business?** 왓 두 유 띵크 어바웃 익스팬딩 아워 비지니스 **A: Well, I've never actually thought of it.** 웰 아이브 네버 액츄얼리 쏘트 오브 잇 글쎄요. 사실 한 번도 생각해 본 적이 없어서요.
9.톰. 그 서류 작업 제 시간에 끝낼 수 있어요?	**Tom. Are you going to have the paperwork done in time?** 탐 아류 고잉 투 해브 더 페이퍼웍 던 인 타임

A: I hope so. I think I can get it in just under the wire.
아이 호프 쏘우 아이 띵크 아이 캔 겟 잇 인 저스트 언더 더 와이어
끝내야죠. 간신히 시간에 맞출 수 있을 것 같아요.

10.마감일 맞추느라 어제 밤을 새웠어요.

I had to stay up all night to meet the deadline.
아이 해드 투 스테이 엎 올 나잇 투 미트 더 데드라인

A: Don't worry too hard. Your health always comes first.
돈트 워리 투 하드 유아 헬스 올웨이스 컴즈 퍼스트
무리하지 말아요. 언제나 건강이 제일 중요하잖아요.
(come first 가장 중요하다, 우선시하다)

11.마지막으로 분발하면 마감일을 맞출 수 있을 거에요.

One final push, and we should be able to meet the deadline.
원 파이널 푸쉬 앤드 위 슈드 비 에이블 투 미트 더 데드라인

A: I hope so.
아이 호프 쏘우
그러길 바라요.

12.그 보고서 다 됐어요.

Do you have these reports ready?
두 유 해브 디즈 리포트 레디

A: I'm sorry. I need more time.
아임 쏘리 아이 니드 모어 타임
죄송해요. 시간이 좀 더 필요해요.

13.당신 제안서를 검토 하고 있는데, 정말 괜찮네요.

I was looking over your proposal, and it's really good.
아이 워즈 룩킹 오버 유어 프로포절 앤 잇츠 리얼리 굿

A: You're just saying that. Honestly, tell me what you think.
유아 저스트 세잉 댓 어니슬리 텔 미 왓 유 띵크
괜히 말로만 그러지 마시고 솔직한 의견을 말씀해 주세요.

14.이 서류 바로 서명해 주세요.

I need to get your sign on this form right away.
아이 니드 투 겟 유어 사인 온 디스 폼 롸잇 어웨이

A: Leave them on my desk.
리브 뎀 온 마이 데스크
내 책상 위에 두고 가세요.

15.톰 새 광고 캠페인을 보면서 몇 가지 좋은 아이디어가 떠오른 것 같아요.

Tom. I've been looking at the new advertising campaign, and I think I have some ideas.
탐 아이브 빈 룩킹 앳 더 뉴 어드버타이징 캠페인 앤 아이 띵크 아이 해브 썸 아이템즈

A: What do you have in mind?
왓 두 해브 인 마인드
생각하고 있는 게 뭐에요?
(have in mind ~을 염두에 두다)

16.그들은 당신이 진행하는 프로젝트를 취소했다고 들었어요.

I heard that they've called off your project.
아이 허드 댓 데이브 콜드 오프 유어 프로젝트

A: Nothing. It's still going ahead. It's just been postponed.
낫씽 잇츠 스틸 고잉 어헤드 잇츠 저스트 빈 포스트폰드
아니요. 아직 진행 중이에요. 연기가 된 것 뿐이에요.

17.이 전체 프로젝트는 완전히 실패작이에요.

This whole project is a complete disaster.
디스 호올 프로젝트 이즈 어 컴플리트 디제스터

A: I think it's not that terrible.
아이 띵크 잇츠 낫 댓 테러블
그렇게 엉망인 것 같지는 않은데요.

18.당신이 이 프로젝트 인원을 더 늘리고 싶어 한다는 건 알지만 그건 불필요해요.

I know you want to increase the number of people on this project but it's not necessary.

아이 노우 유 원투 인크리즈 더 넘버 오브 피플 온 디스 프로젝트 밧 잇츠 낫 네세써리

A: It's not just me. This is coming from up top.

잇츠 낫 저스트 미 디스 이즈 커밍 프럼 업 탑

나만 그렇게 생각하는 게 아니에요. 이건 윗분들이 내린 결정이에요.

(come from up top 윗선에서 내려오다)

직장생활

Chapter 06

회의

1.회의는 몇 시로 예정되어 있나요?

What time is the meeting scheduled?
왓 타임 이즈 더 미딩 스케쥴드

A: The meeting is from 10 o'clock.
더 미딩 이즈 프럼 텐 어클락
회의는 10시부터입니다.

2.회의 장소는 어디에요?

Where's the meeting to be held?
웨어즈 더 미팅 투 비 홀드

A: The meeting will be held at the board room on the 2nd floor.
더 미팅 윌비 헬드 앳 더 보드 룸 온 더 세컨드 플로어
이층 회의실에서 합니다.

3.이번 회의의 안건은 뭡니까?

What's the agenda for this meeting?
왓츠 더 어젠다 포 디스 미딩

= What's this meeting about?
왓츠 디스 미딩 어바웃

A: The first thing on the agenda is the subject of cost-cutting.
더 퍼스트 띵 온 더 어젠다 이즈 더 서브젝트 오브 코스트-커팅
첫 번째 안건은 비용 절감 문제입니다.

4.회의는 언제 시작하나요?

What time does the meeting start?
왓 타임 더즈 더 미딩 스타트

= When will the meeting be held?
웬 윌 더 미딩 비 홀드

A: We should start meeting now.
위 슈드 스타트 미딩 나우
회의는 지금 시작해야 합니다.

5.모두 오셨습니까?
회의를 시작할까요?

Is every one here? Shall we start the meeting?
이즈 에브리 원 히어 쉘 위 스타트 더 미딩

A: Let's wait for another 10 minutes.
렛츠 웨이트 포 어너더 텐 미니츠
10분만 더 기다립시다.

6.여러분 주목해 주시겠어요?

May I have your attention, please?
메아이 해브 유어 어텐션 플리즈

A: I'd like to make a proposal before the meeting start.
아이두 라익 투 메이커 프로퍼절 비포 더 미딩 스타트
시작하기 전에 한 가지 제안을 하겠습니다.

7.이제 다 오셨으면 시작하겠습니다.

If now that everyone's here, let's get started the meeting?
이프 나우 댓 에브리원 히어 렛츠 겟 스타티드 더 미딩

A: This meeting is called to order.
디스 미딩 이즈 콜드 투 오더
개최를 선언합니다.

8.의사록을 승인 제출 할 것을 제의합니다.

I move that the minutes be approved.
아이 무브 댓 더 미니츠 비 어푸르드

A: Give them out to each person, please.
기브 뎀 아웃 투 이치 퍼슨 플리즈
이것들을 한부씩 좀 나눠주세요.

9.이 문제에 대한 해결책은 무엇입니까?

What's the solution to this problem?
왓츠 더 솔루션 투 디스 프라블럼

A: We need to cut down the cost.
위 니드 투 컷 다운 더 코스트
비용을 줄여야 합니다.

직장생활

10.제 제안은 어떤가요?

How do you like my proposal?
하우 두 유 라익 마이 프로포졀

A: Here is what I think.
히얼 이즈 왓 아 띵크
저는 이렇게 생각합니다.

11.돌아가면서 이야기 하시겠어요?

Would you like to go around and speak?
우쥬 라익 투 고우 어라운드 앤 스피크

A: Who would like to start first? You have the floor.
후 우드 라익 투 스타트 퍼스트 유 해브 더 플로어
누가 먼저 할까요? 당신에게 발언권이 있습니다.

12.하실 말씀이 있으세요?

Do you have any comments?
두 유 해브 에니 코멘츠

= Do you have anything to say?
두 유 해브 에니씽 투 세이

A: I want to hear what all of you think.
아이 원투 히어 왓 올 오뷰 띵크
다른 모든 사람들이 어떻게 생각하는지 듣고 싶어요.

13.그 안건에 대한 입장을 밝혀주세요.

Please confine your remarks to the proposal before us.
플리즈 컨파인 유어 리막스 투 더 프로포졀 비포 어스

A: I move to table the motion.
아이 무브 투 테이블 더 모션
그 안을 보류할 것을 제안하는 바입니다.
(table the motion ~에 대해 고려를 지연시키다)

14.당신은 이 논정에 대해 어떻게 생각하세요?

What do you think of this issue?
왓 두 유 띵크 오브 디스 이슈

A: I don't think there's an answer.
아이 돈트 띵크 데얼즈 언 앤써
답이 없는 것 같습니다.

15.우리의 제안을 수락 하고자 동의를 제출하는 바입니다.

We'd like to move that we accept the proposal.
위두 라익 투 무브 댓 위 엑셉트 더 프로포절

A: Let's take a vote on it.
렛츠 테이커 보트 온 잇

= Let's vote on the motion.
렛츠 보트 온 더 모션
표결에 붙이겠습니다.

16.찬성하는 분은 손을 들어주세요.

Those in favor, raise your hands.
도즈 인 페이버 레이즈 유어 핸즈

A: I'm afraid I can't agree with you.
아임 어프레이드 아이 캔트 어그리 위듀
유감스럽게도 당신 의견에 동의할 수 없습니다.

I choose not to vote.
아이 추즈 낫 투 보트
기권입니다.

직장생활

Chapter 07

업무 처리

1.제 대신 업무를 맡아주시겠어요?	**Would you fill in for me?** 우쥬 필 인 포 미 **A: I'm sorry. I'm not in the mood to do it.** 아임 쏘리 아임 낫 인 더 무드 투 두 잇 미안하지만, 그럴 기분이 아닌데요.
2.이 서류 정리하는 것 좀 도와주세요.	**Please help me with filling these documents.** 플리즈 헬프 미 위드 필링 디즈 더큐먼츠 **A: Leave it to me, and take it easy.** 리브 잇 투 미 앤 테이크 잇 이지 저에게 맡기고 편히 쉬세요.
3.영업 보고서 작성은 다 했나요?	**Did you finish the sales report?** 디쥬 파이널 더 세일즈 리포트 **A: I'm working on it right now.** 아임 워킹 온 잇 롸잇 나우 지금 하고 있는 중입니다.
4.그 보고서 5시까지 내 책상 위에 올려 놔요.	**I want to see that report on my desk by five.** 아이 원 투 씨 댓 리포트 온 마이 데스크 바이 파이브 **A: I'm on it boss. You can count on me.** 아임 온 잇 보스 유 캔 카운트 온 미 사장님, 지금 하고 있는 중이에요. 믿으셔도 됩니다. (count on ~을 믿다)
5.이 계약서 두 부 복사해 주실래요?	**Will you make two copies of this contract?** 윌 유 메이크 투 카피즈 오브 디스 컨트랙트

A: I'm so busy that I don't have time to do it.
아임 쏘우 비지 댓 아이 돈트 해브 타임 투 두 잇
너무 바빠서 그 일을 할 시간이 없어요.

6.언제까지 해야 하나요?

When is this due?
웬 이즈 디스 듀

A: You must meet the deadline anyway.
유 머스트 미트 더 데드라인 에니웨이
어쨌든 마감시간까지 맞춰야 합니다.

7.심부름 좀 해주시겠어요?

Could you do some errands for me?
쿠쥬 두 썸 에런즈 포 미

A: I have too many things to do now.
아이 해브 투 메니 띵스 투 두 나우
저는 지금 할 일이 너무 많아요.

8.그 일은 어떻게 되어 가고 있습니까?

How's the work going?
하우즈 더 웍 고잉

A: It's about halfway done.
잇츠 어바웃 하프웨이 던
대략 반 정도 했어요.

9.프로젝트는 언제쯤이면 될까요?

When will the project be done?
웬 우리 더 프로젝트 비 던

A: It'll be done by this weekend.
잇윌 비 던 바이 디스 위캔드
이번 주말에는 될 겁니다.

10.그 일은 언제쯤이면 될까요?

When will the work be done?
웬 윌 더 웍 비 던

A: It'll be done by this Saturday.
잇윌 비 던 바이 디스 세터데이
이번 토요일까지 끝내겠습니다.

11.무슨 진척이 좀 있나요?	**Has there been any development?** 해즈 데어 빈 에니 디파트먼트 **A: The project is half done so far.** 더 프로젝트 이즈 하프 던 쏘우 파 프로젝트는 50%정도 진행 되었습니다.
12.세상에, 너무 졸린다.	**Oh, God. I feel so drowsy.** 오, 갓 아이 필 쏘우 드라우지 **A: Let's take a break for coffee.** 렛츠 테이커 브레이크 포 커피 잠깐 커피 마시게 쉽시다.
13.오늘까지 이 일을 끝냈으면 합니다.	**I need you to have this finished by today.** 아이 니드 유 투 해브 디스 피니쉬드 바이 투데이 **A: I'm almost finished.** 아임 올머스트 피니쉬드 거의 다 끝났어요.
14.저 좀 도와줄 시간 있어요?	**Do you have time to help me?** 두 유 해브 타임 투 헬프 미 **A: No problem, what shall I begin with?** 노우 프라블럼 왓 쉘 아이 비긴 위드 물론이에요. 무엇부터 할까요?
15.진행상황 보고 좀 해주시겠어요?	**Could you report your progress?** 쿠쥬 리포트 유어 프로그레스 **A: I'm working as fast as I can.** 아임 워킹 애즈 페스트 애즈 아이 캔 최대한 빨리 하고 있는 중입니다.
16.제 비용을 정산받으려면 뭐가 필요한가요?	**What's required for the reimbursement of my expense?** 왓츠 리콰이어드 포 더 리임벌스먼트 오브 마이 익스펜스

A: You only need receipts.
유 온니 니드 리십트
영수증만 있으면 됩니다.

17.당신이 이 일을 잘해 주었으면 합니다.

I need you to do a good job on this.
아이 니드 유 투 두 어 굿 잡 온 디스

A: It's not in my job description.
잇츠 낫 인 마이 잡 디스크립션
그건 제가 할 일이 아닌데요.

18.이 일을 다 제 시간에 끝낼 수 있을지 모르겠어요.

I don't know if I can finish all this work in time.
아이 돈트 노우 이프 아이 캔 피니쉬 올 디스 웍 인 타임

A: You'll be fine. Just hang in there.
유윌 비 파인 저스트 행 인 데어
잘할 수 있을 거예요. 조금만 더 힘내요.
(hang in there 참고 견디다)

Chapter 08

업무 평가

1.보고서 여기 있어요.	**Here's the report.** 히얼즈 더 리포트 **A: I'll look it over and get back to you.** 아윌 룩 잇 오버 앤 겟 백 투 유 검토해보고 들려 줄게요.
2.이거 결제해 주세요.	**May I have your approval on this?** 메아이 해브 유 어프로발 온 디스 **A: Let me take a look at it first before I sign it.** 렛미 테이커 룩 앳 잇 퍼스트 비포 아이 사인 잇 결제하기 전에 먼저 검토해 볼게요.
3.잘 했어요.	**Good job. = Good work.** 굿잡 굿웍 **A: Thank you. I'm happy to hear that.** 땡큐 아임 해피 투 히얼 댓 감사합니다. 그 말씀을 들으니 기쁩니다.
4.자네가 한 일로 우리는 아주 만족스러워요.	**We are very pleased with your work.** 위 아 베리 프리즈드 위드 유어 웍 **A: You praise me too much.** 유 프라이즈 미 투 머취 너무 과분한 칭찬을 하시네요.
5.당신은 일을 제대로 하지 않는 것 같아요.	**You're not doing your job.** 유아 낫 두잉 유어 잡 **A: I'm sorry. I'll try and improve.** 아임 쏘리 아윌 트라이 앤 임프루브 죄송합니다. 개선하도록 노력하겠습니다.

6.계속 이렇게 수고하면 봉급 인상을 받게 될 거에요.

You keep this up and you are going to get a raise.
유 킵 디스 업 앤 유 아 고잉 투 겟 어 레이즈

A: I'll do my best.
아윌 두 마이 베스트
열심히 하겠습니다.

7.당신 좀 분발할 필요가 있어요.

You need to improve your performance.
유 니드 투 임프루브 유어 퍼포먼스

A: I'm doing the best I can.
아임 두잉 더 베스트 아이 캔
전 제가 할 수 있는 최선을 다하고 있어요.

8.일 처리가 별로 좋지 않아요.

The work is not good.
더 웍 이즈 낫 굿

A: I'm sorry, I've never done this before.
아임 쏘리 아이브 네버 던 디스 비포
죄송합니다만 이런 일은 해본 적이 없어서요.

9.사실 일정보다 빨리 진행되고 있어요.

We're actually ahead of schedule.
위아 액츄얼리 어헤드 오브 스케쥴

A: I see. If you need me, I'm just a phone call away.
아이 씨 이퓨 니드 미 아임 저스트 어 폰 콜 어웨이
알겠어요. 내 도움이 필요하면 바로 전화해요.

10.프레젠테이션은 어땠어요?

How did the presentation go?
하우 디드 더 프레젠테이션 고우

A: If came off without a hitch.
이프 케임 오프 위아웃 어 히취
별 문제없이 끝났어요.

11.요청하셨던 조사자료 여기 있습니다.

Here is the research you requested.
히얼 이즈 더 리서치 유 리퀘스티드

A: Thanks. It'll very helpful.
땡스 잇윌 베리 헬프플
고마워요. 많은 도움이 될거에요.

12.왜 이렇게 늦었어요?

Why is it behind schedule?
와이 이즈 잇 비하인드 스케쥴

A: It's not as easy as it seems.
잇츠 낫 애즈 이지 애즈 잇 씸즈
이거 보기만큼 쉽지가 않네요.

13.모든 것이 잘 됐나요?

Did everything work out okay?
디드 에브리씽 웍 아웃 오케이

A: It was pretty smooth.
잇 워즈 프리티 스무스
순조롭게 잘 됐어요.

14.그 보고서 내일까지 끝마쳐 주세요.

I need you to finish that report by tomorrow.
아이 니드 유 투 피니쉬 댓 리포트 바이 투머로우

A: We're on schedule.
위아 온 스케쥴
예정대로 하고 있습니다.

Chapter 09

출 · 퇴근

1.당신 회사는 어디에 있어요?

Where's your company located?
웨어즈 유어 컴퍼니 로우케이티드

A: My company is located in Mapo.
마이 컴퍼니 이즈 로우케이티드 인 마포
저희 회사는 마포에 있어요.

2.집이 직장과 가까워요?

Do you live close to your company?
두 유 리브 클로즈 투 유어 컴퍼니

A: It's near here.
잇츠 니어 히얼
여기서 가까워요.

3.몇 시에 출근하나요?

What time do you get to work?
왓 타임 두 유 겟 투 워

A: I have to punch in my eight o' clock.
아이 해브 투 펀치 인 마이 에잇 어클락
저는 8시에 출근해요.

4.몇 시에 퇴근하세요?

What time do you get off work?
왓 타임 두 유 겟 오프 웍

A: I get off work at six o'clock.
아이 겟 오프 웍 앳 씩스 어클락
6시에 퇴근해요.

5.몇 시에 근무를 시작하나요?

What time do you start your day?
왓 타임 두 유 스타트 유어 데이

A: It's start at 9 o'clock.
잇츠 스타트 앳 나인 어클락
9시에 시작해요.

직장생활

6.어떻게 통근하세요?

How do you commute to work?
하우 두 유 커뮤트 투 웍

A: I use public transportation.
아이 유즈 퍼블릭 트랜스포어테이션
대중교통을 이용해요.

7.근무시간은 어떻게 되나요?

What hours do you work?
왓 아워즈 두 유 웍

A: I work from nine to six.
아이 웍 프럼 나인 투 씩스
9시부터 6시까지 근무해요.

8.어떻게 출근하세요?

How do you get to work?
하우 두 유 겟 투 웍

A: I take the subway to work.
아이 테이크 더 서브웨이 투 웍
지하철로 출근해요.

I take my car to work.
아이 테이크 마이 카 투 웍
제 차로 출근해요.

9.일주일에 며칠 근무하세요?

How many days a week do you work?
하우 매니 데이즈 어 위크 두 유 웍

A: We're working five days a week.
위아 워킹 파이브 데이즈 어 위크
우리는 주 5일 근무해요.

10.출근하는데 시간이 얼마나 걸리세요?

How long does it take you to commute?
하우 롱 더즈 잇 테이크 유 투 커뮤트

A: It takes about twenty minutes.
잇 테익스 어바웃 투엔티 미니츠
대략 20분 걸려요.

11.왜 늦었어요?

What's your excuse for being late?
왓츠 유어 익스큐즈 포 비잉 레잇

A: I got held up in traffic.
아이 갓 헬드 업 인 트래픽
교통이 막혀서 꼼짝도 못했어요.

12.오늘은 그만합시다.

Let's wrap it up here.
렛츠 랩 잇 업 히얼

= Let's call it a day.
렛츠 콜 잇 어 데이

A: No. I've got to stay here and finish some work.
노우 아이브 갓 투 스테이 히어 앤 피니쉬 썸 웍
아니오. 저는 남아서 끝낼 일이 좀 있어요.

13.죄송하지만 제가 좀 늦을 것 같아요.

I'm afraid I'll be coming in late.
아임 어프레이드 아윌 비 커밍 인 레이트

A: Why? Is there a problem?
와이 이즈 데얼 어 프라블럼
왜? 무슨 일 있어요?

14.야근하는 거예요?

Burning the midnight oil, huh?
버닝 더 미드나잇 오일 허

A: Yes. But I'm about to finish up. just five more minutes.
예스 밧 아임 어바웃 투 피니쉬 업 저스트 파이브 모어 미니츠
네. 근데 이제 막 끝내려던 참이었어요. 5분만 더 하면 돼요.

15.오늘 조퇴해도 될까요?

Can I leave early today?
캔 아이 리브 얼리 투데이

= May I take the rest of the day off?
메이 아이 테이크 더 레스트 오브 더 데이 오프

직장생활

A: There isn't a problem, is there?
데어 이즌트 어 프라블럼 이즈 데어
무슨 문제가 있는 건 아니죠?

16.6시가 됐네요. 그만 일을 끝냅시다.

It's 6. Let's finish up.
잇츠 씩스 렛츠 피니쉬 업

A: I'm going home. See you tomorrow.
아임 고잉 홈 씨 유 투머로우
저는 퇴근합니다. 내일 봐요.

Chapter **10**

사직과 승진

1.왜 그만 두셨어요?

Why did you leave your job?
와이 디쥬 리브 유어 잡

A: I got fired.
아이 갓 파이어드

= I got laid off.
아이 갓 레이드 오프
저는 해고당했어요.

2.직장을 그만두셨다고 들었어요.

I've heard you quit your job.
아이브 허드 유 퀴트 유어 잡

A: I want to start my own business.
아이 원 투 스타트 마이 오운 비지니스
제 사업을 하려고요.

3.저는 실직 중입니다.

I'm out of a job now.
아임 아웃 오브 어 잡 나우

= I'm a bench warmer at the moment.
아임 어 벤치 워멀 앳 더 모먼트

4.저 승진했어요.

I was promoted to a manager.
아이 워즈 프로모트드 투 어 메니져

= I got promoted to a manager.
아이 갓 프로모트드 투 어 메니져

= I was moved up to a manager.
아이 워즈 무브드 업 투 어 메니져

A: Congratulations on your promotion.
컹그레츄레이션 온 유어 프로모션
승진 축하해요.

5.그는 승진이 안 됐어요.	**He got passed over for promotion.** 히 갓 패스드 오버 포 프로모션 **A: I'm sorry to hear that.** 아임 쏘리 투 히얼 댓 저런, 안 됐네요.
6.저 그만두겠습니다.	**I'd like to resign.** 아이두 라익 투 리자인 **= I'm not going to work here anymore.** 아임 낫 고잉 투 웍 히어 에니모어 **A: What's the reason for your resignation?** 왓츠 더 리즌 포 유어 레지그네이션 사직 이유가 뭔가요?
7.축하해요. 승진했다면서요.	**Congratulations. I heard that you got promoted.** 컹그레츄레이션 아이 허드 댓 유 갓 프로모트드 **A: My promotion is unusual.** 마이 프로모션 이즈 언유쥬얼 제 승진은 이례적입니다.
8.이봐요. 당신 승진 소식 들었어요. 축하해요.	**Hey. I heard about your promotion. Congratulations.** 헤이 아이 허드 어바웃 유어 프로모션 컹그레츄레이션 **A: I don't like to blow my own horn.** 아이 돈트 라익 투 블로우 마이 오운 혼 자화자찬을 하고 싶지 않아요. (blow one's own horn 자화자찬하다)
9.톰이 해고됐다는 소식 들었어요?	**Did you hear about Tom getting fired?** 디쥬 히어 어바웃 탐 겟팅 파이어드 **A: I really have fallen out of touch with him. I had no idea.** 아이 리얼리 해브 폴른 아웃 오브 터치 위드 힘 아이 해드 노우 아이디어 한동안 연락이 끊겨서 전혀 몰랐어요.

10.도대체 왜 사직하셨어요?

What's all this about resigning?
왓츠 올 디스 어바웃 리자닝

A: Maybe I'm not suited to this business.
메이비 아임 낫 슈트 투 디스 비지니스
이 일이 안 맞는 것 같아요.

Chapter 11

거래처 방문

1.어떻게 오셨습니까?	**What can I do for you?** 왓 캔 아이 두 포 유 **A: May I see general manager of the sale's department?** 메아이 씨 제너럴 매니저 오브 더 세일 디파트먼트 영업 부장님을 뵐 수 있을까요?
2.그 분과 약속을 하셨나요?	**Do you have an appointment with him?** 두 유 해브 언 어포인트먼트 위드 힘 **A: I have an appointment with him at 3.** 아이 해브 언 어포인트먼트 위드 힘 앳 쓰리 3시에 그와 만나기로 약속이 되어 있습니다.
3.성함이 어떻게 되십니까?	**May I have your name, please?** 메아이 해브 유어 네임 플리즈 **A: My name is Sedong Lee from k construction company.** 마이 네임 이즈 세동 이 프럼 케이 컨스트럭션 컴퍼니 k 건설회사에 근무하는 이세동입니다.
4.누가 영업 부장님이세요?	**Who's in charge of the sale's department?** 후즈 인 차지 오브 더 세일 디파트먼트 **A: One moment, sir. The manager is expecting you. Step inside, please.** 원 모먼트 써 더 매니저 이즈 익스펙팅 유 스텝 인사이드 플리즈 잠깐만요. 부장님이 기다리십니다. 안으로 들어오세요.

5.누가 찾아 오셨다고 할까요?

Who should I say is calling?
후 슈드 아이 세이 이즈 콜닝

A: I'm Mr. Lee.
아임 미스터 이
미스터 이입니다.

6.누구를 찾아 오셨나요?

Who would you like to see?
후 우쥬 라익 투 씨

A: I'd like to see general manager of the sale's department.
아이두 라익 투 씨 제너럴 매니저 오브 더 세일 디파트먼트
영업 부장님을 만나고 싶습니다.

7.실례합니다. 영업부가 어딘지 아세요?

Excuse me. Do you know where the sale's department is?
익스큐즈 미 두 유 노우 웨어 더 세일 디파트먼트 이즈

A: I'm heading there right now. You can just follow me.
아임 헤딩 데어 롸잇 나우 유 캔 저스트 팔로우 미
지금 거기 가는 길이니 따라 오세요.

8.이 쪽으로 오십시오. 그 분의 사무실로 안내해 드리겠습니다.

This way, please. I'll show you to his office.
디스 웨이 플리즈 아윌 쇼우 유 투 히즈 오피스

A: Thank you.
땡큐
감사합니다.

Chapter
12 제품 설명

1.견본을 볼 수 있을까요?	**Can I see some samples?** 캔 아이 씨 썸 샘플 **A: I think you'll like them.** 아이 띵크 유윌 라익 뎀 마음에 드실 겁니다.
2.카탈로그를 보여 드릴까요?	**Would you like for me to show you our catalog?** 우쥬 라익 포 미 투 쇼우 유 아워 캐달로그 **A: Here's our product catalog.** 히얼즈 아워 프라덕트 캐달로그 이게 제품 카탈로그입니다.
3.이 제품은 품질 면에서 최고입니다.	**This product is the best in quality.** 디스 프라덕트 이즈 더 베스트 인 퀄러티
4.저는 이 제품을 자신 있게 추천합니다.	**I strongly recommend this product.** 아이 스트롱리 레커멘드 디스 프라덕트
5.보증기간 동안에는 무상으로 수리해 드립니다.	**Within the warranty period, all repairs are free.** 위드인 더 워런티 피어리어드 올 리패얼스 아 프리
6.하자가 있으면 교환해 드립니다.	**If our products are defective, we will replace them.** 이프 아워 프라덕츠 아 디팩티브 위 윌 리플레이스 뎀
7.보증기간은 얼마입니까?	**How long is the warranty?** 하우 롱 이즈 더 워런티 **A: We'll guarantee for three years.** 위윌 개런티 포 쓰리 이얼즈 3년간 보증해 드립니다.

8.이것이 저희 회사의 신 제품입니다.	**It can be used by people of all ages.** 잇 캔 비 유즈 바이 피플 오브 올 에이지
10.요즘에는 이런 종류의 제품이 잘 판매되고 있습니다.	**Nowadays this kind of product has been selling well.** 나우어데이즈 디스 카인드 오브 프라덕트 해즈 빈 셀링 웰
11.아마 저희 제품을 들어 보셨으리라 생각됩니다.	**Perhaps you've heard our product's name.** 퍼햅스 유브 허드 아워 프라덕츠 네임
12.이 제품의 특징에 대해 설명 드릴게요.	**Let me explain the features of this product.** 렛미 익스플레인 더 피쳐스 오브 디스 프라덕트
13.제품 출시와 관련하여 가장 큰 문제는 전반적인 관심 부족이에요.	**The main issue we're having with the product launch is the overall lack of interest.** 더 메인 이슈 위아 해빙 위드 더 프라덕트 런치 이즈 더 오버롤 렉 오브 인터레스트 (launch 출시, start over 다시 시작하다) **A: I'm not sure I'm following you. Can you start over?** 아임 낫 슈어 아임 팔로잉 유 캔 유 스타트 오버 잘 이해가 안 돼요. 처음부터 다시 설명해 볼래요?

직장생활

1.그들이 구입하게 만들 수 있겠어요?

Do you think you can get them to buy?
두 유 띵크 유 캔 겟 뎀 투 바이

A: I'm not sure. It's going to be a hard sell.
아임 낫 슈어 잇츠 고잉 투 비 어 하드 셀
잘 모르겠어요. 설득하기 쉽지는 않을 거예요.

2.가격은 전반적으로 인상할 예정이에요.

We're going to have to increase prices across the board.
위아 고잉 투 해브 투 인크리즈 프라이시스 어크로스 더 보드

A: Then we'll lose many of out customers.
덴 위윌 루즈 메이 오브 아웃 커스텀머스
그렇게 되면 상당수 고객을 잃게 될 거에요.

3.좀 깎아 주시겠어요?

Can you come down a little?
캔 유 컴 다운 어 리틀

A: The price depends on the size of the order.
더 프라이시스 디펜즈 온 더 사이즈 오브 더 오더
가격은 주문량에 달려 있어요.

4.그 이하로는 깎아드릴 수 없어요.

I can't knock it down any lower.
아이 캔트 낙크 잇 다운 에니 로우어
(knock down 값을 깎다)

A: Well, in that case I'm going to have to turn you down, sorry.
웰 인 댓 케이스 아임 고잉 투 해브 투 턴 유 다운 쏘리
음, 그렇다면 거래를 포기해야겠네요. 죄송해요.
(turn down 거절하다)

5.단가는 얼마인가요?

What's the unit price?
왓츠 더 유닛 프라이시스

A: It's 1,000 won per unit.
잇츠 원싸우전드 원 퍼 유닛
한 개당 천원입니다.

6.지난 번 주문과 같은 조건으로 해주세요.

We'll like the same conditions as our last order.
위윌 라이크 더 세임 컨디션스 애즈 아워 레스트 오더

A: If I cut prices any further, I'll be selling at a loss.
이프 아이 컷 프라이시스 에니 퍼덜 아윌 셀링 앳 어 로스
가격을 깍아드리면 저는 밑지는 장사를 할 수 밖에 없어요.
(sell at a loss 손해보고 팔다)

7.저희와 거래를 해주셔서 감사합니다만 더 이상 할인해 드릴 수 없어요.

I appreciate your business, but I can't give you any more discounts.
아이 어프리쉬에이트 유어 비즈니스 밧 아이 캔 기뷰 에니 모어 디스카운츠

A: Let's make an effort to final a point of compromise.
렛츠 메이크 언 에포트 투 파이널 어 포인트 오브 컴프로마이즈
타협점을 찾도록 노력해 봅시다.

8.조금씩 양보하는 게 어떨까요?

What do you say if we meet halfway?
왓 두 유 세이 이프 위 미트 하프웨이

A: We have no choice but to do it due to the recession.
위 해브 노우 초이스 밧 투 두 잇 듀 투 더 리셋션
불경기 때문에 다른 방도가 없어요.
(have no choice but to do ~할 수 밖에 없다)

9.저는 이 조건을 받아들일 수 없어요.	**I can't accept these conditions.** 아이 캐트 엑셉트 디즈 컨디션스 **A: As I said before, there's no change.** 애즈 아이 세드 비포 데얼즈 노우 체인지 전에 말씀 드린대로 변한 건 없습니다.
10.우리는 협상할 준비가 되어 있어요.	**We're ready to deal.** 위월 레디 투 딜 **= We're willing to strike a bargain.** 위아 윌링 투 스트라이크 어 바겐 **A: As I said before, this is too expensive.** 애즈 아이 세드 비포 디스 이즈 투 익스펜시브 전에 말했듯이 너무 비싸요.
11.어떤 부분이 아직 합의가 안 되었죠?	**Which points do we still differ on?** 위치 포인트 두 위 스틸 디퍼 온 **A: We have some points see need to explore further.** 위 해브 썸 포인트 씨 니드 투 익스플로어 퍼덜 좀 더 검토가 필요한 게 있어요.
12.진지하게 이야기해 봅시다.	**Let's talk turkey.** 렛츠 토크 터기 **A: Ok, it's a deal.** 오케이 잇츠 어 딜 좋아요. 그럽시다.
13.그 계약은 조금 더 손을 봐야 하지만 기본적으로는 문제가 없는 거죠?	**We agree that the deal needs to be worked on, but basically it's ok?** 위 어그리 댓 더 딜 니드 투 비 웍트 온 밧 베이식컬리 잇츠 오케이

A: Sure. We just need to hammer out some of the small details.
슈어 위 저스트 니드 투 헤머 아웃 썸 오브 더 스몰 디테일
네. 몇 가지 소소한 세부사항에 대해서만 합의를 보면 되죠.

---

14. 일부 계약 조건은 마음에 안 들어요.

I'm a bit uncomfortable with some aspects of the deal.
아임 어 빗트 언컨포터블 위드 썸 에스펙츠 오브 더 딜

A: What are you talking about?
왓 아류 토킹 어바웃
무슨 소리 하는 거예요?

---

15. 그 계약을 할 수 있는 기회를 날렸어요.

You blew my chance for getting the contract.
유 블류 마이 챤스 포 게팅 더 컨트랙트

A: I guess you sort of blew your big chance. But don't worry.
아이 게스 유 솔트 오브 블류 유아 빅 챤스 밧 돈워리
정말 좋은 기회였는데 날린 것 같네요. 하지만 걱정 말아요.

---

16. 당신 아직도 계약 건을 마무리 짓지 못했다면서요.

You're still trying to close that deal with.
유 스틸 트라잉 투 클로즈 댓 딜 위드

A: No. It's in the bag. They will sign on the dotted line after this week.
노우 잇츠 인 더 백 데이 윌 사인 온 더 닷트 라인 에프터 디스 위크
아니오. 계약이 체결될 게 확실해요. 이번 주 후에는 서명 란에 서명할 거예요.

---

17. 시간을 너무 끌지 마세요. 빨리 결정을 내립시다.

Don't drag it out. Let's make a quick decision.
돈트 드럭 잇 아웃 렛츠 메이크 어 퀵 디시젼

A: I really want to make this deal heppen, but the terms aren't right for me.
아이 리얼리 원 투 메이크 디스 딜 헤픈 밧 더 텀즈 안트 롸잇 포미
이 거래를 꼭 성사시키고 싶지만 조건이 안 맞아요.

18.당신이 이런 계약들을 성사시켰다니 정말 믿을 수가 없네요.

I can't believe these contracts you negotiated.
아이 캔트 빌리브 디즈 컨트랙츠 유 네거티에이트

A: What's wrong with them?
왓츠 렁 위드 뎀
뭐가 잘못됐나요?

19.계약서를 한 번 더 검토해 봅시다.

Let's review the contract one more time.
렛츠 리뷰 더 컨트랙트 원 모어 타임

A: We're in general agreement.
위아 인 제너럴 어그리먼트
우리는 대체로 의견 일치를 보았습니다.

20.대충 합의가 되었군요.

We're in agreement on the whole.
위아 인 어그리먼트 온 더 호올

A: We're very happy to make a contract with you.
위아 베리 해피 투 메이크 어 컨트랙트 위듀
귀사와 합의가 되어서 기쁩니다.

21.이 계약 조건에 만족하십니까?

Are you satisfied with terms of this contract?
아류 세티스파이드 위드 텀 오브 디스 컨트랙트

A: Yes, but I'd like to add a few things to this article.
예스 밧 아이두 라익 투 애드 어 퓨 땡스 투 디스 아티클
예. 하지만 이 조항에 몇 가지 덧붙이고 싶은 게 있어요.

22.저는 계약 조건에 전적으로 만족합니다.

I'm completely satisfied with the terms of the contract.
아임 컴플리틀리 세티스파이드 위드 더 텀 오브 더 컨트랙트

23.우리는 타협안을 제시하고 싶습니다.

We'd like to offer a compromise.
위드 라익 투 오퍼 어 컴프로마이즈

Chapter 14

주문과 재고

1.전화상으로 주문할 수 있어요?	**Can we order over the phone?** 캔 위 오더 오버 더 폰 **A: Sure. How many are going to place an order?** 슈어 하우 메니 아 고잉 투 플레이스 언 오더 네. 얼마나 주문하시려고 하는데요?
2.재고가 있나요?	**Do you have these in stock?** 두 유 해브 디즈 인 스톡 **= Do you have any more of these?** 두 유 해브 에니 모어 오브 디즈 **A: The product is out of stock at the moment.** 더 프라덕트 이즈 아웃 오브 스톡 앳 더 모먼트 현재 재고가 없어요.
3.다음 주까지 그 제품 20개가 필요한데 가능한가요?	**We need twenty of the product by next week, is this possible?** 위 니드 투엔티 오브 더 프라덕트 바이 넥스트 위크 이즈 디스 파서블 **A: That's possible.** 댓츠 파서블 그건 가능합니다.
4.언제 배달 받을 수 있나요?	**When can I get my order delivered?** 웬 캔 아이 겟 마이 오더 딜리버드 **A: It takes on two days for delivery.** 잇 테이크스 온 투 데이즈 포 딜리버리 배달은 1~2일 정도 걸립니다.

5.상품을 이번 금요일까지 배달해 주실 수 있나요?

Can you deliver the goods by this Friday?
캔 유 딜리버 더 굿스 바이 디스 프라이데이

A: Yes. I'll have them here by no later than three in the afternoon.
예스 아윌 해브 뎀 히어 바이 노우 레더 댄 쓰리 인 디 애프터눈
네. 늦어도 오후 3시까지는 여기로 갖다 드리겠습니다.

6.토요일까지 20대 납품해 줄 수 있나요?

Could you deliver twenty units by Saturday?
쿠쥬 딜리버 투엔티 언틸 바이 세터데이

A: That's impossible.
댓츠 임파서블
그건 불가능한 일입니다.

7.재고량이 많습니까?

Do you have a large stock?
두 유 해브 어 라지 스톡

A: I'll check out stock at once.
아윌 체크 아웃 스톡 앳 원스
즉시 재고를 확인해 보겠습니다.

8.30개 더 주문할까 합니다.

We'd like to order thirty more.
위드 라익 투 오더 써티 모어

A: When will it be needed?
웬 윌 잇 비 니드
언제 필요하십니까?

Chapter 15

클레임

1.주문한 것을 못 받았어요.	**We didn't receive what we ordered.** 위 디든트 리시브 왓 위 오더드 **A: If you submit a claim, we will compensate.** 이퓨 서브미트 어 클레임 위 윌 컴펜세이트 클레임을 제기하시면 보상해 드리겠습니다.
2.불량은 어느 정도인가요?	**How much are defectives?** 하우 머치 아 디팩티브즈 **A: About ten percent.** 어바웃 텐 퍼센트 10%정도입니다.
3.받은 물건이 주문했던 것과 다릅니다.	**What we received is different from what we ordered.** 왓 위 리시브드 이즈 디프런트 프롬 왓 위 오더드 **A: I'll check into it and call you back.** 아윌 체크 인투 잇 앤 콜 유 백 제가 확인해서 다시 전화드리겠습니다.
4.그럼 직원들이 주문을 실수한 거예요?	**So, they had screwed up the order?** 쏘우 데이 해드 스크류드 업 더 오더 **A: Sure, and it's just I always say, they screw up at the saleroom.** 슈어 앤 잇츠 저스트 아이 올웨이즈 세이 데이 스크류 업 앳 더 세일룸 네, 내가 항상 하는 말이지만 매장에서는 실수가 많아요.
5.클레임이 있는데요.	**I'd like to make a complaint.** 아이두 라익 투 메이커 컴플레인트 **A: There's a problem with your products.** 데얼즈 어 프라블럼 위드 유어 프라덕츠

= We've a problem with your products.
위브 어 프라브럼 위드 유어 프라덕츠
귀사의 제품에 문제가 있습니다.

6.우리 실수로 잘못된 제품을 보내드렸습니다.

We sent you the wrong products by mistake.
위 센트 유 더 렁 프라덕츠 바이 미스테이크
맞는 제품을 즉시 보내겠습니다.
We'll send you the correct products immediately.
위윌 센드 유 더 커넥트 프러덕츠 이미디어틀리

7.주문한 물건이 덜 왔어요.

Our order was delivered one case short.
아워 오더 워즈 딜리버드 원 케이스 숄트

A: We'll deliver lacking item to you immediately.
위윌 딜리버 레킹 아아템 투 유 이미디어틀리
부족분은 즉시 보내드리겠습니다.

8.우리는 이제까지 그 물품을 인수하지 못했습니다.

We haven't received them up to now.
위 해븐트 리시브드 뎀 업 투 나우

A: I have to apologize to you for our delay in shipment.
아이 해브 투 어펄러자이즈 투 유 포 아워 딜레이 인 쉽먼트
선적이 지연되어 사과드립니다.

9.당장 알아봐 주세요.

We want you to deal with it immediately.
위 원트 유 투 딜 위드 잇 이미디어틀리

A: I didn't do it on purpose. I will call you back in 10 minutes.
아이 디든트 두 잇 온 펄퍼스 아이 윌 콜 유 백 인 텐 미니츠
고의로 그런 건 아닙니다. 10분 이내로 연락드리겠습니다.

10.왜 이런 일이 일어 났는지 설명해 주세요.

We want to know how that happened.
위 원 투 노우 하우 댓 헤픈드

A: It was our mistake.
잇 워즈 아워 미스테이크
저희들의 실수였습니다.

Practical English

학교생활

16

❶ 대학 지원과 전공
❷ 수강신청과 수업
❸ 시험과 성적
❹ 공부와 과제
❺ 학교생활
❻ 학교행정
❼ 도서관 이용

Chapter 01

대학 지원과 전공

1.어느 대학에 지원할 예정이에요?	**Which college are you going to apply to?** 위치 칼리지 알 유 고잉 투 어플라이 투 **= What college do you want to go to?** 위치 칼리지 두 유 원투 고우 투 **A: My first choice is a college in Seoul.** 1지망은 서울에 있는 대학이에요. 마이 퍼스트 초이스 이즈 어 칼리지 인 서울
2.이 학교에 대한 정보를 알고 싶어요.	**I'd like to get information about your university.** 아이두 라익 투 겟 인포메이션 어바웃 유어 유니벌시티 **A: Sure. I'd be glad to let you know about it.** 슈어 아이두 비 글래드 투 렛 유 노우 어바웃 잇 네. 기꺼이 알려드리죠.
3.원서 마감일은 언제까지예요?	**When is the application deadline?** 웬 이즈 디 애플러케이션 데드라인 **= When is the deadline for the application?** 웬 이즈 더 데드라인 포 디 애플러케이션 **A: Take by next Friday.** 테익 바이 넥스트 프라이데이 다음 주 금요일까지입니다.
4.합격 여부는 언제 알 수 있나요?	**When will I know if I've been accepted?** 웬 윌 아이 노우 이프 아이브 빈 어셉티드 **A: You can know it no later than Monday.** 유 캔 노우 잇 노우 레이러 댄 먼데이 늦어도 다음 주 월요일까지는 알 수 있습니다.

5.합격할 것 같아요?

Do you know if you can get in?
두 유 노우 이프 유 캔 겟 인

A: Anyway, I tried my best.
애니웨이 아이 트라이드 마이 베스트
어쨌든 저도 최선을 다했어요.

6.무엇을 전공할 생각이 세요?

What are you going to major in?
왓 아류 고잉 투 메이져 인

A: I'm planning to study physics.
아임 플레닝 투 스터디 피직스
물리학을 전공할 계획입니다.

7.서울 대학에 입학했어요.

I was accepted to Seoul university.
아이 워즈 어셉티드 투 서울 유니벌시티

A: Congratulations on getting into Seoul university.
컨그뤠츌레이션쓰 온 겟링 인투 서울 유니벌시티
서울 대학에 들어간 것을 축하해요.

8.전공은 무엇입니까?

What's your major?
왓츠 유어 메이져

A: I'm studying English literature.
아임 스터딩 잉글리쉬 리터레쳐
저는 영문학을 전공하고 있어요.

9.어떤 학위를 가지고 있습니까?

What degree do you have?
왓 디그리 두 유 해브

A: I have an MS in electronic science.
아이 해브 언 엠에스 인 일렉트로닉 사이언스
저는 전자공학 석사학위를 가지고 있어요.

10.대학에서 무엇을 공부하셨습니까?

What did you study in college?
왓 디쥬 스터디 인 콜레쥐

A: I majored in politics at the university.
아이 메이져드 인 폴리릭스 앳 디 유니벌시티
저는 대학에서 정치학을 전공했습니다.

1.이번 학기에 몇 과목이나 수강 신청을 하려고 하나요?	**How many courses are you taking this semester?** 하우 메니 콜시스 아류 테이킹 디스 시메스터 **A: I'll be taking 6 courses.** 아윌 비 테이킹 씩스 콜시스 6과목을 신청하려고요.
2.이번 학기에는 몇 학점 들어요?	**How many credits are you taking this semester?** 하우 메니 크레디트 아류 테이킹 디스 세메스터 **A: I've registered for 20 credits this semester.** 아이브 레지스털드 포 투앤티 크레디트 디스 세메스터 이번 학기에는 20학점을 신청했어요.
3.몇 과목 들어요?	**How many classes are you taking?** 하우 메니 클래시스 아류 테이킹 **= How many classes did you sign up for?** 하우 메니 클래시스 이쥬 싸인 업 포 **A: I've signed up for five classes.** 아이브 싸인드 업 포 파이브 클래시스 다섯 과목을 신청했어요.
4.다음 학기에는 어떤 수업을 들을겁니까?	**What classes are you taking next semester?** 왓 클래시스 아류 테이킹 넥스트 세메스터 **A: I'll be taking japanese for four credits.** 아윌 비 테이킹 재패니즈 포 포 크레디트 4학점짜리 일어를 들을거에요.

5.수강 신청 마감일이 언제에요?

When is the deadline for choosing courses?
웬 이즈 더 데드라인 포 츄징 콜시스

A: Take by next Monday.
테익 바이 넥스트 먼데이
다음 주 월요일까지 신청하세요.

6.또 늦었어요. 수업 시간 좀 지키려고 해봐요.

You're late again. Try to be in class on time.
유아 레이트 어겐 트라이 투 비 인 클래스 온 타임

A: I know, but the bus came too late.
아이 노우 벗 더 버스 캐임 투 레이트
알아요. 하지만 버스가 너무 늦게 왔어요.

7.조용하세요. 출석 확인을 하겠습니다.

Let me call the roll, now be quiet.
렛미 콜 더 롤, 나우 비 콰이어트

Let me check attention now.
렛미 체크 디 어텐던스 나우

8.이름 부르면 "예"라고 대답해 주세요.

Say "Yes" when I call your name.
세이 예스 웬 아이 콜 유어 네임

A: I'm here.
아임 히얼
저 왔어요.

9.지난 시간에 배웠던 내용을 조금 복습하면서 수업을 시작합시다.

Let's start with a little review from last time.
렛츠 스타트 위더 리틀 리뷰 프럼 라스트 타임

A: Open your book to page 32.
오픈 유어 북 투 페이지 써티투
32페이지를 펴세요.

10.누가 이 문제에 대한 정답 아는 사람?

Does anyone know the answer to this question?
더즈 애니원 노우 디 앤서 투 디스 퀘스쳔

A: I have no idea.
아이 해브 노우 아이디어

= I don't know.
아이 돈 노우
모르겠는데요.

11.질문 있는 사람 있어요?

Does anyone have any questions?
더즈 애니원 해브 애니 퀘스천

Any questions?
애니 퀘스천

A: I have a question. Please go over that part again.
아이 해버 퀘스천 플리즈 고우 오버 댓 파트 어겐
질문 있어요. 그 부분 다시 설명해 주세요.

12.수업은 어땠어요?

How were your classes?
하우 워 유어 클래스

A: I really got a lot out of it.
아이 리얼리 갓 어 랏 아웃 오브 잇
그 수업에서 정말 많은 걸 배웠어요.

13.이 교수님의 강의는 어때요?

How are the professor's lectures?
하우 아 더 프로페서 렉쳐스

A: His lectures are enthusiastic.
히즈 렉쳐스 아 인슈지애스틱
그 교수님의 강의는 열정적이에요.

14.수업시간에 잡담하지 마세요.

Not talking in class.
낫 토킹 인 클래스

Don't make a noise in class.
돈트 메이커 노이즈 인 클래스

A: Let's be quiet.
렛츠 비 콰이엇
조용히 합시다.

15.수업에 늦지 마세요. 오늘은 여기까지 해요.

Don't be late. That's all for today.
돈트 비 레이트 댓츠 올 포 투데이

A: Good-bye.
굿바이
안녕.

Chapter 03

시험과 성적

1.중간고사(기말고사)는 언제입니까?	**When is the midterm(final exam)?** 웬이즈 더 미드텀 (파이널 이그젬) **= When is your midterm(final exam)?** 웬 이즈 유어 미드텀(파이널 이그젬) **A: They are coming up in one week.** 데이 아 커밍 업 인 원 위크 일주일 있으면 시험이에요.
2.시험 범위는 어떻게 되나요?	**What will the test cover?** 왓 윌 더 테스트 커버 **A: The test covers the whole book.** 더 테스트 커버스 더 홀 북 시험 범위는 교과서 전부입니다.
3.시험 준비는 잘하고 있어요?	**How are you preparing for the test?** 하우 아류 프리페어링 포 더 테스트 **A: I stayed up all night studying.** 아이 스터디드 업 올 나잇 스터딩 밤새워 공부했어요.
4.시험은 어땠어요?	**How was the exam?** 하우 워즈 디 이그젬 **= How did you do on your exam?** 하우 디쥬 두 온 유어 이그젬 **= What did you think of the test?** 왓 디쥬 띵크 오브 더 테스트 **A: I think I did pretty well.** 아이 띵크 아이 디드 프리티 웰 **= I think I did well.** 아이 띵크 아 디드 웰 꽤 잘 본 것 같아요.

5.시험 준비는 어떻게 했어요?

How did you prepare yourself for the test?
하우 디쥬 프리페어 유어셀프 포 더 테스트

A: I've been up late for the past couple of night.
아이브 빈 업 레이트 포 더 페스트 커플 오브 나잇
지난 이틀 동안 밤늦게까지 공부했어요.

6.중간고사는 어땠어요?

How were your midterms?
하우 워 유어 미드텀스

A: A piece of cake! How about yours?
어 피스 오브 케익 하우 어바웃 유얼즈
누워서 떡 먹기요! 당신은 어땠어요?

7.지난 학기말 시험은 잘 봤어요?

Did you ace your finals last quarter?
디쥬 에이스 유오 파이널스 라스트 쿼터

A: I did well on my test.
아이 디드 웰 온 마이 테스트
시험은 잘 봤어요.

8.성적은 어때요?

How were your grades?
하우 워 유아 그레이드

A: I have a B average.
아이 해버 비 에버리지
평균 B에요.

9.시험 결과가 어떻게 나왔어요?

How were your grades this semester?
하우 워 유어 그레이드 디스 세메스터

A: They were better than these of last semester.
데이 워 베러 댄 디즈 오브 라스트 세메스터
지난 번 보다는 좋았어요.

10.시험 결과가 어떻게 나왔어요?

How did your exam turn out?
하우 디쥬어 이그젬 턴 아웃

A: I'm top of my class.
아임 탑 오브 마이 클래스
저는 반에서 1등이에요.

11.톰은 여전히 잘하고 있어요?

Is Tom still doing well?
이즈 톰 스틸 두잉 웰

A: Sure. This year will go one better and get straight A's.
슈어 디스 이얼 윌 고우 원 베러 앤 겟 스트레이트 에이
물론이죠. 올해는 더 잘해서 전 과목 A학점을 받을 거예요.

12.이것 좀 봐요! 내가 우등생 명단에 올랐어요.

Check it out! I made the Dean's list.
체크 잇 아웃 아이 메이드 더 딘 리스트
(Dean's list 우등생 명단)

A: Congratulations! I guess all that hard work really paid off in the end.
콩그래츄레이션아이 게스 올 댓 하드 웍 리얼리 패이드 오프 인 디 엔드
축하해요! 열심히 공부하더니 결국 보람이 있네요.
(Pay off 결실을 얻다, in the end 결국)

13.나 이번 학기에 장학금 탔어요.

I got a scholarship this semester.
아이 갓 어 스콜라쉽 디스 세메스터

A: Is it a full scholarship?
이즈 잇 어 풀 스콜라쉽
전액 장학금인가요?

14.시험은 어떻게 봤어요?

How was your test?
하우 워즈 유어 테스트

A: I got a 4.0 out of 4.5.
아이 갓 어 포 포인트 제로 오브 포 포인트 파이브
4.5 만점에 4.0 받았어요.

Chapter 04

공부와 과제

1.공부할 시간이에요. 누가 먼저 할래요?

Time to crack the books. Who wants to go first?
타임 투 크렉 더 북스 후 원투 고우 퍼스트

= Time to hit the books. Who wants to go first?
타임 투 히트 더 북스 후 원투 고우 퍼스트

A: Okay. I will.
오케이 아윌
좋아요. 제가 할게요.

2.보고서 제출 기한이 언제입니까?

When is the paper due?
웬 이즈 더 페이퍼 듀

A: The report is due by the end of the semester.
더 리포트 이즈 듀 바이 디 엔드 오브 더 세메스터
보고서는 학기말까지입니다.

3.이 메일로 숙제를 보내도 되나요?

Can I submit the assignment by e-mail?
캔 아이 섭밋 디 어싸인멘트 바이 이메일

= Can I e-mail the assignment to you?
캔 아이 이메일 디 어싸인멘트 투 유

A: No, we'll have to turn it in to me in person.
노우 위윌 해브 투 턴 잇 인 투 미 인 퍼슨
아니오. 나한테 직접 제출해야 합니다.

4.논문은 어떻게 되고 있어요?

How's your thesis going?
하우즈 유어 데시스 고잉

A: I haven't decided on my topic yet.
아이 해븐츠 디사이디드 온 마이 토픽 옛
아직 논문 주제도 못 정했어요.

5.논문 심사는 언제에요?	**When is your thesis defense?** 웬 이즈 유어 데시스 디펜스 **A: It's scheduled for next Monday.** 잇츠 스케쥴드 포 넥스트 먼데이 다음 주 월요일로 예정되어 있어요.
6.죄송한데요. 과제 마감 시간을 못 지킬 것 같아요.	**I'm afraid that I can't meet the deadline for my assignment.** 아임 어프레이드 댓 아이 캔트 미트 더 데드라인 포 마이 어싸인멘트 **A: That's fine. I'll postpone it until next Friday.** 댓츠 파인 아윌 포스트폰 잇 언틸 넥스트 프라이데이 괜찮아요. 다음 주 금요일까지 연기해줄게요.
7.이 과제를 친구랑 같이 해도 되나요?	**Can I work with a partner on this assignment?** 캔 아이 웍 위더 파트너 온 디스 어싸인멘트 **A: If you want to, you work with a partner.** 이퓨 원투 유 웍 위더 파트너 원한다면 짝이랑 같이 해도 됩니다.

Chapter 05 학교생활

1.학교생활은 재미있나요?

Do you have fun in school?
두 유 해브 펀 인 스쿨

A: There are various clubs in my school.
데어 아 배리어스 클럽스 인 마이 스쿨
우리 학교는 다양한 동아리가 있어요.

2.언제 수업이 끝나요?

When do you get out of school?
웬 두 유 겟 아웃 오브 스쿨

A: My school is over at six.
마이 스쿨 이즈 오버 앳 씩스
우리 학교는 6시에 끝나요.

3.저 장학금 신청하려고 해요.

I'm trying to get a scholarship.
아임 트라잉 투 겟 어 스콜라쉽

A: That sounds like a good idea. Good luck.
댓 사운즈 라익 어 굿 아이디어 굿 럭
좋은 생각이에요. 잘했으면 좋겠어요.

4.서둘러요. 그렇지 않으면 수업에 늦어요.

Hurry up. or we're going to be late for class.
허리 업 오얼 위브 고잉 투 비 레이트 포 클래스

A: I'm going to miss the class today.
아임 고잉 투 미스 더 클래스 투데이
저 오늘 수업 빠질거예요.

5.스미스 교수님 수업 들어본 적 있어요?

Have you taken prof. Smith's class before?
해뷰 테이큰 프로페서 스미스 클래스 비포

A: Smith's lecture is always popular.
스미스 렉쳐 이즈 올웨이즈 퍼풀러
교수님의 강의는 항상 인기가 있어요.

6.오늘 저녁에 술 한 잔 할까?	**How about going out for a drink tonight?** 하우 어바웃 고잉 아웃 포 어 드링크 투나잇 **A: Sorry, I've got the English test tomorrow.** 쏘리 아이브 갓 디 잉글리쉬 테스트 투마로우 미안한데 내일 영어시험이 있거든요.
7.다음 학기 오리엔테이션이 언제예요?	**When is orientation for next semester?** 웬 이즈 오리엔테이션 포 넥스트 세메스터 **A: There's an orientation at my school in April each year.** 데얼 언 오리엔테이션 앳 마이 스쿨 인 에이프럴 이치 이얼 우리 학교는 매년 4월에 오리엔테이션이 있어요.
8.우리 학교는 교칙이 아주 엄격합니다.	**Our school has very strict rules.** 아워 스쿨 해즈 베리 스트릭트 룰스 **A: I have to wear a school uniform in the school.** 아이 해브 투 웨어 어 스쿨 유니폼 인 더 스쿨 학교에서는 교복을 입어야 합니다.
9.학기 납부 마감일이 언제입니까?	**When is the deadline for tuition?** 웬 이즈 더 데드라인 포 튜이션 **A: Don't be surprised, it's this Saturday.** 돈트 비 서프라이스드 잇츠 디스 세러데이 놀라지 마세요. 이번 주 토요일이에요.
10.그 분은 친구입니까?	**Is he your friend?** 이즈 히 유얼 프렌드 **A: He is ahead of me in school.** 히 이즈 어헤드 오브 미 인 스쿨 그는 저의 학교 선배입니다.

11. 몇 학년이에요?

What year are you in?
왓 이얼 아 유 인

= What grade are you in?
왓 그레이드 아 유 인

A: I'm a freshman.
아임 어 프래시맨
1학년생입니다.

1.재학증명서를 발급받고 싶습니다.	**I'd like to get a copy of my studentship certificate.** 아이두 라익 투 겟 어 카피 오브 마이 스튜던트쉽 써티피케이트 **A: Fill out this form.** 필 아웃 디스 폼 이 신청서를 작성하세요.
2.제 전공을 경제학에서 영문학으로 바꾸고 싶어요.	**I'd like to change my major economics to English literature.** 아이두 라익 투 체인지 마이 메이져 에커너믹스 투 잉글리쉬 리터레쳐 **A: You need the professor's approval.** 교수님의 승인이 있어야 해요.
3.성적증명서를 발급받고 싶어요.	**I need a copy of my transcript.** 아이 니드 어 카피 오브 마이 트렌스크립트 **A: You can get a copy from the machine outside.** 유 캔 겟 어 카피 프럼 더 머씬 아웃사이드 밖에 있는 기계에서 발급받을 수 있어요.
4.학비지원을 신청하고 싶어요.	**I'd like to apply for financial aid.** 아이두 라익 투 어플라이 포 파이낸셜 에이드 **A: Please fill in this form.** 플리즈 필 인 디스 폼 이 신청서를 기입해 주세요.
5.휴학을 하고 싶습니다.	**I'd like to take a leave of absence from school.** 아이두 라익 투 테이커 리브 오브 엡센스 프럼 스쿨

A: Is there something wrong?
이즈 데얼 썸씽 렁
무슨 문제가 있나요?

6.김 교수님을 뵙고 싶습니다.

I'd like to see professor Kim.
아이두 라익 투 씨 프로페써 김

7.추천서를 좀 써 주시겠어요?

Could you write me a recommendation letter?
쿠쥬 라이트 미 어 리코멘데이션 레터

A: You should consult your professor.
유 슈드 컨설트 유어 프로페써
담당교수님과 상담해야 할 것 같아요.

8.전 학사 경고를 받았어요.

I'm on academic probation.
아임 온 아카데믹 프로베이션

A: Let me pull up your records.
렛 미 풀 업 유어 레코즈
자네 성적을 한 번 볼까요.

Chapter

07 도서관 이용

1.도서관 개방 시간이 어떻게 되나요?	**What hours is the library open?** 왓 아워 이즈 더 라이브러리 오픈 **= What are the library hours?** 왓 아 더 라이브러리 아워 **A: It opens at 9:00 am and closes at 7:00 pm on weekdays.** 잇 오픈 앳 나인 에임 앤 크로즈 앳 세븐 피엠 온 윅 데이즈 주중에는 오전 9시에 열고 오후 7시에 닫습니다.
2.이 책을 빌리려면 어떻게 해야 하나요?	**How can I borrow these books?** 하우 캔 아이 바로우 디즈 북스 **A: Is this the first time you've used the library?** 이즈 디스 더 퍼스트 타임 유브 유즈 더 라이브러리 도서관 이용이 처음이신가요?
3.책을 빌리려면 신분증을 꼭 가져오세요.	**Make sure that you bring your ID in order to borrow books.** 메이크 슈어 댓 유 브링 유어 아이디 인 오더 투 바로우 북스 **A: Sure, I will.** 슈어 아이 윌 네, 그럴게요.
4.이 책들을 대출하고 싶습니다.	**I'd like to check out these books.** 아이두 라익 투 체크 아웃 디즈 북스 **I'd like to take these books out.** 아이두 라익 쿠 테이크 디즈 북스 아웃 **A: Could you show me your library card?** 쿠쥬 쇼우 미 유어 라이브러리 카드 도서관 카드 좀 보여주시겠어요?

5.도서관 카드를 받으려면 뭐가 필요한가요?

What do I need to get a library card?
왓 두 아이 니드 투 겟 어 라이브러리 카드

A: You need a photo ID and proof of residence.
유 니드 어 포토 아이디 앤 푸르프 오브 레지던스
사진이 붙은 신분증과 거주지 증명이 필요합니다.

6.복사기를 쓰게 잔돈 좀 거슬러 주시겠어요?

Do you have change for the copiers?
두 유 해브 체인지 포 더 카피얼스

A: The copier is in the reference room.
더 카피얼스 이즈 인 더 레퍼런스 룸
복사기는 참고서적실에 있습니다.

7.조용한 열람실이 있나요?

Is there a quiet reading room?
이즈 데얼 어 콰이엇 리딩 룸

A: It's upstairs.
잇츠 업스테어즈
이층에 있습니다.

8.제가 책 찾는 것 좀 도와 주시겠어요?

Can you help me find the book?
캔 유 헬프 미 파인드 더 북

A: Sure. What are you looking for?
슈어 왓 아 유 룩킹 포
물론이죠. 어떤 책을 찾고 계시나요?

9.서가에 이 책이 없어요.

I can't find this book on the shelves.
아이 캔 파인드 디스 북 온 더 셸브스

A: Did you check online?
디쥬 체크 온라인
컴퓨터로 확인해 보셨어요?

10.이 책 좀 대출해 주세요.

I'd like to check out this book, please.
아이두 라익 투 체크 아웃 디스 북 플리즈

	A: References can not be checked out. 리퍼런씨쓰 캔 낫 비 체크드 아웃 참고서적들은 대출이 안 됩니다.
11.한 번에 몇 권까지 대출할 수 있나요?	**How many books can I check out at once?** 하우 메니 북스 캔 아이 체크 아웃 앳 원스 **A: You can borrow up to five books.** 유 캔 바로우 업 투 파이브 북스 5권까지 빌릴 수 있습니다.
12.대출 기간은 며칠이죠?	**When is the due date?** 웬 이즈 더 듀 데이트 **When are these due?** 웬 아 디즈 듀 **A: You may keep it for a week.** 유 메이 킵 잇 포 어 위크 일주일 동안 빌려 갈 수 있습니다.
13.대출기한 연장은 어떻게 하나요?	**How do I renew an item?** 하우 두 아이 리뉴 언 아이템 **How can I renew my books?** 하우 캔 아이 리뉴 마이 북스 **A: You can renew the item by either calling or email.** 유 캔 리뉴 디 아이템 바이 이더 콜링 오어 이메일 연장은 전화나 이메일을 통해서 할 수 있습니다.
14.책 반납은 어떻게 해야 하나요?	**How should I return the books?** 하우 슈드 아이 리턴 더 북스 **A: You can return books to the service desk or in the book drops.** 유 캔 리턴 북스 투 더 서비스 데스크 오어 인 더 북 드롭스 책 반납은 창구나 반납함을 통해 하실 수 있습니다.

15.제 때에 반납하지 않으면 연체료가 있나요?

Is there a fine if not returned on time?
이즈 데어 어 파인 이프 낫 리턴드 온 타임

Is there any fine for delay?
이즈 데어 에니 파인 포 딜레이

A: The fine will be 1,000 won per day per item.
더 파인 윌 비 원 싸우전 원 퍼 데이 퍼 아이템
연체료는 한 권 당 매일 1000원입니다.

Practical English

약속과 대화의 표현

17

❶ 약속하기
❷ 시간과 장소를 정할 때
❸ 약속을 변경 · 취소할 때
❹ 약속 시간에 늦었을 때
❺ 대화를 시작할 때
❻ 대화를 나누면서
❼ 다 털어 놓으라고 말할 때
❽ 요점을 말할 때
❾ 대화를 끝낼 때

Chapter

01 약속하기

1.이번 주말에 바쁘세요?	**Are you busy this weekend?** 아류 비지 디스 위캔드 **A: I have no particular engagements.** 아이 해브 노우 퍼티큘러 인게이지먼트 특별한 약속은 없어요.
2.내일 시간 있어요?	**Do you have time tomorrow?** 두 유 해브 타이 투모로우 **A: Anytime after three.** 에니타임 애프터 쓰리 3시 이후에는 괜찮아요. **When should we meet?** 웬 슈드 위 미트 언제 만날까요? **A: Anytime is okay.** 에니타임 이즈 오케이 언제든지 좋아요.
3.지금 시간 있으세요?	**Are you free now?** 아류 프리 나우 **A: I'm busy at the moment.** 아임 비지 앳 더 모우먼트 제가 지금 몹시 바쁜데요.
4.잠깐 만날 수 있을까요?	**Can I see you for a moment?** 캔 아이 씨 유 포 어 모우먼트 **A: You can come and see me at any time.** 유 캔 씨 컴 앤 씨 미 앳 에니 타임 아무 때나 좋습니다.
5.일요일에 무슨 약속 있으세요?	**Do you have any appointments on Sunday?** 두 유 해브 에니 어포인먼츠 온 선데이

A: I don't think I've got anything planned yet.
아이 돈 씽크 아이브 갓 에니씽 플랜드 옛
아직까지는 아무 계획이 없어요.

6.지금 뵈러 가도 되겠습니까?

Can I drop in to see you?
캔 아이 드롭 인 투 씨 유

= May I call on you now?
메이 아이 콜 온 유 나우

A: Come anytime you like.
컴 에니타임 유 라익
언제라도 편한 시간에 오세요.

7.오늘 오후에 만날 시간이 있어요?

Are you available this afternoon?
아류 어배일러블 디스 에프터눈

A: I doubt it. I've got a ton of things to do.
아이 다우트 잇 아이브 갓 어 톤 오브 띵스 투 두
아마 안 될 거예요. 할 일이 태산같아요.

8.잠시 시간 좀 내주시겠어요?

Do you have a minute?
두 유 해버 미니트

A: I'm tied up today.
아임 타이드 업 투데이
오늘 약속이 꽉 찼는데요.

9.다음 주 언제쯤 뵐 수 있을까요?

When can I see you next week?
웬 캔 아이 씨 유 넥스트 윅크

A: I'll call you tomorrow.
아윌 콜 유 투모로우
제가 내일 전화 드릴게요.

10.이봐요, 퇴근 후에 한 잔 할래요?

Hey, want to grab a drink after work?
헤이 원투 그랩 어 드링크 에프터 웍

A: I'm sorry, I'm booked up today.
아임 쏘리 아임 북트 업 투데이
미안하지만 오늘은 선약이 있어요.
(be booked up 선약이 있다, 바쁘다)

11.내일쯤 방문해도 괜찮을까요?

Do you mind if I call on you sometime tomorrow?
두 유 마인드 이프 아이 콜 온 유 썸타임 투모로우

A: Let me check my calendar.
렛미 체크 마이 캘린더
일정을 확인해 볼게요.

12.12시에 잠깐 시간을 내서 당신 볼 수 있어요?

Can I squeeze you in at twelve o'clock?
캔 아이 스퀴즈 유 인 앳 트웰브 어클락

A: I have a lunch date at noon. Anytime after two.
아이 해버 런치 데이트 앳 눈 에니타임 에프터 투
정오에 점심 약속이 있어요. 2시 이후에는 괜찮아요.

13.일단은 오늘 저녁 식사하는 걸로 약속을 잡아 둘게요.

I'll pencil you in for dinner today.
아윌 펜슬 유 인 포 디너 투데이
(pencil ~ in 일단은 ~을 예정에 넣다)

14.제가 가도 될까요?

May I come over?
메이 아이 컴 오버

A: I'm sorry, I have a full schedule today.
아임 쏘리 아이 해버 풀 스케쥴 투데이
미안하지만 오늘 스케줄이 꽉 차 있어요.

15.언제 만날까요?

When should we meet?
웬 슈드 위 미트

A: Any day will do except Sunday.
에니 데이 윌 두 엑셉트 썬데이
일요일 말고는 어느 날이라도 좋아요.

16.점심 후에 만나서 커피 한 잔 할까요?

Can you want to meet for coffee after lunch?
캔 유 원 투 미트 포 커피 에프터 런치

A: I see.
아이 씨
알겠습니다.

17.내일 약속이 있어요?

Do you have any appointment tomorrow?
두 유 해브 에니 어포인트먼트 투모로우

A: I won't be free till this weekend.
아이 오운트 비 프리 틸 디스 위캔드
이번 주말까지는 시간이 없어요.

Chapter
02 시간과 장소를 정할 때

1.어디서 만나요?	**Where shall we meet?** 웨어 쉘 위 미트 **= Where do you want to meet?** 웨어 두 유 원투 미트 **A: You pick the place.** 유 픽 더 플레이스 당신이 장소를 정하세요.
2.언제 만날까요?	**What time shall we make it?** 왓 타임 쉘 위 메이킷 **= What time?** 왓 타임 **= When should we meet?** 웬 슈드 위 미트 **A: Anytime is okay.** 에니타임 이즈 오케이 **= Anytime you want.** 에니타임 유 원트 언제든지 좋아요.
3.몇 시쯤에 시간이 나죠?	**What time will you be available?** 왓 타임 윌 유 비 어배일러블 **A: I'm not free until after 5.** 아임 낫 프리 언틸 애프터 파이브 5시 이후에는 시간이 납니다.
4.우리 오후 6시에 만날까요?	**Shall we make it 6 pm?** 쉘 위 메이킷 씩 피엠 **A: No, six's too early, what about 7?** 노우 씩스 투 얼리 왓 어바웃 세븐 아냐, 6시는 너무 일러요. 7시가 어떠세요?

5.좋아요, 7시에 신촌에서 볼까요?

O.K, 7 o'clock. Shall we meet in Sincheon?
오케이 세븐 어클락 쉘 위 미트 인 신촌

A: That will be suit me fine. It's a date.
댓 윌 비 슈트 미 파인 잇츠 어 데이트
좋아요. 그럼 약속한 거예요.

6.언제가 가장 편하시겠어요?

When would it be most convenient for you?
웬 우드 잇 비 모스트 컨비니언트 포 유

= When is a good time for you?
웬 이즈 어 굿 타임 포 유

= When would it be all right with you?
웬 우드 잇 비 올 라잇 위듀

A: At your convenience. Either will be fine for me.
앳 유어 컨비니언트 이더 윌 비 파인 포 미
편하신 때요. 전 아무 때나 좋아요.

7.어디가 가장 편하시겠어요?

Where is the most convenient for you?
웨어 이즈 더 모스트 컨비니언트 포 유

= Where can you make it?
웨어 캔 유 메이킷

A: Let's meet in my office.
렛츠 미트 인 마이 오피스
제 사무실에서 만나요.

8.몇 시로 할까요?

What time should we make it?
왓 타임 슈드 위 메이킷

A: It's your decision.
잇츠 유어 디시즌
당신이 정하세요.

9.언제 시간이 되세요?	**When will you be available?** 웬 윌 유 비 어배일러블 **= When will you be free?** 웬 윌 유 비 프리 **A: Saturday night is fine with me.** 세터데이 나이트 이즈 파인 위드 미 전 토요일 밤이 괜찮아요.
10.몇 시에 들르면 제일 좋을까요?	**What's the best time to drop in?** 왓츠 더 베스트 타임 두 드롭 인 **A: Any time after 6 in the afternoon.** 에니 타임 에프터 씩스 인 디 에프터눈 오후 5시 이후라면 언제든지 좋아요.
11.언제 어디서 만날까요?	**When and where shall we meet?** 웬 앤 웨어 쉘 위 미트 **A: Let's meet at 6 o'clock in front of Coex all.** 렛츠 미트 앳 씩스 어클락 인 프런트 오브 코엑스 올 6시에 코엑스몰에서 만나요.
12.만날 만한 좋은 장소가 있어요?	**Is there a good place to meet?** 이즈 데어 어 굿 플레이스 투 미트 **A: Let's meet at childrens great garden.** 렛츠 미트 앳 췰드런즈 그레이트 가든 어린이대공원에서 만나요.
13.일요일에 괜찮으세요?	**Is Sunday ok with you?** 이즈 선데이 오케이 위듀 **A: I'm sorry, but I can't. I have another appointment.** 아임 쏘리 밧 아이 캔트 아이 해브 어너더 어포인트먼드 미안하지만 안 되겠어요. 선약이 있어요.

14.몇 시에 만날 수 있을까요?

What time can you see me?
왓 타임 캔 유 씨 미

A: Is six o'clock all right?
이즈 씩스 어클락 올 라잇
6시면 괜찮겠어요?

15.좀 일찍 만나도 될까요?

Would you mind if we make it a little earlier?
우쥬 마인드 이프 위 메이커 잇 어 리틀 얼리얼

A: So, I'll be there about eight, ok?
쏘우 아윌 비 데어 어바웃 오케이
그럼, 여덟시 경에 갈게요. 오케이

Chapter 03

약속을 변경 · 취소할 때

1.괜찮으시다면 약속을 조금 늦췄으면 하는데요.	I'd rather make it for later, if you don't mind. 아이두 레더 메이킷 포 레이러 이퓨 돈트 마인드 A: I'll be free after 6 pm. 아윌 비 프리 에프터 씩스 피엠 오후 6시 이후에는 좋아요.
2.미안해. 내가 오늘 아침에 널 만날 수 없겠는데.	I'm so sorry, but I can't meet you this morning. 아임 쏘우 쏘리 밧 아이 캔트 미츄 디스 모닝 A: That's alright. Is something wrong? 댓츠 올라잇 이즈 썸씽 롱 괜찮아요. 무슨 일 있어요?
3.좀 늦게 만나도 될까요?	Would you mind if we made it a little later? 우쥬 마인드 이프 위 메이드 잇 어 리틀 레이러 = Why don't you make it a little later? 와이 돈츄 메이킷 어 리틀 레이러 A: What time is good for you? 왓 타임 이즈 굿 포 유 몇 시가 좋아요?
4.약속을 어겨 미안합니다.	I'm sorry I broke my appointment with you. 아임 쏘리 아이 브로크 마이 어포인트먼트 위듀 A: Perhaps we can make it another day. 퍼햅스 위 캔 메이킷 어나더 데이 다른 날로 약속하는 게 좋을 것 같아요.

5.한 시간 늦게 만납시다.	**Let's move back an hour.** 렛츠 무브 백 언 아워 **A: I'll be expecting you.** 아윌 비 익스펙팅 유 기다리고 있겠습니다.
6.다음으로 미룰 수 있을까요? 내가 오늘 볼 일이 좀 있어서요.	**Can I have a rain check on that? I have some errands to run today.** 캔 아이 해브 어 레인 체크 온 댓 아이 해브 썸 에런즈 투 런 투데이
7.무슨 일이 있어요?	**What's the matter?** 왓츠 더 매럴 **A: Something came up suddenly. Let's make it some other time.** 썸씽 케임 업 서든리 렛츠 메이킷 썸 어더 타임 갑자기 일이 생겼어요. 다음으로 미뤄요.
8.제가 지금 몹시 바빠서 약속을 취소해야겠어요.	**I have to cancel my appointment because I'm so busy.** 아이 해브 투 캔슬 마이 어포인트먼드 비코즈 아임 쏘우 비지 **A: How about this Saturday?** 하우 어바웃 디스 세터데이 이번 주 토요일은 어때요?
9.약속을 취소해야겠어요.	**I have to cancel my appointment.** 아이 해브 투 캔슬 마이 어포인트먼트 **A: Oh, that's too bad.** 오 댓츠 투 배트 이런, 안타깝군요.
10.약속에 못 나갈 것 같아요.	**I don't think I can make it.** 아이 돈트 띵크 아이 캔 메이킷 **A: Why? What happened?** 와이 왓 헤픈드 왜요? 무슨 일 있었어요?

약속 · 대화 표현

Chapter

04

약속 시간에 늦었을 때

1.우리 3시에 만나기로 했잖아요. 어디 있어요?	**We had agreed to meet at three. Where have you been?** 위 해더 어그리드 투 미트 앳 쓰리 웨어 해브 유 빈 **A: Have you waited for long?** 해뷰 웨이티드 포 롱 많이 기다렸어요?
2.왜 이렇게 늦었어요?	**What took you so long?** 왓 툭 유 쏘우 롱 **A: Traffic was slow.** 트래픽 워즈 슬로우 차가 막혀서요.
3.어찌된 거예요? 우리 5시에 만나기로 했잖아요.	**What happened? We were supposed to meet at 5 o'clock.** 왓 헤픈드 위 워 서포즈드 투 미트 앳 파이브 어클락 **A: We were trapped in traffic.** 위 워 트랩피트 인 트래픽 교통체증 때문에 꼼짝없이 갇혀 있었거든요.
4.언제 올 수 있겠어요?	**How soon can I expect you?** 하우 쑨 캔 아이 익스펙트 유 **A: I'm guessing another 20 minutes.** 아임 게싱 어너더 투엔티 미니츠 20분 정도 더 걸릴 것 같아요.
5.기다리게 해서 미안해요.	**I'm sorry to have kept you waiting.** 아임 쏘리 투 해브 캡트 유 웨이팅 **A: I'm on time. I've been waiting for thirty minutes.** 아임 온 타임 아이브 빈 웨이팅 포 써티 미니츠 난 제 시간에 왔어요. 30분이나 기다렸다고요.

6.몇 시에 도착했어요?

What time did you arrive?
왓 타임 디쥬 어라이브

A: I got here at one o'clock on the dot.
아이 갓 히어 앳 원 어클락 온 더 닷트
여기 한 시 정각에 왔어요.

7.지금 어디세요? 커피 숍에 앉아 20분이나 기다리고 있다고요.

Where are you? I've been sitting at the coffee shop waiting for 20 minutes.
웨어 아 유 아이브 빈 시팅 앳 더 커피 숍 웨이팅 포 투엔티 미니츠

A: I didn't realize this was so far away.
아이 돈트 리얼라이즈 디스 워즈 쏘우 파 어웨이
이렇게 먼 줄 몰랐어요.

8.무슨 일이 있어요? 걱정하고 있었어요.

What's the matter? I was getting worried.
왓츠 더 매더 아이 워즈 겟딩 워리드

A: My last appointment run over.
마이 래스트 어포인트먼트 런 오버
마지막 약속이 늦게 끝났어요.

9.오늘은 차가 아주 많네요. 도로가 주차장이나 다름없어요.

There's a lot of traffic today. The street is like a parking lot.
데얼즈 어 낫 오브 트래픽 투데이 더 스트릿 이즈 라이커 파킹 낫

A: Let's get off the bus at the next stop and jump on the subway.
렛츠 겟 오프 더 버스 앳 더 넥스트 스탑 앤 점프 온 더 서브웨이
다음 정류장에서 버스에서 내려 지하철을 타요.

약속 · 대화 표현

10.너희들이 이렇게 늦을 줄 몰랐어요. 무슨 일 있었어요?

Guys. I wasn't expecting you so late. What happened?
가이즈 아이 워즌트 익스펙팅 유 쏘우 레이트 왓 헤픈드

A: Oh. It was nothing we just took a little detour.
오 잇 워즈 낫띵 위 저스트 툭 어 리틀 디톨
아. 별 일 아니었어요. 조금 돌아서 왔을 뿐이에요.
(take a detour 우회하다)

11.그녀가 왜 그렇게 늦은 거지요? 잊어버린 걸까요?

What's taking her so long? Do you think she forgot?
왓츠 테이킹 히어 쏘우 롱 두 유 띵크 쉬 포갓

12.당신 한 시간 후에 가족 저녁 모임 있지 않아요?

Don't you have a family dinner in an hour?
돈츄 해버 패밀리 디너 인 언 아워

Well, hurry up. Traffic's bad, so you'll need to leave soon.
웰 허리 업 트래픽스 배드 쏘우 유윌 니드 투 리브 쑨
서둘러요. 차가 많이 막히니까 곧 출발해야 할 거에요.

13.오는 길에 가벼운 접촉 사고가 있었어요.

I got into a little fender bender on the way over.
아이 갓 인투 어 리틀 펜더 밴더 온 더 웨이 오버

A: I see. I'm glad to hear you're ok.
아이 씨 아임 글래드 투 히어 유아 오케이
그랬군요. 안 다쳤으니 다행이에요.
(fender bender 가벼운 사고)

Chapter 05

대화를 시작할 때

1.말씀드릴 게 좀 있는데요.

I need to tell you something.
아이 니드 투 텔 유 썸씽

= I have something to tell you.
아이 해브 썸씽 투 텔 유

= There's something I'd like to say.
데얼즈 썸씽 아이두 라익 투 세이

A: Go ahead please.
고우 어헤드 플리즈
말씀하세요.

2.잠깐 이야기 좀 할 수 있을까요?

Can I have a word with you for a minute?
캔 아이 해버 워드 위듀 포 어 미니츠

= Can I talk with you for a minute?
캔 아이 토크 위듀 포 어 미니츠

A: Sure, What do you have on your mind?
슈어 왓 두 유 해브 온 유어 마인드
네, 무슨 얘기를 하고 싶은데요?

3.어디 가서 얘기 좀 해요.

Let's go somewhere to talk.
렛츠 고우 썸웨어 투 토크

A: Say what you want to say.
세이 왓 유 원투 세이
무슨 말인지 해보세요.

4.지금 나 좀 볼 수 있을까요?

Can I see you now?
캔 아이 씨 유 나우

A: Anything happened?
에니씽 헤픈드
무슨 일 있어요?

5.어디 가서 커피 한 잔 마시며 얘기할까요?	**Shall we talk over a cup of coffee somewhere?** 쉘 위 토크 오버 어 컵 오브 커피 썸웨어 **A: Tell me what you have to say.** 델 미 왓 유 해브 투 세이 할 말이 있으면 하세요.
6.있잖아요? 나 승진했어요.	**Guess what? I just got promoted.** 게스 왓 아이 저스트 갓 프로모티드 **A: Good for you! You deserve it.** 굿 포 유 유 디절브 잇 잘 됐어요. 당신 자격이 있잖아요.
7.최근 소식 들었어요?	**Have you heard latest?** 해뷰 허드 레이티스트 **A: I heard it through the grape vine.** 아이 허드 잇 쓰로우 더 그레이프 바인 **= I heard it on grape vine.** 아이 허드 잇 온 그레이프 바인 소문으로 들었어요.
8.당신과 긴히 의논할 게 있어요.	**I have a nut crack with you.** 아이 해버 너트 크랙 위듀 **A: I got it.** 아이 갓 잇 알겠습니다.
9.무슨 일이 있었는지 들었어요?	**Did you hear the news?** 디쥬 히어 더 뉴스 **= Did you hear what happened?** 디쥬 히어 왓 헤픈드 **A: Try to describe exactly what happened.** 트라이 투 디스크라이브 이그잭틀리 왓 헤픈드 무슨 일이 일어났는지 자세히 설명해 보세요.

10.잠깐 볼 수 있을까요?

May I see you for a few minutes?
메이 아이 씨 유 포 어 퓨 미니츠

A: We heard you, already.
위 허드 유 올레디
알았으니까 이제 그만해요.

11.사적인 말을 나누고 싶습니다.

I like to talk privately.
아이 라익 투 토크 프라이베일리

A: Why were you hesitating to tell me?
와이 워 유 헤지테이딩 투 텔 미
왜 말하는 것을 망설이십니까?

12.잠깐 시간 좀 내 줄 수 있어요? 그 프로젝트에 관해 이야기를 해야 해요.

Can I have a second of your time? We need to discuss about project.
캔 아이 해버 세컨드 오브 유어 타임 위 니드 투 디스커스 어바웃 프로젝트

A: Sure. Just give me a second. I'm talking with friend on the phone.
슈어 저스트 깁미 어 세컨드 아임 토킹 위드 프랜드 온 더 폰
알았어요. 잠깐만요. 지금 친구와 통화 중이에요.

Chapter 06

대화를 나누면서

1.제 말을 끝까지 들어 보세요.	**Why don't you hear me out?** 와이 돈츄 유 히어 미 아웃 **A: I'm all ears.** 아임 올 이얼 열심히 듣고 있어요.
2.더 하실 말씀이 있으세요?	**Do you have anything further to say?** 두유 해브 애니띵 퍼 더 투 세이 **A: I have had my say.** 아이 해브 해드 마이 세이 저는 할 말을 다했습니다.
3.그것에 대해 어떻게 생각하세요?	**What do you think about that?** 왓 두유 띵크 어바웃 댓 **A: Well. I'm not sure yet.** 웰 암 낫 슈어 옛 글쎄요. 아직 잘 모르겠는데요.
4.제 말을 잠깐 들어 보세요.	**Just listen to me for a minute.** 저스트 리슨 투미 포 어 미닛 **A: What's your position?** 와츄얼 포지션 당신 입장은 어떠세요?
5.찬성입니까 반대 입니까?	**Are you for or against it?** 아류 포 오어 어게인스트잇 **A: I'm neutral to this matter.** 아임 뉴트럴 투 디스 매러 저는 이 문제는 중립입니다.
6.그녀는 훌륭한 배우지요. 그렇게 생각하지 않으세요?	**She is such a good actress, don't you think?** 쉬 이즈 서치 어 굿 엑트리스 돈츄 띵크

A: As a matter of fact, I don't like her.
에즈 어 매러 오브 팩트 아이 돈 라이크 허
실은 저는 그녀를 좋아하지 않아요.

7.가장 관심 있는 일은 뭐에요?

What are you most interested in?
왓 알유 모스트 인터레스티드 인

A: I'm interested in painting.
아임 인터레스티드 인 패인팅
그림에 관심이 있어요.

8.누구 적당한 사람 있나요?

Do you have anybody in mind?
두유 해브 애니바디 인 마인드

A: How about Tom?
하우 어바웃 탐
톰 어때요?

Chapter 07

다 털어 놓으라고 말할 때

1.솔직하게 말해봐요.	**Talk straight, please.** 토크 스트레이트 플리즈 **= Put your cards on the table.** 풋 유어 카드즈 온 더 테이블 **A: I'll talk to you frankly.** 아윌 토크 투 유 프랭클리 솔직하게 말할게요.
2.장본인이 직접 나한테 말해줬어요.	**I got it straight from the horse's mouth.** 아이 갓 잇 스트레이트 프럼 더 홀스 마우스 **A: I'm telling you. Trust me.** 아임 텔링 유 트러스트 미 정말이에요. 믿어주세요.
3.몇 번이나 말해야 알아 듣나요?	**How many times do I have to tell you?** 하우 메니 타임즈 두 아이 해브 투 텔 유 **A: Give it to me in plain English.** 기브 잇 투 미 인 플레인 잉글리쉬 쉬운 말로 이야기해요.
4.그건 내가 하는 말과 관계가 없어요.	**That has nothing to do with what I'm talking about.** 댓 해즈 낫띵 투 두 위드 왓 아임 토킹 어바웃 **A: It's common knowledge.** 잇츠 컴먼 날리지 그건 상식이에요.
5.빙빙 돌리지 말고 솔직하게 말해 봐요.	**Don't beat around the bush.** 돈트 비트 어라운드 더 부쉬 **= Stop circumventing the issue.** 스탑 썰컴벤팅 더 이슈

= Stop speaking in circles.
스탑 스피킹 인 서클스

A: Just never you mind.
저스트 네버 유 마인드
당신이 상관할 일이 아니에요.

6.숨김없이 다 털어놔요.

Don't mince words.
돈트 민스 워드즈

= Spare me nothing.
스페어 미 낫띵

A: Tell it to me like a man.
텔 잇 투 미 라이커 맨
남자답게 나한테 말해요.

7.나에게 편안하게 말해 보세요.

Feel free to talk to me.
필 프리 투 토크 투 미

A: I'm sorry, that's all I know.
아임 쏘리 댓츠 올 아이 노우
미안하지만 그게 내가 아는 전부입니다.

Chapter
08 요점을 말할 때

1. 요점이 뭔데요?

What's the point?
왓츠 더 포인트

= What's the bottom line?
왓츠 더 바럼 라인

= What's the upshot?
왓츠 더 업 샷

A: Here's the bottom line.
히얼즈 더 바럼 라인
이게 요점이에요.

2.무슨 얘기를 하려는 거예요?

What are you trying to say?
왓 아류 트라잉 투 세이

= What are you trying to tell me?
왓 아류 트라잉 투 텔 미

A: From my point of view, your decision was right.
프럼 마이 포인트 오브 뷰 유어 디시젼 워즈 롸잇
제 관점에서는 당신 결정이 옳았어요.

3.본론을 말해요.

Get to the point.
겟 투 더 포인트

= Get to the heart of the matter.
겟 투 더 헐트 오브 더 매더

= Just tell me your point.
저스트 텔 미 유어 포인트

A: As far as I'm concerned, that's impossible.
애즈 파 애즈 아임 콘선드 댓츠 임파써블
지금까지 제가 생각한 바로는, 그건 무리입니다.

4.분명히 말할게요.

Let me be perfectly clear.
렛 미 비 퍼펙틀리 클리어

A: I guess that you were right.
아이 게스 댓 유 워 롸잇
나는 당신이 옳았다고 생각해요.

5.내 말 잘 들어요.

Read my lips.
리드 마이 립스

A: I don't think so.
아이 돈트 띵스 쏘우
저는 그렇게 생각하지 않습니다.

6.말을 돌리지 말고 요점을 말하세요.

Don't beat around the bush, get to the point.
돈트 비트 어라운드 더 부쉬 겟 투 더 포인트

A: I'll talk to you frankly.
아이윌 토크 투 유 프랭클리
솔직하게 말할게요.

Chapter 09

대화를 끝낼 때

1.얘기 나눠서 즐거웠어요.	**It's been fun talking to you.** 잇츠 빈 펀 토킹 투 유 **A: Let's do lunch sometime.** 렛츠 두 런치 썸타임 언제 점심이라도 같이 해요.
2.대화가 정말 즐거웠어요. 그런데 난 이만 가봐야겠어요.	**It's been great talking to you, but I have to go.** 잇츠 빈 그레이트 토킹 투 유 밧 아이 해브 투 고우 **A: Let's continue this another time.** 렛츠 컨티뉴 디스 어나덜 타임 언제 다시 이 얘기 계속해요.
3.이런 늦었어요. 이봐요, 내가 전화할게요.	**Wow! I'm late. Look, I will call you.** 와우 아임 레이트 룩 아윌 콜 유 **A: Don't forget to call.** 돈트 포겟 투 콜 잊지 말고 전화해요.
4.여기서 나가요.	**Let's leave this place.** 렛츠 리브 디스 플레이스 **A: I'll be in touch.** 아윌 비 인 터치 연락할게요.
5.진짜 가봐야 겠어요.	**I really must go.** 아이 리얼리 머스트 고우 **A: We have to make plans to get together sometime.** 위 해브 투 메이크 플레이스 투 겟 투게더 썸타임 언제 다시 만나기로 해요.

Practical English

숙박

18

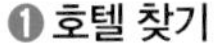

1. 호텔 찾기
2. 예약하지 않았을 때
3. 체크인
4. 룸서비스
5. 서비스 시설 이용하기
6. 호텔에서 문제가 생겼을 때
7. 체크아웃
8. 관광안내소에서
9. 관광지에서
10. 공연 관람
11. 위급 상황일 때
12. 사고를 당했을 때
13. 도난과 분실

Chapter 01

호텔 찾기

1.예약을 하고 싶어요.

I'd like to make a reservation.
아이두 라익 투 메이커 레저베이션

A: What date would you like to make your reservation?
왓 데이트 우쥬 라익 투 메이크 유어 레저베이션
며칠로 예약을 해 드릴까요?

2.다음 주 일요일에 묵을 방을 예약하고 싶어요.

I'd like to reserve a room for next Sunday.
아이두 라익 투 리절브 어 룸 포 넥스트 선데이

A: How many people?
하우 메니 피플

= How many are in your party?
하우 메니 아 인 유어 파티
일행이 몇 분이신가요?

3.방이 몇 개 필요하신가요?

How many rooms do you need?
하우 메니 룸즈 두 유 니드

A: Just one, please.
저스트 원 플리즈
하나면 됩니다.

4.다섯 명이 묵을 방이 있는지 알고 싶어서 전화했어요.

I'm calling to see if you have any rooms available for five.
아임 콜링 투 씨 이퓨 해브 에니 룸즈 어베이블 포 파이브

A: I'm sorry, but we're all booked up. It's the high season.
아임 쏘리 밧 위아 올 북트 업 잇츠 더 하이 시즌
죄송하지만, 예약이 전부 끝났어요. 성수기라서요.

5.얼마나 머무르실 거예요?

How long will you be staying?
하우 롱 윌 유 비 스테잉

= How many nights will you be staying?
하우 메니 나잇츠 윌 유 비 스테잉

= For how many nights?
포 하우 메니 나잇츠

A: I'll be staying for three nights.
아윌 비 스테잉 포 쓰리 나잇츠

= For three nights, please.
포 쓰리 나잇츠 플리즈
3일 머무를 거예요.

6.예약하셨나요?

Do you have a reservation?
두 유 해브 어 레저베이션

= Have you made a reservation?
해브 유 메이드 어 레저베이션

A: I made a reservation from Seoul, My name is Sedong Lee.
아이 메이드 어 레저베이션 프럼 서울 마이 네임 이즈 세동 이
서울에서 예약했어요. 제 이름은 이세동입니다.

7.침대는 몇 개나 필요하신 거예요?

How many beds?
하우 메니 베드즈

A: I need a room with two single beds.
아이 니드 어 룸 위드 투 싱글 베드즈
1인용 침대 두 개 있는 방이 필요해요.

8.한 방에 몇 분이 묵으실 건가요?

A room for how many?
어 룸 포 하우 메니

A: Two adults.
투 어덜츠
어른 두 명입니다.

숙박

9.하룻밤 숙박비는 얼마에요?

How many for a night?
하우 메니 포 어 나잇

= What are the rate?
왓 아 더 레이트

= What the charge per night?
왓 더 차지 퍼 나잇

A: 100 dollars for a double room.
원헌드레드 달러즈 포 어 더블 룸
더블룸이 100달러입니다.

10.조금 싼 방이 있나요?

Do you have anything cheaper?
두 유 해브 어 에니씽 치퍼

= Is there anything cheaper?
이즈 데어 에니씽 치퍼

A: The rate goes up during peak season.
더 레이트 고즈 업 듀링 피크 시즌
성수기라 조금 비쌉니다.

11.다음 주 금요일부터 일요일까지 방을 예약하려고 전화했어요.

I'm calling to get reservation from next Friday to Sunday.
아임 콜링 투 겟 레저베이션 프럼 넥스트 프라이데이 투 선데이

A: Let me check on room availability.
렛미 체크 온 룸 베일러빌러티
예약 가능한지 살펴보겠습니다.

12.언제 묵으실 건가요?

When would you like the room?
웬 우쥬 라익 더 룸

A: June 11th.
준 일레븐쓰
6월 11일에요.

13.어떤 종류의 방을 원하세요?

What kind of room would you like?
왓 카인드 오브 룸 우쥬 라익

A: I'd like a room with a view of city.
아이두 라익 어 룸 위드 어 뷰 오브 시티
시내가 보이는 방이 좋아요.

14.호텔 요금에 조식이 포함되어 있나요?

Is breakfast included in the hotel fee?
이즈 블랙퍼스트 인크루드 인 더 호텔 피

A: Yes, breakfast is served until 10 am.
네. 아침식사는 오전 10시까지 제공됩니다.

15.바다가 보이는 방을 쓰시겠어요?

Would you like a room with a view of the sea?
우쥬 라익 어 룸 위드 어 뷰 오브 더 씨

A: Oh, what a fantastic view of the ocean!
오, 왓 어 판타스틱 뷰 오브 디 오션
오, 바다 경치 정말 좋네요!

숙박

Chapter 02

예약하지 않았을 때

1.예약을 하지 않았는데 빈 방이 있어요?	**I don't have a reservation, Do you have any vacancies?** 아이 돈트 해브 어 레저베이션 두 유 해브 애니 노 베이 컨시즈 **A: I'm sorry, there's no vacancy at the moment.** 아임 쏘리 데얼즈 노우 베이컨시 앳 더 모먼트 죄송하지만 지금은 빈 방이 없어요.
2.빈 방이 있나요?	**Do you have any vacancies?** 두 유 해브 에니 베이컨시즈 **Do you have a room available?** 두 유 해브 어 룸 어베이블 **A: I'd like to reserve a room.** 방을 예약하고 싶은데요.
3.몇 분이 묵으실 건가요?	**For how many of you?** 포 하우 메니 오브 유 **A: Two adults and one child.** 투 어덜츠 앤 원 차일드 어른 두 명과 아이 한 명입니다.
4.어떤 방으로 드릴까요?	**What type of room would you like?** 왓 타입 오브 룸 우쥬 라익 **A: I'd like to get a room with a good view.** 아이두 라익 투 겟 어 룸 위드 어 굿 뷰 전망이 좋은 방을 원해요.
5.며칠 묵으실 건가요?	**For how many nights?** 포 하우 메니 나잇츠 **= How long are you going to stay?** 하우 롱 아 유 고잉 투 스테이

A: For two nights.
포 투 나잇츠

= It's for two days.
잇츠 포 투 데이즈
이틀이요.

6.하루 방값은 얼마에요?

How much is the room a night?
하우 머치 이즈 더 룸 어 나잇츠

A: It is 40,000won.
잇 이즈 포싸우젼드원
4만원입니다.

7.방을 보고 싶은데요.

May I see the room?
메아이 씨 더 룸

= Could you show me the room?
쿠쥬 쇼우 미 더 룸

A: I'll stay here.
아윌 스테이 히얼
이 방으로 하겠습니다.

8.세금은 포함되어 있습니까?

Does it include tax?
더즈 잇 인크루드 텍스

A: It doesn't include tax and service charge.
잇 더즌트 인크루드 텍스 앤 서비스 차지
세금과 서비스 요금은 별도입니다.

9.요금은 언제 지불하면 되나요?

When should I pay the bill?
웬 슈드 아이 페이 더 빌

A: Now, or when checking out?
나우 오어 웬 체킹 아웃
지금입니까? 체크아웃 할 때입니까?

10.2인용 침대가 두 개 있는 방이 있나요?

Do you have a room with two double beds?
두 유 해브 어 룸 위드 투 더블 베드즈

A: Of course, I will.
오브 코스 아이 윌
네, 있습니다.

11.안녕하세요. 예약이 되어 있으신가요?

Good evening, sir. Do you have a reservation?
굿 이브닝 써 두 유 해버 레저베이션

A: I'm sorry, I don't. I didn't realize you'd be so busy on a Tuesday.
아임 쏘리 아이 돈트 아이 디든트 리얼라이즈 유드 비 쏘우 비지 온 어 투즈데이
예약 안 했어요. 화요일에 사람이 많을거라 생각 못 했어요.

12.2명 예약하고 싶습니다.

I'd like to make a reservation for two.
아이두 라익 투 메이커 레저베이션 포 투

A: Would you like a single or a double room?
우쥬 라익 어 싱글 오어 어 더블 룸
싱글룸과 더블룸 중 어떤 것을 원하십니까?

13.성수기 때는 더 비쌀까요?

Are they more expensive during the peak season?
아 데이 모어 익스팬시브 듀링 더 피크 시즌

A: This is peak season, and the rate is pretty high.
디스 이즈 피크 시즌 앤 더 레이트 이즈 프리티 하이
성수기라 숙박비가 좀 비쌉니다.

14.죄송합니다만 예약이 되어 있지 않습니다.

I'm sorry but we don't have any record of your reservation.
아임 쏘리 밧 위 돈트 해브 에니 리코드 오브 유어 레저베이션

A: Make sure double check your booking.

반드시 예약을 다시 확인하십시오.

15.이 호텔 정말 마음에 안 들어요. 하지만 여기는 시내와 지하철이 가깝잖아요.

I don't really like this hotel. But it's close to downtown and the subway .
아이 돈트 리얼리 라익 디스 호텔 밧 잇츠 클로즈 투 다운타운 앤 더 서브웨이

A: Let's go find something else.
렛츠 고우 파인드 썸씽 엘스
다른 곳을 찾아봅시다.

숙박

Chapter
03 체크인

1.안녕하세요. 어떻게 도와드릴까요?

Good evening. How can I help you?
굿 이브닝 하우 캔 아이 헬퓨

A: I'd like to check in, please.
아이두 라익 투 체크 인 플리즈
체크인 부탁합니다.

2.예약하셨습니까?

Do you have a reservation?
두 유 해브 어 레저베이션

= Have you made a reservation?
해브 유 메이드 어 레저베이션

A: Yes. I made a reservation.
예스 아이 메이드 어 레저베이션

= I did it from Seoul.
아이 디드 잇 프럼 서울
네, 예약했습니다.

3.어느 분의 이름으로 되어 있습니까?

What name is it under?
왓 네임 이즈 잇 언더

A: I had a reservation for Sedong Lee.
아이 해드 어 레저베이션 포 세동 이
이세동이라는 이름으로 예약했는데요.

4.잠시만 기다리세요. 전산으로 확인해 보겠습니다.

Just a moment, please. I'll just check our computer.
저스트 어 모먼트 플리즈 아윌 저스트 체크 아워 컴퓨터

A: Double room, is that right.
더블 룸 이즈 댓 롸잇
더블룸 예약하셨군요. 맞아요?

5.수영장이 보이는 방을 쓰시겠어요?

Would you like a room with a view of the pool?
우쥬 라익 어 룸 위드 어 뷰 오브 더 풀

A: I'd like the quietest room you have.
아이두 라익 더 콰이어스트 룸 유 해브
이 호텔에서 가장 조용한 방이 좋아요.

6.어떻게 지불하시겠어요?

How would you like to pay?
하우 우쥬 라익 투 페이

A: By credit card, please.
바이 크레딧 카드 플리즈
신용카드로 해주세요.

7.몇 시에 퇴실이죠?

What time is check out?
왓 타임 이즈 체크 아웃

= When should I check out?
웬 슈드 아이 체크 아웃

A: The check out time is 11 am.
더 체크 아웃 타임 이즈 일레븐 에이엠
퇴실 시간은 오전 11시에요.

8.이 숙박 카드에 기입해 주시겠어요?

Would you please fill out the registration?
우쥬 플리즈 필 아웃 더 레지스트레이션

= Please fill out this for me?
플리즈 필 아웃 디스 포 미

A: Just put your name and address here, and I'll take care of the rest.
저스트 풋 유어 네임 앤 어드레스 히어 앤 아윌 테이크 케어 오브 더 레스트
성명과 주소만 기입해 주시면 나머지는 제가 써드리죠.

9.귀중품은 꼭 금고 안에 넣어 두세요.

Be sure to put your valuables in the safety deposit box.
비 슈어 투 풋 유어 밸류어블 인 더 세이프티 디파짓 박스

숙박

A: All right. Where's the safety deposit box?
올 롸잇 웨어즈 더 세이프티 디파짓 박스
알겠습니다. 금고는 어디 있어요?

10.식당은 어디 있어요?

Where's the restaurant?
웨어즈 더 레스토랑

A: You'll find the restaurant just around the corner.
유윌 파인드 더 레스토랑 저스트 어라운드 더 코너
모퉁이를 돌면 바로 식당이 있어요.

11.방은 1322호실입니다. 벨 보이가 방까지 안내해 드릴 겁니다.

Your room number is 1322. The bell boy will take you there.
유어 룸 넘버 이즈 써틴투엔티투 더 벨 보이 윌 테이크 유 데어

A: Thank you so much.
땡큐 쏘우 머치
고맙습니다.

12.여기가 손님방입니다.

Here's your room.
히얼즈 유어 룸

A: It's a nice room.
잇츠 어 나이스 룸
좋은 방이군요.

13.방 열쇠 여기 있어요.

Here is your room key.
히얼 이즈 유어 룸 키

A: Thanks a lot.
땡스 어 랏
대단히 고맙습니다.

14.필요한 것이 있으면 프런트로 연락해 주세요.

If you need anything, please call the front desk.
이퓨 니드 에니씽 플리즈 콜 더 프런트 데스크

A: What's the number for the front desk?
왓츠 더 넘버 포 더 프런트 데스크
프런트는 몇 번에 거는 겁니까?

15.저희 호텔에 모시게 되어 반갑습니다. 즐겁게 지내십시오.

We are happy to have you with us. Enjoy your stay.
위 아 해피 투 해브 유 위드 어즈 앤조이 유어 스테이

A: Thank you.
땡큐
감사합니다.

16.이 방은 마음에 안 드는군요. 다른 방을 볼 수 있을까요?

I don't like this room. Can I see another room?
아이 돈트 라익 디스 룸 캔 아이 씨 어나더 룸

A: Yes. I'll take you to the another room.
예스 아윌 테이크 유 투 더 어나더 룸
예. 다른 방으로 안내해 드리겠습니다.

숙박

Chapter 04

룸서비스

1.505호인데요, 룸서비스 부탁합니다.

I'm in room 505. I'd like to get room service.
아임 인 룸 파이브오파이브 아이두 라익 투 겟 룸 서비스

A: Room service. Can I help you?
룸 서비스 캔 아이 헬퓨
룸서비스입니다. 뭘 도와드릴까요?

2.룸서비스는 어떻게 부릅니까?

How do I call room service?
하우 두 아 콜 룸 서비스

= What's the number for room service?
왓츠 더 넘버 포 룸 서비스

A: Just dial 0, sir.
저스트 다이얼 오 써
0번을 누르세요.

3.외출해 있는 동안 제 방 청소 부탁합니다.

Please make up my room while I'm out.
플리즈 메이크 업 마이 룸 와일 아임 아웃

A: Certainly. I'll send you a maid.
써턴리 아윌 센드 유 어 메이드
알겠습니다. 청소하는 사람 보내드릴게요.

4.여보세요. 모닝콜 부탁합니다.

Hello. I'd like a wake up call in the morning.
헬로우 아이두 라익 어 웨이컵 콜 인 더 모닝

A: Yes. What time do you want to get up?
예스 왓 타임 두 유 원 투 겟 업
예, 몇 시에 일어나시겠습니까?

5.내일 아침 6시에 깨워 주십시오.	**Please wake me up at 6 tomorrow morning.** 플리즈 웨이크 미 업 앳 씩스 투머로우 모닝 **A: We'll give you a wake up call.** 위윌 기브 유 어 웨이컵 콜 모닝콜을 해드릴게요.
6.방에 열쇠를 두고 나왔어요.	**I've left the key in my room.** 아이브 레프트 더 키 인 마이 룸 **A: Okay, just a moment. I'll send someone up to the room.** 오케이 저스트 어 모먼트 아윌 센드 썸원 업 투 더 룸 알겠습니다. 잠시만 기다리세요. 사람을 올려 보낼게요.
7.식당은 어제 여나요?	**When does the breakfast open?** 웬 더즈 더 블랙퍼스트 오픈 **A: Breakfast is served at 7 o'clock.** 블랙퍼스트 이즈 서브드 앳 세븐 어클락 아침 식사는 7시부터 제공됩니다.
8.짐을 옮길 사람을 보내 주세요.	**Please send someone up for my baggage.** 플리즈 센드 썸원 업 포 마이 배기지 **A: We'll have a porter take care of it right now.** 위윌 해브 어 포터 테이크 케어 오브 잇 롸잇 나우 지금 짐꾼을 보내드리겠습니다.
9.셔츠 한 장 세탁 좀 해주세요.	**I'd like to have one shirt cleaned.** 아이두 라익 투 해브 원 셔츠 클린드 **A: We'll have them ready for you in one time.** 위윌 해브 뎀 레디 포 유 인 원 타임 한 시간 내에 세탁해 드리겠습니다.

10.한국의 서울로 팩스를 보내고 싶습니다.

I'd like to send a fax to Seoul, Korea.
아이두 라익 투 센드 어 팩스 투 서울 코리아

A: Where can I send a fax?
웨어 캔 아이 센드 어 팩스
어디서 보낼 수 있나요?

11.그 쪽 팩스번호가 어떻게 되나요?

What's the fax number of Seoul?
왓츠 더 팩스 넘버 오브 서울

A: Just fill this out and I'll send it.
저스트 필 디스 아웃 앤 아윌 센드 잇
이것을 작성해 주시면 보내 드리겠습니다.

12.샤워를 하려는데, 더운 물이 나오지 않아요.

I want to take a shower but the warm water isn't running.
아이 원 투 테이크 어 샤워 밧 더 웜 워터 이즌트 러닝

A: Would you like another room?
우쥬 라익 어나더 룸
방을 바꿔드릴까요?

13.헤어 드라이기를 빌리고 싶어요.

I'd like to borrow a hair dryer.
아두 라익 투 바로우 어 헤어 드라이얼

A: All right. We'll bring up in a little while.
올 롸잇 위윌 브링 업 인 어 리틀 와일
잠시 후에 돌려보내겠습니다.

14.내일 아침 7시에 아침 식사를 주문하고 싶은데요.

I'd like to order breakfast for tomorrow of 8 in the morning.
아이두 라익 투 오더 블랙퍼스트 포 투머로우 오브 에잇 인 더 모닝

A: What would you like to order?
왓 우쥬 라익 투 오더
무얼 드시겠습니까?

15.달걀 프라이와 오렌지 주스 갖다 주시겠어요?

Would you bring fried eggs and orange juice, please?
우쥬 브링 프라이드 에그즈 앤 오렌지 주스 플리즈

A: Can I know your room number?
캔 아이 노우 유어 룸 넘버
방 번호는요?

16.1234호실입니다.

It's 1234.
잇츠 투웰브써티포

A: Okay, sir.
오케이 써
알겠습니다.

Chapter 05

서비스 시설 이용하기

1.식당은 어디 있어요?	**Where's the restaurant?** 웨어즈 더 레스토랑 **A: The restaurant is located just off the lobby.** 더 레스토랑 이즈 로케이티드 저스트 오프 더 로비 식당은 로비 저편에 있어요.
2.아침 식사는 몇 시부터 가능한가요?	**What time can I have breakfast?** 왓 타임 캔 아이 해브 블랙퍼스트 **A: The restaurant is open from 7 am.** 더 레스토랑 이즈 오픈 프럼 세븐 에이엠 오전 7시부터 영업합니다.
3.커피숍은 어디에 있어요?	**Where's the coffee shop?** 웨어즈 더 커피 숍 **A: You'll find the coffee shop just around the corner.** 유윌 파인드 더 커피 숍 저스트 어라운드 더 코너 모퉁이 돌면 바로 있어요.
4.애완동물과 함께 있을 수 있나요?	**Are pets allowed?** 아 펫츠 얼라우드 **A: No pets allowed.** 노우 펫츠 얼라우드 애완동물은 동행이 금지되어 있습니다.
5.귀중품을 맡길 수 있나요?	**Can you keep my valuables?** 캔 유 킵 마이 밸류어블 **May I deposit valuables?** 메아이 디파짓 밸류어블 **A: We'll take care of them.** 위윌 테이크 케이 오브 뎀 저희가 보관하겠습니다.

6.팩스는 있나요?

Do you have a fax machine available?
두 유 해브 어 팩스 머신 어베이블

A: It's at the front desk.
잇츠 엣 더 프런트 데스크
프런트에 있어요.

7.세탁을 할 수 있나요?

Can I have this laundry cleaned?
캔 아이 해브 디스 런드리 클린드

A: Yes, we do.
예스 위 두
네, 있습니다.

8.이 호텔에 pc룸이 있나요?

Is there a pc room at this hotel?
이즈 데어 어 피씨 룸 앳 디스 호텔

A: It's on the 2nd basement.
잇츠 온 더 세컨드 베이스먼트
지하 2층에 있어요.

숙박

Chapter 06

호텔에서 문제가 생겼을 때

1.잠깐 와 주시겠어요?	**Could you send someone up to my room?** 쿠쥬 센드 썸원 업 투 마이 룸 **= Could you send someone to help me?** 쿠쥬 센드 썸원 투 헬프 미 **A: What's the problem?** 왓츠 더 프라블럼 무슨 일이십니까?
2.더운 물이 나오지 않습니다.	**The warm water isn't running.** 더 웜 워터 이즌트 러닝 **= Hot water doesn't come out.** 핫 워터 더즌트 컴 아웃 **= I don't have any hot water.** 아이 돈트 해브 에니 핫 워터 **A: Are they? We're very sorry, sir.** 아 데이 위아 베리 쏘리 써 그렇습니까? 대단히 죄송합니다.
3.담요가 한 장 더 필요합니다.	**I need one more blanket.** 아이 니드 원 모어 블랭킷 **A: Just a moment. Right away, sir.** 저스트 어 모먼트 롸잇 어웨이 써 잠시만 기다리세요. 곧 갖다 드리겠습니다.
4.옆방이 몹시 시끄러워요.	**The next room is very noisy.** 더 넥스트 룸 이즈 베리 노이지 **A: I'm sorry. I'll change another room for you.** 아임 쏘리 아윌 체인지 어나더 룸 포 유 죄송합니다. 다른 방으로 바꿔 드릴게요.

5.화장실 물이 잘 내려 가지 않아요.

The toilet doesn't flush well.
더 토일렛 더즌트 프러쉬 웰

A: We'll send someone up right away.
위윌 센드 썸원 업 롸잇 어웨이
곧 사람을 보내겠습니다.

6.에어컨이 작동되지 않아요.

The air conditioner doesn't work.
디 에어 컨디셔너 더즌트 웍

A: We'll see to it right away.
위윌 씨 투 잇 롸잇 어웨이
즉시 조치할게요.

7.TV가 나오지 않아요.

The television doesn't work.
더 텔레비전 더즌트 웍

A: I'll send a person soon.
아윌 센드 어 퍼슨 쑨
곧 사람을 보내드리겠습니다.

8.방에 수건이 충분하지 않습니다.

I don't have enough towels in my room.
아이 돈트 해브 이너프 타올 인 마이 룸

A: We'll bring you some towels right now.
위윌 브링 유 썸 타올 롸잇 나우
바로 수건을 더 갖다 드릴게요.

9.방이 너무 추워요.

It's too cold in the room.
잇츠 투 콜드 인 더 룸

A: All right.
올 라잇
알겠습니다.

10.욕실에 무슨 문제가 있나요?

What's wrong with the bathroom?
왓츠 렁 위드 더 베쓰룸

A: It stinks to high heaven.
잇 스팅스 투 하이 헤븐
악취가 진동해요.
(stinks to high heaven 악취가 진동하다)

11.타월을 바꿔주시겠요?

Can I get a new towel?
캔 아이 겟 어 뉴 타올

A: Sorry, I'll get you a new towel.
쏘리 아윌 겟 유 어 뉴 타올
죄송해요. 새 것으로 바꿔드릴게요.

Chapter 07

체크아웃

1.퇴실 시간은 몇 시에요?

What time is check out?
왓 타임 이즈 체크 아웃

= When do I have to be out of the room by?
웬 두 아이 해브 투 비 아웃 오브 더 룸 바이

A: The check out time is 11 am.
더 체크 아웃 타임 이즈 일레븐 에이엠
퇴실 시간은 오전 11시입니다.

2.체크아웃 하려고 합니다. 계산서 주세요.

I've checking out. I'd like my bill.
아이브 체킹 아웃 아이두 라익 마이 빌

= Check out. May I have my bill, please.
체크 아웃 마이 아이 해브 마이 빌 플리즈

A: Could you sign here for me?
쿠쥬 사인 히어 포 미
여기에 서명해 주시겠어요?

3.언제 체크아웃하실 겁니까?

When will you be checking out?
웬 윌 유 비 체킹 아웃

A: I'm going to check out at 10 o' clock.
아임 고잉 투 체크 아웃 앳 텐 어클락
10시에 퇴실 수속을 할 겁니다.

4.체크아웃 하겠습니다.

I'd like to check out now.
아이두 라익 투 체크 아웃 나우

A: May I have the key?
메아이 해브 더 키
열쇠를 주시겠어요?

숙박

5.어떻게 지불하시겠습니까?	**How would you like to pay?** 하우 우쥬 라일 투 페이 **A: I would like to pay with credit card.** 아이 우드 라익 투 페이 위드 크레딧 카드 신용카드로 지불하겠습니다.
6.여행자 수표로 지불해도 되나요?	**May I pay by traveler's check?** 메아이 페이 바이 트러블러스 첵 **A: Of course.** 오브 코즈 물론이죠.
7.숙박은 어떠셨나요?	**How was your stay?** 하우 워즈 유어 스테이 **A: Very nice. Everyone was very friendly and the beds were so comfortable.** 베리 나이스 에브리원 워즈 베리 프렌들리 앤 더 베드즈 워 쏘우 컴포터블 매우 좋아요. 모두 아주 친절하고 침대도 아주 편했어요.
8.계산서가 잘못 된 것 같아요.	**There's a mistake on the bill.** 데얼즈 미스테이크 온 더 빌 **A: I didn't get this service.** 아이 디든트 겟 디스 서비스 이 서비스는 받지 않았어요.
9.뭐 잊으신 건 없으세요?	**Aren't you forgetting something?** 안트 유 포겟팅 썸씽 **A: Oh, the key card.** 오 더 키 카드 아, 카드키.

10.네, 이건 뭐에요?

Okay. What's this?
오케이 왓츠 디스

A: It's discount voucher for 50% off your next stay here.
잇츠 디스카운트 바우쳐 포 피프틴 퍼센트 오프 유어 넥스트 스테이 히어
다음에 묵으실 때 50% 할인해 드리는 쿠폰입니다.

11.출발할 때까지 짐을 맡아 주시겠습니까?

Could you keep my luggage until my departure time?
쿠쥬 킵 마이 러거지 언틸 마이 디파쳐 타임

A: I'll come at five or so.
아윌 컴 앳 파이브 오어 쏘우
5시 경에 가지러 오겠습니다.

12.짐을 내려다 주세요.

Please have my luggage brought down.
플리즈 해브 마이 러기지 브로우트 다운

A: I'll have someone bring your luggage down.
아윌 해브 썸원 브링 유어 러기지 다운
짐을 내려드릴 사람을 부를게요.

13.맡긴 귀중품을 꺼내 주세요.

I'd like my valuables from the safe.
아이두 라익 마이 밸류어블 프럼 더 세이프

A: Sure. Here it is.
슈어 히얼 잇 이즈
그러죠. 여기 있습니다.

14.죄송합니다만 11시 30분까지 방을 비워 주시지 않겠습니까?

I'm sorry. But would you leave the room by 11:30?
아임 쏘리 밧 우쥬 리브 더 룸 바이 일레븐 써티

Otherwise you will be charged for one day more.
아더와이즈 유 윌 비 차지드 포 원 데 모아
그렇지 않으면 하루분의 요금을 더 내셔야만 해요.

숙박

15.잘 묵고 갑니다. 또 오겠습니다.

I enjoyed my stay here. I'll come again.
아이 앤조이드 마이 스테이 히어 아윌 컴 어겐

A: Thank you for staying at our hotel.
땡큐 포 스테잉 앳 아워 호텔
대단히 감사합니다.

16.하룻밤 일찍 떠나려고 해요.

I'm going to leave one night earlier.
아임 고잉 투 리브 원 나잇 얼리어

A: OK. But there is a penalty for canceling.
오케이 밧 데어 이즈 어 페널티 포 캔슬링
네, 하지만 취소 벌금이 있어요.

Chapter 08

관광안내소에서

1.관광안내소가 어디 있어요?	**Where's the tourist information center?** 웨얼즈 더 투어리스트 인포메이션 센터 **A: It's in the center of the 1st floor.** 잇츠 인 더 센터 오브 더 퍼스트 플로어 일층 가운데 있습니다.
2.관광을 위한 안내서가 있어요?	**May I have a tourist guide book?** 메아이 해브 어 투어리스트 가이드 북 **= Do you have a tourist guide brochure?** 두 유 해브 어 투어리스트 가이드 브러슈어 **A: Yes, we do.** 예스 위 두 네, 있습니다.
3.시내 관광을 하고 싶습니다.	**I want to do the sights of the city.** 아이 원 투 두 더 사이츠 오브 더 시티 **A: You can choose among these programs.** 유 캔 추즈 어멍 디즈 프로그램즈 이 프로그램들 중에서 선택하세요.
4.여기에서 여행 예약을 할 수 있나요?	**Could I make a tour reservation here?** 쿠드 아이 메이크 어 투어 레저베이션 히어 **A: Yes, you can choose among these several tour courses.** 예스 유 캔 추즈 어멍 디즈 세버럴 투어 코시스 예, 여러 투어 상품 중에서 고르실 수 있습니다.

숙박

5.관광안내 책자 하나 가져가도 될까요?

Can I have a sightseer's pamphlet?
캔 아이 해브 어 사이트시얼 팸플릿

A: Yes, you get it.
예스 유 겟 잇
예, 물론이지요.

6.이 도시에서 볼 만한 것이 무엇이 있습니까?

What's there to see in this city?
왓츠 데어 투 씨 인 디스 시티

= What should I see in this city?
왓 슈드 아이 씨 인 디스 시티

A: There are so many places to see in this area.
데얼 아 쏘우 매니 플레이시즈 투 씨 인 디스 에리아
이곳은 구경할 곳이 아주 많아요.

7.흥미 있는 볼거리를 추천해 주실래요?

Could you recommend some interesting sights?
쿠쥬 레커멘드 썸 인터레스팅 사이츠

A: You should check out the museum.
유 슈드 체크 아웃 더 뮤지엄
박물관을 꼭 가봐야 해요.

8.그곳엔 어떻게 가야 하나요?

How can I get there?
하우 캔 아이 겟 데어

A: You can go there by subway.
유 캔 고우 데어 바이 서브웨이
지하철을 타면 갈 수 있어요.

9.3일 정도 머무를 예정인데 어디를 가면 좋을까요?

I'm planning to stay for 3 days. Where should I go?
아임 플래닝 투 스테이 포 쓰리 데이즈 웨어 슈드 아이 고우

A: Don't miss Disneyland.
더즌트 미스 디즈니랜드
디즈니랜드를 꼭 가보세요.

10.모든 관광지를 둘러볼 만큼 시간이 충분하세요?	**Are you going to have enough time to see all the sights?** 아류 고잉 투 해브 이너프 타임 투 씨 올 더 사이츠 **A: Just make sure you don't run out of time.** 저스트 메이크 슈어 유 더즌트 런 아웃 오브 타임 시간을 내도록 할게요.
11.관광은 매일 있습니까?	**Do you have to tour every day?** 두 유 해브 투 투어 에브리 데이 **A: Yes. We run tour buses every hour.** 예스 위 런 투어 버스 에브리 아워 1시간마다 관광버스를 운행합니다.
12.1인당 비용은 얼마입니까?	**What's the rate per person?** 왓츠 더 레이트 퍼 퍼슨 **A: It's $8 for adults and $5 for children.** 잇츠 에잇 달러 포 어덜츠 앤 파이브 달러 포 췰드런 어른은 8달러, 아이는 5달러입니다.
13.어떤 관광이 인기가 있나요?	**Will you tell me which tour is popular?** 윌 유 텔 미 위치 투어 이즈 파퓰러 **A: Going to Louvre is the most popular.** 고잉 투 루브르 이즈 더 모스트 파퓰러 루브르 박물관에 가는 것이 가장 인기가 있습니다.
14.이 도시의 관광 명소는 어떤 것이 있나요?	**What's the tourist attraction in this city?** 왓츠 더 투어리스트 어트랙션 인 디스 시티

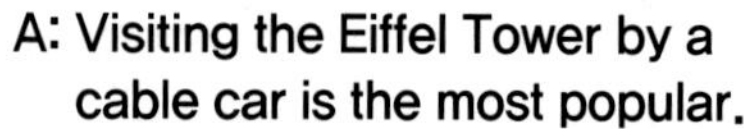

A: Visiting the Eiffel Tower by a cable car is the most popular.

비지팅 더 에펠 타워 바이 어 케이블 카 이즈 더 모스트 파퓰러

케이블카를 타고 에펠탑을 방문하는 것이 가장 인기가 있어요.

Chapter 09

관광지에서

1.오늘은 어떤 관광이 있나요?

What kind of tours are today?
왓 카인드 오브 투어 아 투데이

A: There's a half day tour and a full day tour.
데얼즈 어 하프 데이 투어 앤 어 풀 데이 투어
반나절 코스와 하루 코스가 있습니다.

2.쭉 구경시켜 주시겠어요?

Would you mind giving me a tour?
우쥬 마인드 기빙 미 어 투어

= Would you mind taking me around?
우쥬 마인드 테이킹 미 어라운드

A: I'd be happy to escort you.
아이두 비 해피 투 에스코트 유
기꺼이 모시겠습니다.

3.모두 모이셨습니까?

Has everyone assembled?
해즈 에브리원 어셈블드

A: We're still waiting for one more person.
위아 스틸 웨이팅 포 원 모어 퍼슨
아직 한 사람 더 와야 합니다.

4.이곳은 무엇이 그렇게 좋아요?

What's so good about this place?
왓츠 쏘우 굿 어바웃 디스 플레이스

A: It was an exotic atmosphere.
잇 워즈 언 이그조틱 애드모스피어
이국적인 분위기가 나요.

5.이 관광은 몇 시간 걸리나요?

How long does this tour take?
하우 롱 더즈 디스 투어 테이크

A: It takes about two hours.
잇 테익스 어바웃 투 아워즈
약 2시간 걸립니다.

6.여기서 사진을 찍어도 되나요?	**Are you allowed to take pictures here?** 아 유 얼라우드 투 테이크 픽쳐 히어 **= Is it alright to take pictures here?** 이즈 잇 올레이트 투 테이크 픽쳐 히어 **= May I take pictures here?** 메아이 테이크 픽쳐 히어 **A: Yes. Do you want to take pictures with the tree?** 예스 두 유 원 투 테이크 픽쳐 위드 더 트리 네. 저 나무를 배경으로 사진 찍으시겠어요?
7.가이드를 고용할 수 '있나요?	**Is it possible to hire a guide?** 이즈 잇 파서블 투 하이얼 어 가이드 **A: I'll be your guide.** 아윌 비 유어 가이드 제가 가이드를 하겠습니다.
8.저기에 있는 건물은 무슨 건물인가요?	**What's that building over there?** 왓츠 댓 빌딩 오버 데어 **A: That building is the king's palace.** 댓 빌딩 이즈 더 킹스 팰리스 왕궁입니다.
9.얼마나 오래된 것입니까?	**How old is it?** 하우 올드 이즈 잇 **A: It's more than 600 years old.** 잇츠 모어 댄 씩스헌드레드 이얼즈 올드 그건 600년 이상 될 겁니다.
10.전망대까지 올라가는데 비용이 드나요?	**Is there a charge to go up to the observatory?** 이즈 데어 어 차지 투 고우 업 투 더 옵절배터리 **A: No, it's free.** 노우 잇츠 프리 아뇨, 무료입니다.

Chapter 10

공연 관람

1.며칠 공연을 보고 싶으세요?

What date do you want to go to a show?
왓 데잇 두 유 원 투 고우 투 어 쇼

A: Are there any ticket for tonight?
아 데어 에니 티킷 포 투나잇
오늘밤 표가 있나요?

2.연극 공연 시간이 언제인가요?

What time is the play showing?
왓 타임 이즈 더 플레이 쇼잉

A: The play is shown at 5 pm and 8 pm.
더 플레이 이즈 숀 앳 파이브 피엠 앤 에잇 피엠
공연은 오후 5시, 8시에 공연합니다.

3.언제 공연을 보고 싶으세요?

Which show would you like to watch?
위치 쇼 우쥬 라익 투 와치

A: Can I still get a ticket?
캔 아이 스틸 겟 어 티킷
지금 표를 살 수 있나요?

4.그 공연의 티켓은 다 팔렸습니다.

There are no tickets available for that performance.
데어 아 노우 티킷 어베이블 포 댓 퍼포먼스

A: Do I need to buy tickets in advance?
두 아이 니드 투 바이 티킷 인 어드벤스
미리 표를 사야 하나요?

5.경로 우대가 있나요?

Do you have senior citizen discounts?
두 유 해브 시니어 시티즌 디스카운츠

A: Students and seniors are $20 off.
스튜던츠 앤 시니어스 아 투엔티 달러 오프
학생과 고령자들은 2달러가 할인됩니다.

숙박

6.공연은 재미있게 보셨어요?

Did you enjoy the show?
디쥬 앤조이 더 쇼

A: I'm really impressed with the performance.
아임 리얼리 임프레스드 위드 더 퍼포먼스
공연은 정말 인상적이었어요.

7.공연은 얼마나 오래 하나요?

How long does the show run?
하우 롱 더즈 더 쇼 런

A: The show runs about two hours.
더 쇼 런즈 어바웃 투 아워즈
공연은 대략 2시간 동안 계속됩니다.

8. 표를 구입하셔야 합니다.

You need to buy a ticket.
유 니드 투 바이 어 티킷

A: Two adults and three children, please.
투 어덜츠 앤 쓰리 칠드런 플리즈
어른 표 2장과 아이 표 3장 주세요.

9.매점은 저쪽에 있으니까 필요하시면 이용하세요.

The concession stand is over there, if you'd care for something.
더 컨세션 스텐드 이즈 오버 데어 이프 유드 케어 포 썸씽

A: Yes, thank you.
예스 땡큐
예, 고마워요.

10.개막 공연은 정말 환상적이었어요. 기타 연주자는 끝내줬어요.

The opening act was fantastic. Wow, the guitar player was awesome.
더 오프닝 액트 워즈 판타스틱 와 더 기타 플레이어 워즈 어썸

Chapter 11

위급 상황일 때

1.우리 아이가 숨을 쉬지 않아요.

My baby has stopped breathing.
마이 베이비 해즈 스탑드 브레씽

A: Does anyone know CPR?
더즈 에니원 노우 씨피알
누구 심폐소생술 아시는 분 계세요?
(CPR: cardiopulmonary resuscitation)

2.집에 강도가 들었어요.

My house has been robbed.
마이 하우스 해즈 빈 랍드

A: Call the police, please.
콜 더 폴리스 플리즈

= Connect me with the police, please.
커넥트 미 위드 더 폴리스 플리즈
경찰을 불러 주세요.

3.깨진 유리병에 베어서 피가 철철 나요.

I cut myself on broken glass, and I'm bleeding very badly.
아이 컷 마이셀프 온 브로큰 글래스 앤 아임 브리딩 베리 배들리

A: Stop the flow of blood.
스탑 더 플로우 오브 블러드
지혈하세요.

4.집에 불이 났어요.

There's a house on fire.
데얼즈 어 하우스 온 파이어

A: Call 119.
콜 원원나인
119로 전화하세요.

5.친구가 다쳤어요.

My friend is hurt.
마이 프렌드 이즈 허트

A: How serious is the injury?
하우 시리어스 이즈 더 인저리
상태가 심각합니까?

숙박

6.제 어머니가 의식을 잃고 쓰러졌어요!	**My mother is unconscious!** 마이 머더 이즈 언콘셔스 **A: Could you call an ambulance for me?** 쿠쥬 콜 언 엠뷸런스 포 미 구급차를 불러주시겠어요?
7.아이가 동전을 삼켰어요. 구급차 좀 보내주세요.	**The baby swallowed a coin. Send an ambulance, please.** 더 베이비 스왈로우 어 코인 센드 언 엠뷸런스 플리즈
8.아버지가 가슴에 통증이 있어서요. 위급한 상황입니다.	**My father is having chest pains. This is an emergency.** 마이 파더 이즈 해빙 체스트 페인즈 디스 이즈 언 이머전씨 **A: Get a doctor quick.** 겟 어 닥터 퀵 빨리 의사를 데려와요.
9.구급차를 불러주세요. 사고가 났어요.	**Could you send an ambulance, please? There's been an accident.** 쿠쥬 센드 언 엠뷸런스 플리즈 데얼즈 빈 언 엑시덴트 **A: Are you hurt?** 아 유 허트 다치셨어요?
10.제 차가 언덕에서 미끄러져서 내려왔어요.	**My car rolled down the hill.** 마이 카 롤드 다운 더 힐 **A: Call a tractor, please.** 콜 어 트랙트 플리즈 견인차를 불러주세요.
11.우린 바로 구급차를 불렀어요.	**We called an ambulance right away.** 위 콜드 언 엠뷸런스 롸잇 어웨이 **A: Good for you.** 굿 포 유 잘하셨어요.

Chapter 12

사고를 당했을 때

1.교통사고가 났어요.

An accident has happened.
언 액시던트 해즈 헤픈드

A: Where's it?
웨얼즈 잇
어디죠?

2.괜찮으세요?

Are you ok?
아류 오케이

= Are you all right?
아류 올 롸잇

A: Call an ambulance, please?
콜 언 엠뷸런스 플리즈

= Could you call an ambulance for me?
쿠쥬 콜 언 엠뷸런스 포 미
구급차를 불러주세요.

3.어떻게 된거에요?

What happened here?
왓 헤픈드 히어

= What's going on here?
왓츠 고잉 온 히어

A: My child has been run over.
마이 차일드 해즈 빈 런 오버
제 아이가 차에 치였어요.

4.다친 데는 없어요?

Are you injured anywhere?
아류 인쥬어드 에니웨어

A: I think my leg is broken.
아이 띵크 마이 레그 이즈 브로큰
다리가 부러진 것 같아요.

숙박

5.가만히 계세요.	**Don't move.** 돈트 무브 **= Stay put.** 스테이 풋 **A: Has the family been notified?** 해즈 더 패밀리 빈 노티파이든 가족에게는 알렸나요?
6.어쩌다 다리가 부러지신 거예요?	**How did you break your leg?** 하우 디쥬 브레이크 유어 레그 **A: To make a long story short. He fell off a ladder.** 투 메이커 롱 스토리 숏 히 펄 오프 어 래더 간단히 말하면 그는 사다리에서 떨어졌어요.
7.그의 차가 뒤에서 받았어요.	**His car rear ended me.** 히즈 카 리어 엔디드 미 **A: Oh, no. Are you injured anywhere?** 오 노우 아류 인저리드 에니웨어 다친 데는 없어요?
8.어디를 다치셨나요?	**Where does it hurt?** 웨어 더즈 잇 허트 **A: I think my arm is broken.** 아이 띵크 마이 암 이즈 브로큰 팔이 부러진 것 같아요.
9.차가 눈 위에서 미끄러졌어요.	**The car skidded on the snow.** 더 카 스끼드 온 더 스노우 **A: Is there an injured person there?** 이즈 데어 언 인저리드 퍼슨 데어 다친 사람이 있나요?

10.팔을 움직일 수 있겠어요?	**Can you move your arm?** 캔 유 무브 유어 암 **A: We need some bandages.** 위 니드 썸 벤데이지 붕대가 필요해요.
11.트럭이 제 차 뒤를 받았어요.	**The truck crashed into me from behind.** 더 트럭 크레시드 인투 미 프럼 비하인드 **A: Good thing that you didn't get hurt.** 굿 띵 댓 유 디든트 겟 허트 안 다쳐서 정말 다행이에요.
12.과속하지 않도록 조심하세요.	**Be careful not to speed up.** 비 케어플 낫 투 스피드 업 **A: The accident was caused by my carelessness.** 디 액시던트 워즈 커스드 바이 마이 케얼리스니스 내가 부주의해서 생긴 사고였어요.
13.어떻게 그런 일이 일어났어요?	**How did it happen?** 하우 디드 잇 헤픈 **A: His car ran into my car.** 히즈 카 랜 인투 마이 카 그 사람 차가 내 차를 받았어요.
14.어떻게 된 겁니까?	**What happened here?** 왓 헤픈드 히어 **A: He ignored the traffic signal.** 히 이그노어 더 트래픽 시그널 그 사람이 신호를 무시했어요.

숙박

15.하마터면 큰일 날 뻔 했군요.

That was a close call.
댓 워즈 어 클로즈 콜

A: Good thing that I didn't get hurt.
굿 땡 댓 아이 디든트 겟 허트
내가 안 다친게 정말 다행이에요.

16.강간당했어요.

I've been raped.
아이브 빈 레이프

A: Can you describe the rapist?
캔 유 디스크라이브 더 레이피스트
강간한 사람의 인상착의를 말씀해주실 수 있나요?

Chapter 13 도난과 분실

1.지갑이 없어졌어요.	**My wallet is gone.** 마이 월릿 이즈 곤 **A: What was in it?** 왓 워즈 인 잇 안에 무엇이 있었어요?
2.여기 있던 가방 혹시 못 보셨어요?	**Didn't you see a bag here?** 디든트 유 씨 어 백 히어 **A: What does the bag look like?** 왓 더즈 더 백 룩 라이크 어떻게 생긴 가방인데요?
3.지하철에 노트북을 두고 내렸어요.	**I forgot my laptop on the subway.** 아이 포갓 마이 랩탑 온 더 서브웨이 **A: What number did you take?** 왓 넘버 디쥬 테이크 몇 호선인가요?
4.어젯밤 제 방에 도둑이 들었어요.	**Someone broke into my room last night.** 썸원 브로크 인투 마이 룸 레스트 나잇 **A: Is anything missing?** 이즈 에니씽 미씽 없어진 거 있으세요?
5.어제 제 차를 도난당했어요.	**My car was stolen yesterday.** 마이 카 워즈 스토른 예스터데이 **A: Theft cases often happen these days. Did you report it to the police?** 쎄프트 케이시스 오픈 헤픈 디즈 데이즈 디쥬 리포트 잇 투 더 폴리스 요즘 절도 사건이 빈번합니다. 경찰에 신고는 하셨나요?

6.무엇을 잃어버렸습니까?

What did you lose?
왓 디쥬 루즈

A: I lost my passport.
아이 로스트 마이 패스포트
여권을 잃어버렸습니다.

7.언제 어디서 분실 했습니까?

When and where did you lose it?
웬 앤 웨어 디쥬 루즈 잇

A: I don't remember where I lost it.
아이 돈트 리멤버 웨어 아이 로스트 잇
어디서 잃어버렸는지 기억이 나지 않습니다.

8.도난사건을 신고합니다.

I'd like to report a theft.
아이두 라익 투 리포트 어 쎄프트

A: Yes. What was stolen?
예스 왓 워즈 스토른
무엇을 도난 당하셨어요?

9.여권이 없으면 집에 돌아갈 수 없잖아요.

You can't travel back home without it.
유 캔트 트레블 백 홈 위아웃 잇

A: On Monday, they'll issue me a temporary one.
온 먼데이 데이윌 이슈 미 어 템포러리 원
월요일에 임시 여권을 발급해 주겠대요.

10.다시 한 번 잘 찾아 보십시오.

Try to find once again.
트라이 투 파인드 원스 어겐

A: I can't find it anywhere.
아이 캔트 파인드 잇 에니웨어
아무리 찾아도 없습니다.

11.신용카드를 잃어 버렸어요.

I lost my credit card.
아이 로스트 마이 크레딧 카드

A: Report the lost credit card to the bank first.
리포트 더 로스트 크레딧 카드 투 더 뱅크 퍼스트
먼저 은행에 신용카드 분실 신고부터 하십시오.

12.내 귀중품이 모두 없어졌어요.

All my valuables are missing.
올 마이 벨류에블스 아 미씽

A: You must lock the doors thoroughly.
유 머스트 락 더 도어 써럴리
문을 철저히 잠가야합니다.

13.분실물은 어떻게 생겼나요?

What did lost article look like?
왓 디드 로스트 아티클 룩 라이크

A: My bag is brown.
마이 백 이즈 브라운
제 가방은 갈색입니다.

14.도난 신고서를 작성해 주십시오.

Please make a theft report.
플리즈 메이커 쎄프트 리포트

A: Could you contact me here when you find it, please?
쿠쥬 컨택트 미 히어 웬 유 파인드 잇 플리즈
찾으시면 여기로 연락해 주시겠어요?

15.지갑을 소매치기 당했어요.

My wallet was taken by a pick pocket.
마이 월릿 워즈 테이큰 바이 어 픽 파킷

A: Did you see his face?
디쥬 씨 히즈 페이스
얼굴 봤어요?

숙박

Practical English

해외여행

19

❶ 여행준비
❷ 항공권 예약
❸ 탑승 수속
❹ 좌석 찾기
❺ 입국심사
❻ 기내서비스
❼ 짐 찾기
❽ 세관 검사
❾ 환승
❿ 시내로 이동

Chapter

01 여행준비

1.여름휴가는 언제 갈 계획이에요?	**When are you planning to take a summer vacation?** 웬 아류 플래닝 투 테이커 섬머 베케이션 **A: I'm thinking of this weekend.** 아임 띵킹 오브 디스 위캔드 이번 주말로 생각하고 있어요.
2.이번 휴가 때 뭐 할 거예요?	**What are you going to do this vacation?** 왓 아류 고잉 투 두 디스 베케이션 **A: I'm planning to visit America.** 아임 플래닝 투 비짓 아메리카 미국 갈 계획이에요.
3.언제 여행을 가실 계획인가요?	**When are you planning to go on a trip?** 웬 아류 플래닝 투 고우 온 어 트립 **A: I'm leaving next Saturday.** 아임 리빙 넥스트 세터데이 다음 토요일에 갈 거예요.
4.미국에 가려면 비자가 필요한가요?	**Do you need a visa to travel in America?** 두 유 니드 어 비자 투 트레블 인 아메리카 **A: It's necessary to get a visa to travel in America.** 잇츠 네세써리 투 겟 어 비자 투 트레블 인 아메리카 미국에 가려면 비자가 필요해요.
5.비자 받았나요?	**Did you get your visa?** 디쥬 겟 유어 비자 **A: No, not yet. It's really hard to get it.** 노우 낫 옛 잇츠 리얼리 하드 투 겟 잇 아니오, 아직도요. 비자 받기가 정말 힘드네요.

6.여권은 언제 나오나요?

When can I get my passport?
웬 캔 아이 겟 마이 패스포트

A: By tomorrow afternoon.
바이 투머로우 애프터눈

= The passport will get by tomorrow afternoon.
더 패스포트 윌 겟 바이 투머로우 애프터눈
내일 오후에 나와요.

7.여권과는 어디에 있어요?

Where's the passport office, please?
웨어즈 더 패스포트 오피스 플리즈

A: On the 2nd floor.
온 더 세컨드 플로어
2층에 있습니다.

8.미국에 가실 거라고 들었는데요.

I hear you're going to America?
아이 허드 유아 고잉 투 어메리카

A: Yes, I'm going on a package tour to the west coast.
예스 아임 고잉 온 어 패키지 투어 투 더 웨스트 코스트
예. 미국 서해안으로 패키지 여행을 갈 거예요.

해외여행

9.곧 떠나실 거예요?

Are you leaving soon?
아류 리빙 쑨

A: I'm flying out in a week.
아임 플라잉 아웃 인 어 위크
일주일 뒤에 떠날 거예요.

10.여행자 보험은 들어야 할까요?

I wonder if I should take out travelers insurance?
아이 원더 이프 아이 슈드 테이크 아웃 트레블러스 인슈어런스

A: Of course. Safety is most important.
오브 코즈 세이프티 이즈 모스트 임폴텐트
물론이죠. 안전이 제일 중요해요.

11. 해외여행을 해본 적이 있어요?

Have you ever traveled overseas?
해뷰 에버 트레블드 오버씨즈

= Is there any foreign country you have ever visited?
이즈 데어 에니 포린 컨트리 유 해브 에버 비지티드

A: I've never been overseas.
아이브 네버 빈 오버씨즈
해외에 가본 적이 없어요.

12. 값싸게 여행하는 방법은 뭐에요?

What's the cheap way of traveling?
왓츠 더 칩프 웨이 오브 트레블닝

A: You need to get some information about overseas travel in advance.
유 니드 투 겟 썸 인포메이션 어바웃 오버씨즈 트레블 인 어드밴스
사전에 해외여행에 관한 정보가 필요해요.

13. 여행준비는 다 됐어요?

All ready for your trip?
올 레디 포 유어 트립

A: Just get your sun cream and hat and swim trunks.
저스트 겟 유어 썬 크림 앤 햇 앤 스윔 트렁크스
자외선 차단제랑 모자, 수영복을 꼭 챙기세요.

14. 미리 예약하는 거 잊지 마세요.

Don't forget to make a reservation in advance.
돈트 포겟 투 메이크 어 레저베이션 인 어드밴스

A: I'll keep it in mind.
아윌 킵 잇 인 마인드
명심하겠습니다.

15.꼭 여권 가져가세요.

Make sure you bring your passport with you.
메이크 슈어 유 브링 유어 패스포트 위듀

A: Certainly.
써턴리
그럴게요.

16.며칠간 미국에 간다고 들었어요.

I heard you're going to be in America for a few days.
아이 허드 유아 고잉 투 비 인 어메리카 포 어 퓨 데이즈

A: Yes. It's for work, though, so I won't have a time for any sightseeing.
예스 잇츠 포 웍 도우 쏘우 아이 오운트 해브 어 타임 포 에니 사이트씽
네. 그런데 일 때문에 가는 거라서 관광할 시간은 없을 거예요.

Chapter
02
항공권 예약

1.노스웨스트 항공사 입니다. 뭘 도와 드릴까요?

Northwest Airlines, may I help you?
노스웨스트 에어라인스 메이아이 헬퓨

A: I'd like to book a flight to LA.
아이두 라익 투 북 어 플라이트 투 엘에이
LA행 비행기를 예약하고 싶습니다.

2.어디로 가시는데요?

Where would you like to go?
웨어 우쥬 라익 투 고우

= Where to?
웨어 투

A: I'd like three round trip tickets to LA.
아이두 라익 쓰리 라운드 트립 티킷 투 엘에이
LA로 가는 왕복표 3장 구매하려고요.

3.언제 떠나시려고요?

When would you like to go?
웬 우쥬 라익 투 고우

= When will you depart?
웬 윌 유 디파트

= What day?
왓 데이

A: Next Monday.
넥스트 먼데이
다음 주 월요일이요.

4.언제 돌아 오시겠어요?

When will you return?
웬 윌 유 리턴

A: Our return is March 25th.
아워 리턴 이즈 마치 트웨니피프쓰
돌아올 날은 3월 25일입니다.

5.우수 고객 우대회원 인가요?

Are you a member of the frequent flyer program?
아류 어 멤버 오브 더 프리퀀트 플라이어 프로그램

A: Yes, I am.
예스 아이 엠
네, 그렇습니다.

6.퍼스트 클래스와 이코노미 클래스 중 어느 것을 원하세요?

Do you want business class or first class?
두 유 원트 비즈니스 클래스 오어 퍼스트 클래스

A: Please reserve a business class seat.
플리즈 리절브 어 비즈니스 클래스 씨트
이코노미 클래스로 예약해 주세요.

7.통로쪽으로 드릴까요? 창가 쪽으로 드릴까요?

Aisle or window seat?
아일 오어 윈도우 씨트

A: I would like an aisle seat.
아이 우드 라익 언 아일 씨트
통로쪽이 좋아요.

8.할인을 받으려면 몇 주 전에 표를 사야 하나요?

How many weeks in advance do I have to buy to get a discount?
하우 메니 윅스 인 어드밴스 두 아이 해브 투 바이 투 겟 어 디스카운트

A: The discount fare requires 14days advance purchase.
더 디스카운트 패어 리콰이얼 포틴데이즈 어드밴스 퍼체이스
14일 전에 사면 할인이 됩니다.

9.LA행 비행기에 남은 좌석이 있나요?

Are there any available seats for the flight to Seoul?
아 데어 에니 어베일러블 씨츠 포 더 플라잇 투 서울

해외여행

A: I'm sorry, that flight is booked.
아임 쏘리 댓 플라잇 이즈 북트

= That flight is fully booked up.
댓 플라잇 이즈 풀리 북트 업
죄송하지만 그 항공권은 예약이 끝났어요.

10.대기자 명단에 올릴 수 있나요?

Can I go stand by?
캔 아이 고우 스텐드 바이

A: You could try going stand by.
유 쿠드 트라이 고잉 스텐드 바이
대기자 명단에 올려드릴 수 있습니다.

11.LA로 가는 다음 비행기는 언제 있나요?

When will the next flight to LA?
웬 윌 더 넥스트 플라잇 투 엘에이

A: There's one in two hours.
데얼즈 원 인 투 아워즈
두 시간 후에 있어요.

Is it nonstop?
이즈 잇 논스톱
직항인가요?

A: No, you have to change plane.
노우 유 해브 투 체인지 플레인
아니오, 갈아타야 합니다.

How long is the lay over?
경유지에서 내려 쉬는 시간은 얼마나 되나요?
하우 롱 이즈 더 레이 오버

A: About one hour.
어바웃 원 아워
한 시간입니다.

12.예약을 확인하고 싶은데요.

I want to confirm my reservation.
아이 원투 컨펌 마이 레저베이션

A: Your reservation is confirmed.
유어 레저베이션 이즈 컨펌드
예약이 확인 되었습니다.

13.첫 비행기는 몇 시에 출발하나요?

What time does the first flight leave?
왓 타임 더즈 더 퍼스트 플라잇 리브

A: The first flight leaves tomorrow 10 a.m.
더 퍼스트 플라잇 리브즈 투머로우 텐 에이엠
첫 비행기는 내일 오전 10시에 출발합니다.

14.비행시간이 얼마나 걸리죠?

How long does the flight take?
하우 롱 더즈 더 플라잇 테이크

= How many hours is the flight?
하우 메니 아워즈 이즈 더 플라잇

A: It takes almost nine hours.
잇 테익스 올모스트 나인 아워즈
거의 9시간 걸립니다.

15.안녕하세요. 어디로 여행하십니까?

Good morning. Where are you traveling to?
굿 모닝 웨어 아류 트레빙 투

A: Hi, I'm going to New york. Here's my e-mail confirmation and my passport.
하이 아임 고잉 투 뉴욕 히얼즈 마이 이메일 컨퍼메이션 앤 마이 패스포트
안녕하세요. 뉴욕으로 가요. 여기 E-티켓과 여권입니다.

16.환승을 해야 하나요?

Do I have to transfer?
두 아이 해브 투 트랜스퍼

= Do I have to change planes?
두 아이 해브 투 체인지 플레인스

A: Yes, you have to transfer in Tokyo.
예스 유 해브 투 트랜스퍼 인 도쿄
네. 도쿄에서 환승해야 합니다.

Chapter 03

탑승 수속

1.노스웨스트 항공사 카운터는 어디에요?	**Where's the Northwest Airlines counter?** 웨어즈 더 노스웨스트 에어라인 카운터 **A: You can find it on the left side.** 유 캔 파인드 잇 온 더 레프트 사이드 왼편에 있습니다.
2.탑승구는 어디입니까?	**Where's the departure gate, please?** 웨어즈 더 디파쳐 게이트 플리즈 **A: It's 26B. Go to the left, please.** 잇츠 트웨니씩쓰비 고우 투 더 레프트 플리즈 26B입니다. 왼쪽으로 가세요.
3.몇 번 출구로 가야 하나요?	**Which gate should I go to?** 위치 게이트 슈드 아이 고우 투 **A: Gate number 24, please.** 게이트 넘버 투웨니포 플리즈 24번 게이트로 가십시오.
4.티켓과 여권을 보여주시겠어요?	**May I see your ticket and passport, please?** 메아이 씨 유어 티킷 앤 패스포트 플리즈 **A: Yes, here you are.** 예스 히얼 유 아 여기 있습니다.
5.가방은 몇 개나 부치실 겁니까?	**How many bags do you want to check in?** 하우 메니 백즈 두 유 원 투 체크 인 **= How many pieces of luggage would you like to send?** 하우 메니 피스이스 오브 러기지 우쥬 라익 투 센드

A: None. I only have a carry on.
넌 아이 온니 해브 어 캐리 온
없습니다. 기내에 가지고 갈 가방 하나 밖에 없어요.

6.여기가 수화물 수속하는 곳인가요?

Is this where I check in?
이즈 디스 웨어 아이 체크 인

A: Yes. Are you flying Pan America?
예스 아류 플라잉 펜 아메리카
네. 펜 아메리칸 항공편으로 여행하시나요?

7.나는 이 가방을 LA까지 보내고 싶은데요.

I want to check this bag through to LA.
아이 원 투 체크 디스 백 쓰루 투 엘에이

A: All right. sir. Is this all the luggage you want to check?
올 롸잇 써 이즈 디스 올 더 러기지 유 원 투 체크
네. 알겠습니다. 보내실 짐은 이게 전부인가요?

8.탑승 시간은 언제 인가요?

When is the boarding time?
웬 이즈 더 보딩 타임

A: Your flight will be boarding at 1:30.
유어 플라잇 윌 비 보딩 앳 원써티
손님 비행기는 1시 30분에 탑승을 시작합니다.

9.소지품은 벨트 위에 올려 놔 주세요. 그리고 금속 탐지기를 통과해 주십시오.

Please place your belongings on the table and walk through the metal detector.
플리즈 플레이스 유어 빌롱잉즈 온 더 테이블 앤 웍 쓰루 더 메탈 디텍터

You are not allowed to carry this on the plane.
유 아 낫 얼로우드 투 캐리 디스 온 더 플랜
이건 기내에 가지고 들어가면 안 됩니다.

해외여행

10.이것은 비행기 안에 가지고 들어가도 되나요?

Can I bring this on the plane?
캔 아이 브링 디스 온 더 플랜

= Can I carry this in the cabin?
캔 아이 캐리 디스 인 더 캐빈

A: Yes, you may carry it.
예스 유 메이 캐리 잇
네. 들고 가셔도 됩니다.

11.가방 좀 열어봐 주시겠어요?

Would you mind opening your bag?
우쥬 마인드 오프닝 유어 백

A: Sure, go ahead.
슈어 고우 어헤드
네. 그러세요.

12.짐은 한 개만 가지고 탈 수 있어요.

You may only carry one item of luggage.
유 메이 온니 캐리 원 아이템 오브 러기지

A: Do you have any bags to check?
두 유 해브 에니 백즈 투 체크
수화물로 보낼 가방이 있습니까?

13.갖고 계신 짐은 몇 개 입니까?

How many bags do you have?
하우 메니 백즈 두 유 해브

A: Two please. I have a third bags but it's smaller.
투 플리즈 아이 해버 써드 백즈 밧 잇츠 스몰러
두 개입니다. 세 개지만 작거든요.

14.곧 탑승을 시작하겠습니다.

We will begin boarding soon.
위 윌 비긴 보딩 쑨

15.어린 아이를 동반하거나 도움이 필요하신 승객을 먼저 탑승 시킬 겁니다.

At this time we'd like to pre-board those passengers with young.
앳 디스 타임 위드 라익 투 프리-보드 디즈 패신저스 위드 영

16.이제 일반 승객 탑승을 시작하겠습니다.

We'd now like to begin general boarding.
위드 나우 라익 투 비긴 제너럴 보딩

Chapter 04

좌석 찾기

1.제 좌석은 어디에요?	**Where's my seat?** 웨얼즈 마이 씨트 **A: This way, please.** 디스 웨이 플리즈 이쪽으로 오십시오.
2.탑승권을 보여주시겠어요?	**Would you show me your boarding pass?** 우쥬 쇼 미 유어 보딩 패스 **A: Go through this aisle and it's on the left.** 고우 쓰루 디스 아일 앤 잇츠 온 더 레프트 이 통로로 가셔서 왼쪽 편에 있어요.
3.앉아 계신 좌석은 제 자리인데요.	**You're in my seat.** 유아 인 마이 씨트 **A: You're in seat 13F. Can I show you to your seat?** 유아 인 씨트 써틴에프 캔 아이 쇼 유 투 유어 씨트 선생님 좌석은 13F입니다. 제가 안내해 드릴게요.
4.좌석을 바꾸고 싶어요.	**I'd like to change my seat.** 아두 라익 투 체인지 마이 씨트 **A: Any problem, sir?** 에니 프라블럼 써 불편한 점이라도 있으세요, 선생님?
5.자리 좀 바꿀 수 있을까요?	**Can I change seats?** 캔 아이 체인지 씨츠 **A: Sure. This way, please. There are a couple of vacant seats.** 슈어 디스 웨이 플리즈 데어 아 어 커플 오브 베이켄트 씨츠 물론이죠. 이쪽으로 오세요. 마침 빈자리가 좀 있네요.

6.좀 지나가도 될까요?

May I get by?
메아이 겟 바이

= May I get through?
메아이 겟 쓰루

= Can I pass?
캔 아이 패스

A: Sure.
슈어
물론이죠.

7.여러분의 짐을 머리 위 선반에 얹으십시오.

Please put your hard baggage on the overhead rack.
플리즈 풋 유어 하드 배기지 온 더 오버헤드 랙

8.의자를 바로 하시고 안전벨트를 매주십시오.

Please put your seat upright and fasten your seatbelt.
플리즈 풋 유어 씨트 업라이트 앤 패슨 유어 씻벨트

9.안전벨트는 어떻게 착용하나요?

9.안전벨트는 어떻게 착용하나요?
How do you fasten this belt?
하우 두 유 패슨 디스 벨트

A: Let me help you.
렛미 헬퓨
제가 도와드릴게요.

10.언제 이륙하나요?

How soon are we taking off?
하우 쑨 아 위 테이킹 오프

A: The flight will be departing shortly.
더 플라잇 윌 비 디파팅 쇼틀리
비행기가 곧 출발할 예정입니다.

11.기장이 안전벨트 착용 표시등을 켰습니다.

The captain has turned on the fasten seatbelt sign.
더 캡틴 해브 턴드 온 더 패슨 씻벨트 사인

해외여행

A: Please return to you seat.
플리즈 리턴 투 유 씨트
자리로 돌아가 주시기 바랍니다.

12.손님, 죄송하지만 테이블과 의자를 똑바로 세워 주셔야 합니다.

I'm sorry, ma'am. But you're going to have to put your tray table and chair in the upright position.
아임 쏘리 맴 밧 유아 고잉 투 해브 투 풋 유어 트레이 테이블 앤 체어 인 더 업라이트 포지션

13.37B 좌석이 어디에요?

Where is the seat number 37B?
웨어 이즈 더 씨트 넘버 써티세븐비

A: Your seat is in the front.
유어 씨트 이즈 인 더 프런트
손님 좌석은 앞쪽입니다.

14.의자를 뒤로 젖혀도 될까요?

May I put my seat back?
메아이 풋 마이 씨트 백

A: Yes, please do.
예스 플리즈 두
네, 그러세요.

15.실례지만 여긴 제자리인데요.

Excuse me but this is my seat.
익스큐즈 미 밧 디스 이즈 마이 씨트

A: C-10? This is my seat. Please check your ticket again.
씨-텐 디스 이즈 마이 씨트 플리즈 체크 유어 티킷 어겐
C-10이라고요? 여긴 제자리인데요. 표를 한 번 더 보세요.

Chapter 05

입국심사

1.안녕하세요. 미국에 온 것을 환영합니다.	**Hello. Welcome to the united states.** 헬로우 웰컴 투 디 유나이티드스테이츠 **A: Thank you.** 땡큐 감사합니다.
2.여권을 보여 주세요.	**May I see your passport?** 메아이 씨 유어 패스포트 **A: Here it is.** 히어 잇 이즈 여기 있습니다.
3.여행자 서류를 보여 주시겠어요?	**Can I see your travel documents, please?** 캔 아이 씨 유어 트레블 더큐먼츠 플리즈 **A: Here you go.** 히어 유 고우 여기 있어요.
4.입국 목적이 뭐예요?	**What's the purpose of your visit?** 왓츠 더 펄포스 오브 유어 비짓 **A: I'm here for business.** 아임 히어 포 비지니스 사업차 왔습니다.
5.어디에서 머무르실 겁니까?	**Where are you staying?** 웨어 아류 스테잉 **= Where are you going to stay?** 웨어 아류 고잉 투 스테이 **= Where will you be staying?** 웨어 윌 유 비 스테잉

A: I'm going to stay with my relatives in LA.
아임 고잉 투 스테이 위드 마이 렐러티브스 인 엘에이
LA 친척집에 있을 겁니다.

6.얼마나 체류할 겁니까?

How long will you be here?
하우 롱 윌 유 비 히어

= How long do you plan on staying?
하우 롱 두 유 플랜 온 스테잉

= How long are you going to stay here?
하우 롱 아 유 고잉 투 스테이 히어

= How long will you stay here?
하우 롱 윌 유 스테이 히어

A: About 10 days.
어바웃 텐 데이즈
10일 정도요.

7.최종 목적지가 어디입니까?

Where's your final destination?
왓츠 유어 파이널 데스터네이션

A: Final destination is New york.
파이널 데스터네이션 이즈 뉴욕
뉴욕입니다.

8.입국카드를 보여주세요.

May I see your disembarkation card?
메아이 씨 유어 디스엠버케이션 카드

A: Yes, here you are. You may.
예스 히얼 유 아 유 메이
예 이겁니다. 보세요.

9.돌아갈 항공권은 갖고 있습니까?

Do you have a round trip ticket?
두 유 해버 라운드 트립 티킷

= Do you have a return ticket?
두 유 해브 어 리턴 티킷

A: Yes, I do.
예스 아이 두
예, 있습니다.

10.돈은 얼마나 가지고 입국하시는 겁니까?

How much currency are you bring into the country?
하우 머치 커렌시 아 유 브링 인투 더 컨트리

A: I have 600 us dollar and 200,000 Korean won.
아이 해브 씩스헌드레드 유에스 달라 앤 투헌드레드 싸우전드 코리언 원
미국 달러 600불과 한국 한화 20만원을 가지고 있습니다.

11.가방은 테이블 위에 올려 놓으세요.

Please place your suitcases on the table.
플리즈 플레이스 유어 수트케이시스 온 더 테이블

A: Yes, certainly.
예스 써턴리
예, 그러죠.

12.가방의 내용물을 검색하겠습니다.

I need to examine the contents of your suitcases.
아이 니드 투 이그제민 더 컨텐츠 오브 유어 수트케이시스

A: You may do as your pleasure.
유 메이 두 애즈 유어 플레져
좋을 대로 하세요.

13.네, 즐거운 여행되세요.

Okay, Have a good trip.
오케이 해버 굿 트립

A: Thank you.
땡큐
고맙습니다.

14.미국에 와 보신 적이 있으세요?

Have you been to America before?
해뷰 빈 투 아메리카 비포

A: No, this is my first trip.
노우 디스 이즈 마이 퍼스트 트립
아뇨, 처음 왔습니다.

Chapter

06 기내서비스

1.k항공에 탑승하신 것을 환영합니다.	**We welcome you aboard K Airline.** 위 웰컴 유 어볼드 케이 에어라인 **= Thank you for flying K Airline.** 땡큐 포 플라잉 케이 에어라인
2.음료를 드시겠습니까?	**Would you like something to drink?** 우쥬 라익 썸씽 투 드링크 **A: Please give me a glass of water.** 플리즈 기브 미 어 글래스 오브 워터 물 한 잔 주세요.
3.어떤 음료로 하시겠습니까?	**What would you like to drink?** 왓 우쥬 라익 투 드링크 **A: Another juice, please.** 어나더 주스 플리즈 주스 하나 더 주세요.
4.저녁식사를 하실 건가요?	**Are you having dinner this evening?** 아류 해빙 디너 디스 이브닝 **A: May I have it later?** 메아이 해브 잇 레이럴 나중에 먹어도 될까요?
5.기내에서 면세품을 판매하나요?	**Do you sell duty free goods on the plane?** 두 유 셀 듀티 프리 굿스 온 더 플래인 **A: You can buy them after meals.** 유 캔 바이 뎀 애프터 밀 식사 후에 사실 수 있습니다.

.6.영화는 몇 시에 시작 하나요?

What time does the movie start?
왓 타임 더즈 더 무비 스타트

A: It should start in one hour.
잇 슈드 스타트 인 원 아워
1시간 후에 시작될 겁니다.

7.닭고기를 드릴까요, 쇠고기를 드릴까요?

Would you like chicken or beef?
우쥬 라익 치킨 오어 비프

A: Give me the beef.
기브 미 더 비프
쇠고기를 주세요.

8.멀미가 나는군요. 멀미약 있어요?

I'm feeling rather sick. Do you have anything for airsickness?
아임 필링 래더 씩 두 유 해브 에니씽 포 에어식니스

A: Yes, I'll bring it soon.
예스 아윌 브링 잇 쑨
네, 곧 갖다 드릴게요.

9.토할 것 같아요. 멀미 봉투 주시겠어요?

I think I'm going to be sick, could you give me a sick bag, please?
아이 띵크 아임 고잉 투 비 씩 쿠쥬 기브미 어 씩 백 플리즈

A: Certainly, it's in the seat pocket, sir.
써턴리 잇츠 인 더 씨트 파킷 써
네, 선생님 좌석 주머니 안에 있어요.

10.담요 한 장 더 주시겠어요?

May I have another blanket?
메아이 아이 해브 어나더 블랭킷

A: Wait a moment. I'll bring it right away.
웨이트 어 모먼트 아윌 브링 잇 롸잇 어웨이
잠시 기다리세요. 곧 갖다 드릴게요.

11.몇 시간이나 더 가야 하나요?

How many more hours to go?
하우 메니 모어 아워즈 투 고우

A: We're almost there. Are you still sick?
위아 올모스트 데어 아류 스틸 씩
거의 왔어요. 아직도 편찮으세요?

12.이어폰이 고장 났어요. 다른 걸로 갖다 주시겠어요?

This earphone is broken. Could you bring me another?
디스 이어폰 이즈 브로큰 쿠쥬 브링 미 어나더

A: Of course. I'll bring you a new one.
오브 코즈 아윌 브링 유 어 뉴 원
네. 새 걸로 갖다 드리지요.

13.비행기가 곧 착륙 준비를 하고 있습니다. 컴퓨터를 꺼서 안전한 곳에 넣어주세요.

We're preparing to land soon. Also, you'll need to turn off and stow your computer.
위아 프리패어링 투 랜드 쑨 올쏘우 유윌 니드 투 턴 오프 앤 스토우 유어 컴퓨터

14.비행기가 완전히 정지할 때까지 좌석에 앉아 계세요.

Please remain in your seat until the plane has come to a complete stop.
플리즈 리메인 인 유어 씨트 언틀 더 플랜 해브 컴 투 어 컴플리트 스탑

15.비상구는 양쪽 날개 뒤에 있습니다.

The emergency exits are located on either side of the plane over the wings.
디 이머전씨 엑싯 아 로케이디드 온 이더 사이드 오브 더 플랜 오버 더 윙즈

16.여러분과 가장 가까운 비상구 위치를 확인하시기 바랍니다.

Please locate exit nearest you.
플리즈 로케이드 엑싯 니어레스트 유

해외여행

Chapter 07

짐 찾기

1.수화물 찾는 곳은 어디입니까?	**Where's the baggage claim area?** 웨어즈 더 배기지 클레임 에리어 **= Where can I find my baggage?** 웨어 캔 아이 파인드 마이 배기지 **A: Go straight. over there.** 고우 스트레이트 오버 데어 곧장 가십시오. 저쪽입니다.
2.제 짐을 못 찾겠어요.	**I can't find my baggage.** 아이 캔 파인드 마이 배기지 **A: What does your baggage look like?** 왓 더즈 유어 배기지 룩 라익 짐이 어떻게 생겼어요?
3.당신 가방에 대해서 설명해 주시겠어요?	**Can you describe your bag?** 캔 유 디스크라이브 유어 백 **A: It's a large leather suitcase. It's blue.** 잇츠 어 라지 레더 수트케이스 잇츠 블루 청색 큰 가죽 가방입니다.
4.제 짐이 보이지 않아요. 누구에게 알아봐야 하나요?	**I can't see my baggage. Who should I see about that?** 아이 캔트 씨 마이 배기지 후 슈드 아이 씨 어바웃 댓 **A: Can I see your baggage claim tag?** 캔 아이 씨 유어 배기지 클레임 택 당신의 수화물 보관표를 보여 주시겠어요?

5.인천 공항에서 막 전화를 받았는데요, 가방을 잃어버리셨나요?	**We just received call from Incheon Airport. Did you lost a bag?** 위 저스트 리시브드 콜 프럼 인천 에어포트 디쥬 로스트 어 백 **A: Yes, I did. Did you find it?** 예스 아이 디드 디쥬 파인드 잇 네, 그래요. 찾았나요?
6.찾았는데요. 오늘 이곳으로 배송해 준다고 했어요. 정오쯤에요.	**They did. They said they will deliver it here today, around noon.** 데이 디드 데이 세드 데이 윌 딜리버 잇 히어 투데이 어라운드 눈 **A: Thank you very much.** 땡큐 베리 머치 대단히 고맙습니다.
7.배송료는 내야 하나요?	**Do I have to pay for delivery?** 두 아이 해브 투 페이 포 딜리버리 **A: No, it's a free service.** 노우 잇츠 어 프리 서비스 아니오. 무료 서비스입니다.
8.이건 제 가방이 아닙니다.	**This bag is not mine.** 디스 백 이즈 낫 마인 **A: Can you check to see where my baggage is?** 캔 유 체크 투 씨 웨어 마이 배기지 이즈 제 짐이 어디 있는지 확인해 줄 수 있으세요?
9.제 짐이 없어졌어요.	**My baggage is missing.** 마이 배기지 이지 미씽 **A: All the bags were unloaded from that flight. Isn't there?** 올 더 백즈 워 언로디드 프럼 댓 플라잇 이즌트 데어 모든 짐은 비행기에서 나왔는데요. 거기에 없나요?

10.제 수화물이 파손 됐어요.

My baggage is damaged.
마이 배기지 이즈 데미지드

A: Just fill out this form.
저스트 필 아웃 디스 폼
이 서식에 기입만 해주세요.

11.제 가방 중 하나를 못 찾았어요. 푸른 줄무늬가 있는 검정색이에요.

I didn't get one of my bags. It's black with a blue stripe.

A: Okay. What flight did you arrive on?
오케이 왓 플라잇 디쥬 얼라이브 온
네. 어떤 항공편으로 오셨나요?

12.수화물은 어디에서 찾아요?

Where can I pick up my baggage?
웨어 캔 아이 픽 업 마이 배기지

A: Over there. Wait in front of baggage claim No.6.
오버 데어 웨이트 인 프런트 오브 배기지 클레임 넘버 씩스
저쪽이요. 수화물 찾는 곳 6번에서 기다리세요.

Chapter 08

세관 검사

1.신고할 물건이 있나요?

Do you have anything to declare?
두 유 해브 에니씽 투 디클레어

= Anything to declare?
에니씽 투 디클레어

A: Yes. I bought a digital camera.
예스 아이 보우트 어 디지털 캐매라
네. 디지털 카메라 하나 샀어요.

A: Let me look at the receipt, then.
렛미 룩 앳 더 리시트 덴
영수증을 보여주세요.

A: Here you are.
히얼 유 아
여기 있습니다.

2.구입하신 물건이 있나요?

Did you buy anything?
디쥬 바이 에니씽

A: No, I didn't buy anything.
노우 아이 디든트 바이 에니씽
아뇨. 아무것도 안 샀어요.

3.짐은 이것뿐입니까?

Is this baggage all you have?
이즈 디스 배기지 올 유 해브

= Is this all you have?
이즈 디스 올 유 해브

A: Yes, it is.
예스 잇 이즈
네. 그렇습니다.

4.술이나 담배를 가지고 있나요? 이 위스키는 세금을 지불하셔야 합니다.

Do you have alcohol or cigarettes? You have to pay a duty for this whiskey.
두 유 해브 알코올 오어 시거렛 유 해브 투 페이 어 듀티 포 디스 위스키

해외여행

5.이것들은 무엇인가요?	**What are these for?** 왓 아 디즈 포 **= What's this stuff?** 왓츠 디스 스터프 **A: They are personal belongings.** 데이 아 퍼스널 빌롱잉즈 개인 소지품입니다.
6.이 병에 있는 것은 무엇입니까?	**What's in this bottle?** 왓츠 인 디스 바틀 **A: It's my medicine.** 잇츠 마이 메디슨 제 약입니다.
7.이것은 세금을 내셔야 합니다.	**You have to pay duty on this.** 유 해브 투 페이 듀티 온 디스 **A: Where should I pay the duty?** 웨어 슈드 아이 페이 더 듀티 어디서 관세를 내면 됩니까?
8.가방에 무엇이 들어 있습니까?	**What do you have in your bag?** 왓 두 유 해브 인 유어 백 **A: I have a few gifts.** 아이 해버 퓨 기프트 몇 가지 선물이 있습니다.
9.제가 서울에서 면세품을 좀 샀거든요. 뉴욕에서 세금을 내야 하나요?	**I bought some duty free gift in Seoul. Will I have to pay duty on them in New york?** 아이 보우트 썸 듀티 프리 기프트 인 서울 윌 아이 해브 투 페이 듀티 온 뎀 인 뉴욕 **A: No, you won't. You can bring up to $400 of merchandise without paying a duty.** 노우 유 오운트 유 캔 브링 업 투 포헌드레드 오브 멀첸다이 위아웃 페잉 어 듀티 안 내셔도 됩니다. 면세로 400달러까지 살 수 있어요.

10.얼마였죠?	**How much did they cost?** 하우 머치 디드 데이 코스트 **A: About $270.** 약 270달러입니다 어바웃 투헌드레드세븐티 달러
11.디지털 카메라는 선물입니까?	**Is this digital camera for a gift?** 이즈 디스 디지털 캐매라 포 어 기프트 **A: No. I'm going to use it.** 노우 아임 고잉 투 유즈 잇 아니오. 제가 사용할 겁니다.
12.외화는 얼마나 가지고 있습니까?	**How much foreign currency do you have?** 하우 머치 포린 커런시 두 유 해브 **A: I have 500 us dollar.** 아이 해브 파이브헌드레드 유에스 달러 미국 달러 500불 갖고 있습니다.
13.신고서를 보여주시겠어요?	**Can I see your customs declaration?** 캔 아이 씨 유어 커스텀즈 데클레이션 **A: Here you are.** 히얼 유 아 여기 있습니다.

Chapter

09 환승

1.저는 여기서 갈아타야 해요.	**I have to transfer here.** 아이 해브 투 트랜스퍼 히어 **A: What's your connecting flight?** 왓츠 유어 커넥팅 플라잇 어느 비행기로 갈아타세요?
2.기편 번호가 어떻게 되나요?	**What's your flight number, sir.** 왓츠 유어 플라잇 넘버 써 **A: Northwest flight 702.** 노스웨스트 플라잇 쎄븐오투 노스웨스트 702호 편입니다.
3.제가 탈 비행기 편은 어디서 확인하나요?	**Where I can confirm my flight?** 웨어 아이 캔 컨펌 마이 플라잇 **A: At the airline counter.** 앳 디 에어라인 카운터 항공사 카운터에서 하세요.
4.갈아타는 곳은 어디 입니까?	**Where's the transit counter?** 웨얼즈 더 트렌시트 카운터 **A: Follow that sign marked "Transfer."** 팔로우 댓 사인 마크드 트랜스퍼 "Transfer."라고 표시된 표지판을 따라가세요.
5.이 공항에서 얼마나 머무를 겁니까?	**How long will we stop here?** 하우 롱 윌 위 스탑 히어 **A: It'll stay on the ground for a hour.** 이틀 스테이 온 더 그라운드 포 어 아워 1시간 지상에서 머무를 예정입니다.

6.방금 연결편을 놓쳤어요.

I just missed my connecting flight.
아이 저스트 미스트 마이 커넥팅 플라잇

A: Can I put you on another flight?
캔 아이 풋 유 온 어나더 플라잇
다른 비행기를 잡아 드릴까요?

7.탑승은 몇 시부터 입니까?

What time is the boarding?
왓 타임 이즈 더 보딩

A: There should I do with my checked baggage?
데어 슈드 아이 두 위드 마이 체크드 배기지
탑승에 대한 안내방송이 있을 겁니다.

8.맡긴 짐은 어떻게 되나요?

What should I do with my checked baggage?
왓 슈드 아이 두 위드 마이 체크드 배기지

A: It'll be automatically transferred to your next flight.
잇윌 비 오토매티컬리 트렌스퍼드 투 유어 넥스트 플라잇
그것은 자동적으로 다른 비행기로 옮겨집니다.

9.비행기는 언제 뜨죠?

When is the plane taking off?
웬 이즈 더 플랜 테이킹 오프

A: Your flight will be taking off at 12:10.
유어 플라잇 윌 비 테이킹 오프 앳 투웰브 텐
손님의 비행기는 12시 10분에 출발할 겁니다.

Chapter

10 시내로 이동

1.시내로 가려면 어떻게 해야 되나요?	**How do I get to downtown?** 하우 두 아이 겟 투 다운타운 **A: Take an airport bus. It's cheaper to take an airport bus.** 테이크 언 에어포트 버스 잇츠 치퍼 투 테이크 언 에어포트 버스 공항버스를 타세요. 공항버스로 가는 게 경제적입니다.
2.시내로 가는 공항버스가 있어요?	**Is there an airport bus to the downtown?** 이즈 데어 언 에어포트 버스 투 더 다운타운 **A: There's a limousine bus.** 데얼즈 리무진 버스 리무진 버스가 있어요.
3.공항버스는 얼마나 자주 다녀요?	**How often does an airport bus come?** 하우 오픈 더즈 언 에어포트 버스 컴 **A: Every 30 minutes.** 에브리 써티 미니츠 30분마다 있습니다.
4.공항버스 정류장은 어디 입니까?	**Where's the airport bus stop?** 웨얼즈 더 에어포트 버스 스탑 **A: It's over there.** 잇츠 오버 데어 저쪽에 있습니다.
5.여기서 시내로 가는 가장 좋은 방법이 뭐예요?	**What's the best way to get to downtown from here?** 왓츠 더 베스트 웨이 투 겟 투 다운타운 프럼 히어 **A: I'd better catch a taxi.** 아이두 베더 캐치 어 택시 택시 타는 것이 좋겠군요.

6.이 공항버스가 롯데호텔 까지 가나요?

Does your airport bus go to the Lotte hotel?
더즈 유어 에어포트 버스 고우 투 더 롯데호텔

A: It sure does. Hop on.
잇 슈어 더즈 홉 온
네, 갑니다. 어서 타세요.

7.거기까지 얼마나 걸리죠?

How long will it take to get there?
하우 롱 윌 잇 테이크 투 겟 데어

A: It'll take close to 30minutes.
잇츠 테이트 클로즈 투 써티 미니츠
30분쯤 걸립니다.

It's a half-hour drive from here
잇츠 어 하프-아워 드라이브 프럼 히어
여기서 차로 반시간 정도는 가야해요.

8.롯데호텔로 가려면 어떻게 가야 하나요?

How can I get to the Lotte hotel?
하우 캔 아이 겟 투 더 롯데 호텔

A: The Lotte hotel is very close. Just take the hotel shuttle.
더 롯데 호텔 이즈 베리 클로즈 저스트 테이크 더 호텔 셔틀
롯데 호텔은 매우 가까워요. 호텔 셔틀을 타세요.

9.어디서 내리면 되나요?

Where do I get off?
웨어 두 아이 겟 오프

A: Don't worry. I make an announcement at every stop.
돈트 워리 아이 메이크 언 어나운스먼트 앳 에브리 스탑
걱정 마세요. 정류장마다 안내방송을 하니까요.

10.시내로 가는 버스는 어디서 탑니까?

Where can I get a bus to downtown?
웨어 캔 아이 겟 어 버스 투 다운타운

Where should I take a bus to downtown?
웨어 슈드 아이 테이크 어 버스 투 다운타운

해외여행

A: There's a bus stop across the street.
데얼즈 어 버스 스탑 어크로스 더 스트리스
길 건너편에 정류장이 있습니다.

11.시내로 가는 버스가 있습니까?

Is there a bus going downtown?
이즈 데어 어 버스 고잉 다운타운

A: Every 10 minutes in front of bank.
에브리 텐 미니츠 인 프런트 오브 뱅크
은행 앞에서 10분마다 있습니다.

12.거기에는 어떤 버스 노선이 지나가나요?

What bus line goes by there?
왓 버스 라인 고즈 바이 데어

A: Take the bus No.5.
테이크 디스 버스 넘버 파이브
5번 버스를 타세요.

13.택시는 어디서 탑니까?

Where should I catch a taxi?
웨어 슈드 아이 캐치 어 택시

A: You can catch a taxi there.
유 캔 캐치 어 택시 데어
저기서 택시를 잡을 수 있어요.

14.택시 찾아요? 어디 가세요?

Taxi? Where are you going?
택시 웨어 아류 고잉

A: Go to the Lotte hotel.
고우 투 더 롯데 호텔
롯데 호텔로 가요.

15.짐은 트렁크에 넣어 주세요.

Please put my baggage in the trunk.
플리즈 풋 마이 배기지 인 더 트렁크

A: Please handle with care.
플리즈 핸들 위드 케어
조심해서 다루세요.

Practical English

패턴	활용
Actually, I'm not really interested in ~ 액츄얼리 아임 낫 리얼리 인터레스티드 인 실은 ~에는 별로 관심이 없어요 **관심이 없을 때**	**Actually, I'm not really interested in soccer.** 액츄얼리 아임 낫 리얼리 인터레스티드 인 싸커 실은 난 축구에 관심이 없어요.
Are you ready to ~? 아류 레디 투 ~할 준비가 됐나요? 라고 묻는 표현	**Are you ready to go to school?** 아류 레디 투 고우 투 스쿨 학교에 갈 준비가 됐나요?
Are you going to ~? 아류 고잉 투 ~할거죠? 라고 묻는 표현	**Are you going to meet with me this Sunday?** 아류 고잉 투 미트 위드 미 디스 선데이 이번 일요일에 같이 만날 거죠?
Are you sure (that) ~? 아류 슈어(댓) ~이 확실한가요? 확인하는 표현	**Are you sure this is a good deal?** 아류 슈어 디스 이즈 어 굿 딜 정말로 잘 산 것 같아요?
As I see it, 애즈 아이 씨 잇 내가 보기에는, 자신의 의견을 말할 때	**As I see it, the time for action is now!** 애즈 아이 씨 잇 더 타임 포 액션 이즈 나우 내가 보기에는, 지금이 행동할 시간이야.
But, don't you think that ~? 밧 돈츄 땡크 댓 하지만, ~라고 생각하지 않니? **상대방을 설득할 때**	**But, don't you think that women deserve to earn decent living?** 밧 돈츄 땡크 댓 우민 디져브 언 디센트 리빙 하지만, 여자도 멋진 삶을 살아야 한다고 생각하지 않니?
be going to 비 고잉 투 가까운 장래에 ~하려고 하고 있다 주어의 의도: ~하려고 하다	**I'm going to visit your country.** 아임 고잉 투 비짓 유어 컨트리 나는 곧 당신의 나라를 방문하려고 합니다. **He's going to be a doctor.** 히즈 고잉 투 비 어 닥터 그는 의사가 되려고 한다.

패턴	활용
Can I ~? 캔 아이 ~해도 되나요? **허락을 구할 때**	**Can I smoke here?** 캔 아이 스모크 히어 여기서 담배 피워도 되나요?
Can you ~? 캔 유 ~해줄 수 있나요? **상대방에게 부탁할 때**	**Can you knock off?** 캔 유 낙 오프 좀 깎아 줄 수 있나요?
Can you explain ~ please? 캔 유 익스플레인 플리즈 ~를 설명해 줄 수 있어요? **설명을 부탁할 때**	**Can you explain the meaning of life, please?** 캔 유 익스플레인 더 미닝 오브 라이프 플리즈 인생의 의미를 설명해줄 수 있어요?
Can you help + 목적어 + 동사원형? 캔 유 헬프 ~하는 것을 도와주시겠어요?	**Can you help me clean up a house?** 캔 유 헬프 미 클린 업 어 하우스 집안 청소 좀 도와주시겠어요?
Can you show me ~? 캔 유 쇼 미 제게 ~을 보여 주시겠어요?	**Can you show me others?** 캔 유 쇼 미 아덜즈 다른 것을 보여 주시겠어요?
Couldn't you be mistaken about ~? 쿠든트 유 비 미스테이큰 어바웃 ~를 잘못 알고 계신 거 아니에요? **부탁 표현**	**Couldn't you be mistaken about that?** 쿠든트 유 비 미스테이큰 어바웃 댓 혹시 그것에 대해 잘못 알고 계신 거 아이에요
Could I please ~? 쿠드 아이 플리즈 제가 ~해도 될까요? **공손하게 묻는 표현**	**Could I please see you for a while?** 쿠드 아이 플리즈 씨 유 포 어 와일 잠깐 뵐 수 있을까요?

패턴	활용
Could you ~? 쿠쥬 ~좀 해 주시겠어요? **공손하게 부탁할 때**	**Could you bring me water?** 쿠쥬 브링 미 워터 물 좀 갖다 주시겠어요?
Do you know anything about ~? 두 유 노우 에니씽 어바웃 ~에 대해서 알고 있어요? **아는 것을 묻고 말할 때**	**Do you know anything about making kimchi?** 두 유 노우 에니씽 어바웃 메이킹 김치 김치 만드는 것에 대해 아는 것 좀 있어요?
Do you ever ~? 두 유 에버 평소에 ~하기는 하나요? **평소에 대해 물을 때**	**Do you ever think of me?** 두 유 에버 띵크 오브 미 평소에 내 생각하나요?
Do you want to ~? 두 유 원 투 ~할래요? 가볍게 권유할 때	**Do you want to have a beer first?** 두 유 웬 투 해버 비어 퍼스트 우선 맥주부터 드릴까요?
Do I have to ~? 두 아이 해브 투 제가 ~해야 하나요?? **하기 싫은 일을 할 때 묻는 표현**	**Do I have to come back?** 두 아이 해브 투 컴 백 돌아와야 하나요?
Do you know how to ~? 두 유 노우 하우 투 ~을 어떻게 하는지 아니? **할 수 있는지 묻고 답할 때**	**Do you know how to play the piano?** 두 유 노우 하우 투 플레이 더 피애노 피아노는 어떻게 연주하는지 아니?
Do you have any + 명사 ~? 두 유 해브 에니 ~이 있나요? 라는 뜻	**Do you have any questions?** 두 유 해브 에니 퀘스쳔스 질문이 있나요?

패턴	활용
Don't get me wrong 돈트 겟 미 렁 오해하지 마 **오해를 바로 잡을 때**	**Don't get me wrong. I was trying to explain, not make excuses!** 돈트 겟 미 렁 아이 워즈 트라잉 투 익스플레인 낫 메이크 익스큐즈 오해하지 마. 변명이 아니라 설명하려고 하고 있었어!
Do you have ~ in mind? 두 유 해브 인 마인드 마음에 둔 ~이 있나요? **의견을 묻는 표현**	**Do you have a girl in mind?** 두 유 해버 걸 인 마인드 마음에 둔 여자가 있나요?
Do you think (that) + 주어 + 동사? 두 유 띵크(댓) ~라고 생각하나요? **의견을 묻는 표현**	**Do you think our team will win?** 두 유 땡크 아워 팀 윌 윈 우리팀이 이길거라고 생각하나요?
Does anyone ~? 더즈 에니원 누구~하는 사람 있어요? **다수에게 질문하는 표현**	**Does anyone speak English?** 더즈 에니원 스피크 잉글리쉬 누구 영어할 줄 아는 사람 있어요?
Excuse me, do you know ~? 익스큐즈 미 두 유 노우 실례지만 ~를 아세요? **정보를 물어 볼 때**	**Excuse me, do you know if the trains are running today?** 익스큐즈 미 두 유 노우 이프 더 트레인즈 아 런닝 투데이 실례지만, 오늘 기차가 다니는지 아세요?
For example(for instance) 포 이그잼플(포 인스턴스) 예를 들어 **예를 설명할 때**	**For example, if you study everyday, your grades will improve.** 포 이그잼플 이퓨 스터디 에브리데이 유어 그레이드 윌 임푸르브 예를 들어, 매일 공부를 하면 성적이 향상될 거야.

패턴회화

패턴	활용
get to, arrive at 겟 투 어라이브 앳 도착하다 먼 곳에 도착하는 경우는 get to 도착하는 장소를 나타내지 않은 경우에는 arrive at에서 at을 빼고 사용한다	**We get to Busan.** 위 겟 투 부산 우리는 부산에 도착했다. **I have just arrived.** 아이 해브 저스트 어라이브드 나는 이제 막 도착했다.
get along 겟 어롱 살아가다, 해나가다, 진척하다	**We can't get along without money.** 위 캔트 겟 어롱 위아웃 머니 우린 돈 없이 살아갈 수 없다.
had better + 동사원형 ~ 해드 베더 ~하는 것이 좋다 약간의 강요성을 띄고 있기 때문에 윗사람에게 사용하는 것은 좋지 않다	**We'd better visit him right now.** 위드 베더 비짓 힘 롸잇 나우 지금 당장 그를 방문하는 것이 좋다.
How important is it to ~? 하우 임폴턴트 이즈 잇 투 ~하는 것이 얼마나 중요하니? **중요한 것을 말할 때**	**How important is it to watch TV news everyday?** 하우 임폴턴트 이즈 잇 투 와치 티비 뉴스 에브리데이 매일 텔레비전 뉴스를 보는 게 얼마나 중요한지 아나요?
How about to 부정사 ~? 하우 어바웃 투 ~은 어때요? **상대방의 의향을 물을 때**	**How about + 동사 + ~ing?** 하우 어바웃 **= What about + 동사 + ~ing?** 왓 어바웃 **How about a drink?** 하우 어바웃 어 드링크 한 잔 하는 것이 어때요? **How about going for a walk?** 하우 어바웃 고잉 포 어 웍 산책하러 나가는 게 어때요?

패턴	활용
How + 형용사(부사) ~? 하우 얼마나~ 라고 정도를 묻는 표현	**How long does it take to go to Busan?** 하우 롱 더즈 잇 테이크 투 고우 투 부산 부산까지 가는 데 얼마나 걸립니까?
How dare you ~? 하우 데얼 유 감히 어떻게 ~할 수 있겠는가?	**How dare you speak to me like that?** 하우 데얼 유 스피크 투 미 라익 댓 감히 어떻게 내가 그런 말을 할 수 있겠는가?
How often do you ~? 하우 오픈 두 유 얼마나 자주 ~하나요? **평소에 대해 물을 때**	**How often do the buses run?** 하우 오픈 두 더 버스 런 버스는 얼마나 자주 있어요?
How did you ~? 하우 디쥬 ~을 어떻게 했어? **방법을 묻는 표현**	**How did you study English?** 하우 디쥬 스터디 잉글리쉬 영어 공부는 어떻게 했어?
How do you like ~? 하우 두 유 라익 ~은 어떻습니까? 마음에 드십니까? **상대방의 호감도를 물을 때**	**How do you like this car?** 하우 두 유 라익 디스 카 이 차 마음에 드십니까?
I didn't ~ 아이 디든트 난 ~을 하지 않았다 **자신을 부정할 때**	**I didn't do it on purpose.** 아이 디든트 두 잇 온 퍼포즈 난 고의로 그런 것은 아닙니다.
I've been ~ing 아이브 빈 ~을 해오던 중이에요 **진행 중 임을 말할 때**	**I have been waiting for thirty minutes.** 아이 해브 빈 웨이팅 포 써티 미니츠 벌써 30분이나 기다리고 있습니다.
I like ~ing 아이 라익 난 ~을 즐겨요 **취미를 말할 때**	**I like listening to music.** 아이 라익 리스닝 투 뮤직 저는 음악 듣는 걸 좋아해요.

패턴	활용
I prefer A rather than B ~ 아이 프리퍼 에이 래더 댄 비 B하는 것보다 차라리 A하는 것이 낫다 **무엇이 더 좋다고 말할 때**	**I'd prefer reading rather than watching TV.** 아이두 프리퍼 리딩 래더 댄 와칭 티비 나는 TV보는 것보다 책을 읽는 것이 더 좋아요.
~is so boring 이즈 쏘우 보링 ~은 너무 지루해 **무엇이 더 좋다고 말할 때**	**My job is so boring.** 마이 잡 이즈 쏘우 보링 내가 하는 일은 너무 지루해.
I'm trying to ~ 아임 트라잉 투 난 ~을 하려고 해요 **목적을 말할 때**	**I'm trying to learn how to play piano.** 아임 트라잉 투 런 하우 투 플레이 피애노 난 피아노를 배우려고 해요.
I want to ~ 아이 원 투 난 ~하고 싶다 **원하는 것을 말할 때**	**I want to go home.** 아이 원 투 고우 홈 나는 집에 가고 싶다.
I'm sure ~ 아임 슈어 분명히 ~일 거예요 **용기를 줄 때**	**I'm sure you'll be pleased with this.** 아임 슈어 유윌 비 플리즈드 위드 디스 만족하실 거라고 확신해요.
I wouldn't mind being a ~ 아이 오운트 마인드 빙 어 ~이라면 마다할 이유가 없지 **하고 싶은 일을 말할 때**	**I wouldn't mind being a millionaire!** 아이 오운트 마인드 빙 어 밀리어네어 백만장자를 마다할 이유가 없지!
If I had ~ I would have~ 이프 아이 해드 아이 우드 해브 ~했더라면 ~했을텐데 **후회에 대해 말할 때**	**If I'd studied harder, I would have get a scholarship!** 이프 아이두 스타디드 하더 아이 우드 해브 겟 어 스콜라쉽 내가 더 열심히 공부했다면 장학금을 받을 수 있었을 텐데!

패턴	활용
I agree with ~ 아이 어그리 위드 난 ~에 동의해요 **가볍게 동의할 때**	**I agree with the plan.** 아이 어그리 위드 더 플랜 그 계획에 찬성합니다.
I'm not thinking of ~ 아임 낫 땡킹 오브 ~할 생각은 없어 **하지 않으려는 결심을 밝힐 때**	**I'm not thinking of retiring any time soon.** 아임 낫 띵킹 오브 리타이어링 에니 타임 쑨 곧 은퇴할 생각은 없어요.
I'm dead against ~ 아임 데드 어게인스트 ~절대 반대야 **매우 강한 반대를 나타낼 때**	**I'm dead against voting for that candidate again.** 아임 데드 어게인스트 보팅 포 댓 캔디데잇 어갠 난 절대 다시는 저 후보에게 투표 안 하겠어.
Isn't he supposed to be a ~? 이즌트 히 서포즈드 투 비 어 걔는 ~ 아니었어요? **~하지 않으려는 결심을 밝힐 때**	**Isn't he supposed to be a good drinker?** 이즌트 히 서포즈드 투 비 어 굿 드링크 얘 술 좀 더 잘 먹어야 되는 거 아냐?
I'm glad ~ 아임 글래드 ~해서 기쁘다 **자기감정을 말할 때**	**I'm glad you like it.** 아임 글래듀 라익 잇 맘에 드신다니 기쁘네요.
I'm afraid ~ 아임 어프레이드 유감스럽게도 ~입니다 **유감을 말할 때**	**I'm afraid the check is wrong.** 아임 어프레이드 더 체크 이즈 렁 유감스럽게도 계산이 틀린 것 같아요.
I'd like to ~하고 싶다 아이두 라익 투 **소망을 말할 때**	**I'd like to see him in person.** 아이두 라익 투 씨 힘 인 퍼슨 그를 직접 만나보고 싶어요.
I feel like ~ing 아이 필 라익 ~할 것 같은 기분입니다. **기분을 말할 때**	**I feel like throwing up.** 아이 필 라익 쓰로윙 업 토할 것 같아요.

패턴	활용
I need ~ 아이 니드 난 ~가 필요해요 **간단하게 요구할 때**	**I need a haircut.** 아이 니드 어 헤어컷 이발을 하려고 해요.
I'm sorry, I don't know~ 아임 쏘리 아이 돈트 노우 미안하지만, ~는 나도 몰라요 **모른다고 말할 때**	**I'm sorry, I don't know how to drive.** 아임 쏘리 아이 돈트 노우 하우 투 드라이브 미안하지만, 나는 운전하는 법을 몰라요.
I've had all that I can take 아이브 해드 올 댓 아이 캔 테이크 참을 만큼 참았어 **불평을 말할 때**	**I've had all that I can take! Don't call me chicken anymore.** 아이브 해드 올 댓 아이 캔 테이크 돈트 콜 미 치킨 에니모어 참을 만큼 참았어. 더 이상 날 겁쟁이라고 부르지마.
I hope to ~ 아이 호프 투 난 ~했으면 좋겠어요 **장래의 희망을 말할 때**	**I hope to travel around the world.** 아이 호프 투 트레블 어라운드 더 월드 난 전 세계를 여행하고 싶어요.
I wonder if ~ 아이 원더 이프 ~은 인지 아닌지 궁금해요 **간접적으로 묻는 질문**	**I wonder if the rumor is true?** 아이 원더 이프 더 루머 이즈 트루 그 소문은 정말일까?
I wonder what + 주어 + 동사~ 아이 원더 왓 ~할까요? 라는 뜻	**I wonder what I should eat for lunch.** 아이 원더 왓 아이 슈드 이트 포 런치 점심으로 뭘 먹어야 할까요?
Thank you for~ 땡큐 포 ~해줘서 고마워 **정중하게 감사함을 표현할 때**	**Thank you for helping me.** 땡큐 포 헬핑 미 도와주셔서 감사합니다.

패턴	활용
There is ~ 데어 이즈 ~가 있어요 **상황을 말할 때**	**There's something I'd like to say.** 데얼즈 썸씽 아이두 라익 투 세이 말씀드릴 것이 있어요.
That's what ~ 댓츠 왓 바로 그게 ~한 거예요 **맞장구를 칠 때**	**That's what I want.** 댓츠 왓 아이 원트 내가 바라는 게 그거라니까.
There are more ~ A than B~ 데어 아 모어 에이 댄 비 B보다 A에게 ~이 더 많다 **양을 비교할 때**	**There are more parks in london than in Seoul.** 데어 아 모어 팍스 인 런던 댄 인 서울 서울보다 런던에 공원이 더 많다.
You can't 유 캔트 ~하지 말라고 강하게 충고할 때	**You can't forget to take your malaria pills.** 유 캔트 포겟 투 테이크 유어 말라리아 필스 말라리아 약 먹는 것을 잊어버리면 안 돼.
You better not ~ 유 배더 낫 ~하지 않는게 좋아 **하지 말라고 말할 때**	**You better not go back there.** 유 배더 낫 고우 백 데어 거기 다시 돌아가지 않는 게 좋겠어.
You don't need to ~ 유 돈트 니드 투 ~할 필요가 없다고 말할 때	**You don't need to buy an umbrella. I'll lend you mine!** 유 돈트 니드 투 바이 언 엄브렐러 아이윌 랜드 유 마인 우산을 살 필요가 없어요. 내 것을 빌려줄게!
What do you say it ~? 왓 두 유 세이 잇 ~하면 어떨까요? **의견을 묻는 표현**	**What do you say if we go tomorrow?** 왓 두 유 세이 이프 위 고우 투머로우 우리 내일 가는 게 어때요?

패턴	활용
What if ~? 왓 이프 ~하면 어떡하지? **예상치 못한 일을 가정할 때**	**What if fail the entrance exam?** 왓 이프 페일 디 앤드랜스 이그잼 입학시험에 떨어지면 어떡하지?
What kind of ~? 왓 카인드 오브 어떤 종류의 ~을 하십니까? **선호도를 물을 때**	**What kind of food do you like?** 왓 카인드 오브 푸드 두 유 라익 어떤 음식을 좋아하세요?
Where did you ~? 웨어 디쥬 당신의 ~은 무엇입니까? **공손히 물을 때**	**Where did you go on vacation?** 웨어 디쥬 고우 온 베케이션 어디로 휴가 가셨어요?
What seems to be ~? 왓 씸즈 투 비 무엇이 ~인 것 같나요?	**What's your hobby?** 왓츠 유어 하비 당신 취미가 뭐예요?
What do you think I should do ~? 왓 두 유 띵크 아이 슈드 두 내가 어떻게 하면 좋을까? **조언을 구할 때**	**What do you think I should do about my old car?** 왓 두 유 띵크 아이 슈드 두 어바웃 마이 올드 카 내 중고차를 어떻게 하면 좋을까?
Well, because ~ 웰 비코즈 글쎄 왜냐하면 ~때문이야 **이유를 설명할 때**	**Well, because I want to go there.** 웰 비코즈 아이 원 투 고우 데어 글쎄, 왜냐하면 내가 거기 가고 싶거든.
It's a good idea to ~ 잇츠 어 굿 아이디어 투 ~하는 것은 좋은 거지요 **어떤 일을 권할 때**	**It's a good idea to drink a lot of water.** 잇츠 어 굿 아이디어 투 드링크 어 랏 오브 워터 물을 많이 마시는 것은 좋은 거지요.

패턴	활용
I'd consider ~, if ~ 아이두 컨시더 이프 ~한다면 ~할 생각이 있어 **가정을 말할 때**	**I'd consider opening my own business, if found a good opportunity.** 아이두 컨시더 오픈닝 마이 오운 비즈니스 이프 파운드 어 굿 어퍼튜니티 만약 좋은 기회가 있다면 내 사업을 할 생각이 있어.
It seems ~ 잇 씸즈 ~인 것 같아요 **공손하게 상황을 말할 때**	**It seems like I made a mistake.** 잇 씸즈 라익 아이 메이드 어 미스테이크 내가 실수를 했던 것 같아요.
I would ~ 아이 우드 나라면 ~하겠어요 **조심스럽게 조언할 때**	**I would stay home and rest.** 아이 우드 스테이 홈 앤 레스트 나라면 집에서 쉬겠어요.
It's likely that ~ 잇츠 라이클리 댓 ~할 것 같아요 **미래를 예견할 때**	**It's quite likely that two Koreas will unify some day.** 잇츠 콰잇 라이클리 댓 투 코리아 윌 유니파이 썸 데이 두 개의 한국이 언젠가는 통일이 될 것 같아요.
I mean ~ 아이 민 내 말은 ~ **다시 한 번 확인할 때**	**I mean I love you.** 아이 민 아이 러뷰 내 말은 당신을 사랑한다는 거야.
I have to ~ 아이 해브 투 ~해야만 한다	**I have to go.** 아이 해브 투 고우 이제 가봐야 해요.
Let's ~ 렛츠 ~ 하자 **강하게 제안할 때**	**Let's make up.** 렛츠 메이크 업 우리 화해합시다.

패턴	활용
not ~ at all, not ~ in the least 낫 앳올 낫 인 더 리스트 부정의 의미를 강조할 때	**I'm not sleepy at all.** 아임 낫 슬리피 앳 올 나는 조금도 졸리지 않는다.
Ought to ~ 오트 투 ~해야 한다 ~하는 것이 당연하다 당연, 의무, 필요를 나타낸다	**You ought to obey your parents.** 유 오트 투 어베이 유어 페어런츠 사람은 마땅히 부모에게 순종해야 한다.
Please ~ 플리즈 부디 ~해 주세요 **공손히 부탁할 때**	**I'd like a haircut, please.** 아이두 라익 어 헤어컷 플리즈 이발해 주세요.
May I ~? 메아이 ~해도 될까요?	**May I try it on?** 메아이 트라이 잇 온 이것 좀 입어 봐도 되겠죠?
Sure, I can ~ 슈어 아이 캔 그럼요. ~할 수 있어요. **흔쾌히 승낙할 때**	**Sure, I can show you around.** 슈어 아이 캔 쇼 유 어라운드 그래요, 제가 구경시켜 드릴게요.
Shall we ~? 쉘 위 우리 ~할까요?	**Shall we go for a walk?** 쉘 위 고 포 어 웍 산책하러 갈까요?
You'd better ~ 유드 배더 당신은 ~하는 게 좋다 **은근히 경고할 때**	**You'd better ask someone else.** 유드 배더 애스크 썸원 엘스 다른 문제 물어보는 게 좋겠죠.
What do you think about ~? 왓 두 유 띵크 어바웃 ~에 대해 어떻게 생각해?	**What do you think about child labor?** 왓 두 유 띵크 어바웃 차일드 레이버 아동 노동에 대해서 어떻게 생각해?

패턴	활용
When are you planning to ~? 웬 아 유 플래닝 투 언제 ~할 계획인가요?	**When are you planning to buy a house?** 웬 아 유 플래닝 투 바이 어 하우스 집은 언제 살 계획이세요?
When can ~? 웬 캔 언제 ~하면 되나요? **상대방에 묻는 표현**	**When can I expect you?** 웬 캔 아이 익스펙트 유 제가 언제쯤 돌아오면 되나요?
When do you expect to ~? 웬 두 유 익스펙트 투 언제 ~할 것 같아요? **예정 시기를 묻는 표현**	**When do you expect to start?** 웬 두 유 익스텍트 투 스타트 언제 출발할 것 같으니?
When is ~? 웬 이즈 ~이 언제인가요? **시간이나 시기를 묻는 표현**	**When is the plane taking off?** 웬 이즈 더 플래인 테이킹 오프 비행기는 언제 뜨죠?
Which do you prefer A or B ~? 위치 두 유 프리퍼 에이 오어 비 A와 B 중 어떤 것을 ~해야 할까요?	**Which do you prefer, smoking or non-smoking?** 위치 두 유 프리퍼 스모킹 오아 넌-스모킹 흡연석이나 금연석 중 어디로 드릴까요?
Which + 명사 + should I ~? 위치 슈드 아이 여러 개 중에서 어떤 것을 ~해야 할까요?	**Which clothes should I wear?** 위치 클로즈 슈드 아이 웨어 어떤 옷을 입을까?
Why don't we ~? 와이 돈트 위 ~하는 것이 어때? **제안을 할 때**	**Why don't we get tickets for the concert?** 와이 돈트 위 겟 티켓츠 포 더 컨서트 콘서트 티켓을 구하는 게 어때?
Will you ~? 윌 유 ~할래요? **가볍게 부탁할 때**	**Will you stay for dinner?** 윌 유 스테이 포 디너 저녁 드시고 가실래요?

패턴회화

패턴	활용
Who told you that? 후 톨드 유 댓 누가 그런 말을 한 거야? **잘못된 소문의 진상을 밝힐 때**	**I've no idea who told you that. It's a lie!** 아이브 노우 아이디어 후 톨드 유 댓 잇츠 어 라이 도대체 누가 그런 얘기를 했지. 그건 거짓말이야!
Would you like to meet at ~? 우쥬 라익 투 미트 앳 ~에서 보는 건 어떤지요? **장소를 정할 때**	**Would you like to meet at Jonro?** 우쥬 라익 투 미트 앳 종로 종로에서 만나는 건 어떤지요?
Would like to ~. 우드 라익 투 ~하고 싶다 want to 보다 더 정중한 표현이다	**I'd like to send this parcel to America.** 아이두 라익 투 센드 디스 파쓸 투 아메리카 이 소포를 미국으로 보내고 싶습니다.
Would you like to ~? 우쥬 라익 투 ~하시겠습니까? **정중하게 제안할 때 쓰는 표현**	**Would you like to have dinner together?** 우쥬 라익 투 해브 디너 투게더 함께 저녁 식사 하시겠어요?
Would you + 동사? 우쥬 ~해 주시겠어요? **상대방의 의향을 물어볼 때**	**Would you please call a taxi?** 우쥬 플리즈 콜 어 택시 택시를 불러 주시겠어요?
Would you recommend ~? 우쥬 리커멘드 ~을 추천해 주시겠어요? **공손한 표현**	**Would you recommend a popular restaurant?** 우쥬 리커메드 어 파퓰러 레스토랑 유명한 음식점을 추천해 주시겠어요?
wonder whether + s +v ~ 원더 웨덜 ~알고 싶어 하다, 호기심을 갖다, ~나 아닐까 하고 생각하다	**I wonder whether I might ask you a question.** 아이 원더 웨덜 아이 마이트 애스크 유 어 퀘스천 질문해도 좋을까요?

패턴	활용
Thank you for ~ing 땡쿠 포 감사의 인사를 할 때	**Thank you for inviting me.** 땡큐 포 인바이팅 미 초대해 주셔서 감사합니다.
Would you mind ~ ing? 우쥬 마인드 ~해 주시겠어요? 상대방에게 정중하게 부탁할 때	**Would you mind opening the door?** 우쥬 마인드 오프닝 더 도어 문 좀 열어주시겠어요?
used to + 동사원형 유즈 투 ~했었어요? 현재는 하지 않는 과거의 습관이나 행동에 대해 이야기 할 때	**My mother used to drive.** 마이 머더 유즈드 투 드라이브 우리 엄마도 운전을 했었어요.
I like A rather than B 아이 라익 에이 래더 댄 비 B보다 A를 더 좋아해요 선호도를 나타낼 때 사용한다	**I like to listen rather than talk.** 아이 라익 투 리슨 래더 댄 토크 말하는 것보다 듣는 걸 좋아해요.
How much ~ 하우 머치 얼마나란 뜻으로 셀 수 없는 것들의 양에 대해 물어볼 때 사용한다	**How much commission do you charge?** 하우 머치 커미션 두 유 차지 수수료가 얼마입니까?
How far is it ~? 하우 파 이즈 잇 거리가 얼마나 되는지를 물을 때	**How far is it to Busan?** 하우 파 이즈 잇 투 부산 부산까지 얼마나 먼가요?
Do you mind if ~? 두 유 마인드 이프 상대방에게 허락을 구할 때	**Do you mind if I smoke?** 두 유 마인드 이프 아이 스모크 담배 피워도 될까요?
I'm looking for ~ 아임 룩킹 포 찾고자 하는 물건을 말할 때	**I'm looking for a job.** 아임 룩킹 포 어 잡 일자리를 구하고 있습니다.

패턴	활용
How many ~? 하우 메니 개수를 묻는 표현	**How many siblings do you have?** 하우 메니 씨블링즈 두 유 해브 형제, 자매가 몇이나 되나요?
I can't afford to + 동사 아이 캔트 어포드 투 ~할 여력이 없다는 뜻으로 시간적, 금전적 여유가 없을 때 사용한다	**I can't afford to buy a house.** 아이 캔트 어포드 투 바이 어 하우스 집을 살 여력이 없어요.